U0717915

南雍史學叢稿

东南大学历史学系复建五周年
志庆论文集

王华宝　主编

凤凰出版社

图书在版编目（CIP）数据

南雍史学丛稿：东南大学历史学系复建五周年志庆
论文集 / 王华宝主编. -- 南京：凤凰出版社，2025.
6. -- ISBN 978-7-5506-4583-7

Ⅰ．K0-53

中国国家版本馆CIP数据核字第2025WQ1587号

书　　　名	南雍史学丛稿:东南大学历史学系复建五周年志庆论文集	
主　　　编	王华宝	
责 任 编 辑	孟　清	
装 帧 设 计	朱文昊	
责 任 监 制	程明娇	
出 版 发 行	凤凰出版社(原江苏古籍出版社)	
	发行部电话025-83223462	
出版社地址	江苏省南京市中央路165号,邮编:210009	
照　　　排	南京凯建文化发展有限公司	
印　　　刷	南京新洲印刷有限公司	
	江苏省南京市六合区雨花路2号,邮编:211500	
开　　　本	652毫米×960毫米　1/16	
印　　　张	21.5	
字　　　数	319千字	
版　　　次	2025年6月第1版	
印　　　次	2025年6月第1次印刷	
标 准 书 号	ISBN 978-7-5506-4583-7	
定　　　价	88.00元	
	(本书凡印装错误可向承印厂调换,电话:025-57500228)	

2024年5月，东南大学人文学院"中国史"学位点首届硕士研究生毕业答辩合影留念

2024 年 9 月，东南大学人文学院"中国史"学位点 2024 级硕士新生入学迎新暨导师见面会

前　言

　　重视历史、研究历史、借鉴历史是中华文明史的优良传统之一，而总结历史经验，揭示历史规律，把握历史趋势，加快构建中国特色历史学学科体系、学术体系、话语体系，正是对历史学发展的时代要求。为了讲好中国历史、传承传播中华文化，为了完善学科生态、努力造就具有家国情怀和国际视野、担当引领未来和造福人类的领军人才，根据国家"双一流"大学建设规划、东南大学"双一流"建设方案以及东南大学创建精品文科的学科布局和文科发展的基本规律，2019 年 1 月，东南大学人文学院正式恢复设立历史学系。

　　东南大学的历史学科建制甚早，其前身可追溯至 1902 年所建三江师范学堂国史科，其后南京高等师范学校、国立东南大学、国立中央大学等时期均延续史脉，以柳诒徵、竺可桢先生为首的一批史学大师、地学大师曾任教于此，培养出包括缪凤林、陈训慈、张其昀、向达、郭廷以在内的一批史学家、地学家，创办过《史地学报》《史学杂志》等刊物，推动中国史学会的成立，推动中国史学的现代转型与发展。

　　系科恢复之初，历史学系同仁在校、院的指导帮助下，不辞辛苦，奋力拼搏，开展学科建设。2020 年 3 月，国务院学位委员会发布通知，东南大学"中国史"获批新增为硕士学位授权一级学科。这标志着东南大学新增了历史学这一学科门类，人文学院历史学科也在东南大学这个高平台上有了坚实的发展基础和美好前景。

　　历史学系和"中国史"一级学科硕士点的建立，得到了社会各界的大力支持，北京大学、南京大学、浙江大学、复旦大学、上海交通大学、中山大学、华中师范大学、华东师范大学、南京师范大学、河南大学、香港中文大学、江苏省社会科学院、商务印书馆、凤凰出版社等众多高校、科研和出版单位的专家学者，在学科特色、队伍建设、培养方案、成果发布等不同方面给予切实的指导帮助，我们铭感在心。

历史学系建设初期的主要目标是结合东南大学自身的学科特色以及南京城市历史底蕴，以"中国史"一级学科硕士点为基础，推动组建具有较高水平和发展潜力的历史学教学、科研团队，同时也促成一个教学团队结构合理、学科方向较全面、教育教学水平较高的历史学通识课程体系，以完善东南大学的人文通识教育。在学科建设发展过程中，历史学系奉行四个"并重"和两个"平衡"原则，以打造具有长远发展潜力的、具有东南大学特色的史学品牌：即在培养目标上，家国情怀与历史知识并重；在学术理论上，博古通今与学贯中西并重；在学科认识上，历史本位与学科交叉并重；在治学方法上，历史考据与文化阐释并重。分别在"有特色"和"在学科"之间、"国际化"与"本土化"之间取得平衡。

历史学系注重平台建设和学术交流。历史学系现有东南大学古典文献学研究所等校级研究机构，得到中华民族视觉形象研究基地等国家级平台的支撑，邀请海内外众多名家来校指导学科建设和开设讲座，连续多年举办"青年历史学者论坛"，历史学系师生积极举办和参与学术活动，开展各种层次的学术交流。

历史学系注重加强自身建设和培养素质高、适应面广的复合型人才。教师特别重视自我培养和认真教学，近几年主持20余项国家与省部级课题，获得多项教育部与省社科奖，贡献出上百篇（部）高质量的学术论著。学生在校期间，努力奋进，打好历史学坚实基础，并积极参加学术活动和竞赛，赢得良好声誉。2024年首届毕业生，全部以优异成绩毕业，多人考入海内外名校深造，或加入公务员行列，或成为基础教育的新教师。

2024年，新建的"中国史"一级学科硕士点，接受国务院学位办的合格评估，获得"中国史"学科评议组15位专家的好评与指导帮助，圆满完成评估工作。当然，学科规模小、特色不明显等不足仍有待改进，我们相信，"长风破浪会有时，直挂云帆济沧海"。

为赓续南雍学脉，纪念东南大学历史学系复建及"中国史"硕士学位授权点的设立，兹筹编《南雍史学丛稿》论文集，邀得诸同仁惠赐文稿，共志此庆。董群教授、徐嘉教授、王华宝教授、乔光辉教授、毕云副教授、贺晏然副教授等指导第一届研究生；张小稳教授、李昕升副教授等中青年优秀学者先后加盟学科，多所贡献；后续加盟的诸位青年才俊李铀、闵心蕙、陈非儿、孙梓辛、冯健伦、姬晓茜博士等，勉力治学传学。大家相互取长补短，相得益彰，正在推动学科特色和优势的形成。人工智能的飞速发展，解构重构着知识图谱，深刻改变着研究方式，我们相信，文史哲打通，中西贯通，学科交叉，将会成为东大史学研究的主要特色。

需要说明的是，此次约稿由王华宝、毕云负责，来稿与史学相关，主题不拘，新旧不限。全书以作者年龄长幼为序。所编论文，各有特色，也容有不足，而敝帚自珍，我们以其奉献给学术界，期待得到学术同道的批评指正，将东大历史学科建设得更好。故我们在此恳请各位专家学者不吝赐教，并期待大家多多关心，给予指导帮助！

最后再次感谢校内外领导、专家的大力支持与指导帮助，感谢所有的历史学系的老师和同学，感谢所有的学术同行，感谢凤凰出版社对本书的支持帮助！

目 录

明清两朝初祖庵修缮碑研究

董　群

初祖庵位于少林寺西北，始建于北宋，"初祖"即菩提达摩祖师，他在北魏时期渡江在少室山修行，并传法于慧可，此后代代相传，形成禅宗。人们为了纪念菩提达摩而建有此庵，据说是依照《营造法式》而建，历代又多有修葺。明代成化年间有过台基的修缮，留有多种碑文。到了清代，在道光五年（1825），曾修过山门，留有《重修初祖庵山门碑记》，在咸丰六年（1856），又进行了一次大规模的修缮，有《重修初祖庵大殿千佛阁并山门碑记》描述经过。这些碑是初祖庵的重要历史资料，特别是《重修初祖庵山门碑记》记载了210多位捐资人，以及相关的捐钱之数，《重修初祖庵大殿千佛阁并山门碑记》文字优美，碑刻工整，内容更为丰富。本文对明代的台基修缮碑和清代两种修缮碑加以初步的研究，对于清代的两碑，先对碑文录文加以标点、注释，再对碑文内容加以诠释。有个别的字，因为笔者的原因，难以分辨，用□代替。

一、关于明代捐资炮砌台基碑

明代修缮初祖庵台基的相关碑文拓片材料，可以称之为"炮砌台基碑"。本文参考的有三种，有些已经很难释读了，这些碑文记载了明代成化年间对于初祖庵台基的修缮情形、周围信众捐资情况。

1. 巩县信众的捐资炮砌台基碑（图1）

此碑文字如下：

河南府巩县原良保赵□居住，发心信人[1]李让、室人□氏、□氏施银三两，炮砌初祖殿东山台基一方，专保上同母亲杨氏、兄李荣、李刚、弟

---

1. 信人：信徒，信仰宗教的人。

李欣，并合家眷等吉祥如意者。

室人[1]程氏、善人[2]王荣，银三钱；杨让，银一钱；胡庆、杨全、孙让，施银三钱。

成化三年[3]五月吉日庵主昌政、徒继本同立石。

赵城石匠张凤、张越、张铎。

图1　巩县信众的捐资炮砌台基碑碑文拓片

此一方碑文，说明了捐银的数量、专项用途。捐资的宗教目的，是保佑家人吉祥如意，这也是民间信众基本的信仰、心理诉求。从碑文中可以看出，当时的庵主是释昌政法师，明代以银为流通凭证。

2. 偃师信众的捐资炮砌台基碑（图2）

此碑文字如下：

偃师县□君保空头居住，发心人李贵、室人郅氏施银二两；长男李表政、室人郭氏、长孙李山东、李□[4]，□夫高深、李氏，炮砌台基北方一

1.室人：家人，也指妻妾。
2.善人：普通百姓，也指行善的人。
3.成化三年：公元1467年。
4.也许是双名，碑文不清。

面，上报四恩[1]，下资三有[2]，法界[3]有情[4]，同缘[5]种智[6]。

成化三年五月吉日立石。

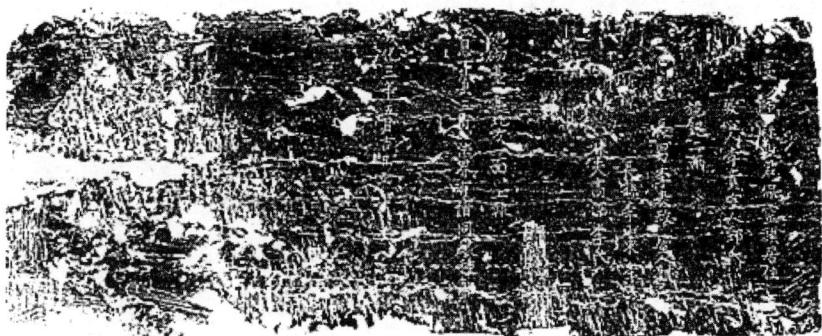

图 2　偃师信众的捐资炮砌台基碑碑文拓片

从碑文可以看出，此碑是同一家庭所捐，而发心帮助的对象，则属于菩萨道，上报四恩，下资三有。这也可以看出民众佛教信仰中的菩萨道内容。

这一时期的同一类型的碑，还有一块，施银主体是太后庙的主持尼继能。她带领祖字辈的六位徒弟，以及一些信众，捐资砌殿基一面，目的也是上报四恩，下资三有，法界有情，同缘种智。同样是庵主昌政立碑，但立石之年，碑文已经漫漶不清了。

二、《重修初祖庵山门碑记》碑文内容

《重修初祖庵山门碑记》（图 3）：

---

1. 四恩：一说父母恩、众生恩、国王恩、三宝恩。
2. 三有：欲有、色有和无色有，也就是指三界众生。
3. 法界：一般性的意义，是指一切世界。
4. 有情：指有情一类的众生。
5. 同缘：也作同圆，共同圆满成就之意。
6. 种智：一切种智的简称。

初祖庵盘居五乳峰[1]中，山水回绕，层峦环列，登邑[2]之胜地也。庵内旧有山门一座，不知创至何时，历年久远，风雨飘遥，殿宇毁折，神像[3]腐败，观者莫不凄然。时有住持寂潭，目睹心伤，不忍坐视剥落，因募化四方，善男信女[4]秉捐己财。先将山门四面落地，从新神像金妆，周围院墙更焕，此皆住持勤俭募化之力也。恐世无传，勒琐珉[5]以垂来世，以志不朽。

湛霞小三千[6]。

曲发瑞[7]一千，曲发刚施小一千，生圆[8]曲龙光三百，曲韶二百，曲净尘一百。偃邑[9]金庄[10]神像，张王氏五百，武董氏五百，丁张氏乙千[11]，陈化氏五百，张卫氏三百，张康氏二百，赵氏二百，史王氏二百，王丁氏二百，张董氏二百，郑闫氏二百，武陈氏二百，李善[12]氏二百，李王氏二百，刘李氏、王张氏各小一百，王张氏、姚头师付洞沟[13]小一千一百[14]。

王许氏、王杨氏，钱二百[15]。

蔺石氏、闫张氏、袁丁氏、赵丁氏、吕丁氏、张周氏、李高氏、刘赵氏、宋陈氏、张徐氏、丁常氏、王杜氏、王陈氏、藏[16]刘氏、杨李氏、

---

1. 五乳峰：位于少室山北麓。
2. 登邑：指登封县。
3. 神像：指庵内各种佛教类的塑像。
4. 碑文中善男信和女之间，似乎碑面有损而空白。如果是留空，不知何故；如果是剥落，不知是何字。
5. 琐珉：一般用"贞珉"，对石刻碑铭典雅的称呼。《山东菏泽巨野县三里庙刘氏族谱碑记》有"勒诸琐珉以备参考于不虞也"。
6. 小三千：将近三千。小，将近的意思。此一位刻在正文中的第三列"不朽"两字之后。
7. 以下姓名刻在第一排。
8. 当是地名。
9. 偃邑：偃师，今洛阳市的一个区。
10. 庄：妆。
11. 乙千：即一千。
12. 善：百家姓之一，比较罕见。
13. 洞沟：应当指地名。
14. 原碑中这些名单都在第一排，最后一位"姚头师付"的刻排延伸到第二排。
15. 这两个人，王许氏在第二排第一的位置，王杨氏在第三排第一的位置，但两人又是捐钱数相同的一类，竖着排，都属于捐二百的一类。
16. 藏：指臧姓。

姬张氏、张徐氏[1]，各二百[2]。韩赵氏、李韩氏、姚□[3]氏[4]，各小一百[5]。

巩邑：魏高氏[6]、张自信、张根信、杨永文、王永孝、杨增禄、王黑濮、张贵安、贾鹏章、张昇、杨刘氏、刘刘氏、王李氏、西口子、胡董氏、杨李氏、杨乔氏、杨关氏、杨郭氏、王马氏[7]。

乙[8]上各钱一百，以上各钱一百[9]。

高家涯、化住[10]李山清、千总[11]李连山、李玉鸣、李永安、李山聚、武王氏、武刘[12]氏、李段氏、李宋氏、王杨氏、贾师氏、贾阶[13]氏、陈王氏、李曹氏、李皮滕[14]。刁家沟：刁怀晏、刁全忠、刁均、刁自得、刁忠、刁仪凤。[15]

各钱乙百[16]。

雷成富、李永成、李兰、刁富有、刘克润[17]，以上各小一百[18]。

唐继曾、雷成义[19]、唐洞，各小二百[20]。

---

1. 这些姓名刻在第二排。
2. 这三个字是直接排在"张徐氏"下，从体例来讲，此处当是排人名的地方，却刻上了数字。
3. 所缺字，漫漶不清，原字为𡩋。
4. 第二排最后的三位。
5. 此三字钱数横刻在这人姓名的下方。
6. 在她之前有王杨氏，和王许氏一起竖刻，上文已提到。
7. 这类姓名刻在第三排。
8. 乙：通"以"。
9. 这两句，在第三排姓名的下方，表示上方的人士，都捐一百，是拉开距离而刻的，分别靠右和靠左。
10. 化住：可能是指化主。达亮法师告诉笔者，明清时期有一些寺院是居士住持。化主本来是佛教禅门中的僧人，专司游走街坊，向信徒劝募钱物等以维持寺院生存。
11. 千总：清代武职中的下级职位。
12. 刘：原碑文就是用的此字，可见此字当时在民间已经简化了。
13. 阶：百家姓之一。
14. 这些施主姓名刻在第四排。
15. 这些施主姓名刻在第四排。
16. 这四字竖刻，在第五排的位置，指第四排的施主都捐了一百。
17. 这些施主姓名刻在第五排。
18. 这个施钱数以小字横刻在上述几位施主的下方。
19. 这两位施主姓名也刻在第五排，接刘克润之左。
20. 这个施钱数以小字竖刻在唐继曾、雷成义两人姓名下方的中间，占第六排的空间位置。

李鸿稽[1]施钱乙千[2]。

山家店：化住陈士功[3]，施小二百。

杜文广、陈芳[4]，各小一百。

杨玉生、陈士芳、王林川[5]，小二百。

杨士君、陈万粟、杨凤林[6]，小二百。

杨士忠、陈秀、杨天锡，小二百。

参家店：化住杨士信[7]，施小五百。

中昌窑施小乙千，陈士璋施小五百，曾盛施小三百，苏凤鸣小二百，杨万金小二百，王同小二百，张进小乙百，王林川小乙百，胡金箱小五百，李□[8]小二百，熊□[9]义小五百，陈金梁小二百，丁安小二百，王炳寅小二百，杨士贞小二百[10]。

镰葛小二百，刘师小二百，梁法愿小二百，高提先小一百，杨士敏小乙百，杨士梅小乙百，杨士贤小乙百[11]。

巩邑回郭镇[12]：

邢礼、赵文标、顾有才、邵松苓、李金榜、邵道成、杨忠苓[13]，以上各钱二百[14]。

邢协和、张其椿、楚书、李大水、黄□[15]号、太元堂[16]、王成书[17]，以上各

---

1. 这两位施主姓名也刻在第五排，接雷成义之左。
2. 这四个字直接刻在唐继曾之下，占第六排的空间位置。这个施钱数包括了刻在右边的雷成义所施之钱数。
3. 这位施主姓名也刻在第五排，但离右边的李鸿稽隔了7列的空间距离。
4. 这两位施主姓名也刻在第五排，接陈士功之左。
5. 这三位施主姓名竖刻，占第五、六、七三排的空间位置。杨玉生接第五排陈芳之左。
6. 这三位施主姓名竖刻，在上述三位之左。
7. 这两位施主姓名也刻在第六排。
8. 空格字为原碑识读不清，兴。
9. 空格字为原碑识读不清，兴。
10. 这些施主姓名刻在第七排。
11. 这三人应当是同一家族的，士字辈。
12. 这个地名今存，此一列姓名为第八排。
13. 此一排人名列巩义回郭镇之左，为此镇人士。
14. 此一行捐资数字，以小字刻在上述人名之下。
15. 空格字为原碑识读不清兴。
16. 此为堂名，以此堂的名义捐资。
17. 此一排人名列巩义回郭镇中，刻在第八排杨忠苓之左。

钱乙百。

魁盛号小一百，赵元荣小二百[1]。

东柏峪沟[2]：刘文彦小二百，徐松林、李万吉、王同乐、王立□[3]、王勤、刘信魁、马有容、刘文刚，以上各钱乙百[4]。

偃邑：刘来福小五百，帅九都小五百[5]。

坞李村：化住李赵氏小二百，李陈氏小二百，焦克仁小二百，温□祥小四百，贾福申小二百。[6]

郭店[7]：李金花小五百。

温福、李二安、王进□[8]、张自良、刘行吉、贾金全、梁忠须、李金荣、张朝玉、张朝林、张炳文、郭孟期、丁慎先、郭唐氏、李张氏、王杨氏，以上各小二百[9]。

李王氏、李结氏、焦曹氏、常王氏、郭雷氏、李徐氏、刘石氏，各钱乙百[10]。

闺从关[11]：温太一百，温平一百，韩应奇一百，王荣一百，张朝进一百，刘耀钱一千，刘忠，小五百，刘天德小五百，李学林小五百，李万富小三百，李世全小三百，李世臣小二百，李学秀小二百，蔺永才小二百，丁芳梅小二百，杨真富小一百，陈君，小一百，张□[12]耀小一百，李大有小一百，沈双，小一百，李生贵，小一百。

邢日富、刘三、邢宽，[13] 各小一百[14]。

---

1. 这些人名刻在第九排。这一排正是碑断裂粘接处，所以有些字看不清。
2. 此地名现存，属于洛阳市偃师区。以左的捐资人都是此地方人士。
3. 空格字为原碑识读不清。
4. 这一行钱数在这些捐资人姓名的下方横刻。
5. 这些人名刻在第九排。
6. 这些人名刻在第九排。
7. 此处人名刻在第十排。
8. 空格字为原碑识读不清，兴。
9. 此一行捐钱数刻在上述人名下方。
10. 此一行捐钱数刻在上述人名下方。
11. 此下在第十一排。
12. 空格字为原碑识读不清，兴。
13. 第三人的名字刻在第十二排靠左。
14. 此一行捐钱数竖刻在三人下方，占第十三排的空间。

大清道光岁次乙酉[1]年孟秋[2]月吉日，住持生寂潭，徒置淳（库仓[3]）

七月初五日立[4]。

图 3 《重修初祖庵山门碑记》拓片

---

1. 即道光五年，1825 年。

2. 孟秋：农历七月。

3. 此两字用小字横刻在"置淳"两字下方。

4. 此刻在最左一竖列，一列到底。

三、《重修初祖庵山门碑记》解读

重修初祖庵山门碑为长方形，碑额呈弧顶，中间镌"万善同归"四字。四字两边刻日月两字代表太阳和月亮，并阳刻行云绕日月。碑额底部和碑身结合处刻有纹饰。

据会议举办方提供的有关此碑的文字资料，此碑身的左右两边和底部都刻有花纹装饰，宽度 5.5 厘米，两边的纹样相同，底部是另一种纹样。碑身、碑额连体，等宽等厚。碑阴与两侧没有字画，碑的石材为灰沙岩，碑身中部断裂，已粘接。此碑通高 224 厘米，宽 70.5 厘米，厚 13 厘米。碑文字体为楷书，共 28 行 1042 字。

修碑之记的正文 136 字，占 3 行，第 3 行只有"不朽"两字。其实此碑刻的"排版"并不太整齐。

此碑的正文内容并不多，简要交待了初祖庵所处的位置，周围优美的自然环境。由于是专门对山门修缮的记载，所以碑文也简要交待了此前山门以及整个寺院的破落情形。对于寺院衰败之情形，住持僧寂潭不忍，于是发心募化，将山门重新修缮一新，对佛像重新装金，院墙粉刷一新。此碑为重修山门的记载，从中可以看到，此次修缮的工程量是比较大的，修缮的项目内容也比较多，包括山门、佛像、院墙等的整修。

此碑的大量内容是功德芳名，涉及的人物，大致刻有 11 排，排列并不是很齐整，大概有 215 人，外加两家店铺或商号。捐资人中，女性（夫姓在前者）至少有 69 人，可以看出女性的佛教信仰在当地的流行情形。捐资的总数，将带"小"的数字视作整数，比如，小一千，即将近一千，以 1000 整来计算，功德芳名中捐资总数大概有 44000。有些是同一个宗族中人，比如曲姓、刁姓。有些是以同一个地区（村或邑）来统计的，比如偃邑、巩邑、刁家沟、坞李村等。这些村邑多在寺院周围，有的在洛阳一带，可见寺主外出募化的范围并不太广。

这块碑，如果从书法的角度看，专业人员可能评价不会太高。但从其他角度，比如宗教社会学角度、佛教的民间信仰角度、乡村经济史的角度，则会发现不同的信息。比如，从捐款的数量来说，大量的是一百钱或二百钱，上千并不太多，上三千的捐赠者有一位。这一方面反映了当时乡村经济收入的一个侧面，也反映出信众为了培福，多是捐出一些基本数额。

四、《重修初祖庵大殿千佛阁并山门碑记》碑文内容

《重修初祖庵大殿千佛阁并山门碑记》(图4)：

余观少林之西麓所有初祖庵，盘居五乳中，群峦列翠，拱向有情，接嵩岳之灵派，含少室[1]之精华。仰瞻千岩之境，俯察万壑之秀。且有古松偃盖，老柏参天，三花绕座，五叶芬芳。古达摩[2]西来[3]面壁[4]，老神光[5]断臂[6]安心[7]，乃释家[8]之圣地也。凡宰官[9]长者[10]游览，明儒[11]贤哲[12]歌吟，莫不曰山明水秀，人灵地杰，登邑之胜境，天中[13]之福地也。

恭维初祖庵者[14]，乃达摩大士传法之地也，经始不知创于何时，考之碑迹，乃后魏[15]孝文帝[16]之所创建也，自唐宋以来，屡为重修，自清朝康熙年间[17]，有赵光祖重修以后，近今百有余岁[18]，以致祖殿、佛阁、山门、禅堂，

---

1. 嵩岳的一个别峰。
2. 古达摩：菩提达摩，用一个"古"字，和下文"老神光"的"老"字一样，是表达尊敬之意。
3. 西来：从西方（天竺）来此。禅门以此祖师西来，而为一个重要的公案，常常参问"什么是禅西来意"。
4. 面壁：达摩的修行方式，形式上是坐禅。一释为心如墙壁，没有执著。
5. 老神光：神光，即二祖慧可。
6. 断臂：慧可为表求法的决心而自断其臂。
7. 安心：神光向达摩求法时的问话。神光说："我心未宁，乞师与安"。达摩说："将心来，与汝安。"神光说："觅心了不可得。"达摩说："我与汝安心竟。"
8. 释家：佛家，释指释迦牟尼。
9. 宰官：泛指官员。
10. 长者：年龄大者或地位高者。
11. 明儒：智慧的读书人。
12. 贤哲：贤达的哲人。
13. 天中：天下之中，指登封。
14. 原碑此句与前文空两格，表示恭敬。
15. 后魏：即北魏。
16. 孝文帝：467—499，北魏帝，对佛教持支持态度，将都城从平城（今山西省大同市）迁至洛阳，为佛陀禅师建少林寺。
17. 康熙年间：1662—1722。
18. 在此次大修之前的一百多年，康熙年间曾经有过一次修缮。

尽被风雨损坏，金像多暗淡而无色。时有西来堂前院僧人淳进、淳曲目睹心惨，不忍坐视，遂动重修之念。二师发心整理，不惮拮据之劳，胼胝之苦，朝夕谋虑，日夜踌躇，意欲自为修补，奈功程[1]浩大，独力难成。无奈先伐本庵柏树数株，补入功程，复有募化四方，并捐己财以勷厥事，择定动工于咸丰丙辰[2]，工宣[3]于戊午[4]，越三载而工告竣，前后诸殿，东西禅堂，以及周围院墙，尽皆焕然一新，以成鸟革翚飞[5]之盛。是日功果圆满，勒诸琬珉，以叙其事，以记其岁月而已。是为序[6]。

　　住持僧人淳□、进、□、□[7]、贞□、□、□、□、□、□、□、□[8]、素[9]□、□、□、□、□、有、□[10]、得□、□、□、□、□、□、□[11]合院大众重修立石。

　　时

　　大清咸丰捌年[12]仲秋[13]之月谷旦[14]。

---

1. 功程：工程。
2. 咸丰丙辰：咸丰六年，1856 年。
3. 工宣：依文意，当是指工程宣告完成。
4. 戊午：咸丰八年，1858 年。
5. 鸟革翚飞：对宫室壮丽的形容。语出《诗·小雅》："如鸟斯革，如翚斯飞。"
6. 原碑在此行字之下，有小字一列，拓片无法看清。
7. 这几位是淳字辈，淳字下横刻一排。依上文的碑文，应当有一个是淳曲。
8. 这几位是贞字辈，贞字下横刻一排。
9. 似乎是素字。
10. 这几位也是同一辈，横刻一排。
11. 这几位是得字辈，得字下横刻一排。
12. 1858 年。
13. 仲秋：秋季的第二个月，即农历八月。
14. 谷旦：表示吉日的意思。

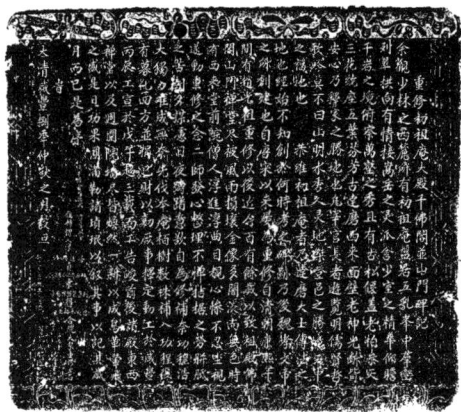

图 4 《重修初祖庵大殿千佛阁并山门碑记》拓片

五、《重修初祖庵大殿千佛阁并山门碑记》解读

这篇《碑记》，笔者收到的是会议举办方提供的拓片，碑身形状为方形，上下方刻有纹饰，文字镌刻齐整、清晰，有较高的书法金石价值。正文 20 行，满行 20 字，共 382 字，加以标题、落款 28 字，共 410 字。另有一些说明文字是指立碑人，都是此寺院的僧人。

此碑的文字表达优美，句式工整，用字考究，可见撰写者有着较高的文化素养。比如，"接嵩岳之灵派，含少室之精华。仰瞻千岩之境，俯察万壑之秀"每句首字，"接"和"含"，"仰"和"俯"，乃至"灵派"和"精华"，"仰瞻"和"俯察"，"千岩"和"万壑"，都非常精妙讲究。描写庵内松柏，"古松偃盖，老柏参天"，松是古松，柏是老柏。一个用"古"字，一个用"老"字，描述状态。古松是偃盖，描述其枝叶茂密。老柏是参天，描述其枝干挺拔。描写庵内花木，"三花绕座，五叶芬芳"，"三花"并不是表示花的品种多，而是三花树[1]，"五叶"所指则是"一花开五叶"。对达摩和神光的描述，也是一个用"古"字，一个用"老"字。还有"鸟

---

1. 登封当地学者岳晓峰提供的对"三花"的解释。

革翚飞"，现在是成语，出典在《诗经》。

此碑的内容结构大致分为三大部分。第一部分描述寺院所处环境：少林寺之西，五乳峰下，山川形势的精华之地。从禅宗来说，则是初祖、二祖创法和传法之地。基本的结论是，此处山明水秀，人灵地杰，是胜境福地。

第二部分回顾初祖庵的历史，从初创时谈起，也提及了与孝文帝的关系。一般认为，孝文帝为佛陀禅师创立少林寺。但据此碑，初祖庵的创立似乎也和孝文帝有关。碑文一方面说，"不知创于何时"；另一方面，又据历史资料，认为是"孝文帝之所创建"。不过，根据现在公开的资料，一般认为该寺始建于北宋。"此庵是宋代人为纪念禅宗初祖菩提达摩而营造的纪念建筑。初祖庵建于北宋中期，后毁废，北宋宣和七年（1125 年）在旧址上重建初祖庵大殿。"[1]

第三部分讲述重修因缘。此碑认为，此寺院"自唐宋以来，屡为重修"。由于碑文作者确信此庵创立和北魏孝文帝有关，所以，修缮的时间，就从唐代开始算起。距今最近的一次修缮是在一百多年之前。经历多年，寺院的各处都已经损坏，包括祖殿、佛阁、山门、禅堂等。西来堂前院僧人淳进、淳曲两人看到此种情形，十分不忍，而有修缮之念。但如此浩大的工程，资金方面只能通过募化，两位僧人也捐出了自己的财物，并把庵内的几株柏树也砍伐用上了。碑文描写了此事的辛劳，淳进、淳曲带领大家不顾"拮据之劳，胼胝之苦，朝夕谋虑，日夜踌躇"。整个修缮工程从咸丰六年开始，经历三年的时间，至咸丰八年完工。前后几处大殿，东西两处禅堂，还有周围的院墙，都整修一新。

六、结语

明代成化年间初祖庵炮砌台基碑的三块碑文，和清代初祖庵修缮的两块碑文，作为此庵重要的文献材料，为后人提供了研究的重要内容。从

---

1. 少林寺官网，http://www.shaolin.org.cn/newsinfo/22/26/21528.html（2022.7.27 登录）

这些碑文中，可以看出民间佛教信仰的求福报追求和菩萨道的不同追求。从清代两碑可以看出此庵所处在地理位置、在禅宗史上的地位、创建的年代、大致的殿堂布局结构，庵内的植物景观、历史上的修缮情形，以及道光、咸丰年间两次修缮的具体情形。此庵的修缮，都是由于僧人不忍目睹其损坏而发心，并募化，历尽艰辛而完成的，这也体现出住持僧对佛教的责任感。同时，由《重修初祖庵山门碑记》所载的捐资人的功德名录，也可以看出当时寺庵所在区域的佛教信仰状况、信众的经济收入状况等。

董群，东南大学人文学院教授

《史记》点校本与修订本述评

王华宝

在 2014 年中国史记研究会年会上，会长张大可教授为会刊《史记研究》组稿，给我定题"全面评价中华书局点校本《史记》与修订版《史记》"。我是亦喜亦忧。喜的是个人心得有与同行交流、向同好者请教的机会，忧的是该题牵涉面很广，材料极多，分寸较难把握。考虑到此前曾参与《史记》修订工作，目前还在做着一些相关课题，长期以来对《史记》整理以及古籍整理工作也有一点思考，因竭驽钝，从点校本对金陵书局本的超越、点校本存在的问题、修订本取得的成绩、修订本进一步提升的空间四个方面进行述评。所言未必尽是，敬请方家批评指正。

一、点校本对金陵书局本的超越

《史记》点校本从 1959 年 9 月出版第 1 版、1982 年出版第 2 版，到2013 年总计 54 年，据中华书局发布的信息可知，共印行 27 次，发行近60 万套，还不算那些形式各异的衍生品种，如 1999 年推出简体字本。如何评价点校本所取得的成就、所作出的贡献？笔者认为应当参照点校本的底本即金陵书局本的情况、结合点校本的成书过程来研究。因为说清楚点校本对金陵书局本的全面超越，弄明白点校本产生的时代背景、成书经过等基本情况和所起到的学术文化作用，就可以显现出点校本在学术方面的进步，在阅读方式上的便利，以及对当代学术文化的贡献。

（一）金陵书局本的特点及其不足

点校本《史记》是以清同治年间（同治五年至九年，1866—1870）

唐仁寿 [1]、张文虎 [2] 等校勘的金陵书局本《史记集解索隐正义合刻本》为底本的，先看局本的基本情况，再来分析其不足。

1. 局本的基本情况

局本的版本形态为，书名页前半页题有书名"史记集解索隐正义合刻本"十一字，后半页为"同治五年首夏金陵书局校刊九年仲春毕工"十八字题记。黑口，四周双栏，双鱼尾，版心上鱼尾下题"史记某"标示卷数，下鱼尾上记各卷页数。半页十一行，行二十二字，小字双行，字数同。小题（即篇名）在上，大题（即书名）在下。每卷末行各有小题、大题。全书首录司马贞《史记索隐序》，次《史记索隐后序》，次裴骃《史记集解序》，次张守节《史记正义序》，次《史记正义论例谥法解》，次《史记目录》。正文始《五帝本纪》，终《太史公自序》，三家注分列相关史文下。凡一百三十卷，二十册，分装四函，每函五册。

局本参考的《史记》版本，据张文虎《札记》卷一交代，主要用常熟毛晋刻集解本（《集解》多据此）、毛刻单行本索隐（《索隐》多据此）[3]、明震泽王延喆翻宋合刻集解索隐正义本（《正义》多据此）、旧刻本、明丰城游明刻本（即柯本）、明吴兴凌稚隆刻本等七种自校，据钱泰吉校录本的版本有北宋本、宋本、南宋本、南宋建安蔡梦弼刻本、元中统本、明南雍本、明秦藩刻本、钱唐汪小米舍人远孙校宋本、海宁吴子撰春照校柯

1. 唐仁寿（1829—1876），字端甫，号镜香，浙江海宁人。购书数万卷，多秘籍珍本。究心于六书音韵之学，喜雠校经史，藏书毁于兵火。后为曾国藩招致金陵书局，从事编辑出版。生平著述多未就。对《史记》校勘工作多有贡献。
2. 张文虎（1808—1885），字孟彪，号啸山，南汇县周浦镇（今属上海）人。清后期著名学者。同治二年（1863），张文虎赴安庆入曾国藩幕。同治三年（1864）入金陵书局。陈大康《张文虎日记·前言》说："校勘《史记》诸书，前后长达十年。同治十二年（1873）冬，张文虎以衰老辞归，后主讲于南菁书院，卒于光绪十一年（1885），终年七十八岁。"有《舒艺室随笔》《续笔》《余笔》《覆瓿集》等著述及日记四册存世。引文均见陈大康整理《张文虎日记》，上海书店出版社，2001年。
3.《张文虎日记》同治八年（1869）三月五日记："连日复阅《史记》诸卷，《索隐》颇与单本不合，盖多后人改窜。今亦不能尽从单本，且书已刊成，势难一一刊改，去其太甚者而已。"由此可见，单本《索隐》对局本与点校本校勘研究价值仍颇高。

本、乾隆四年经史馆校刊本（即官本）[1]，共计十七种。

张文虎学问精博，尤其精于小学，长于校勘，参考钱泰吉校本，借鉴前贤，广征众本，斟酌体例，参校异同，形成了不同于以前各种旧本的《史记》新版本，且在总体上超过了旧本。学术界也基本肯定了局本在《史记》版本史的地位与作用。

关于局本成书的过程、参考的文献，《张文虎日记》有不少相关的记载，也揭示出一些应予关注的问题。同治三年九月廿九日有"沅帅愿重刻《十三经》、段注《说文》、《史记》、《汉书》、胡刻《通鉴》、《文选》诸书，举以见属"语，为《日记》记议刻《史记》之始。同治四年四月廿九日有"又借王石臞《读书杂志》中《史记》六卷，较（校）《评林》本"语，为记校《史记》之始，其后有记用《史记》各种版本如《史记评林》、游明本、归子慕藏本、湖本、汲古阁本单刻《索隐》，用其他书如《群书治要》《艺文类聚》《太平御览》《册府元龟》《读史记十表》等校《史记》的记载。同治四年七月初九日有"缦老（指周学濬）出示所校《史记》，商榷开雕格式"语，为记开刻之始。至同治六年，二、三月时校书最多，有时一天达八九卷，九月廿八日有"旋校旋写，旋写旋刊"之语。同治六年四月十日有"以《史记》属予与端甫"语，表明由张文虎与唐仁寿二人负责。同治七年二月廿九日有"校《五帝本纪》样本"语，闰四月二日有"校《史记》样本毕"语，此时应产生完整的刻本，故同年十一月五日有"至上江考棚谒李节相，言《史记》新板本之善"语。其后仍不断校样本、补刻、改刻，《日记》有同治七年十月拟《校刊〈史记〉条例》的记载，是以同治八年十二月廿二日记"写定《史记》目录"，同月廿六日记"经两次修补，板式、字体不一，幸板心各有识别，先后了然"。到同治九年正

<hr/>

1. 清钱泰吉《甘泉乡人稿》卷一《校史记杂识》有云："友人屡劝余纂校勘记，亦尝有手写本，所愧学问疏浅，未能正定，时写时置，今所写之册，亦多弃置。"可见钱泰吉似有《史记校勘记》之类（《嘉业堂藏书志》卷二云，今存四卷，稿本）。钱氏部分观点见张文虎《札记》，即所谓"警云"。又，《张文虎日记》同治四年（1865）七月初九日载："缦老出示所校《史记》，商榷开雕格式。"结合张文虎《校刊史记集解索隐正义札记》跋语："先是，嘉兴钱警石学博泰吉尝汇校各本，历三十余年，点画小殊，必详记之。乌程周缦云侍御学濬借其本过录，择善而从。"（中华书局1977年排印本无跋语，影印本均有。）可知周学濬所校《史记》指的是就钱泰吉校本过录一事，钱氏对局本的贡献应得到重视。周氏当时为金陵书局提调，对《史记》局本的形成亦有所贡献。

月十七日，记"阅《史记》全样竟"，似乎校刊《史记》一事已告一段落，但后仍见有"校《史记》"之说，特别是同治十年二月廿六日记"复校《史记》本纪，时从子密借警石先生校本也"，宜给予高度重视，因为此后仍有"重校《史记》""复定《史记》修改卷""复订《史记》校记""校誊清《史记》校记"等语。故"题记"的"毕工"之说是否严谨，仍宜探讨。警石，即钱泰吉，张文虎校刊的金陵书局本与钱泰吉校本的关系，仍值得进一步研究。

2. 局本的不足

中华书局编辑部认为，局本《史记》"经张文虎根据钱泰吉的校本和他自己所见到的各种旧刻古本、时本加以考订，择善而从，是清朝后期较好的本子"。这应当是比较允当的。但我们在分析局本长处的同时，也不能忽视局本存在的问题。因为局本与许多晚出的文本一样，优点是明显的，缺点是隐而不显的。如参校版本不够，"殊不知张文虎校勘《史记》时所见版本有限，其所谓北宋本是收入刘燕庭百衲本中仅存十九卷的景祐本，其所谓宋本即收入刘燕庭百衲本中存七十一卷的杏雨藏本的覆刻本，所谓旧刻是上海郁氏藏仅存三十卷本的淮南路本，而朱中奉本、耿本、黄善夫本皆为张氏所未见"[1]。安平秋先生在《〈史记版本研究〉序》中也谈到："由唐仁寿、张文虎等校定的金陵书局本《史记》是明、清所刻三家注《史记》中最好的一种。但是，金陵书局本的《史记》在校勘上的问题仍然很多，原因之一是他们没能理清《史记》版本的不同系统与承传关系，在一定程度上影响了他们对异文的判断。"[2] 此外，还影响到对前人的成果吸收不够等，还存在一些刊刻、与《校刊札记》不一致等问题，加之"择善而从"有时主观性比较大，妄改、误改也就在所难免，难免出现漏校、误校等问题。关于《史记》残缺与补窜，则是更为精细的问题[3]。局本

1.张玉春《〈史记〉版本研究》，商务印书馆，2001年，第229页。
2.《〈史记〉版本研究》卷首，第5页。
3. 张大可《史记残缺与补窜考辨》，《兰州大学学报》1982年第3期。后在《〈史记〉文献研究》《史记研究》中续有论证。

存在的各种各样问题，在点校本、修订本中逐步有了修正。下文继续结合点校本、修订本的成绩再进一步讨论。

（二）点校本的基本情况与历史功绩

1. 点校本的基本情况

点校本以局本为底本，参考明凌稚隆《史记评林》[1]、清吴见思《史记论文》[2]、张裕钊校刊的归（有光）方（苞）评点本和吴汝纶的点勘本等的句读[3]，依据张文虎《校刊史记集解索隐正义札记》等，进行全新的分段、标点、校理，对部分古字、异体字进行处理。这些可详参《史记》的《出版说明》《点校后记》等。

关于点校本产生的时代背景、成书经过等基本情况，随着当事人或见证者的说明以及各种文献资料等的出现，已渐为世人所知，包括整理者，也已由点校本《出版说明》中的"这个本子由顾颉刚先生等分段标点，并经我们整理加工"，改变为修订本的"原整理者：顾颉刚　贺次君　聂崇岐　宋云彬"，明确为四人。

关于时代背景、成书经过，参加《宋史》整理的裴汝诚在《心中始终装着作者和读者》一文中说："在校勘方面又遇到了思想认识和实际问题。当时的一个关于整理二十四史的文件上说：校勘以版本对校为主；又说：校勘要避免繁琐考证。大家对这两条的理解和掌握颇不相同。"宋云

1.《史记评林》一百三十卷，明吴兴凌稚隆辑校，重要版本有明万历四年（1576）凌氏刊本、五年刊本；明万历间建阳熊氏种德堂刊本、熊氏宏远堂刊本、云林本立堂刊本（此三种皆为李光缙增补本）；清同治十三年（1874）、清光绪十七年（1891）长沙养翺书屋校刻本；清光绪十年（1884）湖南刘鸿年翻刻本等。

2.《史记论文》一百三十卷，清康熙年间江苏武进人吴见思（1621—1680）著，有清康熙二十五年（1686）尺木堂刊本、清光绪二十二年（1896）桂垣书局刊本、1936年广益书局刊本、1986年东北师范大学出版社版陆永品点校整理本。

3.《归震川评点史记》一百三十卷附《方苞评点史记》四卷，明归有光（1507—1571）评点，有清光绪二年（1876）武昌张裕钊（1823—1894）刊本，1915年上海同文图书馆影印本，1918年交通图书馆石印本。《桐城吴先生点勘史记读本》一百三十卷，清桐城吴汝纶（1840—1903）点勘，吴闿生编录，有清宣统元年（1909）南宫邢氏刊本，清宣统二年（1910）桐城吴先生群书点勘本，1930年南宫邢氏刊本。

彬的日记《冷眼红尘》、聂崇岐的文字记载、中华书局保存的文档等，也有很多信息。如聂崇岐 1959 年 11 月 4 日在点校本《史记》自存本第一册扉页前留下了一段题识，详细记载了他参与《史记》审校以及出版的过程："此书标校原出自贺次君之手，顾颉刚先生审校后交中华书局，时一九五七年也。去年，因毛主席指示整理'前四史'，《史记》其中第一部也。中华书局因即以贺标顾校之本充数，恐仍有不妥处，又委余覆校，时已九月中旬，而拟年内出版，俾作一九五九年元旦献礼。余接受任务后，昕夕从事，至十月二十日校完八十卷。十一月初，中华书局召集小会，讨论改订标点体例，以作其他诸史标点时之准绳。又以此书尚有二十余卷顾先生并未看完，元旦绝难印完，因延期出版。在讨论后，顾校者多应更改之处，于是交宋云彬负责。宋氏以就顾校原本更动，殊所不便，因另取一部，就顾校本随录随改，作完后仍由余覆校。宋氏过录时既有脱误，而所改者亦间有不妥处，致余不得不又从第一卷校起。全部校完在五月初。至十月一日始行出版，作为国庆十周年献礼。较原定计划整晚十个月，但余收到此书已十一月四日矣。"

此说在宋云彬的日记中、写于 1960 年 4 月 26 日的《关于〈史记〉标点错误的检讨》可以相互印证，也为中华书局总经理徐俊先生认同[1]。徐先生文中肯定："1959 年 9 月《史记》点校本出版后，宋云彬继续为《史记》再版做准备。1961 年春夏间，对《史记》进行了重校，改正初版错字，最终形成了附在 1962 年 6 月第二次印本中的《史记》勘误表。1963 年 3 月，《史记》又将重印，再复看一遍。1965 年 6 月，准备印线装本《史记》，因尚有多处标点错误，'赵守俨把应改正之处一一用铅笔画出，送来复核'。可以说，点校本《史记》，从标点到编辑出版，连同历次重印及线装本，宋云彬是自始至终的主事者。"

笔者找到一份落款为"中华书局编辑部 1961 年 7 月"的《史记勘误表》，称："我局标点本《史记》，于 1959 年 9 月发行第一版后，经检查发

---

1. 徐俊写有《顾颉刚与〈史记〉点校本》、《宋云彬：点校本〈史记〉责任编辑第一人》(《中华读书报》2012 年 2 月 22 日 07 版)。

见了若干标点的错误及错字。除于再版时改正外，特列勘误表，印发给持有第一版的读者。"经笔者统计，总共有436条，其中涉及文字改动的有20条。此外，还要说明的是，点校本的《出版说明》与《点校后记》均出自宋云彬先生之手。

2. 点校本的历史功绩

学术界公认点校本《史记》两大特点，即"分段精善""技术处理合理"。被誉为"是学术界继唐代三家注定本以来最精善的一次整理，集千余年来学术研究之大成的善本，在《史记》版本校勘学研究发展史上，是一个重要的里程碑"，"为我国古籍整理做出了有典范意义的重要贡献"[1]。在修订本问世之前，人们认为，点校本代表了它那个时代的古籍整理最高水平。这都是公允之论。笔者在《试论〈史记〉校勘的原则》一文中曾提出："选好底本、尊重底本、遵循古籍整理规范等，只是古籍整理出版的基本要求，一部优秀的古籍新整理本，则必须全面而系统地吸收各种学术成果，提升学术质量。对校点本《史记》，读者有着较高的期待。像《史记》这样的名著，由于年代久远，长期以来传抄传刻，问题较多，研究的成果也非常丰富，吸收已有学术成果的难度势必也大。随着《史记》研究的深入和一些重要学术成果的问世，不少学者提出'对《史记》有重加整理的必要'。四十多年前的校点本，在今天看来存在各种不足与失误，这也是古籍整理研究事业向前发展的必然结果。在21世纪承认校点本的历史局限，也是必要的。当然，我们对任何筚路蓝缕者都不应该提出过高的要求，校点本发挥的历史作用仍不容低估。"[2]

二、点校本存在的问题

点校本《史记》是在特定的时代出版的，点校本未能、也不可能不

---

1. 安平秋、张大可、俞樟华主编《史记教程》，华文出版社，2002年，第476、477页。
2. 王华宝《试论〈史记〉校勘的原则》，《古籍研究》2005卷上，安徽大学出版社，2005年。

带有那个时代的局限——整理的指导思想、观念、方法、材料及研究水平 [1]。学术界商补订正文章较多，国务院古籍整理出版规划领导小组编《古籍点校疑误汇录》六册，收入多篇文章，另有数十篇文章分散在各种学术期刊和论文集中；北京大学安平秋教授、南京师范大学赵生群教授所带学术团队，在版本、校勘等方面发表大量成果；张大可教授等在史实考证、文本讹窜等方面取得丰硕成果；中国史记研究会、陕西省司马迁研究会、《渭南师范学院学报》等组织出版或发表大量考证成果，学术界特别是史记学会的学者将《史记》文献学推向了一个新的高度。笔者曾撰写过系列文章参与讨论，并出版《〈史记〉校勘研究》《〈史记〉金陵书局本与点校本校勘研究》等书。下面分六个方面来讨论点校本存在的问题。

（一）关于底本对校

古籍整理的一项最基础却并不易做好的工作，那就是尊重底本、不增加新的排印错误。就古籍校勘而言，有系统地展开底本对校应当是一项基础的而且非常重要的工作。只有通过系统而细致的底本对校工作，才能消除新生的误文。点校本1959年第1版存在一定数量的排印错误，一般认为，那些新生的误文在1982第2版中已经得到改正，这从20世纪80年代以来各种与《史记》相关的论著大多使用第2版即可得到印证。然而，我们通过底本对校，感到第2版虽改正了不少第1版的排印错误，但也沿袭了一些第1版的排印错误，并有不少新生之误。下面就讹、衍、脱、倒现象略举数例。

---

1. 见中华书局编辑部编《我与中华书局》，中华书局，2002年，第185页。宋云彬先生的日记《冷眼红尘》也有相关记载，可参阅。关于二十四史的整理情况，已出现多篇介绍文章，如《赵守俨文存》所收赵守俨写于1986年的《风风雨雨二十年——〈二十四史〉始末记略》（又见《回忆中华书局》，中华书局，1987年），《书品》1997年第4期所收蔡美彪《二十四史校点缘起存件》。关于《史记》的情况，谢方为中山大学历史系毕业，于1957年9月进入中华书局的首批大学生，在《史记》编辑出版时正与宋云彬同室办公，所言较可信。

1. 讹文之例

《三代世表》："帝太戊，雍己弟。以桑穀生，称中宗。"按：穀，局本原作"穀"。《殷本纪》记此事，云："亳有祥桑穀共生于朝，一暮大拱。""穀"字是。点校本当系形近而讹。简体字本和一些注译本作"谷"，当系据误本简化而致误。《建元以来侯者年表》："夫龙雒侯曾为前将军，世俗顺善，厚重谨信，不与政事，退让爱人。"按：龙雒侯，局本作"龙頟侯"，是也。《汉兴以来将相名臣年表》记作"龙頟侯"，不误。頟，同"额"，《说文·页部》："頟，颡也。"徐铉等注："今俗作额。"与"雒"为二字。点校本当系排印之误。《日者列传》："黄直，大夫也；陈君夫，妇人也：以相马立名天下。"按：大夫，局本作"丈夫"。丈夫，指男子，与下"妇人"相对，可从。点校本当系形近而讹。

以上三例，点校本第1版误，第2版承旧之误。像第1例，简体字本作"谷"，大误，且泯灭了"穀"与"穀"形近而讹的痕迹。

实际上，点校本第2版存在的排印错误远非此数例。这里不分版次，再列出若干例，以供读者参考。《夏本纪》："大野既都，东原底平。"底，当作"厎"。《孝武本纪》："至如八神诸神，明年、凡山他名词，行过则祀，去则已。"名词，当作"名祀"。《十二诸侯年表》："吴余眛元年。"眛，当作"眛"。《六国年表》："（秦惠文王五年：）徐晋人犀首为大良造。"徐晋，当作"阴晋"。《惠景间侯者年表》："二年，侯义为常出王，国除。"常出王，当作"常山王"。《乐书》："在天成象，在地成形，如此则體者天地之别也。"體，当作"禮"。《乐书》："子夏答曰：'夫古者天地顺而四时当，民有德而五谷昌，疾疢不作而无袄祥，此之谓在当。'"袄祥，当作"祅祥"。《封禅书》："有句皆曰：'闻昔泰帝兴神鼎一，一者壹统，天地万物所系终也。'"有句，当作"有司"。《封禅书》："群臣有言见一老父牵狗，言'吾欲见臣公'，已忽不见。"臣公，当作"巨公"。《河渠书》："河汤汤兮激潺湲，北渡污兮浚流难。"污，当作"迀"。《平准书》："非独羊也，治民亦独是也。""独是"之"独"，当作"犹"。《平准书》："击右贤王，获者房万五千级。"者房，当作"首房"。《吴太伯世家》："施而不费，取而不贪，处而不底，行而不流。"底，当作"厎"。《吴太伯世家》："九年，吴王阖庐请伍子胥、孙武曰：'始子之言郢未可入，今果如何？'"请，当作"谓"。《燕召公世家》："平公十八年，吴王阖闾破楚入郢。十七年卒，简公立。"十七年，当作"十九年"。《晋世家》："郤錡欲攻公，曰：'我虽死，公亦病矣。'"郤錡，当作"郤錡"。《陈涉世家》："锄櫌棘矜，非铦于句戟长铩也。"长铩，当作"长铩"。《仲尼弟子列传》："子贡曰：'吴王为人猛暴，群臣不堪；国家敝以数战，士卒弗忍。'"敝以，当作"敝於"。《苏秦列传》："秦欲已得乎山东，则必举兵而響赵矣。"響，当作"嚮"。《苏秦列传》："臣即死，车裂臣於徇于市。"於，当作"以"。《苏秦列传》："夫取秦，厚交也，代齐，正利也。"代，当作"伐"。《张仪列传》："张仪己卒之后，犀首入相秦。"己，当作"已"。《樗里子甘茂列传》："今公言善韩以备楚，是外举不是外举不僻仇也。"僻，当作"辟"。《廉颇蔺相如列传》："相如视秦王无意偿赵城，乃前曰：'璧有瑕，请指示王。'"及，当作"乃"。《廉颇蔺相如列传》："军中侯有一人言急救武安，赵奢立斩之。"侯，当作"候"。《廉颇蔺相如列传》："四十余日，军饿，赵括出锐卒自博战。"博战，当作"搏战"。《屈原贾生列传》："斡弃周鼎兮宝康瓠，腾驾罢牛兮骖蹇鲈，骥垂两耳兮服盐车。"蹇鲈，当作"蹇驴"。《樊郦滕灌列传》："击破赵贲军开封北，以却敌先登，斩侯一人，首六十八级，捕虏二十七人，赐爵卿。"侯，当作"候"。《郦生陆贾列传》："淮阴方东击齐，汉王数困荥阳、成皋，计欲捐成皋以东，屯巩、洛以拒楚。"因，当作"困"。《朝鲜列传》："言楼船数朝不会，具以素所意告遂。"朝，当作"期"。《西南夷列传》："其俗或士箸，或移徙，在蜀之西。"士，当作"土"。《西南夷列传》："寻馳皆振恐，诸臣置吏。"诸臣，当作"请臣"。《司马相如列传》："使五帝先导兮，反太一而後陵阳。"後，当作"從"。《司马相如列传》："司马相如病甚，可往後悉取其书；若不然，后失之矣。"往後，当作"往從"。《司马相如列传》："孟冬十月，君俎郊祀。"俎，当作"徂"。《淮南衡山列传》："吏以闻上，上方怒赵王，夫理厉王母。"夫，当作"未"。《儒林列传》："夫周室衰而《关雎》作。"《关雎》，当作《关雎》。《滑稽列传》："何於治北海，令盗贼不起？"何於，当作"何以"。《货殖列传》："乌氏倮畜牧，及众，斥卖，求奇缯物，间献遗戎王。"缯物，当作"缯物"。

需要说明的是，同为1982年第2版的不同印次之间也互有差异。发现错讹，不断修改，使后印之本得以"后出转精"，这是出版中的正常现象。而奇怪的是，以前不错的一些地方，在1999年11月第16次印本上有了错讹。如第24页第4行"见四岳诸牲"的"牲"，第9次印本作"牧"，不误。可能这种差错只有极少数，但无疑会增加《史记》版本研究的复杂性。

2. 衍文之例

局本原无，点校本有，而不出增字符号的，就古籍整理的规范而言，可视为衍文。如：《卫康叔世家》："太子闻之，惧，下石乞、盂黡敌子路，以戈击之，割缨。子路曰：'君子死，冠不免。'结缨而死。"按："割缨。子路曰：'君子死，冠不免。'"十一字及注文"《集解》：服虔曰：'不使冠在地。'"十字，局本均无。《魏世家》："八年，伐卫，拔列城二。"按："拔列城二"四字和注文"《索隐》：《纪年》云：'八年，翟章伐卫。'"十一字，局本均无。《陈丞相世家》："今有尾生、孝己之行而无益处于胜负之数，陛下何暇用之乎？"按：处，局本无，点校本系衍文。

以上三例，第1版、简体字本均同。检《史记会注考证》本，亦有第1例的二十一字，疑点校本从之而径补也。第2例的"拔列城二"，有学者力辨之，断为不足信，而不知原为点校本所妄增也。至于第3例的"处"字，则为衍文无疑。

3. 脱文之例

局本原有，点校本无，而不出删节符号的，有脱文之嫌疑。如：《刺客列传》："曹沫曰：'齐强鲁弱，而大国侵鲁亦甚矣。'"按："亦"下局本有"以"字。点校本脱字。《韩信卢绾列传》："豨所以待宾客布衣交，皆出客下。"按："布衣"上局本有"如"字，当补。

以上二例，第1版亦脱，第2版承旧之脱误，而后出各本多脱。这也从一个侧面证明，有必要进行底本对校，以从源头上解决排印中可能出现的差错。

4. 倒文之例

点校本与局本字序不一，而不出校改说明的，有倒文之嫌疑。如：《礼书》："天尊地卑，君臣定矣。高卑已陈，贵贱位矣。动静有常，大小殊矣。"按：大小，局本原作"小大"。参《集解》引郑玄曰："动静，阴阳用事也。小大，万物也。"以"小大"为被释词，可知作"小大"是。点校本误倒。《蒙恬列传》："毅不敢阿法，当高罪死，除其宦籍。"按：罪死，局本作"死罪"。点校本误倒。

以上二例，前一例为第 2 版新生之误，后一例为承第 1 版之误。

（二）整理失范

点校本《点校后记》说，该书"为便利读者起见，认为应删的就把它删了，可是并不删去原字，只给加上个圆括弧，用小一号字排；认为应增的就给增上了，增上的字加上个方括弧，以便识别"。读者一般认为点校本尊重底本，凡有改动一定会有校改符号。而实际情形并非如此。点校本与金陵书局本相异之处过百处，某些不同之处似乎是有根据的有意改动，但是由于未出校改符号，也不见校改说明，我们只能定为不规范之处。这里就径增、径改、径移、径删、文字处理失范、脱漏符号的现象略举数例。

1. 径增之例

《十二诸侯年表》："（宋平公十四年：）楚、郑伐我。"按：郑，局本原无。参《札记》云："官本有'郑'字。"此是点校本据殿本及《札记》径增。《十二诸侯年表》："（晋定公十八年：）齐、卫伐我。"按：卫，局本原无。《札记》云："各本脱'卫'，依《志疑》补。"局本未及增补，点校本据之径增。《高祖功臣侯者年表》："元鼎二年，侯颇坐尚公主，与父御婢奸罪自杀，国除。"按：坐，局本原无。参《札记》云："官本、凌本有'坐'字。"点校本从之径增。

以上三例，由于没有增字符号，读者如果不查对底本，一般会以为局本已补上各字。而实际上，张文虎只是在《札记》中列上异文，虽说第2例有倾向性意见，但均没有改作定本。这是非常严谨的做法。从校勘理论上说，既然异文的研究还"没有定论"，就应当存异以备考，似不宜径增。即使增添文字，也不能没有任何标志。没有增字符号，读者就无法断定哪些是局本所增，哪些是点校本所增。

点校本在处理同类情况时有不够统一之处。如《高祖功臣侯者年表》："以连敖前元年从起单父，以塞疏入汉。"起，局本原无。《札记》仅列出异文情况：《志疑》云：'从'下缺'起'字。案：《汉表》有。"张文虎等并未在局本上增补"起"。点校本径补，没有增字符号。同样情况，《高祖功臣侯者年表》："以舍人从〔起〕砀。"补"起"字，则有增字标志。

再者，点校本《点校后记》说："我们发见金陵局本有两处是删得不妥当的。……这两处我们都把它改回来了。"即《周本纪》："夫兽三为群，人三为众，女三为粲。王田不取群，公行不下众，王御不参一族。""公行不下众"，局本作"公行下众"。张文虎《札记》认为"不"字为衍文。而中华书局编辑部认为，"这个'不'字是不应该删的"，就把它改回来了。《高祖本纪》："项羽卒闻汉军之楚歌，以为汉军尽得楚地，项羽乃败而走，是以兵大败。""汉军"之后，局本无"之"字。张文虎《札记》说据《史记志疑》等删"之"字。点校本认为局本删得不妥当，径增"之"字。有些学者不同意中华书局编辑部的这种改动。这里，我们不讨论校改当否，根据古籍整理之惯例及本书之说明，我们认为，点校本至少应给"不"字、"之"字加上增字符号，否则不仔细阅读《点校后记》的读者易误以为局本原有该字。

2. 径改之例

《惠景间侯者年表》："元年四月乙巳，侯薄昭元年。"按：四月，局本作"二月"。参《札记》有"孝文格四月乙巳"条引《志疑》云:"《汉表》作'正月',是。有本亦作'正月'。"点校本与《札记》同也。现有四月、二月、正月三说,何者为是,姑待考。然点校本径改局本而不出标志,则易混也。《管蔡世家》:"景侯元年,楚庄王卒。四十九年,景侯为太子般娶妇于楚,而景侯通焉。"按:四十九年,局本作"三十九年"。参《札记》第387页,可知点校本径改为四十九年。参考《十二诸侯年表》,似以"四十九年"为是。然点校本当出校改符号。又,"而"字下,张玉春以为脱"好"字,"而好"二字并属上读。可从。《龟策列传》:"灵龟卜祝曰:'假之灵龟,五巫五灵,不如神龟之灵,知人死,知人生。'"按:五巫,局本作"五筮"。

以上三例,前二例读者如果参考了张文虎《札记》,尚可推知为有意改动,后一例则难以判别属无意的排印错误,还是有意的改动。

3. 径移之例

《十二诸侯年表》:"(楚文王六年:)息夫人,陈女,过蔡,蔡不礼,恶之。楚伐蔡,获哀侯以归。"按:"陈女"等17字,局本误入下格宋滑公八年内,安平秋先生《〈史记〉版本述要》揭出之[1],以正文有脱误示版本之别。点校本径改移,且无标志,则丢失了原版刻信息。《天官书》:"轸为车,主风。其旁有一小星,曰长沙,〔二〕星星不欲明;明与四星等,若五星入轸中,兵大起。"按:注〔二〕一段文字,局本原在"星星不欲明"的前一"星"字下,是以"星"字断句的,点校本径作移动,不出任何标志,违背了校点体例。

以上二例,均与三家注的位置有关,点校本径作改移,或掩盖了底本三家注的历史状况,或模糊了古人断句情况,都丢失了原版刻信息,违背了古籍整理的规范。

1.安平秋《〈史记〉版本述要》,《古籍整理与研究》第1期,上海古籍出版社,1987年,第32页。

4. 径删之例

《秦楚之际月表》："韩王信徙王代，都马邑。"按：《札记》云"徙王代，都马邑"，"六字各本误入后月，凌本不误"。而局本于韩王信四月有此六字，五月仍有此六字，显系重出。点校本删去五月的六字，是正确的，然应出标志。

5. 文字处理失范之例

《乐书》："是故先鼓以警戒，三步以见方，再始以著往，复乱以饬归，奋疾而不拔，极幽而不隐。"按：饬，局本原作"饰"。后文《正义》："复者，伏也。饬音救。……饬归者，武王伐纣胜，鸣金铙整武而归也。"二处"饬"，局本亦作"饰"。检《札记》，有说明："宋本、毛本'饬'，中统、游、柯、凌作'饬'，即'饬'字之隶变。王本讹'饰'，注同。"可知局本作"饰"，正是承王延喆本而来。今点校本径改底本，掩盖了版本流变情况。又，饬、饰本通，似不必改。

6. 漏标增字符号例

《天官书》："城郭门闾，闰臬（枯槀）槀枯；宫庙邸第，人民所次。"按：《札记》引《考异》之说："'枯槀'当作'槀枯'，与'闾'韵。"点校本据之乙正。"槀枯"二字当加增字符号，此句为"闰臬（枯槀）〔槀枯〕"。否则，作"闰臬（枯槀）槀枯"，易使读者误以为金陵书局本衍"枯槀"二字，将文字倒乙当作衍二字。《札记》引《考异》"'闰臬'，《汉志》作'润息'，义长"之说，点校本未采。

　　过去有些学识渊博而富于自信的学者，往往径改古书而不说明依据，曾引起相当的争议。《古籍校点释例（初稿）》的"校勘释例"，为古籍校勘工作做了原则性的指导。点校本在校点体例的落实方面，基本遵循古籍整理规范，然多有不严之处。上述各例，有一些可能属于局本的底本错误，点校本似乎是有意改动，而不出任何标志，这就违背了古籍整理的基本原则。有一些改动也未必正确。没有校改符号，读者则难以分辨是校勘问题还是排印问题。

（三）漏校误校

《史记》一书，到六朝时已是"文句不同，有多有少，莫辩其实，而世之惑者，定彼从此，是非相贸，真伪舛杂"（裴骃《史记集解序》）。写本、刻本的差异甚大，即使是写本与写本、刻本与刻本之间差异亦不小。《史记》存在着大量的版本异文，对之进行全面和系统的研究，对推动新世纪《史记》整理研究工作向纵深发展并争取获得突破性进展大有帮助。如，安平秋《〈史记〉版本述要》一文，列举大量的版本异文，可进行校勘。张元济《史记校勘记》整理问世，该书"原校勘记共出校四千九百余条，而批'修'、'补'、'削'字者一千八百余条"，《补遗》计二百二十六条，总计五千一百一十条。廓清百衲本《史记》的真实面貌，揭示众多的版本异文，澄清了许多积误，必然有力推动《史记》研究登上一个新的台阶。张玉春的《〈史记〉版本研究》虽重在"梳理出历代《史记》版本的承传关系与发展轨迹"，而书中有大量的异文研究成果，该书对版本异文特别是魏晋六朝异本、唐写本的系统考校，充分显示出版本异文研究的学术价值。如通过对残存的六朝抄本《史记集解张丞相列传》、《史记集解郦生陆贾列传》的考察，探讨两残卷与今本的关系，以及与《汉书》相关部分的比较，得出结论："六朝异本与宋刻本不属一个系统。"《史记集解郦生陆贾列传》"对《史记》版本研究有重要价值。与今本相校，有异文113 处。经考证，多以此卷为是，故可证今本之讹。而此卷为是之处，往往与《汉书》一致"[1]。等等，对当代的《史记》校勘研究，大有启益。这里不再举例。

---

1. 分别见《〈史记〉版本研究》第 65 页、63 页。

（四）吸收已有成果不够

前贤和时人的大量成果可以利用。像清代学者何焯《读史记》、钱大昕《史记考异》、梁玉绳《史记志疑》、王念孙《史记杂志》、郭嵩焘《史记札记》、张文虎《校刊史记集解索隐正义札记》等，均为可资参考的重要的考订成果。近世和当代的王国维、张元济、李笠、鲁实先、靳德峻、吴国泰、朱东润、李奎耀、施之勉、王叔岷、贺次君、程金造、陈直、徐复、蒋礼鸿、李人鉴、韩兆琦、张家英、安平秋、张大可、袁传璋、张玉春、赵生群、张兴吉先生等，在《史记》的考据工作方面，都有一定的成绩。大量的与文字校勘有关的研究成果，需要消化吸收。如点校本与王念孙《史记杂志》的关系，笔者曾撰《王念孙〈史记杂志〉平议》[1]《〈史记〉局本吸收王念孙〈史记杂志〉研究》[2]，讨论说：点校本吸收了大量《史记杂志》的校勘成果，一般情况是因为局本已直接改动，点校本沿用；部分是《札记》有论述而局本未改动，点校本据改了，据笔者统计，其中点校本据王念孙《史记杂志》直接改动的有 90 余处；个别情况是《札记》未采用王说，而点校本径据《杂志》校改。这些校改，基本允当，但也一些存在争议，有一些学者发表了不同意见。如《秦始皇本纪》："或言鹿（者），高因阴中诸言鹿者以法。"点校本据王念孙说及他书引文删的"者"字。裴学海认为："王说不确。'或言鹿者'之'或'字训有，与上二'或'字不同义。"（第 59 页）裴氏认为属训诂问题。《留侯世家》："留侯死，并葬黄石（冢）。"《札记》引《杂志》，点校本据删。李人鉴以为王说非是，"并葬黄石冢"意即"并葬黄石于冢"，史公省一"于"字耳，类书未足为据（第 917 页）。李说符合语法。《张仪列传》："夫（待）〔恃〕弱国之救，忘强秦之祸，此臣所以为大王患也。"王念孙认为"待，当为恃，今作'待'者，涉上文'待诸侯之救'而误也。"（第 123 页）《札记》引

1. 王华宝《王念孙〈史记杂志〉平议》，《中国训诂学报》（第二辑），商务印书馆，2013 年，第 284—293 页。
2. 王华宝《〈史记〉局本吸收王念孙〈史记杂志〉研究》，《古典文献研究》（第十六辑），凤凰出版社，2013 年，第 558—566 页。

之，点校本据改字。裴学海"或以通假为形讹以致自乱其例"举此条说："待恃皆从寺声，待为恃之借字，非讹误也。"举古书互用例，并以《吕氏春秋》高诱注"待，恃也"为证。（第 117 页）。三例均训释可通，似不必改字。因此点校本的改动，还需要进一步讨论。

特别需要重视的是，古代学者早就使用出土文献以考订《史记》，现代研究《史记》的学者开始有意识地利用出土文献，有一些成果可以借鉴，但仍有较大的研究空间。《史记》修订本利用出土文献以及相关成果，写出新的校勘记等，就是很好的证明。兹不详论。

（五）标点不当

点校本《史记》的新突破，主要表现在分段、专名线、引号和校勘符号的应用等方面。但是，点校本在标点方面也存在不少值得探讨的地方。这里从专名、书名号、与引号相关的标点符号、语词等角度，列举时贤及自己发现的一些可商之处，供大家讨论。

1. 专名问题

专名指人名、地名、国名、民族名、朝代名等。专名当作非专名是错，非专名当作专名也是错。与专名相关的错误主要表现为两种形式，一是断句不当，一是专名线不当。为古籍中的人名、地名、国名、民族名、朝代名等专名加上专名线，对读者帮助很大。但加上专名线的工作，可以说是古籍整理中一项比较繁琐而难度较大的工作。专名线既不能长，也不能短，还不能断。稍有不慎，就会出错。

（1）专名断句问题例

《河渠书》："太史公曰：余南登庐山，观禹疏九江，遂至于会稽太湟，上姑苏，望五湖；东窥洛汭、大邳，迎河，行淮、泗、济、漯洛渠；西瞻蜀之岷山及离碓；北自龙门至于朔方。"按：以"漯洛"为一渠，误。漯为漯水，即上文禹分河为二渠，"北载之高地"之一的漯水，源自河南武陟县，流经河北、山东入海；洛水即《禹贡》所说"导洛自熊耳"中的洛水，是伊、洛之洛，非陕西境内的渭、洛之洛水。漯洛，中间宜加顿号分开。此水名断句不当例。

《苏秦列传》："我下轵，道南阳，封冀，包两周。"按："南阳，封冀"，当为"南阳、封、冀"。参《索隐》："按：魏之南阳即河内也。封，封陵也。冀，冀邑。皆在魏境。"即可知。《集解》徐广曰："霸陵有轵道亭，河东皮氏有冀亭也。"张文虎《札记》："《考异》云道谓取道南阳，徐误。"并可参。此地名断句不当例。

（2）专名线问题例

《秦始皇本纪》："以黔首葬二世杜南宜春苑中。"按：杜南，中华本作一专名线。而《项羽本纪》有"杜南"，仅"杜"下标有专名线，前后不一。参其下《正义》引韦昭云："杜，今陵邑。"引《括地志》："杜陵故城在雍州万年县东南十五里。汉杜陵县，宣帝陵邑也，北去宣帝陵五里。《庙记》云故杜伯国。"可知"南"字不宜加专名线。

《袁盎晁错列传》："学申商刑名于轵张恢先所，与雒阳宋孟及刘礼同师。以文学为太常掌故。"按：张恢先，点校本标一专名线，参下《集解》："徐广曰：'先即先生。'"可知"先"不宜入专名线，下文《索隐》："轵张恢生所。轵县人张恢先生所学申商之法。"其中"张恢生"的"生"与"张恢先生"的"先生"，均不宜标专名线。陈直《汉书新证》说："直按：《汉旧仪》云：'博士称先生。'或简称为先，如《梅福传》之叔孙先，《李寻传》之正先，本传之邓先是也。或简称为生，如伏生，辕固生，贾生是也。此独称张恢生，在姓名下加以生字，尚属创见。张恢疑为秦代之博士，故《史记》称为张恢先。"[1]亦可证。《史记人名索引》第39页列为"张恢先"，可商。

2. 书名号问题

《孝武本纪》之《索隐》："《三辅故事》曰'建章宫承露盘高三十丈，大七围，以铜为之。上有仙人掌承露，和玉屑饮之'。故《张衡赋》

---

1. 陈直《汉书新证》，天津人民出版社，1979年，第293—294页。

曰'立修茎之仙掌，承云表之清露'是也。"按：将"张衡赋"标上篇名，显系失误。此二句出自张衡《西京赋》，可不加书名号，要加也只能标为"张衡《赋》"。参张家英《〈史记〉十二本纪》第243页可知。《史记三家注引书索引》第13页列出《张衡赋》一书一次用例，盖因标点之误而误出条目。程金造《史记索隐引书考实》第748页列目"张衡《西京赋》"，引此例，不误。

《日者列传》："自伏羲作《八卦》，周文王演三百八十四《爻》而天下治。越王句践放文王《八卦》以破敌国，霸天下。"按："八卦"与"爻"，为专用名词术语，一般不加书名号。

3. 与引号相关的问题

古人行文，表示引用时多用文字加以说明，如使用"所谓"、"以上皆某书之文"等。现代为古书加标点，引号的用法与现代书面语基本相同，最主要的有两种：第一种是人物的语言、转引他人、他书的原话，要用引号标明。第二种是在一些专门术语以及表示强调的词语上加引号。

《礼书》之《集解》："服虔曰：'鸾在镳，和在衡。《续汉书·舆服志》曰鸾雀（立）〔在〕衡也。'"按：服虔是汉人，早于《续汉书》作者，此前人引后人也。当分为"服虔曰"和"《续汉书》"二条。《隋书·经籍志》正史类列《续汉书》八十三卷，原注曰："晋秘书监司马彪撰。"纪、传已佚，汪文台有辑本，其志已并入范晔书中。此引语下断限后延之误例。

《吴太伯世家》之《索隐》：《左传》曰'楚公子围……入问王疾，缢而杀之，孙卿曰：以冠缨绞之。遂杀其子幕及平夏。……'"按：此为史文"楚公子围弑其王夹敖而代立，是为灵王"下注，"孙卿曰：以冠缨绞之"八字，是杜预的注语。蒋礼鸿引杨伯峻《春秋左传注》"今《荀子》无此文"。下文"楚之亡臣伍子胥来奔，公子光客之"句下《索隐》云：《左传》昭二十年曰：'伍员如吴，言伐楚之利于州于。杜预曰：州于，吴子僚也。公子光曰："是宗为戮，而欲反其仇，不可从也。"……'""杜预曰：州于，吴子僚也"一语，显为注文，非《左传》文。点校本误混。

4. 与语词相关的问题

《平准书》："而不轨逐利之民，蓄积余业以稽市物，物甚腾粜，米至石万钱，马一匹则百金。"按：《汉语大词典》据此孤证立"腾粜"条目，而有关学者考证，此处有校勘问题，"腾粜"不辞，属假目。再如《苏秦列传》："齐紫，败素也，而贾十倍。""齐紫"后不当断，《辞源》据之立假目，此可参董志翘先生说[1]。

《郑世家》："十一年，定公如晋。晋与郑谋，诛周乱臣，入敬王于周。"按：参《索隐》："王避弟子朝之乱出居狄泉，在昭二十三年；至二十四，晋、郑入之。《经》曰'天王入于成周'是也。"可知"二十六年"即郑定公十四年，"入敬王于周"，此时为十一年，尚在"谋议"之时，故"谋"下逗号宜去掉，否则易误以"诛周乱臣，入敬王于周"的谋议之事为已然之事。

5. 其他问题

《六国年表》："卜相，李克、翟璜争。"按：据《魏世家》，魏文侯卜相于李克，问季成与翟璜孰可为相，李克认为应任季成为相。刘向《新序》卷四亦记此事，云："魏文侯弟曰季成，友曰翟璜，文侯欲相之而未能决，以问李克。"本文"卜相"后省略"于"字，宜标点为"卜相李克，翟璜争"[2]。此不明古史之误。

《历书》："至今上即位，招致方士唐都，分其天部；而巴落下闳运算转历，然后日辰之度与夏正同。"按：当时广招天下方士，"唐都"宜属下，"天部"下分号改逗号，表明所招方士并非仅"唐都"一人。标点改动后，"唐都分其天部"正与"落下闳运算转历"相对。

---

1. 董志翘《训诂类稿》，四川大学出版社，1999 年，第 268 页。
2. 此说可参马斗全《〈史记〉标点订误一则》，《人文杂志》1988 年第 2 期。

（六）点校本与张文虎《札记》的关系

点校本以金陵书局本为底本，依据张文虎《札记》等，进行分段、标点、校理，对部分古字、异体字进行处理，为现代读者提供了方便。同时，《札记》的《出版说明》告诉读者："我们出版的点校本《史记》，即以张校金陵书局刻本为底本，用方圆括号改字之处，也主要依据张文虎的校勘成果。现将《札记》整理印出，这样不但我们在点校本中所作改动的理由可以一目了然，而且对于研究《史记》、持有其他版本的读者，也同样具有参考价值。"可见，探讨点校本，不能不重视两者的关系。张文虎的《札记》，据统计，共有 8957 条校记。或交代局本校改的依据，或列版本异文，或述前人之说，或订他本之误。其与点校本的关系可粗分为五类：一是大部分条目与局本本身关系不大，对点校本而言，没有校勘价值；二是一些有价值的条目点校本亦未采用，即善而未择；三是《札记》所言未必正确，点校本却采用了，即所择未善；四是《札记》有二种或多种说法而点校本径取一说，或用《札记》之说不完整者；五是点校本暗用了《札记》的材料却不出校改符号；六是点校本与《札记》之说不一，甚至与《札记》之说相反者。可见点校本采用情况之复杂。笔者曾撰写《试论张文虎〈史记札记〉的文献价值》一文加以讨论，认为："《札记》校点本校记达 8957 条，而校点本《史记》仅有 780 余处明显校改，单从数量上看，二者差距非常大。因此，可以认为，张文虎《札记》是金陵书局本《史记》的校勘记，与校点本的关系非常复杂，不宜当作校点本《史记》的校勘记，校点本《史记》应有自己的校勘记。但同时也应认识到，在《史记》整理研究中，张文虎《札记》具有无可替代的文献价值。"[1]

---

1. 王华宝《试论张文虎〈史记札记〉的文献价值》，《史记论丛》第 8 集，中国文史出版社，2011 年。

三、修订本取得的成绩

（一）修订情况与基本认识

此次修订，据《修订前言》介绍："修订本仍以金陵书局本为底本，兼顾不同印次的文本差异。校勘所用通校本、参校本涵盖宋元明清各个时期不同系统最具代表性的《史记》版本。"其中有"世间乙部第一善本"——中国台湾藏北宋景祐监本《史记集解》、中国国家图书馆藏南宋绍兴初杭州刻本《史记集解》、日本藏南宋庆元建安黄善夫家塾刻本《史记》三家注合刻本、南宋淳熙刊《史记集解索隐》本、日本藏六朝钞本、日本藏唐钞本、法藏敦煌残卷等；全面覆核了点校本对底本所作的校改等，覆核了三家注的全部引文。其结果是，修订本对原点校本分段进行优化、调整，改正破读之处，统一标点体例，纠正讹脱衍倒。共改标点符号约 6000 处，新增校勘记 3400 余条[1]，处理文字约 3700 字（增 1693 字，改 1241 字，删 492 字，移 298 字），改正点校本排印错误 300 多处，并且恢复了被原底本删削的唐代司马贞《史记索隐》中的《补史记序》《补史记条例》和《三皇本纪》等。

由以前的校改符号近 800 处，到修订本出校勘记 3400 余条，改动标点符号约 6000 处，总量惊人。然而我们还是应当对新的校勘记进行客观分析，进行合理的解释和科学的评判。个人认为，3400 余条校勘记之中，有相当的数量是由于修订体例的变化造成的，如恢复补充了底本金陵书局本删削的唐代司马贞《补史记条例》的大量条目，这些并非原点校本的差错；有相当的数量是由于刻本系统的差异、由于张文虎的刻书理念与学术观点造成的，如局本刻成后张文虎方见到单《史记索隐》本，又未能一一采纳，这一类问题并非点校本整理者的失误；修订本有许多校勘记，列出的是局本与其他版本的异文，从现代校勘学的角度来说，可以出校，而从

1.《史记》修订本，中华书局 2013 年 9 月出版精装本，2014 年 8 月推出平装本。平装本又有一定的改动，笔者据之统计，校勘记共有 3946 条。

当初点校本产生的时代反对繁琐考证的背景来看，点校本不做任何校改，又是有客观原因的。关于标点符号，无疑修订本做的更为精细，对点校本多有匡补，但也有一些是见仁见智的问题或粗与细的问题，属于原点校本与修订本断句标准的系统性差异，如《吴太伯世家》"大而宽俭而易行以德辅此则盟主也"，原标点为"大而宽，俭而易，行以德辅，此则盟主也"（第1452页），在《史记点校后记》（新4065页）中有详细的说明，而修订本改为"大而宽，俭而易行，以德辅此，则盟主也"（第1747页），当属见仁见智的问题。此外修订本的标点也不无可商之处。

总之，不能简单以为点校本出校近800处、修订本出校3400条，其差2600处，就一定是原点校本遗留的差错。更不能简单认为，原点校本有近6000处标点符号差错。反之，对原点校者顾颉刚、贺次君、宋云彬、聂崇岐先生等前辈学者所付出的辛劳、所取得的成绩[1]，应当更加心怀敬意，对点校本发挥的历史作用仍不能低估。

另一方面，除修订组的工作外，安平秋、张大可、袁传璋、王继如、辛德勇、王小盾先生等数十位专家学者，或从思路方法给予帮助，或就具体问题展开讨论，或提供资料甚至个人研究成果，帮助颇多，共襄盛举。中华书局从各个方面给予支持，保障修订本的质量与进度。各主管部门和图书收藏单位等给予关心和帮助。综合起来看，也可以说是"盛世之举"。从这一角度看，修订本《史记》凝聚了多方的心血，本身即是时代的产物。点校本的开创之功必须充分肯定，修订本所取得的巨大进步有目共睹，修订本应当成为体现21世纪"史记学"最高水平的《史记》新定本。

---

1. 以"中华书局编辑部"名义所撰《出版说明》（第6页）说："这个本子由顾颉刚先生等分段标点，并经我们整理加工。"以"点校本《史记》修订组"名义所撰《修订前言》（第9页）说："点校本《史记》，由顾颉刚、贺次君标点，宋云彬参考顾颉刚、贺次君标点本重新标点并编辑加工，最后由聂崇岐覆校。"并于"史记整理人员名录"中明确"原点校者 顾颉刚 贺次君 宋云彬 聂崇岐"。实际工作中，宋先生向叶圣陶、王伯祥先生等多有请教商议，还有其他许多前辈参与了讨论等。

（二）修订本的学术质量有显著提高

《史记》修订工作具有相当的特殊性、复杂性，因此修订工作量之大、涉及面之广、困难度之高，异乎寻常。

首先，克服特殊困难，新增校勘记。点校本系列其他各史均有校勘记，唯独《史记》阙如。张文虎《校刊史记集解索隐正义札记》五卷，说明各本同异以及所以去取之由，部分采录诸家校释，但与点校本的校勘记实在性质不同[1]，加之《札记》与金陵书局本不一之处甚多，张文虎未见到许多重要版本，对《史记》版本承传研究不够，对《史记索隐》的吸收不足，等等，用来做底本的金陵书局本纷繁复杂的问题较多。因此，系统参校各种文献，吸收各类成果，并融入修订组的意见，写出全新的校勘记，就成为一项最基本而且是最重要的工作。主持人按照修订总则的要求与校勘规范，撰写了3400多条校勘记。这是修订本的主要成就。

其次，解决复杂问题，依据学术规范，进行系统订正。由于时代风尚、人员变化等各种复杂因素，点校本存在大量问题，学术界商讨文章众多，中华书局历次重印也不断修正。我们充分肯定点校本的学术成就，同时也实事求是地指出其存在的不足，进行系统的订正。据研究统计可知，点校本《史记》出校改符号的改动近800处，径改过百处，而1982年版新产生的文字讹误有200多处，不够规范之处众多，标点可商之处数以百计。本次修订，梳理和吸收各方面成果，做了大量学术性的工作，仅标点方面的改动就近6000处，学术质量有了较大提升。

再次，《史记》修订工作量之大、涉及面之广、困难度之高，异乎寻常。以版本数量而言，遍布海内外，且多分散，搜罗不易。从学术来讲，涉及众多学科，且多纷纭，判断实难。从精力来说，虽心无旁骛，全力以赴，而面对如此庞大的材料、涉及众多学科的问题，难免精力不济。然而，修订组还是系统校核各种文献，发现大量一手材料，解决了许多疑难问题。虽说有些问题还需要进一步讨论，但毕竟有了一个新的学术平台。

---

1. 参见拙稿《试论张文虎〈史记札记〉的文献价值》。

在当代学术积累与便利条件之下，在程序保证质量的原则之下，在修订组与各方的共同努力下，《史记》修订本的学术质量有了显著的提高。《点校本〈史记〉修订本出版》一文从"广校诸本""新撰校勘记三千三百余条""订补疏误，后出转精""尊重底本，优化完善"和"多领域专家协作"五个方面分析，认为"修订本充分地反映了时代学术的进步"[1]，并非虚誉。

四、修订本进一步提升的空间

"前修未密，后出转精"，原是章炳麟先生在《国故论衡》中提出的一个比较严肃的学术命题，同时也是学术发展的趋势和一般规律，是后人做学问的应有之义。先师徐复先生《戴震语文学研究序》说："大凡学术之进展，前修未密，后出转精，此谓后人之说必密于前人也。"[2]

正如《史记》审订专家王继如教授所说"校点古书，是极其困难的事。漏校误点，要说一点都没有，是谁都难做到的"[3]武秀成教授指出修订本校勘"还留有可商榷之处也是在所难免"，如《苏秦列传》校勘记〔二〕："乐壹　　殿本、《会注》本作'乐台'。按：《旧唐书》卷四七《经籍志下》：'《鬼谷子》二卷，苏秦撰。又三卷，乐台撰。'《新唐书》卷五九《艺文志三》：'《鬼谷子》二卷，苏秦。乐台注《鬼谷子》，三卷。'"武教授指出，"作为异文写入校勘记，似有误导之嫌"。因为："《旧唐志》作'台'字当是形近而误，《新唐志》不察其误而沿袭之，殿本则当是据《唐志》而妄改。清姚振宗《隋书经籍志考证》卷二九已指斥《唐志》之误。此类异文，似是而非，或者辨之，或者弃之。"专家学者在

---

1. 载《点校本"二十四史"及〈清史稿〉修订工程简报》（第 80 期），第 5—6 页。中华书局点校本"二十四史"及〈清史稿〉修订工程办公室编，2013 年 10 月 31 日。修订主持人赵生群先生有一些文章，介绍修订情况，如《〈史记〉相关重要问题和新版〈史记〉修订情况》（《文史哲》2017 年第 4 期）、《要做出超过日本的〈史记〉集成性成果》（澎湃新闻）、《二重证据视野下的〈史记〉文本研究》（《光明日报》2019 年 08 月 05 日 13 版），可以参考。
2. 见于李开《戴震语文学研究》卷首，江苏古籍出版社，1998 年，第 2 页。
3. 王继如《〈史记〉研究的新平台》，《中华读书报》2013 年 11 月 27 日 09 版。

肯定修订本所取得的成绩的同时，也指出其[1]还有提升的空间[2]。有的专家还向修订组提出了很好的建议，以及一些可以拓展的研究课题。以下举例分类探讨。

（一）对有争议之处的改动或可再商

《匈奴列传》："单于既约和亲，于是制诏御史曰：'匈奴大单于遗朕书，言和亲已定，亡人不足以益众广地，匈奴无入塞，汉无出塞，犯（令）〔今〕约者杀之，可以久亲，后无咎，俱便。朕已许之。其布告天下，使明知之。'"（修订本3487，下简称"新"；点校本2903，下简称"旧"）按：《札记》："《杂志》云当依《汉书》作'今约'。"点校本从改，有校改符号。修订本据王念孙说而改字出校。然而这是一个有争议的问题。清王先谦《汉书补注》以为作"令"是。李人鉴认为"'令约'乃并列式双音词，本自可通"[3]，其说可参。吴金华先生进一步论证说："李人鉴认为'令约'乃并列式双音词，是一个发明。《汉语大词典》未收，今可补。'令约'，即'法令约束'的缩略语。《萧相国世家》：'汉王与诸侯击楚，何守关中，侍太子，治栎阳，为法令约束，立宗庙社稷。''令约'的同素逆序词是'约令'，《汉语大词典》也没有收。今举例如下：'约令'见《晋书·刑法志》载东汉之初梁统上疏曰：'高帝受命，制约令，定法律，传之后世，可常施行。'《汉书·沟洫志》'今内史稻田租挈重'，师古注：'收田租之约令也。''约令'也有作动词的，《三国志·吴书·滕胤传》：'乃约令部曲，说吕侯以在近道。故皆为胤尽死，无离散者。'"[4]

局本出校而不改字的做法是谨慎可行的。点校本出校改符号，已引起争议。此类前人有不同意见、今人有反对观点的问题，修订本在未增加新材料、新论证的情况下改字的做法，是值得商榷的。

---

1. 武秀成《二十一世纪的〈史记〉通行本》，《中华读书报》2013年11月27日09版。
2. 参见辛德勇《史记新本校勘》，广西师范大学出版社，2017年。另有张宗品、苏芃、孙力政等多位作者及笔者的讨论文章可以参阅。
3. 李人鉴《太史公书校读记》，甘肃人民出版社，1998年，第1479页。
4.《〈史记〉校勘研究》，第109页。

（二）对点校本的修改仍可商

《五帝本纪》："帝喾娶陈锋氏女，生放勋。娶娵訾氏女，生挚。帝喾崩，而挚代立。帝挚立，不善，崩，而弟放勋立，是为帝尧。"（新17，旧14）按：点校本后一"崩"字加圆括号删除，修订本恢复。恢复的依据见校勘记〔一五〕，是唐孔颖达等《尚书正义》卷二云："《史记》诸书皆言尧帝喾之子、帝挚之弟，喾崩挚立，挚崩乃传位于尧，然则尧以弟代兄，盖逾年改元。"由此推导出"唐初孔颖达等所见《史记》亦有'崩'字"。此处需要进一步思考的是：一是孔颖达等的说法可以作为一种旁证来参考，但不能代替版本依据。二是改变通行多年的点校本处理方式，宜有坚实的依据，点校本删改的主要依据是张文虎《札记》："《索隐》本无'崩'字，据《注》及《正义》，盖后人妄增。"[1] 修订本仅据孔颖达的说法，还不能否定张氏的说法。三是修订本恢复了"崩"，明显与《索隐》所引卫宏、《正义》所引《帝王纪》的"禅位"说矛盾。故此处改动值得商榷。

《高祖本纪》：沛公还军亢父，至方与，周市来攻方与，未战。陈王使魏人周市略地。（新443，旧352）按："周市来攻方与"，点校本为六个小字，有删除符号，修订本恢复为大字，出校勘记〔一二〕张文虎《札记》卷一："六字疑衍。"修订本的处理方式是否妥当，或可商。因为此六字与下文"陈王使魏人周市略地"文意扞格，《汉书·高帝纪》无此句，所以前人疑六字为衍文。点校本出了删除符号，是合理的。一些选本无此六字，也是接受了点校本的意见。修订本恢复了此六字，则今后选本采用修订本的文字，就会保留六个字，那么在讲解上反而会有问题。

《律书》之《索隐》："从子至未得八，下生林锺是也。又自未至寅亦得八，上生太蔟。然上下相生，皆以此为率也。"（新1492，旧1251）按：修订本在"从"字前补"孟康注云"四字，校记〔一七〕："据耿本、黄本、彭本、柯本、凌本、殿本补。按：《通鉴》卷一二四《宋纪》六文帝元嘉二十二年胡三省《注》引作'孟康注曰'。"标点为："孟康注云'从

---

1. 张文虎《校刊史记集解索隐正义札记》，中华书局，1977年删，第6页。

子至未得八，下生林锺'是也。又'自未至寅亦得八，上生太蔟。然上下相生，皆以此为率'也。"今检《汉书·律历志》"八八为伍"师古注引孟康曰："从子数辰至未得八，下生林锺。数未至寅得八，上生太族。律上下相生，皆以此为率。"[1]可知，本文与师古注引孟康曰原文出入近十字：第一句，彼有"数辰"，此无；第二句，此有"是也"，彼无；第三句，此为"自"，彼为"数"，此有"亦"，彼无；第四句此为"蔟"，彼为"族"；第五句，此为"然"，彼为"律"；第六句，此有句末"也"，彼无。此类情况，如果按局本无"孟康注曰"来理解，则此文可以看作是司马贞据孟康注等所作的注解，局本对此有所认可，于义亦通。此类情况出校说明版本有异文，是可行的，是否要补入原文，坐实为孟康的注，则似可讨论。

（三）校勘记存疑之处

《五帝本纪》校勘记〔八〕："而娶于西陵之女 王念孙《杂志·史记第一》：'"西陵"下脱"氏"字。下文"昌意娶蜀山氏女"、"帝喾娶陈锋氏女"，皆有"氏"字。《太平御览·皇王部》、《皇亲部》引此并作"西陵氏"，《大戴礼记·帝系篇》亦作"西陵氏"。'"（新58）按：泷川资言《史记会注考证》、王叔岷《史记斠证》等并从脱字之说，然张森楷《史记新校注稿》认为：《路史·后纪》五亦作'西陵氏女'，不云'之'字，据下'蜀山氏女'、'陈锋氏女'，并不云'之'，疑此'之'为'氏'字之讹，非必脱'氏'字也。"[2]从文字的一致性来看，张氏之说似更合理。故局本不补字，比较审慎。此类问题宜出校，而仅举出脱字说，不列误字说，似有误导之嫌。

《商君列传》校勘记〔一六〕"注归籍 此三字原无，据《索隐》本补"。（新2708）按：文中补"注归籍"三字，反赘。下文为"藉音胙，

1.《汉书》，中华书局，1983年，第966页。
2.张森楷《史记新校注稿》，中国学典馆复馆筹备处，1967年，第55页。

字合作'胙',误为'藉'耳",明为"藉"字,补字易滋疑惑。此为上文《集解》"周室归籍"作注,而局本"籍"作"藉",点校本排印有误,修订本沿袭。

(四)修订后正文与注不统一

《史记点校后记》(4059页)说:"凡注里已经注明某字当作某字,或某字衍,或下脱某字的,我们都不再加增删符号。"这是考虑到正文与三家注的相互关系问题,避免正文与注不统一。修订本基本遵循这一原则,但有少数不符之处。

《三代世表》:"汉兴百有余年,有人不短不长,出自燕之乡……本居平阳自燕。"(新637,旧507)按:两处"自燕",修订本出校勘记〔九〕〔一〇〕两条,列张文虎《札记》卷二"'自'当作'白',下同"与"疑文有讹误"等。这里有几点可商。一是点校本有校改符号"(自)〔白〕",明确校改为"白燕"。修订本退回到局本作"自燕",反将点校本明确的取舍做了存疑处理,易滋疑惑。二是改后致正文与《正义》不对应。《正义》:"一作'白巇'。案:霍光,平阳人。平阳今晋州霍邑,本秦时霍伯国,汉为巇县,后汉改巇曰永安,隋又改为霍邑。遍检记传,无'白燕'之名,疑'白巇'是乡之名。"是针对正文"白燕"而言的,修订本改回"自燕",致使《正义》成了无的放矢。三是陈直《史记新证》有"有人不短不长,出白燕之乡"条,指出:《正义》疑白燕作白巇非也,下文霍将军者本居平阳白燕可证,盖白燕为乡名也。"[1] 陈先生明确认为"白燕"不误,可参证。

(五)异文宜出校而未出

《历书》之《集解》:"徐广曰:'或云木、火、土三星若合,是谓惊

1.《史记新证》,第40页。

立绝行。'"（新 1570，旧 1321）按：本卷下文引徐广语，"立"作"位"。参张文虎《札记》："官本'立'，各本作'位'。"知局本从官本即殿本而改也。检相关版本可知，两处《集解》所引"徐广曰"，宋本均作"位"，殿本均作"立"，原各本前后一致。而局本一处从宋本作"位"，一处从殿本作"立"，反不一致。这一类前后不一致的问题，修订本似应据版本异文出校。

《袁盎晁错列传》："盎曰：'臣闻千金之子坐不垂堂，百金之子不骑衡，圣主不乘危而徼幸。'"（新 3300，旧 2740）按：张文虎《札记》："《志疑》云：《水经注》十九引作'立不依衡'，依上'坐不垂堂'句，似失'立'字。'案：《汉书》'坐'字'立'字皆无。"本文"坐不垂堂"与"不骑衡"不对称，似宜皆无"坐""立"二字，或参上"坐"字补"立"字，上下句式统一。李人鉴《太史公书校读记》据《太平御览》卷五三与《水经·渭水注》引此文均有"立"字，认为脱"立"字[1]。亦为一说。

对此类异文如何处理，吴金华先生认为："是不是一定要根据后出的《汉书》无'坐'字而删《史记》之'坐'？不一定；同样，是不是一定要根据后出的《御览》有'立'字而补《史记》之'立'？当然也不一定。古代的俗语是'家累千金，坐不垂堂'，《汉书》说'千金之子不垂堂，百金之子不骑衡'，不会因为没有'坐'、'立'二字而引发误解。在现有条件下，《史记》的原文是什么样子，还难以推定，所以，到底是应删'坐'，还是应增'立'，眼下还难于锁定。既然难以锁定，当然只宜采取出校记而不改字的方式。"修订本对此异文，未出校记，似乎可商。

（六）标点可商之处

《平津侯主父列传》："故兵法曰'兴师十万，日费千金'。"（新 3555，旧 2955）按："兵法"，此处指《孙子兵法》。中国古代的军事名著，春秋

1.《太史公书校读记》，第 1366 页。

末年孙武著。引文见于该书《用间》，原文为"凡兴师十万，出征千里，百姓之费，公家之奉，日费千金"。可知"兵法"非泛称，宜加书名号。

《赵世家》："成侯与魏惠王遇葛蘖。"（新2158，旧1801）按：葛蘖，点校本标一专名线，田大宪据宋吕祖谦《大事记·解题》卷三所载《史记正义》佚文：《括地志》云：'葛、蘖，二城名，在魏州魏县西南。'"[1]认为是二城名，宜分标。吴金华先生说：《战国策·赵策四》"齐欲攻宋"章，宋鲍彪本有"抱阴成，负葛、蘖"之语，对于地名"葛、蘖"，鲍彪注云："蘖，元作薛，《赵记》注：在马丘。又葛城在高阴，属涿郡。"这段注文，以葛、蘖为两个地名，可与《史记正义》佚文印证。吴先生之说可以参证。此不明地理之误。

（七）存在的排印问题

点校本存在一定数量的排印讹误，笔者《〈史记〉校勘研究》多有揭示，修订本多数已改正，但仍有少量未改。下举数例。

《吴太伯世家》之《索隐》："《左传》曰'楚公子围将聘于郑，未出竟，闻王有疾而还。入问王疾，缢而杀之，孙卿曰：以冠缨绞之。遂杀其子幕及平夏。……'"（新1756，旧1460）按：三家注中有许多引文中夹注，点校本通常将夹注排为小字，以示区别，但有部分遗漏。如下文"杜预曰：州于，吴子僚也"，原误为大字，今改为小字。此处《左传》事，见昭公元年，"孙卿曰：以冠缨绞之"八字，属于注文，非《左传》正文。故此八字属误排，当改为小字。

《廉颇蔺相如列传》："赵括既代廉颇，悉更约束，易置军史。"（新2952，旧2447）按：军史，局本作"军吏"。《周礼·夏官·大司马》"诸侯载旗，军吏载旗"，汉郑玄注："军吏，诸军帅也。"唐贾公彦疏："亦谓从军将至下伍长皆是军吏也。"军吏，泛指军中的将帅官佐。点校本第1版作"吏"，不误；第2版作"史"，当系排印之误。

1.《〈史记正义〉佚文考释》，《司马迁与史记论集》第三辑，陕西人民出版社，1996年，第528页。

文中疑为排印问题或技术处理问题的还有一些，如《秦楚之际月表》《索隐》："赵歇前为赵王已二十六月，今徙王代之二月，故云二十七月。"（第934页）徙，局本作"从"，疑排印之误。《史记点校后记》所引《高祖本纪》"忽闻汉军之楚歌"（第4059页），《高祖本纪》原文"忽"作"卒"，亦属排印之误。《主要参考文献》中《史记》一百三十卷，《中华再造善本》影印中国国家图书馆藏南宋淳熙三年张杅桐川郡斋刻八年耿秉重修本"（第4080页），即《修订凡例》中所指通校本的第一种"耿本"（第2页），耿本为二家注本，此处当与《修订凡例》一致，改正为"《史记集解索隐》一百三十卷"。

（八）点校本与修订本的异同仍可研究

《史记》修订本平装本共列出校勘记3946条，据统计，涉及改动文字的有1250条，而三家注部分居多。对两本异同情况的研究，特别是校改理据的研究，将是《史记》文献学和古籍整理研究的重要内容。其中"八书"部分校勘记452条，涉及改动文字的有151条，与点校本原有140余处改动相比，在数量上相差并不大，基本符合《修订凡例》规定的"修订本以原点校本为基础"的原则。而具体情况则复杂的多，修订本"八书"部分新增36条改动，对点校本原改动之处作不同处理的有26条。此外，与张元济《史记校勘记》六种版本有751条版本异文[1]、清张文虎《校刊史记集解索隐正义札记》有1104条札记相比[2]，修订本据十多种版本校勘，只列出452条校勘记，表明还只是根据修订体例做了"有限"校改，"修订资料长编"将更受到学术界的期待。由此也可推测，进行《史记》点校本与修订本的比较研究，开展系统的《史记》版本研究、全面的《史记》异文研究，《史记》与出土文献研究，等等，仍是值得期待的研究课题。兹举一例：

---

1. 张元济《史记校勘记》，王绍曾、杜泽逊、赵统等整理，商务印书馆，1997年。
2. 据中华书局1977年排印本统计。

《封禅书》之《索隐》："述亦未详，《汉书》作'遂'。"（新1654，旧1375）按：这是史文"诸述"的注释。"遂"，修订本径改为"逐"，无校勘记。查核底本金陵书局本作"逐"，又有张文虎《札记》云："官本'逐'，与《郊祀志》合。各本讹'遂'。"可见，修订本依据版本、校记做改动，似乎具有较为充分的理据。然而《史记会注考证》本史文作"诸述"，《索隐》作"述亦未详，《汉书》作'遂'"，《考证》说："述，《汉志》作'遂'。《周礼·稻人》注：遂，田首受水小沟。《考工记·匠人》注：遂者，夫间小沟。《地官》序官注：遂谓谓王国百里外。皆主道路言之。诸严、诸遂，谓路神耳。愚按：述、术通，亦道路之义。"（第28卷，第32页）此说显示"遂"、"逐"均有来源，点校本作"遂"字不一定为排印之误，也可能是有意的改动。修订本对点校本做了改动，出校说明则更为稳妥。此外，《会注》本是修订本的参校本之一，"诸述"《会注》本作"诸述"，或可出一条异文校勘记。

综上可知，尽管修订本可能存在各种不足，仍有提升的空间，但总体而言，学术质量有了显著的提高。修订本所取得的学术成就，所搭建的新的学术平台，对史记学研究、对古籍整理事业、对传统学术文化的振兴等所起到的推动作用，将历久弥新。而这一切除了赵生群先生团队的艰辛努力外，又是学术进步的必然，也得益于新的时代科技手段的进步和学术界、出版界等的共襄盛举。此时此刻，我们对前人所取得的成绩，对顾颉刚先生、宋云彬先生等前辈学者所付出的辛劳，更应心怀敬意。我们相信，点校本、修订本分别代表着不同时代的最高的古籍整理水平，各有其历史贡献和文化价值，将会成为更大层面的历史共识。

本文为中国史记研究会2015年会提交论文，题为《前修或未密 后出当转精——〈史记〉点校本与修订本述评》，收入《史记论丛》第12集，中国文史出版社2015年版
王华宝，东南大学人文学院教授

魏晋南北朝儒学、家学与家族观念

张天来

在研究魏晋南北朝学术文化时，论者常把这一时期学术文化呈现的新貌归因于汉代经学即儒学的衰落，这似乎成了一种共识。诚然，魏晋南北朝时期，儒学确乎不像汉代那样在占统治地位的意识形态中居于崇高地位，在文士的心目中，儒学也不像汉代那样是唯一的精神寄托，但儒学对文士的长期影响所造成的思维定势，不可能随着汉帝国的衰亡骤然归于沉寂。如果我们考虑到魏晋南北朝的文士大多出自世家大族，或与世家大族有着某种联系，那么，我们将会发现，儒学仍以一种家学形式，作为世家大族的精神支柱，深刻而微妙地影响着一代文士，或隐或显地表现在他们的文化学术中，制约着他们的文化创造。

一、儒学作为家族文化的本质特征

魏晋南北朝时期，作为家学的儒学虽不同于汉代的章句经学，但却与汉代的章句经学有着传承和转换的关系。"家学"在其形成的最初阶段是与经学密切联系的。汉代经学在其传授过程中先是形成某种"师法"，即传经之人创造了某一经的章句，后人谨守其章句进行传授，所谓"师之所传，弟之所受，一字毋敢出入，背师说即不用，师法之严如此"[1]。在因循师法进行传经的过程中，又衍生出"家法"，"家法"是从师法分化出来的，"先有师法，而后能成一家之言。师法者，溯其源；家法者，衍其流也"[2]。大体来说，西汉重师法，东汉重家法。

经学传授由"师法"衍生出"家法"，与家学的形成密切相关。赵翼《廿二史札记》卷五"累世经学"条云：

1.［清］皮锡瑞《经学历史》，中华书局，1959年，第77页。
2.《经学历史》，第93页。

古人习一业，则累世相传，数十百年不坠。盖良冶之子必学为裘，良弓之子必学为箕。所谓世业也。工艺且然，况于学士大夫之术也乎。[1]

当经学家法在某一门庭世代相传时，就形成了家学，"累世经学"就是一种家学。赵翼曾举两汉累世经学者三家，第一为孔门，"计自孔圣后，历战国、秦及两汉，无代不以经义为业，见于前后《汉书》，此儒学之最久者也"。其次为伏氏，"此一家历两汉四百年，亦儒学之最久者也"。又次为桓氏，"计桓氏经学，著于东汉一朝，视孔、伏二家，稍逊其久，然一家三代，皆以明经为帝王师，且至于五帝，则又孔、伏所不及也"。其实两汉以经学传家者远不止赵翼所举的三家，如千乘欧阳氏，世传伏生《尚书》，始自两汉文景之时，至东汉初年的欧阳歙，"八世皆为博士"[2]。又会稽虞氏，据虞翻自述云："臣高祖父故零陵太守光，少治《孟氏易》，曾祖父凤为之最密。臣亡考日南太守歆，受本于凤，最有旧书，世传其业，至臣五世。"[3]虞氏自虞光至虞翻五世传《孟氏易》学，也可算得上是累世经学了。

在汉代，家学相传关系到门第的提升。两汉重经学，习经儒士往往得到察举、征辟，一跃而成为公卿，从而提高了家庭的声誉和门庭的地位，同时，当经学作为家学在势位之家世代相传时，门第亦得以长期延续。所以累世经学实与累世公卿密切相关。东汉时期最为人称道的是汝南袁氏和弘农杨氏，赵翼《廿二史札记》卷五"四世三公"条即举二家为例。但赵翼只是指出二家累世公卿这一现象，所谓"世族之盛，未有如二家者"，而未将其门第与家学联系起来予以考察。其实袁、杨二氏都以经学传家，如汝南袁氏袁安、祖父袁良习《孟氏易》，袁安本人少传袁良之学，安子袁京亦习《孟氏易》，并作《难记》三十万言。京弟袁敞少时传授《易经》，京子袁彭"少传父业"，彭弟袁汤"少传家学，诸儒称其节"[4]。弘农杨氏中的名儒杨震，其父杨宝习《欧阳尚书》，杨震本人"受

1.［清］赵翼《廿二史札记》，凤凰出版社，2008年，第66页。
2.［南朝宋］范晔《后汉书》卷七九《儒林·欧阳歙传》，中华书局，1965年，第2555页。
3.［西晋］陈寿《三国志》卷五七《吴书·虞翻传》，中华书局，1964年，第1322页。
4.《后汉书》卷四五《袁安传》，第1522—1523页。

《欧阳尚书》于太常桓郁，明经博览，无不穷究。诸儒为之语曰：'关西孔子杨伯起'（伯起，杨震字）"。震子杨秉，少传父业，兼明《京氏易》。秉子杨赐"少传家学，笃志博闻"。赐子彪"少传家学"[1]。据上可见，汝南袁氏世传《孟氏易》，弘农杨氏则以《欧阳尚书》为"家学"。袁、杨二氏得以久居公卿地位，固有多种因素，如袭封等，但如果没有家学相传，袭封而来的爵位很难能够保持，门第也难久盛不衰。《后汉书·袁安传》以为得其父阴宅之功，"故累世隆盛"，实为方术家虚妄之言[2]。

魏晋南北朝是世家大族兴盛的时代，活跃于经济、政治、军事、文化诸领域中的士人大都出自世家大族，而魏晋南北朝的世家大族又大都是从东汉发展而来的。就单个的家族而言，有盛有衰，有升有降，但就世家大族这一群体结构而言，东汉时期的世家大族，乃至西汉时期的豪强大族，确乎是魏晋南北朝士族的先行者。西汉的豪强大族转变为东汉的世家大族，其中一个重要因素是儒学传家。儒学传家不一定能上升为世家大族，如前举千乘欧阳氏，八世皆为博士，但《后汉书·欧阳歙传》仍谓其"门单"，欧阳氏未能凭借家学而成为显族。可是，在东汉时期能称得上世家大族的门第，在文化学术上必然有自己的特征，而且多以儒学传家。世家大族的这种文化特征在魏晋南北朝的士族门第中表现得最为明显。魏晋士族文人善于清言论辩，展现的就是一种文化风貌。他们重视子弟人才的培养，或言传身教，或立家诫遗训，多流露出一种尚文轻武的风气。在社会上崭露头角的六朝士族都具有自己的家学特征和文化风貌，不过六朝士族的家学特征与东汉世家大族的家学特征已有显著的不同，东汉世家大族世代相传、信守奉行的章句经学已发生了很大的变化。魏晋时期玄学兴起，许多士族渐染玄风，如琅邪王氏，颍川庾氏、谯郡桓氏、陈郡谢氏、吴郡陆氏、顾氏、张氏等。这种玄风一直延续至南北朝时期，《颜氏

1.《后汉书》卷五四《杨震传》，第1759—1780页。
2.《后汉书》卷四五《袁安传》云："初，安父没，母使访求葬地，道逢三书生，问安何之，安为言其故，生乃指一处，云：'葬此地，当世为上公。'须臾不见，安异之。于是遂葬其所占之地，故累世隆盛焉。"此事亦见于刘义庆《幽明》和殷芸《小说》。《后汉书》受方术家影响极深，参见陈寅恪《天师道与滨海地域之关系》一文，见《陈寅恪史学论文集》，上海古籍出版社，1992年，第174页。

家训·勉学篇》云:"何晏、王弼,祖述玄宗,递相夸尚,景附草靡……泊于梁世,兹风复阐,《庄》《老》《周易》,总谓'三玄'。武皇、简文、躬自讲论。周弘正奉赞大猷,化行都邑,学徒千余,实为盛美。元帝在江、荆间,复所爱习,召置学生,亲为教授,废寝忘食,以夜继朝,至乃倦剧愁愤,辄以讲自释。"[1]北朝的中原士族亦以清言玄谈相尚,如弘农杨氏的杨元慎,"清尚卓逸,少有高操,任心自放,不为时羁。乐山爱水,好游林泽,博识文渊,清言入神,造次应对,莫有称者,读《老》《庄》,善言玄理。性嗜酒,饮至一石,神不乱。常慷慨叹不得与阮籍同生"。杨元慎"清词雅句,纵横奔放"的风貌甚至震慑了南方士人[2]。家族文化中的玄学风貌相对于东汉世家大族以儒学传家的特征确实是一种新的变化,但是这种新的变化不可能动摇世家大族基于血缘关系而形成的宗法结构这一本质特征。宗法结构与儒学又具有一种天然的亲和力,因为儒学思想的核心"礼学"和"仁学"产生的基础也是以血缘关系为纽带的宗法结构。因此可以这样说,儒学是世家大族文化的本质特征。

近世以来,有关魏晋南北朝的学术思想研究特别注重玄学清淡与士人之间的关系,这方面的成果斐然可观,但同时也应看到玄学研究单向推进,构成了对全面认识和评价魏晋南北朝学术思想的遮蔽。《荀子·解蔽篇》云:"凡人之患,蔽于一曲而暗于大理。治则复经,两疑则惑矣。"魏晋玄学在中国思想史上确乎是一种新的哲学,但对六朝士族的家族文化来说不具有本质特征的意义。魏晋士人渐染玄风与当时政治状况相关,或为了避祸全身,或是对虚假名教的一种抗争。对何晏、王弼来说,他们创立的玄学,作为一种"新经学"[3],起初只是想通过一种崭新的哲学思想来论证统治者的合理性,玄学在本质上与儒学并不对立。

魏晋南北朝世家大族的家学和文化特征呈现出多元发展的倾向,有的家族主要以儒学传家,如南乡武阴范氏,自范汪开始,就崇尚儒学,

1.[北齐]颜之推,王利器集解《颜氏家训》,中华书局,1993年,第143—236页。

2.[北齐]杨衒之,范祥雍校注《洛阳伽蓝记》卷二《城东·景宁寺》,上海古籍出版社,1978版,第116—131页。

3.[唐]杜佑,王文锦等点校《通典》,中华书局,1988,第1122—1123页。

《世说新语·排调篇》注引《范汪别传》云："通敏多识，博涉经籍，致誉于时。"[1]他擅长礼学，《通典》载其议丧礼文甚多。范宁更是"崇儒抑俗"，任豫章太守时，"在郡大设庠序"，"并取郡四姓弟子，皆充当学生，课读《五经》"[2]。他曾著《礼杂问》十卷，别著有《春秋穀梁传集解》，序称该书乃范汪升平（357—361）末免官居吴，率门生故史、兄弟子侄研讲敷陈而成，因此，此书可视为范氏家学著作。范宁之子范泰，以博士起家，《宋书》卷六〇《范泰传》载其有议礼、兴学诸事。范泰从兄范弘之，入《晋书·儒林传》，范泰之子范晔，《宋书》卷六九《范晔传》谓其"博涉经史，善为文章。"可见范氏四世皆以儒学传家。又会稽山阴贺氏，"其先庆普，汉世传《礼》，世所谓庆氏学"[3]。贺循"少玩篇籍，善属文，博览众书，尤精《礼》《传》"。《晋书》本传载有他的议礼之文，在两晋之际，贺循犹能继承儒术家学。南朝时，贺氏礼学更见风光，贺循之孙贺道力，善《三礼》，道力之孙贺玚，少传家业，曾得到"儒学冠于当时"的刘瓛的称赏，萧齐时为太学博士。梁天监四年，兼《五经》博士，别诏为皇太子定礼，撰《五经义》，著有《礼疏》、《宾礼仪注》一四五卷。贺玚之子贺革，少通《三礼》，及长遍治《孝经》《论语》《毛诗》《左传》。革弟贺季，亦明《三礼》。（《梁书》卷四八《儒林·贺玚传》）《南史》卷六一《儒林传》载贺德基，"世传《礼》学"，贺德基也是会稽人，就其家学来看，当与会稽山阴贺氏为同宗别枝。在魏晋南北朝时期，像范氏、贺氏这样始终以儒术传家的门庭比较少见，大多数士族在魏晋时期由儒入玄，尤其是那些新出门户。但沾染玄风却不能忘情儒学，就像有些士族门户信奉道教（如琅邪王氏、高平郗氏、会稽孔氏等），有些士族门户渐染佛学（如陈郡谢氏、吴郡张氏、庐江何氏、吴郡陆氏、汝南周氏等）却并不排斥儒学一样，这是由世家大族的本质特征决定的。只要世家大族还要保持门户的地位，维系家族的生存和发展，就必然不能没有儒学这个精神支柱作依托。

1.[南朝宋]刘义庆，刘孝标注《世说新语》，中华书局，1999年，第499页。

2.[唐]房玄龄等《晋书》卷七五《范宁传》，中华书局，1974年，第1984页。

3.《晋书》卷六八《贺循传》，第1824页。

二、汉魏之际儒学的分化

儒学发展到汉代被尊奉为经，后来根据文本和传授方式，儒家经学分为今文经学和古文经学，这还只是一种形式的区分。其实，儒学发展到东汉，一种更为深刻的分化常不被人注意。王充在《论衡·超奇篇》中将文士分为四类：

> 夫能说一经者为儒生；博览古今者为通人；采掇传书、以上书奏者为文人；能精思著文、连结篇章者为鸿儒。故儒生过俗人，通人胜儒生，文人逾通人，鸿儒超文人，故夫鸿儒，所谓超而又超者也。[1]

王充对拘守章句经学的"儒生"，或只是"览见广博"而"不能掇以论说"的"通人"，表示了不满，而对那些能够"精思著文、连结篇章"的鸿儒则给予极高评价。

东汉前期和汉魏之际，一些具有独立思考精神的文士对儒家经学进行激烈的批判，如王充、桓谭、班固、应劭、徐干、王粲等人，但他们批判的都是"俗儒"所重视的章句学和谶纬说。桓谭"当王莽居摄篡弑之际，天下之士，莫不竞褒称德美，作符命以求媚，谭独守，默然无言""性嗜倡乐，简易不修威仪，而熹非毁俗儒，由是多见排抵"[2]。他曾上疏反对谶纬之学说："凡人情忽于见事而贵于异闻，观先王之所记述，咸以仁义正道为本，非有奇怪虚诞之事，盖天道性命，圣人所难言也。自子贡以下，不得而闻，况后世浅儒，能通之乎？今诸巧慧小才伎数之人，增益图书，矫称谶记，以欺惑贪邪，连误人主，焉可不抑远之哉！臣谭伏闻陛下穷折方士黄白之术，甚为明矣；而乃欲听纳谶记，又何误也！其事虽有时合，譬犹卜数伎偶之类。陛下宜垂明德，发圣意，屏群小之曲说，述《五经》之正义，略雷同之俗语，详通人之雅谋。"[3] 桓谭著《新论》一书，旨在"述古正今，亦欲兴治也。何异《春秋》褒贬邪！"王充著《论衡》的目的也在反对虚妄的谶纬之学。《论衡·对作篇》云："是故《论衡》之

1.〔西汉〕王充，黄晖校释《论衡》，中华书局，1990年，第607页。
2.《后汉书》卷二八《桓谭传》，第956页。
3.《后汉书》卷二八《桓谭传》，第959—960页。

造也，起众书并失实，虚妄之言胜真美也。故虚妄之语不黜，则华文不见息，华文放流，则事实不见用。"东汉晚期对不更时用的章句学、谶纬学的批判形成了一种思潮。王粲的《儒吏论》指出儒吏的通病为"不窥先王之典""不通律令之要"，而要求"吏服雅训，儒通文法"。徐干在《中论·治学篇》中批评了儒生治经的方式：

> 凡学者大义为先，物名为后，大义举而物名从之。然鄙儒之博学也，务于物名，详于器械，矜于训诂，摘其章句，而不能统其大义之所极，以获先王之心。此无异乎女史诵诗，内竖传令也。故使学者劳思虑而不知道，费日月而无成功。

徐干批判的是博而寡要，徒摘章句而不能统其大义的鄙儒。

批判章句学、谶纬说，并不表示这些文士全盘否定儒学，相反，他们批判烦琐、虚诞的经学时，提倡"述《五经》之通义""详通人之雅谋"。王充在批判章句俗儒的同时，对阳城子长、扬雄等人的儒学给予了极高的评价："阳城子长作《乐经》、扬子云作《太玄经》，造于助思，极官冥之深，非庶几之才，不能成也。孔子作《春秋》，二子作两经，所谓卓尔蹈孔子之迹，鸿茂参贰圣之才者也。"应劭在批判繁琐的章句之学的同时，作《风俗通义》，试图通过对"俗间行语"的整理，考论典礼，纠正流俗。《风俗通义序》说：

> 昔仲尼没而微言阙，七十子丧而大义乖。重遭战国，约纵连横，好恶殊心，真伪纷争。故《春秋》分为五，《诗》分为四，《易》有数家之传，并以诸子百家之言，纷然淆乱，莫知所从。汉兴，儒者竞复比谊会意，为之章句，家有五六，皆析文便辞，弥以驰远。缀文之士，杂袭龙鳞，训注说难，转相陵高，积如丘山，可谓繁富者矣。至于俗间行语，众所共传，积非习惯，莫能原察。今王室大坏，九州幅裂。乱靡有定，生民无几，私惧后进，益以迷昧，聊以不才，举尔所知，方以类聚，凡一十卷，谓之《风俗通义》。言通于流俗之过谬，而事该于义理也。[1]

应劭在批判经学章句的同时，更关注的是学术文化的重建，提出

1.[东汉]应劭，王利器校注《风俗通义》，中华书局，1981 年，第 1—4 页。

"为正之要，辩证风俗最其上也"[1]。应劭的《风俗通义》已经突破了经学的框架，在东汉晚期的学术文化中别具一格。

东汉儒学的发展可以分为三个层次。一是因循经学师法和家法，在章句和谶纬方面大做文章的儒士；二是仍然立足于儒家经学，但能融合各家学说的通儒；三是具有独立思考精神，试图恢复原始儒学真义，发扬儒学贞刚弘毅精神的君子之儒。魏晋南北朝时期，章句和谶纬之学已经不能适应时代发展的需要，影响日渐衰微，但另外两个层次的儒学随着世家大族的崛起，在士族文化中呈现着新的气象。第二层次的通人又向两个方向分化，一是笃守儒学，世代相传，二是由儒入玄，儒玄结合，甚至是儒道结合，儒佛结合，或三者兼有，这是魏晋南北朝儒学发展的主流。第三层次的君子之儒也具有这种特色，但更具独立品格和诗人气象，如嵇康、陶潜等人，就是这方面的代表。

三、魏晋南北朝儒学特色与家族观念

就儒学本身而言，魏晋南北朝时期由于掌握文化的多是世家大族的文士，因此，这一时期的儒学发展与世家大族这一社会现象密切相关。马宗霍《中国经学史》在论及南北朝经学时说，此时"经学之最可称者，要推《三礼》"。杜佑《通典·礼序》列举魏晋南北朝礼学有一百多位[2]，《隋书·经籍志》著录礼学著作 166 部，1622 卷，通计亡书 211 部，2186 卷，除马融、郑玄、戴德、戴圣、卢植、蔡邕等少数几人外，余皆魏晋南北朝时的著作。清代学者张鹏一《隋书经籍志补》，另辑有礼学著作 17 部，数量之多，远远超过前代，可以说，礼学是魏晋南北朝儒学中的显学。

礼学成为儒学中的显学实与世家大族息息相关。魏晋南北朝政局不稳，朝代兴替频繁，世家大族为了维护家族的稳定，凭借他们在经济、文化上的相对独立性，试图通过礼学，尤其是丧服礼来强化家族内部的凝聚

1.《风俗通义》，第 8 页。
2.《通典》，第 1122—1123 页。

力。在魏晋南北朝的礼学中，治丧服礼的人尤多，如皮锡瑞所云："论古礼最重丧服，六朝人尤精此学，为后世所莫逮。"[1]《丧服》本来是《仪礼》中一篇，"所以别出成为一时显学者，正因为当时门第制度鼎盛，家族间之亲疏关系，端赖丧服资识别，故丧服乃维系门第制度一要项"[2]。

世家大族不仅通过礼学来巩固家族内部的稳定，而且通过礼学来干预朝政。魏晋南北朝时期，每当一政权建立伊始，总要制定相应的朝章礼仪，士族文士凭借他们的文化优势，直接参加朝章礼仪的制定。如东晋南渡，"宗庙始建，旧仪多阙"，会稽贺循参与制定礼仪，因其"答义深备"，而被采纲。"朝廷疑滞皆谘之于循，循辄依经而对，为当世儒宗"[3]。萧梁建立伊始，因礼学传家的贺场对礼事非常熟悉。梁武帝创定礼乐之时，"场所建议，多见施行"[4]。又琅邪王氏王彪之，"博闻多识，练习朝仪，自是家世相传，并谙江左旧事，缄之青箱，世人谓之'王氏青箱学'"[5]。王氏因有朝章礼仪方面的知识和学问，家世以礼学相传，就为涉足政治创造了条件。当桓温废海西公之际，"时废立之仪既绝于旷代，朝臣莫有识其典故者。彪之神彩毅然，朝服当阶，文武仪准莫不取定，朝廷以此服之"[6]。王彪之为朝廷制定礼仪，在某种程度上抑制了桓温的不臣之心。刘宋建立的第二年（421），琅邪王氏王准之凭借其礼学方面的渊博知识，上奏朝廷修正丧礼。《宋书》卷六○《王准之》载其上表云："郑玄注《礼》，三年之丧，二十七月而吉，古今学者多谓得礼之宜。晋初用王肃议，祥禫共月，故十五而除，遂以为制。江左以来，唯晋朝施用；缙绅之士，多遵玄义。夫先王制礼，以大顺群心。丧也宁戚。著自前训，今大宋开泰，品物遂理。愚谓宜同即物情，以玄义为制，朝野一礼，则家无殊俗。"据王准之的奏议，我们可知士族文人即所谓"缙绅之士"所遵行的礼制与朝廷确立

1.［清］皮锡瑞《经学通论》，中华书局，1954年，第9页。

2. 钱穆《略论魏晋南北朝学术文化与当时门第之关系》，《中国学术思想史论丛》，东大图书有限公司，1981年，第139页。

3.《晋书》卷六八《贺循传》，第1830页。

4.［唐］姚察、姚思廉《梁书》卷四八《儒林·贺场传》，中华书局，1973年，第672页。

5.［唐］李延寿《南史》卷二四《王准之传》，中华书局，1975年，第663页。

6.《晋书》卷七六《王彪之传》，第2010页。

的礼制不尽一致，就"三年之丧"这一礼制来说，两晋之时，朝廷采用王肃议，而士族文人则遵循郑玄义。至刘宋时，朝廷采纳王准之的建议，表明世家大族通过礼学干预政治获得成功。

南北朝时，寒族士人的力量日渐兴起，但士族文人仍然对朝廷礼乐制度的确立起着决定性作用。南北对峙之时，礼乐的建设还关系到正朔问题，无论是南方政权，还是北方政权都关注礼乐的建设，梁武帝在这方面的表现尤为明显。《梁书·儒林传》载梁武帝曾多次向儒学博士咨询有关礼仪制定问题，高欢曾说："江东复有一吴儿老翁萧衍者，专事衣冠礼乐，中原士大夫望之以为正朔所在。"[1]北魏建立政权后，是不甘心承认南方为正朔所在的，本来北魏为鲜卑族人所建，在礼乐文化上很落后，但既然要与南方争正统，就不能不关心礼乐建设。《北史》卷四二《王肃传》载："太和十七年，肃自建业来奔。……自晋氏丧乱，礼乐崩亡，孝文虽改制度，变更风俗，其间朴略，末能淳也。肃明练旧事，虚心受委，朝仪国典，咸自肃出。"北方的中原士族并不认为礼乐正朔移至南方，如弘农杨氏杨元慎云："我魏膺策受图，定鼎嵩洛，五山为镇，四方为家。移风易俗之典，与五帝而并迹，礼乐宪章之通，凌百王而独高。"[2]北魏自孝文帝以后注重礼乐建设，与南方各政权相比，并无二致，乃至有北方衣冠文物风行秣陵之事。北魏永安二年（529），萧梁主书陈庆之送魏北海王元颢入洛，陈庆之返回南方后，称洛阳衣冠文物云："自晋宋以来，号洛阳为荒土，此中谓长江以北尽是夷狄。昨至洛阳，始知衣冠士族并在中原，礼仪富盛，人物殷阜，目所不识，口不能传。"[3]陈庆之回到南方后，"羽仪服式悉如魏法，江表士庶竟相模楷，褒衣博带，被及秣陵"[4]。陈寅恪先生说："魏孝文以来，文化之正统仍在山东，遥与江左南朝为衣冠礼乐所萃。"[5]文化正统在北方能够保存，实与北方的一批世家大族如博陵崔氏、清河崔

1.［唐］李百药：《北齐书》卷二四《杜弼传》，中华书局 1972 年版，第 347 页。

2.［北齐］杨衒之，范祥雍校注《洛阳伽蓝记》，卷二《城东·景宁寺》，上海古籍出版社，1978年，第 116—131 页。

3. 陈寅恪《隋唐制度渊源略论稿》，中华书局，1983 年，第 43 页。

4.《洛阳伽蓝记》卷二《城东·景宁寺》，第 116—131 页。

5.《隋唐制度渊源略论稿》，第 43 页。

氏、范阳卢氏、弘农杨氏等以儒学传家息息相关。

与世家大族门阀政治密切相关的是，不仅礼学在魏晋南北朝期成为儒学中的显学，而且《孝经》的地位也日渐上升。唐长孺先生在《魏晋南北朝的君父先后论》中说："自晋以后，门阀制度的确立，促使孝道的实践在社会上具有更大的经济上与政治上的作用，因此，亲先于君，孝先于忠的观念得以形成。"[1]《汉书·艺文志》云："仁之与义，敬之与和，相反而皆相成也。"本来忠孝观念在儒家思想中也是一组对立统一的概念，但至汉末魏晋时期，忠孝观念在文士们的名理之辩中开始分离，既而忠的观念渐渐淡化，《南齐书》卷二三《褚渊王俭传论》云："自是世禄之盛，习为旧准，羽仪所隆，人怀羡慕，君臣之节，徒致虚名。贵仕素资，皆由门庆，平流进取，坐致公卿，则知殉国之感无因，保家之念宜切。"赵翼《陔余丛考》卷十七"六朝忠臣无殉节者"条列举六朝诸多忠臣多名不副实者。当然以是否殉节来衡量忠臣不免过于苛刻，但忠的观念在魏晋南北朝时期确已淡化了，而孝的观念却随之日渐突出。晋傅咸作《七经诗》，今存六首，其中第一首即《孝经诗》。《孝经》在《汉书·艺文志》中列于"六艺类"中的第八位，在"论语"之后、"小学"之前，王俭编《七志》时，将《孝经》列于"经典志"之首。《南齐书》卷三九《陆澄传》载王俭曾与陆澄为《孝经》立博七一事发生争辩，陆澄对王俭说：《孝经》，小学之类，不宜列在帝典。"王俭则认为《孝经》一书，"明百行之首，实人伦之先，《七略》《艺文》并陈之六艺，不与《苍颉》《凡将》之流也"。《孝经》被立为博士，是孝先于忠的观念在学术上的反映。南北朝文士特别重视《孝经》，认为《孝经》与立身治国关系甚大。《南史》卷五〇《刘瓛传》载：

齐高帝践作，召瓛入华林园谈语，问以政道。答曰："政在《孝经》。宋氏所以亡，陛下所以得之是也。"帝咨嗟曰："儒者之言，可宝万世。"[2]

1. 唐长孺《魏晋南北朝史论拾遗》，中华书局，1983年，第283页。
2. [唐] 李延寿《南史》卷五〇《刘瓛传》，中华书局，1975年，第1236页。

《南史》卷五六《庾子舆传》载：

> 五岁读《孝经》，手不释卷。或曰："此书文句不多，何用自苦？答曰：'孝，德之本，何谓不多。'"[1]

梁武帝更是重视《孝经》，他曾亲撰《孝经讲疏》和《制旨孝经义》，并向朝臣"自讲《孝经》"[2]。他曾专设《孝经》助教一人，生十人，研习他所解释的《孝经》义[3]。

其实自东汉士人重视乡评清议以来，社会上一直注重家族间伦理道德的实践。两晋南北朝诸史都有专章设列"孝义"传或"孝友"传，如《晋书》卷六八为"孝友"传，《宋书》卷九一为"孝义"传，《南齐书》卷五五为"孝义"传，《梁书》卷四七、《陈书》卷三二为"孝行"传，《魏书》卷八六为"孝感"传，《周书》卷四六为"孝义"传，《南史》卷七三、卷七四为"孝义"传，《北史》卷八四为"孝行"传。两晋南北朝各代从皇权政治、门阀士族，到社会平民都十分重视孝道的实践。孝道本来是基于血缘关系而形成的家庭伦理道德，中国宗法制社会结构，向来是重视孝道的，魏晋南北朝作为门阀制度形成和发展的时期，必然更加重视孝道的实践。礼学的发达和孝道的盛行，都与门阀制度密切相关。

综上所述，可见儒学在魏晋南北朝并未衰落，伴随着世家大族对政治和社会发生深广的影响，儒学在这一时期的发展着上了家族观念这一底色。儒学发展如此，其他学术发展乃至文学创作也是如此。

本文原载于《江海学刊》1997 年第 2 期，今有改动
张天来，东南大学人文学院副教授

1.《南史》卷五六《庾子舆传》，第 1391 页。
2.〔唐〕姚察、姚思廉《梁书》卷三八《朱异传》，中华书局，1973 年，第 538 页。
3.《梁书》卷三《武帝纪》，第 76 页。

儒家伦理探源："朋友"伦理的起源与演变

徐　嘉

一般认为，在儒家所提倡的"五伦"观念中，朋友一伦是比较符合现代社会价值标准的伦理规范。总体而言，"五伦"是有主从、尊卑次序的，贺麟先生曾在《五伦观念的新检讨》一文中指出："就实践五伦观念言，须以等差之爱为准。"但是，朋友之间的伦理关系却是例外，其中没有等差之爱的意味，而是表现出基于"平等"观念的伦理规范和要求。对此，我们认为，"朋友有信"确实包含了平等的意味，但另一方面，也可能是现代学者过多的关注了"朋友有信"契合于现代价值理念的一面，而在无意间忽视了儒家朋友伦理的其他内容。因此，本研究旨在从"朋友"伦理的起源与演变过程中，全面揭示儒家友道伦理的丰富内涵。

朋友一伦，始于殷商时期的"友"。"友"既指特定的伦理关系，亦是明确的伦理规范。在本源意义上，朋友一伦与血缘伦理有着千丝万缕的联系，或者说，朋友一伦酝酿、脱胎于血缘伦理。从早期的"善兄弟为友"的伦理要求，几经嬗变，最终衍生出"相责以善""朋友有信"等社会伦理规范。应该说，儒家对朋友之道的期望和要求是多层次的，充满了道德理想主义的色彩。

一

"朋友"伦理，包含了两层既互相联系而又有所区别地涵义：一是"朋友"作为伦理共同体成员的角色、社会身份，并由此形成的伦理关系；二是这一人伦关系所要求的伦理规范。殷商甲骨文中，有"倗"有"友"，二字不联用。周代金文中，"倗友"二字联用大量出现。春秋时期，"朋友"取代了"倗友"。从最初的甲骨文"倗""友"表达的朦胧而抽象的象形义，到春秋战国时期"朋友"具备完整的伦理内涵，经历了复杂的演变。

在甲骨文中，"友"写作"𦥑"。许慎的《说文解字》与段玉裁的《说文解字注》解释如下：

友，同志为友。从二又相交，友也。(《说文解字》)

同师曰朋，同志曰友。从二又相交。二又，二人也。善兄弟曰友。亦取二人而如左右手也。(《说文解字注》)

现在看来，此二说过于笼统，把"友"不同阶段的意思不分次序地混在一起，没有区分"友"义是如何发展演变的。正如刘翔在《中国传统价值观诠释学》中所作的辨析，"同志为友"是"友"的引申义而非本义和初义[1]。简言之，"二又相交"为友之初始义，"善兄弟曰友"是西周至春秋早期"友"的含义，而"同志曰友"最为晚出，乃春秋时期儒家学派所倡导。

从最初的甲骨文字形来看，友（𦥑）是"从二又相交"，是会意字，"又"即是"右"，是"手"之象形，即友的初义与两只右手连在一起。右手之"右"与"又"是同源字，"右"的甲骨文"𠂇"与"又"的象形几无差别，故段玉裁《说文解字注》曰："（右），手也，象形，此即今之右字。"后在金文中，在手之形象下面又加上了"口"，写为"𠂇"[2]。《说文》："右，助也，从口从又。"段氏注曰："右，助也。从口又。又者手也，手不足，以口助之，故曰助也。"即"右"表示以手相助，并加以语言助佑。所以，段氏所言之"右"，应该是西周早期的金文中的写法。综上，"友"的早期字形义为顺着一个方向的两只右手，右手本身有相助义，引申为两人协力、互相佑助。周初的金文大量保存了"友"字的佑助、互助之本义。从结果看，"友"的本义与"朋友"义的最终形成紧密关联。

"友"在甲骨文中虽然多次出现（《甲骨文合集》中共出现42次），但因为文辞简短，并不能解读出观念上的辞义。到了周代金文，"友"出现了两种完全不同的用法：一是"友"字单用，成为一种伦理规范或德

---

1. 刘翔《中国传统价值观诠释学》，上海三联书店，1996年，第134页。
2. 见于西周早期的"右作旅鼎"，参见《殷周金文集成》修订增补本，中华书局，2007年，第1070页。

行[1]；二是"友"与"倗"二字联用，成为"倗友"。《说文解字》："倗，辅也。从人，朋声。""友"这两种用法，可以看出延续了甲骨文的本义。另外，西周青铜器铭文中只有"倗友"而无"朋友"。

"朋"在甲骨文中写作"𦥑"，金文写作"𦥑"，甲骨文、金文的象形义是以绳绑系两串贝。王国维认为："有物焉以系之。所系之贝玉，于玉则谓之珏，于贝则谓之朋。"[2]即以绳穿贝为"朋"，今从此说。故"朋"的初义是一个量词，引申为同类之人（物）。在《甲骨文合集》中，"朋"出现 15 次，皆表示这种量词。郑玄《说文解字》中，未收"朋"字，只有"倗"字。

"倗"在甲骨文中只用作人名，在西周早期的金文中，"倗"依然多用作人名，直到西周中期的金文中，"倗友"才开始指称有血缘关系的亲属。而在西周晚期，"倗"作为人名出现极少，大多以"倗友"指称血缘亲属。春秋时期，"朋友"逐渐取代了"倗友"，这在逻辑上不好说明，但二者的差别是明显的："倗""友"二字，本义都是辅佐、助佑之义，故"倗友"指称血缘亲族合乎情理。而"朋"是指同类之人（物），所以，当儒家学派言"朋友"时，更符合对同门、同窗、同道学人的指称，这可能是"朋友"取代"倗友"的一个原因。

根据钱宗范先生的研究，两周时期的金文中，"倗友"（朋友）是指"同族内的弟兄"。他在《朋友考》一文中，凭据郭沫若先生所编著《两周金文辞大系图录考释》[3]，统计了在西周、春秋时的钟鼎铭文中所提到的"朋友"一词凡见：

> 用作宝鼎，用飨倗友。（《趩曹鼎》）
>
> 用享孝于皇神祖考，于好朋友。（《杜伯盨》）
>
> 用好宗庙，享凤夕，好朋友与百诸婚媾。（《乖伯簋》）

1. "友"字在金文中单用时，也经常表示人名、爵名以及同官僚友，这些用法在后世被渐渐弃用，并与本文的主题关系不大，此处就不讨论了。
2. 王国维《说珏朋》，《观堂集林》（上），中华书局，1959 年，第 161 页。
3. 郭沫若先生 1932 年在日本出版《两周金文辞大系》，后经修订补充，名为《两周金文辞大系图录考释》（科学出版社 1957 年版），全书图编收器 263 件，考释铭文 511 款。

用乐嘉宾大夫，及我朋友。(《许子钟》)

唯用献于师尹、朋友、婚媾。(《克镈》)

用宴用喜，用乐嘉宾，及我朋友。(《齐鲍氏钟》)

用宴以喜，用乐嘉宾父兄，及我朋友。(《王孙遗者钟》)[1]

以上七器为西周、春秋时期的礼器，礼器的主人有周王、诸侯、大夫，器铭记载了重要祭祀活动后所宴请的贵宾及事由。通过对钟鼎铭文的解读，可以看出燕享的具体对象有祖先神、父兄、大夫、婚媾、嘉宾等等，除此以外还有"朋友"，这些"朋友"都是宗族内的弟兄。在宗法与政治密切结合的当时，贵族同姓为兄弟，异姓为亲戚，所以钱宗范先生认为，不可能想象当时国君或大夫燕享时的"朋友"会是一种没有亲属关系而有友谊关系的人[2]。钱宗范先生此文写于20世纪70年代，虽然根据现在所掌握的资料，我们所能看到的青铜器铭文的规模已远超往昔，比如中华书局2007年出版的《殷周金文集成》修订增补本，已经汇总了海内外各种金文资料，但是，"朋友当为宗族弟兄"这个观点仍然具有科学性。根据台湾历史语言研究所的《先秦甲骨金文简牍词汇资料库》进行统计，《殷周金文集成》中"倗友"(朋友)凡34见，全部出现于西周晚期到春秋早期，皆指有血缘关系的亲人。

除钟、鼎、镈、簋等器铭之外，"友"或"朋友"作为血缘亲人，也大量存在于先秦文献中。可以与此相互印证的传世文献中，《尚书·盘庚》较为可靠[3]，其文曰：

若网在纲，有条而不紊。若农服田力穑，乃亦有秋。汝克黜乃心，施实德于民，至于婚、友，丕乃敢大言汝有积德。(《尚书·盘庚上》)

这一历史事件是商王盘庚迁都于殷时，"民"皆对新邑不满，于是盘庚召集"众戚"陈述自己的意见。盘庚要求他们听从君王的号令，如同纲

---

1. 以上器铭，钱宗范先生并未具引，后有研究者整理列出，可参见查昌国《友与两周君臣关系的演变》，《历史研究》1998年第5期。
2. 钱宗范《"朋友"考》(上)，《中华文史论丛》第八辑，上海古籍出版社，1978年，第272页。
3. 王国维《古史新证》："《盘庚》为当时所做。"郭沫若《古代研究的自我批判》："确实是殷代的文献。"范文澜："《盘庚》三篇是无可怀疑的商朝遗文(篇中可能有训诂改字)。"(《中国通史》第一册，人民出版社1995年，第45页)

举目张，这样才能井然有序。农夫尽力耕作，才会有秋天的好收成，为臣者要去除私心，把真实的好意赋予百姓，并传达到他们的"婚"和"友"，这才是"积德"。值得注意的是，从民、婚、友的递进关系来看，"民"是普通人，"婚"指有姻亲，而"友"则是近于姻亲的血亲。类似的文献还有不少，如《诗经·大雅·假乐》："之纲之纪，燕及朋友；百辟卿士，媚于天子。"这是赞美成王之乐。"百辟"即百君，指诸侯。诸侯、卿士、朋友并列，故而《毛传》曰："朋友，群臣也。"朱熹《诗集传》："燕，安也。朋友，亦群臣也。"朋友指同宗之臣。根据周代的政治体制，以宗法制和封建制为基本制度形成的权贵，"朋友"即是同宗的兄弟。《诗·小雅·常棣》："脊令在原，兄弟急难。每有良朋，况也永叹。"又曰："每有良朋，烝也无戎……虽有兄弟，不如友生。"此言兄弟、朋（友）、友互相帮扶，兄弟、朋友并列，体现的是亲兄弟血缘情深，而朋友指的是较远的血缘亲人。此外，钱宗范先生亦从《左传》中的材料，证明了春秋时期的"朋友"亦是指宗族兄弟[1]。综上，两周时的"朋友"，首先指的是有血缘关系的亲族，即同宗族内的兄弟和有姻亲关系的亲戚。

两周时期的"朋友"指向了宗族兄弟之间的伦理关系，而当处理这种伦理关系的规范和准则出现时，严格意义上的伦理观念、伦理规范就诞生了。最早的、清晰的伦理道德意义上的"朋友"伦理，到西周时期的金文中才逐渐明朗起来。这些规范，是从"倗友"（朋友）之"友"中引申出来的亲善、助佑、友爱之义。兹举两例：

一是上海博物院所藏的西周早期的曆方鼎，其铭文曰：

曆肇对元德，考（孝）友惟井（型）。[2]

此鼎是名为"曆"的贵族所制作，用以享孝祖先。此鼎金文大意是，"曆"颂扬首要的德行，孝敬父母、友爱兄弟是要效法的德行。《尔雅·释亲》曰："善父母为孝，善兄弟为友。"可以说，这里的孝和友是血缘关系的亲族之间的规范和要求。

1. 参见钱宗范《"朋友"考（下）》，《中华文史论丛》第八辑，上海古籍出版社，1978 年，第 282 页。
2. 中国社会科学院考古研究所编《殷周金文集成》2614，第二册，中华书局，2007 年，第 1322 页。

二是 1976 年陕西扶风县出土的史墙盘铭文。史墙盘是微史家族中名为墙的人为纪念祖先而作的铜器，铭文共 282 字，记载了其家族所经历的七代周王，赞美了文、武、成、康、昭、穆、共（恭）王的功绩。并讲述了微史家族高祖、烈祖、乙祖、亚祖、文考五代祖先，直至史墙本人的事迹。史墙在称赞其父文考乙公后说：

> 唯辟孝友，史墙夙夜不坠，其日蔑历，墙弗敢取，对扬天子不显休命，用作宝尊彝。[1]

按照徐中书先生的解释，辟指周王，史墙与周穆王同时，故此辟指周穆王[2]。此段文字大意是，史墙之君穆王，孝于父母、友于兄弟，使得史墙从早到夜不敢懈怠，努力做事。对于君王的嘉奖，墙不敢自满，故做此宝尊彝（以答谢天子）。此铭文赞美周王室的行为规范是臣下的楷模，因此说明孝、友是西周时期的主流伦理观念。因此，在先秦文献中，孝、友作为特定的伦理关系的行为规范要求，从西周开始，就是贵族阶层着重培养的德行。《礼记·大司乐》曰：

> 大司乐掌成均之法，以治建国之学政，而合国之子弟焉。凡有道者、有德者，使教焉，死则以为乐祖，祭于瞽宗。以乐德教国子中、和、祗、庸、孝、友。[3]

以乐德教贵族子弟乐，培养各种德行，此处的友既是血缘关系中的兄弟相善的行为规范，亦是要加以培养的"德"。而从反面说，不孝不友是不可容忍的行为。《尚书·康诰》："元恶大憝，矧惟不孝不友。"这是周公替周成王对康叔（成王之弟）进行训诫时所阐明的"明德慎罚"的原则。很明显，此处的孝与友不是指伦理关系，而是指血缘关系之间的伦理道德要求，是天赐"民彝"。当然，从严格意义上讲，此时的不孝不友是"元恶大憝"，是要"刑兹无赦"的，即在两周时期，孝与友这样的核心规范是伦理、政治乃至律法的共同要求。

从目前的文献资料来看，到春秋中期，兄弟友爱之友已经稳定地成

1.《殷周金文集成》10175，第七册，第 5485 页。
2. 徐中书《西周墙盘铭文笺释》，《考古学报》1978 年第 2 期。
3. 杨天宇《周礼》，上海古籍出版社，2004 年，第 325—326 页。

为中国特有的伦理规范。《左传·文公十八年》："父义，母慈，兄友，弟共，内平外成。"《左传·昭公二六年》："父慈而教，子孝而箴，兄爱而友，弟敬而顺，……礼之善物也。"兄爱而友、兄友弟共是最重要的伦理规范之一，事关"内平外成"（内治诸侯，外平夷狄），是"礼之善物"。类似文献还有不少，兹不赘述。

综上所述，"友"的文字象形义为帮助、互助，在两周器铭中的"友""倗友"、早期文献《诗经》《左传》中的"朋友"，意为同族内的兄弟。而单字"友"亦引申为"友爱"之义，所谓"善兄弟为友""兄友弟共（恭）"表达了兄弟间的伦理规范和道德要求。此外，"友"（友爱）也是西周以来，要着重培养的贵族阶层宗族子弟的基本品德。

二

到春秋中后期，"友""朋友"从指称宗族兄弟慢慢指向非血缘关系的、交往密切的对象，因此，"朋友"伦理关系以及相应的伦理规范发生了巨大的变化。表现在以下几个方面：一是"友"基本上指称社会交往关系；二是孔门师生对同道之"友""朋友"的要求极高，朋友之间要能够"相责以善"来助益于对仁的追求；三是儒家学派提出了以"信"为社会交往的基本规定，使其成为一种普遍的伦理道德要求。可以说，儒家学派形成后在很大程度上推进了"朋友"伦理的形成。先看"友""朋友"指称的变化：

楚伍参与蔡太师子朝友，其子伍举与声子相善也。（《左传·襄公二十六年》）

初，伍员与申包胥友。其亡也，谓申包胥曰："我必复楚国。"（《左传·定公四年》）

这里所记载的伍参与子朝交友、伍员与申包胥交友，并不是同族兄弟之间的关系，而是非血缘关系的人与人之间的交好。友的这种用法，在《左传》中还有不少，并非孤例。春秋中后期，儒家学派将"朋友"关系直接指称非血缘的朋友，并固定下来，从根本上确立了"朋友"的非血缘性。

根据杨伯峻先生的梳理，在《论语》中，"友"共出现 19 次，其中包括"朋友"二字联用 8 次[1]，而沿用"友"的传统义的文字仅有一处。《论语·为政》："子曰：《书》云：'孝乎惟孝，友于兄弟，施于有政。'"孔子所引用的"孝乎惟孝，友于兄弟"是《尚书》的佚文，此处之友，保留了西周时期的古义，是宗族兄弟互相敬爱之义。这一为政之道，正是西周宗法制与封建制深度交融的表现。除此处因引用古代文献而表示兄弟友爱之外，《论语》中其他的"友"皆表示"朋友""交友"之义，如《论语·子张》："子游曰：'吾友张也，为难能也。'"《论语·八佾》："曾子曰：'以能问于不能，以多问于寡……昔者吾友（颜回），尝从事于斯矣。'"这即是说，在《论语》中，"友"作为伦理关系而言，已经完全超出了血缘家族伦理的范围，而其出现的频次之高，也说明孔门师生对"友"极其关注。对于这种新型的伦理关系，孔子是在与血缘伦理的区别中体现了"朋友"伦理非血缘性的特征。在此基础上，更以儒家修德的价值追求，赋予了朋友特殊的伦理意义。

　　首先，孔子通过对"士"的界定，来说明"朋友"有别于"兄弟"：

　　子路问曰："何如斯可谓之士矣？"子曰："切切偲偲，怡怡如也，可谓士矣。朋友切切偲偲，兄弟怡怡。"（《论语·子路》）

　　子路问士，孔子的回答简洁易懂。"士"，在西周初期指官职，春秋以降，"士"一般指兼具良好德行、学识、才能并有一定社会地位的人[2]。"士"之待人，既如朋友一样能够"切切偲偲"，亦能如兄弟一样"怡怡如也"。对此，马融注曰："切切偲偲，相切责之貌。怡怡，和顺之貌。"[3] 二者的差异在于，兄弟关系乃是天伦，所以孔子强调要以情感为上，故要兄友弟恭。朋友关系是人伦，以志同道合为上，故以道义切磋琢磨。此处虽然在言"士"的待人处事之道，但也清晰地区分了两种伦理关系的差异：兄弟之间要相善而和顺，和睦相处；朋友之间可以相互批评、规劝、切

1. 杨伯峻《论语译注》，中华书局，2009 年版，第 221、251 页。
2.《白虎通·爵》曰："辩然不，谓之士。"《汉书·食货志》曰："学以居位曰士。"《后汉书·仲长统传》曰："以才智用者谓之士。"可以说，这些都是"士"的特征。
3.［魏］何晏注，［宋］邢昺疏《论语注疏》，北京大学出版社，2000 年，第 205 页。

责，以道义择善求德。

朋友与兄弟伦理要求的差异在本质上是对血缘伦理与非血缘伦理的区分，这种区分，在子贡问"士"时，孔子回答得更细致，即"士"分三等：一等"士"是"行己有耻，使于四方，不辱君命"，次等"士"是"宗族称孝焉，乡党称弟焉"，末等的"士"是"言必信，行必果"（《论语·子路》）。子贡与子路皆是孔子极重视的学生，前者极聪慧敏捷，后者却率真简单，为了使子路易于实践，孔子对子路只是言明了二等士，而未言德才兼具的一等士和没有原则的末等士，前者不易做到，后者不值得追求。而二等士的道德要求比较折中，"宗族称孝"是西周以来的基于血缘亲情的伦理传统，"乡党称弟"，是不同于血缘伦理的普通人之间的伦理要求。在周制中，一万二千五百家为乡，五百家为党，乡党后引申为同乡。郑玄《说文解字》曰，"弟"本意为"韦束之次弟也"，即兄弟间的伦理之序，引申为普通人之间少对长的礼敬和长对少的亲善。显然，乡党与朋友最初皆是有一定血缘关系的人，而后随着血缘关系越来越淡乃至可以忽视，只有特定的地缘关系。

从孔子对子路、子贡言士的两段话可以看出，兄弟、宗族遵循的血缘伦理和朋友遵循的非血缘伦理是两种不同的规范要求，"宗族称孝，乡党称弟"与"切切偲偲，怡怡如也"的内在本质是一样的，作为"士"应该能够恰当的处理好情感和道义的和谐统一。

其次，血缘伦理重在维护情感，"朋友"伦理的意义是以友辅仁。《论语·颜渊》："子贡问友。子曰：'忠告而善道之，不可则止，无自辱焉。'"子贡问对待朋友的方式，孔子的要求是忠心劝告、尽心引导，不听从也不勉强，不要自取其辱。朋友之间的伦理关系是平等的，并且道德责任和道德义务是相对的，所以，不可强制。而血缘亲情之间的伦理规范，如孝、悌之类，是人之为人的基础性道德要求，这种基础性也意味着绝对性——绝对的道德责任和义务。《论语·里仁》："事父母几谏。见志不从，又敬不违，劳而不怨。""几谏"，轻微婉转地劝说。这种对父母、对朋友的不同态度，孔子给出了建议，并未解释，后来孟子把这个道理讲得清晰明了：

父子之间不责善。责善则离，离则不祥莫大焉。(《孟子·离娄上》)

责善，朋友之道也；父子责善，贼恩之大者。(《孟子·离娄下》)

对朋友的"忠告""善道"，要不可则止，对父母的劝说"不责善"，要适可而止，看上去都是不勉强，但是内在的逻辑却完全不同。简言之，体现的是父子关系的绝对优先性，以及朋友关系的相对性。责善，是从道义的角度劝勉从善。朋友之间相责以善讲道义，若"父子行之，则害天性之恩也"[1]，即父子之间是天生的"恩—情"共同体，维系父子关系超越一般意义上的道义。在今天看来，"亲亲相隐""窃负而逃"似乎不应该提倡，但是，在宗法家族时代，这一社会结构决定了保护血缘伦理共同体的稳定是神圣的责任和义务。所以《庄子·人间世》："子之爱亲，命也……无所逃于天地之间。"庄子感喟"子之爱亲"的无可回避，与儒家是有共识的。

朋友伦理不同于血缘伦理，最重要的是，朋友之间有相互"责善"的道义责任，这是最具儒家学派特色的对"朋友"伦理的内在规定。对于《论语·学而》的"有朋自远方来"一句，包咸注曰："同门曰朋。"郑玄注曰："同师曰朋，同志曰友。"[2]对此，朱熹解释说："朋，同类也。"[3]这一解说最符合"朋"的古义（同类之人或同类之物），故"朋"为同门弟子之说可信。前文已考证金文中无"朋友"而只有"倗友"，自春秋后期"朋友"取代"倗友"，从原初的同族兄弟变为师门同窗、志同道合的同仁，这一变化应该与儒家学派有莫大关系。孔子开"学下私人"之风，结成了一个有共同志向的师生共同体，师以学生为弟子，同辈同学互为朋友。这一师生共同体的伦理要求与血缘家族伦理有某些相似之处，钱宗范先生的观点颇有启示。他认为，同学之间与师生之间，在古时本有"宗法式"的关系[4]，师生视如父子，朋友（同学）视如兄弟，是一个组织松散的志趣道义共同体，有着发自于内心情感的归属感。这种解释是合理的。故

---

1. 朱熹《四书集注》，凤凰出版社，2008年，第286页。
2. [魏]何晏注，[宋]邢昺疏《论语注疏》，北京大学出版社，2000年，第3页。
3. 《四书集注》，第45页。
4. 《"朋友"考（下）》。

而儒家学派的师生共同体的特殊性在于，要在德行和修养上相互提携。曾子曰："君子以文会友，以友辅仁。"[1] 即朋友的意义在于以"责善"来实现"以友辅仁"的目的。因此，在《论语》里儒门师生的交友的要求，看似面对的是普通朋友，实际上又远非一般朋友那么简单。孔门论友，很大程度上是面向儒门师生共同体这个"志同道合的同辈学人"：

主忠信，无友不如己者，过则勿惮改。(《论语·学而》)

友直，友谅，友多闻，益矣。(《论语·季氏》)

为了相责以善，故不与各方面的德行都不如自己的人交友，因其不能成为个体道德进阶的助益者。朱熹《四书集注》曰："友所以辅仁，不如己，则无益而有损。"同正直的人交友，能闻其过，同信实的人交友，能进于诚，同见闻广博的人交友，则进于明。应该说，这一时期的孔子师生对朋友的要求是严格而苛刻的，这是同志意义上的小共同体内的朋友。

最后，儒家学派对普通人之间的交往也称之以"朋友"关系，而这种伦理关系以"信"为伦理道德规范。孔门师生虽然基于成仁、成贤、成圣的道德理想而对"朋友"有着诸多要求，很多时候指的是一个特指的群体，但是，随着春秋时期社会交往的广大，"朋友"也指称普通的交往对象，这样的朋友群体，所应遵循的伦理规范，只能指向一种基于社会交往的、大众化的伦理道德要求"信"。信，诚也，言论诚实，待人以诚：

老者安之，朋友信之，少者怀之。(《论语·公冶长》)

为人谋而不忠乎？与朋友交而不信乎？传不习乎？(《论语·学而》)

以上三段段话分别是孔子言其志、曾参三省其身、子夏言知行合一，都将朋友之交立足于信作为伦理道德规范。这里的朋友，都是一般意义上的交往对象，不是那些能够"以友辅仁"之友。在中国伦理思想史上，这一意义上的朋友伦理关系的产生有着极重要的意义，以血缘伦理为主体的社会，当宗法制度逐渐衰落，不同宗族之间的交往关系日益频繁以后，儒家学派为了社会秩序的需要，而与时俱进提出的新型伦理规范。

---

1. 语出《论语·颜渊》。朱熹《四书集注》曰："讲学以会友，则道益明。取善以辅仁，则德日进。"郑玄《仪礼注》曰："朋友虽无亲，有同道之恩。"

综上，春秋时期，"朋友"有时指血缘亲族兄弟，有时指非血缘关系，而大趋势是越来越多地指向非血缘关系。儒家学派形成以后，"朋友"全都指称非血缘的交往关系。但是，儒家学派把"朋友"分为两类，所遵循的伦理规范大相径庭的。一类是志同道合的小共同体意义上的朋友，另一类是普通交往意义上的朋友。对于前者而言，"信"恰恰不是交往的最重要的伦理要求。孔子说："言必信，行必果，硁硁然小人哉。"（《论语·子路》）为什么呢？孟子说："言不必信，行不必果，唯义所在。"（《孟子·离娄下》）以儒家学派严格的交友之道而言，信不具有价值至上性，交往以道义为第一原则。与此不同的是，一般交往意义上的朋友之间是一种泛社会化的伦理关系，相应的伦理规范以"信"为主。儒家伦理对这一伦理关系的关注，对中国社会而言，意义重大。

三

"朋友"指向非血缘的普通社会成员之间的交往，大大拓展了古代中国社会的伦理关系。到了战国时期，随着"五伦"思想的定型，中国传统社会最重要的五种伦理关系确定了下来，而"朋友有信"成了独立的一伦。在今天看来，朋友关系与伦理规范"信"都极平常，但是在战国时期，这一伦的出现是中国社会伦理的一次重大的发展。

中国社会最重要的伦理关系，早期都指向血缘伦理。《尚书·泰誓下》："今商王受，狎侮五常。"孔颖达疏云："五常即五典，谓父义、母慈、兄友、弟恭、子孝。"[1]《左传·文公十八年》："使布五教于四方，父义、母慈、兄友、弟恭、子孝，内平外成。"现在学者大都以此论早期五伦的内容。可以看出，这些伦理规范都是围绕血缘关系展开的。春秋时期，特别是自儒家学派开始，非血缘的朋友关系受到极大重视。先有前期孔门师生的讨论，后经孟子的建构五伦的努力，"五伦"的最终固定下来，而其中的朋友一伦也获得了重要地位。孟子曰："使契为司徒，教以人伦：

1.阮元《十三经注疏》，中华书局，2008年，第1182页。

父子有亲，君臣有义，夫妇有别，长幼有叙，朋友有信。"(《孟子·滕文公上》)自孟子提出"五伦"之后，朋友一伦获得了独立的地位。孟子确实非常强调社会交往意义上的朋友。《孟子·离娄上》曰："居下位而不获于上，民不可得而治也。获于上有道，不信于友，弗获于上矣。信于友有道，事亲弗悦，弗信于友矣。悦亲有道，反身不诚，不悦于亲矣。"简言之，做事要从明善开始，明善方能诚身，诚身才能悦亲，悦亲才能信友，信友才能获上而治民。这里的朋友，并不是"责善"意义上的朋友，而是一般交往意义上的对象。在中国伦理思想史上，孟子确定了中国社会最主要的五种伦理关系，推进了朋友一伦在社会交往方面的独立性，使儒家伦理能够全面地思考与处理这些伦理关系，贡献巨大。但是，孟子依然强调在道德上互相提携的朋友的重要性。与孔子相比，孟子更自觉地强调朋友之间人格意义上平等、德性意义上的尊严。以下两段话，特别反映了孟子的小共同体意义上的友道伦理观念：

不挟长，不挟贵，不挟兄弟而友。友也者，友其德也，不可以有挟也。

以位，则子君也，我臣也，何敢与君友也？以德，则子事我者也，奚可以与我友？(《孟子·万章下》)

第一段为万章问友道原则，孟子认为，交友不倚仗年龄大、地位高，不倚仗兄弟的势力，只重人的品德。第二段话是鲁国国君鲁缪公欲与子思交友，孟子以子思之口表达了他的观点：君臣有尊卑，而朋友是平等的，故君臣不可为友。德行有高低，求教有师道尊严，亦不可为友。臣应该遵守君臣之道，但朋友之间必须是人格平等、以德为尊。这是儒家学派异常闪光的对朋友的高度尊重。可以认为，孟子遵循和深化了孔子的友道伦理思想，他的贡献，一是以"五伦"确立了"朋友"一伦的独立地位。二是对朋友之间平等的伦理关系极为推崇，甚至不能以父之亲、君之尊、兄弟之贵而影响交友之道。

从孔子到孟子，都是面对了两类"朋友"，并配以相应的伦理规范，即一般交往意义上的"朋友有信"和志同道合意义上朋友的"以友辅仁""相责以善"。这几乎成为儒家学者论友道伦理的一个固定的范型。先秦儒家的最后代表荀子，虽然对朋友伦理有所推进，对社会交往意义上的朋友伦理的意义认知更深刻，但基本模式没有改变。《荀子·大略》："取友善人，不可不慎，是德之基也。"又曰："友者，所以相有也，道不同，何以相有也。"奉行的"道"相同，才能互为朋友，合格的朋友是培养道德的基础。《荀子·修身》："非我而当者，吾师也；是我而当者，吾友也。……故君子隆师而亲友。"批评我又能批评得当者，是老师。肯定我而能恰当的，我朋友。师、友相提并论，在道德上有所助益，这是孔子、孟子所言之同道朋友。而对于一般意义上的朋友，荀子说：

> 遇君则修臣下之义，遇乡则修长幼之义，遇长则修子弟之义，遇友则修礼节辞让之义，遇贱而少者则修告导宽容之义。无不爱也，无不敬也，无与人争也。（《荀子·非十二子》）

相比于孔子、孟子，荀子更加注重了一般意义上社会交往中的朋友关系。荀子也谈了五种伦理关系，即如何面对君王、乡亲、长辈、朋友、卑贱与年少者。这一段话意义深远，与一般认为的儒家五伦相去甚远，几乎是回避了血缘伦理的主导地位，而着重关注了古代社会主要的社会交往的伦理关系。孔子孟子皆以"信"言一般社会交往意义上的朋友伦理，而荀子则以"礼节辞让"讲友道伦理，并以"爱""敬""无争"作为处理以上五种伦理关系的总原则，这大大的拓展了朋友之间伦理关系的丰富性。确实，在现实生活中，社会交往意义上的朋友相处，所需要的伦理规范应该是多方面的，"朋友有信"固然重要，但是讲礼节，互相谦让，相敬、相爱、宽容相待，亦是朋友交往的伦理要求。

儒家朋友伦理至荀子，基本完成了历史建构。伦理本质上是伦理共同体维持秩序的内在的规范与原则。在中国传统社会中，以农为本的生产方式和聚族而居的生活方式决定了伦理关系的基本特征，普通民众都生活于交往范围有限的熟人社会。因此，依托于宗法社会与专制政体的社会结构的伦理规范，当需要面对非血缘、非地缘、非政治的伦理关系时，朋友一伦应运而生。从殷周之际的"友"开始，经孔子、孟子、荀子的完善与拓展，儒家学派的朋友伦理观念已经成熟定型。

通过上面的分析可以看出，儒家伦理中，朋友一伦包含着两种不同的伦理关系：一是面向志同道合的小共体的中的朋友，期望朋友之间能够相责以善、以友辅仁；一是指一般性社会交往中的朋友，以"朋友有信"为伦理要求。那么，儒家伦理更关注何种意义上的朋友的伦理关系呢？一方面，自汉代三纲思想成为儒家伦理的核心原则之后，五伦中的朋友一伦已退居次要地位。《白虎通义·三纲六纪》："三纲者，何谓也？谓君臣、父子、夫妇也。六纪者，谓诸父、兄弟、族人、诸舅、师长、朋友也。……六纪者，为三纲之纪者也。"可以看出，汉代"三纲六纪"之说从根本上确立了伦理秩序的主次顺序，即三纲统领六纪。所以，在儒家伦理体系中，虽然友道伦理是独立的一伦，但不管是何意义上的朋友伦理，都不是核心的伦理原则。另一方面，儒家一直执着地坚守着对高道德标准的朋友之道的追求，直到宋明时期，大儒们念念不忘、孜孜以求的友道，依然如故。朱熹曰："非有朋友以责其善，辅其仁，其孰能使之然哉！故朋友之于人伦，其势若轻而所系为甚重。"[1] 阳明云："君子之学，非有同志之友，日相规劝，则易以悠悠度日，而无有乎激励警发之益。"[2] 宋明儒家对友道伦理的推崇，言论极丰富，而大多是在"君子相友，道德以成"的意义上而言的。因此，"儒家伦理更关注何种意义上的朋友的伦理关系"并没有显而易见的答案。

其实，儒家的朋友伦理所包含的两种伦理关系都秉持着宝贵的"平等"观念，这是儒家伦理中难能可贵的价值追求。无论是志同道合的朋友还是社会交往中的朋友，都是无尊卑、无上下的平等关系。儒家从孔子论友开始，就强调友道关系区别于血缘伦理。血缘伦理的特点是亲亲、尊尊、长长、男女有别，亲疏、辈份、长幼、性别会导致伦理关系上的主从、尊卑之分，君臣、父子、夫妻明显是有尊卑之分的。兄弟之间，虽然尊卑关系较弱，但亦讲究长幼有序。而儒家论朋友，自始至终都以彼此之间的"平等"为前提。孟子甚至有以友道论君臣之道的言论。《孟子·万章下》中，孟子提出了君臣相友的范例：费惠公友颜般、晋平公友亥唐、尧友舜，是"天子而友匹夫也"。虽然孟子说的是"友也者，友其德也"，

1.《晦庵先生朱文公文集》卷八十一《跋黄仲本朋友说》，《朱子全书》第24册，上海古籍出版社，2002年，第3837页。
2. [明] 王守仁《王阳明全集》卷四《与陈国英》，上海古籍出版社，2011年，第150页。

不是政治地位上的平等，而是"贵贵尊贤，其义一也"，从友道中衍生出来的，是臣恭于君之贵贵，君礼于臣之尊贤，是德性意义的平等。这在战国时期，其思想之超越，真可谓前无古人。至近代，谭嗣同亦发现了友道伦理中的平等观念，他说："五伦中于人生最无弊而有益，无纤毫之苦，有淡水之乐，其惟朋友乎。顾择交何如耳，所以者何？一曰'平等'，二曰'自由'……伦有五，而全具自主之权者一，夫安得不矜重之乎！"[1]在中西古今交汇之际，谭嗣同从儒家友道伦理中，找到了自由、平等的本土伦理之源，确实是继往圣之绝学的一个典范。

总之，殷周时期的"友"是一种血缘伦理，在春秋时期逐渐成为非血缘的伦理关系，经由儒家学派的改造，特别是五伦确立以后，成为非血缘性的、独立的友道伦理。其中，对志同道合的朋友之间相责以善、以友辅仁的渴望与期待，以及成人成己的价值追求，是儒家伦理特有的一种精神气质，这种追求进一步升华，更出现了知音、知己等在精神上高度契合的朋友，"人生得一知己足矣"是给予朋友的最高赞美。而对一般意义的社会交往中"朋友有信"的伦理规范，是儒家伦理的基础性、普遍性的要求，具有社会底线伦理的意义，亦影响了中国两千多年的伦理风尚。不仅如此，在儒家的两类朋友中所包含的平等观念，更赋予了儒家伦理体系一种人文精神，这也是友道伦理留给我们的富贵精神财富。

本文原载于《道德与文明》2024年第4期

徐嘉，东南大学人文学院教授

---

1. 谭嗣同《谭嗣同全集》，生活·读书·新知三联书店，1954年版，第66—67页。

艺术史演进中的两类抽象性

何　平

纵观人类艺术史发展轨迹，可观测到一个具有结构对称性的演化规律：艺术表现方式历经了形式主导的写意抽象（原始艺术）→内容主导的写实具象（古典艺术）→形式重构的现代抽象（现代艺术），这一螺旋式发展历程。这一辩证演化进程印证了艺术发展的否定之否定规律，更深刻揭示了艺术本体语言的内在变革机制。原始艺术与现代艺术虽在表现形式上具有相似抽象特征，但其内在文化逻辑与生成机制却大相径庭——前者是原初思维的自然投射，后者则是理性自觉的文化反叛。

一、原始艺术的素朴抽象性

人类早期的艺术实践，无论彩陶纹饰、洞穴壁画抑或原始雕刻，其显著特征表现为对具象元素的极简化和功能化处理，形成了素朴抽象风格。具体表现为三个特征：

（一）图式简化与特征强化

原始艺术在形式表达上，大多表现出几何化概括与特征符号提炼的双重特征。原始艺术的形象刻划，往往只简括出物象轮廓而忽略细节。比如我国新石器时代舞蹈纹彩陶盆上的几组舞蹈人形图案：一圆点为头，一长点作身，八字两斜线代表双臂，八字形两短竖作双腿。一队手拉着手，翩翩起舞的绝妙剪影。只见轮廓，省去面目；只见粗略形态，不见细微神貌。不是写实细描而是粗轮廓的速写。其他诸如人面鱼纹、蛙纹、鹿纹等等陶器图案，均如此类。极简省的线、点、圆等基础造型元素，极概括地勾勒出物象的粗略轮廓。西方的原始绘画和雕塑，同样主要表现为形象刻画上的简约。被人们称为"原始维纳斯"的维伦多夫石雕像，出土于奥地利维也纳附近，制作于大约 3 万年前的旧石器时代。这尊小圆雕以软质石灰石刻成，头部、四肢雕凿笼统，忽略脸部特征，胸部特出，腹部宽大，腰腿粗壮，头和乳房被简化成圆或球形，身体轮廓被概括为近似的菱形。出土于爱琴海小岛上的石雕《里拉琴手》：一男子样人物，坐在椅子上，胸前一张里拉琴，用手抱着。人的身子、头部、颈子以及手臂等等都被简化为圆圆的棍状[1]。这种以简化的几何图形组合表现物体的方式，近似于现代抽象艺术，创造了造形上的简化图式。

利用几何化概括，达到图式简化的同时，原始艺术还利用夸张的手段达到简化的目的。如上所说，原始艺术在形象刻划上是简括轮廓，忽略细节。但是，如果这个细节属于该类事物的特征性标记，那么不仅不会被忽略，反而会被夸张地凸现出来。比如西方史前石雕，维伦多夫的维纳斯和持角杯的女巫，都特别夸张地放大了巨硕的乳房，以突出其性别特征[2]。我国西安仰韶遗址出土的蛙纹彩陶盆，蛙背上特别画出凸起的麻点和蛙掌的三趾[3]，也是为了强调这类事物的标志性特征。其实，蛙背凸起的麻点和脚趾，女性乳房相对于整个形体而言属于细节，但艺术表现中却被夸张强化了。需要注意的是，原始艺术对特征的放大与夸张，是借此来凸显事物的类的特性，而并非事物的个性特征。因为在原始人的观念中，倾向以类的目光去观照事物，任何个体都是它所属的类的一分子。所以，原始艺术对于事物特征性的夸张与强化，其实是用以区别事物的方法，以夸大最显著特征的办法来把它和其他事物区别开来。其目的和功能依然是简化，即通过强调事物的类特征来概括出某一类事物，进而简略掉了不同事物之间繁杂、细微的差异。比如硕大的乳房代表女性，强健的犄角代表牛，大张的嘴巴代表老虎。这种"图式简化—特征强化"的创作范式，在世界各地的史前艺术中普遍存在着，形成跨文化的原始艺术的共性特点。

---

1. 朱伯雄《世界美术名作鉴赏辞典》，浙江文艺出版社，1991，第 51 页。

2.《世界美术名作鉴赏辞典》，第 4 页。

3. 李泽厚《美的历程》，天津社会科学出版社，2001 年，第 27 页。

（二）空间的平面化处理

原始艺术的构图显示出平面化特征，主要表现为三维空间的二维压缩与多视点并置。考古遗存显示，不论是西班牙阿尔塔米拉洞窟的野牛壁画，还是美索不达米亚的乌尔军旗镶嵌画，其图像构成均采用非焦点透视的散点布局，省略背景，突出主体，平行构图。原始图像中基本没有背景衬托，而是单纯、直接地表现所画对象。画面结构简单，一个画面表现一个对象。即使在同一画面中有几个对象，不同对象之间也基本不构成复杂的空间关系，不形成视觉景深效果。这种平行罗列的空间处理方式，反映了原始思维对物象关系的认知模式——尚未建立起统一的时空坐标体系，个体物象处于孤立存在的认知层面。具体而言，就是原始先民尚无足够的能力去把握和表现事物间的复杂关系。他们还只是孤立地观察，表现事物，尚不能很好理解和把握事物之间时空、因果上的逻辑关系，无法整体性地去反映外在世界。

（三）抽象符号的指义建构

"图式简化—特征强化"的形式简省模式继续发展，原始艺术就衍生出具有指义功能的抽象符号。可以这样猜想，人类对几何图形的掌握就是从原始艺术发展而来的。早期的原始艺术，局限于有限表现能力，只能以轮廓概括的方式呈现对象。这种轮廓概括却带来了某些简化性图式，比如近似于圆形、正方形、长方形、三角形、菱形等图式。后来在这些简化图式的基础上，进一步提炼、规范，就产生出纯粹的，以几何图形为代表的抽象性符号。所以，原始艺术的"图式简化—特征强化"的形式简省模式是人类产生抽象指义符号过程中的重要一环。

中国原始陶器纹饰和象形文字，就是其中的经典样本。半坡遗址陶器上的菱形网格纹、仰韶文化的人面鱼纹等，均已脱离写实摹写的阶段。拂去历史的尘封，原始陶器上露出各式各样的纹饰，有动物纹样，有抽象的几何纹样：曲线、直线、水纹、漩涡纹、三角形、锯齿纹。它们已经完全脱略形似，彻底地抽象化、符号化、规范化了，已成为纯粹的表现、装饰的形式符号，而可归入抽象符号的范畴。

李泽厚在《美的历程》中指出，这些几何纹样实为"有意味的形式"。这种有意味的形式，是原始先民从万类物象中抽象提炼而出的，是原始宗教观念与审美意识在漫长历史过程中积淀形成的符号系统[1]。抽象的形式中有内容，感官感受中有观念。原始先民把他们观照对象所获得的"内容积淀为形式，把他们的观念、想象积淀为感受"[2]。更值得注意的是，汉字体系的产生昭示着中国先民独特的抽象思维能力。甲骨文中的象形文字并非简单的物象摹写，而是通过特征提取形成的指事符号。"画成其物，随体诘诎"，描画物象之形，指代其物，用作文字。这种象形之符，既要做到见字明义，又要简明便用。这要求高度的概括抽象能力，要以最具概括力的线条，简省地标示出事物的特征来。汉字始终坚持了象形文字的路子，而没有转到字母文字上去，这足以表明中国先民形式抽象能力的伟大，是其他民族难以企及的。另一方面，象形汉字的使用，也促使汉民族不断强化写意抽象的能力。这种写意抽象精神，源远流长，后来渗透进中国艺术的各个门类之中，对整个中华艺术影响深远。

二、原始艺术抽象性原因分析

原始艺术之所以素朴抽象，写意重于写实的原因可能是多方面的。

首先，素朴的原始艺术表现出的抽象形式，反映了原始先民艺术思维的直觉性。它是上古先民囿于有限的能力，无法深入把握事物内在丰富内容的体现。原始艺术表现的只是事物外在的轮廓形式，而未能深入到形象层面。形象是外在形式和内在内容得以统一把握后的综合体现，原始艺术显然无法达到这样的能力。

其次，原始艺术更多是基于巫术和原始宗教的需要创造出来的。所以原始艺术形象中蕴含着更多的观念意义和实用目的，而并非审美感受。

---

1 2.《美的历程》，第 32 页。

从此意义上说，原始艺术强调的是符号性功能，而不是形象表现所产生的审美功能。"符号，就是一种可通过视觉、听觉所感知的对象，主体把这种对象与某种事物相联结，使得一定的对象代表一定的事物，当这种规定被一个人类集体所认同，从而成为这个集体的公共约定时，这个对象就成为这个事物的符号。"[1] 原始艺术形象的简约抽象，对类特征的夸张，以及出于实用目的而赋予观念等特征，都是符号化功能的表现。当原始艺术更多地是作为观念符号被创造和使用时，简约和抽象就成为必然的选择。

第三，人类绘画的起点是始于抽象思维，而原始绘画作为人类绘画的起点必然带有抽象的特点。何新《论中国古典绘画的抽象审美意识》认为绘画始于抽象。他根据人类早期绘画史和儿童绘画心理史的大量材料论断，绘画发生的历史起点是"通过对客体的形相进行分析后，所达到的形式抽象。人类绘画表现在形象创造上所达到的具体性和丰富性，这只有在绘画技巧高度的成熟期才能达到，它并非最初的起点，而是历史的结果"[2]。文中进一步引证法国心理学家卢切特对儿童绘画的研究成果，以及黑格尔在《精神现象学》中的论断："人类精神发展的一般历程，以凝缩的形式再现于儿童精神的发展历程中"。结论是认为原始艺术正如儿童绘画的初期，正处于抽象象征表现阶段，用象征性的线条表示被想象的对象[3]。如果这个假说成立，正好说明了原始艺术和儿童绘画为什么那么相似，都带有简朴、抽象的特性。

三、现代艺术的变异抽象性

如果说绘画起始于抽象，是人类艺术共同的无可选择的必然起点。那么，从原始时代的素朴抽象，历经古典时代的写实具象，到二十世纪，出现了重返写意抽象的现代艺术，则是艺术自觉的文化反叛。十九世纪末叶以来，艺术的表现形式和手段发生了一系列重大变化，其中最突出的是

---

1. 何新《艺术分析与美学思辩》，时事出版社，2001 年，第 67 页。
2.《艺术分析与美学思辩》，第 272 页。
3.《艺术分析与美学思辩》，第 274—276 页。

西方的现代派美术。它既不同于以往传统美术，又不同于现代现实主义美术，成为上个世纪以来西方美术的主要潮流，也是当代西方社会的主要思潮之一，影响西方，波及全世界。如果说原始艺术的抽象，是表现能力欠缺所导致的素朴。那么，现代派美术中的抽象，更多是思想转型所带来的抽象。这种抽象的深处，隐藏着西方现代哲学观相对于传统哲学观的变异。

（一）现代抽象性背后的哲学转向

自文艺复兴以来，西方文化的传统精神高标人文主义、理性主义、进化主义（乐观的历史主义）和自然主义（泛神论的宗教观）四面旗帜。对人类和人性充满自信、尊崇和赞美，热情讴歌、礼赞真（理性）、善（人性）、美（艺术），坚信世界和历史的进程可以为人类理性所掌控。人类对自身的现状和前景充满乐观。这构成了文艺复兴和启蒙时代欧洲文化精神的主旋律。那种写实的，希腊风格的，以宗教、伦理为题材的艺术作品，正是在这种文化背景和哲学精神中孕育产生的。

但 19 世纪中叶以后，西方文化精神却突然开始发生急剧变化。文化的乐观主义转变为悲观主义，泛神论的自然主义转变"无神论"，赞美人性的性善论人道主义转变为贬抑人性的性恶论存在主义，历史进化论转变为反进化论，理性主义转变为非理性主义。传统精神讴歌生命，现代哲学赞美死亡（海德格尔）。

这种哲学转向引发了文化精神变异，打破了传统艺术的规范和模式，击碎了传统艺术的灵魂。此种观念下的世界，自然也全异于传统的世界。现代艺术的抽象革新就深植于现代哲学的这种思想土壤之中。叔本华的非理性主义、柏格森的直觉论、萨特的存在主义哲学，分别对应着表现主义的情绪宣泄、超现实主义的潜意识表现、抽象表现主义的行动绘画等不同流派的哲学基础[1]。在这种哲学—艺术的共生生态之中，涌现出达达主义、

---

1. 文化部教育局编《西方现代哲学与文艺思潮》，上海文艺出版社，1987 年，第 237 页。

未来主义、立体主义，超写实主义等，令人眼花缭乱的众多艺术流派，现代艺术家们以抽象变异的形式来表达他们思想中已经变异了的世界，扭曲、肢解、断裂的抽象造形杂糅在变形的艺术时空里。

（二）现代抽象是形式本体的建构

原始艺术的抽象是局限于有限的表现能力，只能立足于对象的轮廓和特征，发展出"图式简化与特征强化"的简化模式。而现代艺术的抽象则是出于形式本体的建构。

印象派以降，艺术形式开始脱离对物象的依附，转而关注形式本体的建构。从塞尚的几何形体解构、毕加索的立体主义拼贴，到康定斯基的热抽象与蒙德里安的冷抽象，形式元素（色彩、线条、块面）逐渐取得独立审美价值。格林伯格在《现代主义绘画》中明确指出，平面性、纯粹性成为现代艺术的形式自觉。这种纯粹形式使现实物象消失了，只留下抽象的色彩、线条和几何模块。比如，在康定斯基那里，只是色斑与几何形，在蒙德里安那里只是红、黄、蓝三原色和线条。他们认为只有这样才能表现艺术家的主观心灵和本能冲动。康定斯基说："抽象绘画是比有物象的更广阔、更自由、更富内容。""抽象美术是伟大的抽象。"这样，他们不仅反对写实，而且也反对用具体形象来表现艺术家的主观心灵和本能冲动[1]。这种形式本体的建构，挣脱了和外在物象之间的模仿关系，带来了强烈而纯粹的形式性，造成了一种现代的抽象性。在现代艺术当中，"不是所表现的对象，而是对对象的表现，不是艺术的观念内容而是这种观念内容的存现形式，决定了它能否成为一件艺术品"。这里形式吞噬了内容，形式既是表达的手段，又成为表达的目的。

1.《西方现代哲学与文艺思潮》，第 251 页。

（三）现代抽象是时空观念的重构

现代派艺术不再象传统艺术，注重对现实时空的描绘和再现，而是主张表现艺术家内心潜意识，由此产生出一种全新的时空观念。未来主义的机械动态表现、达达主义的现成品拼贴、超现实主义的梦境空间重组，共同瓦解了文艺复兴建立的透视法则。杜尚的《下楼的裸女》，将连续运动轨迹叠合于单幅画面，形成了四维时空的视觉表达。这种四维时空的表现形式，彻底打破了古典艺术的时空统一性。萨尔瓦多·达利《记忆的永恒》，物体无序地放置着，好象用面粉做的软而扁平的挂钟，从树枝上、表匣上，落到一个横躺在地上的长着睫毛的幼芽上，那是形体被歪曲的人头。达利说，这是他准确地记录他的潜意识而画出来的。这些梦境一般的潜意识空间，超现实的四维时空颠覆了人的正常感知，带人进入陌生的时空世界。

四、两类抽象性比较

原始艺术立足物象，以图式简化加特征强化的抽象手段，展开对物象形式的抽象概括。现代艺术立足思想，以变异加再造的形式建构为抽象手段，不仅通过变形、扭曲、分解、错置、叠加等变异实在的手段，而且还采用符号、几何图形、色彩等抽象元素，以虚化实在的办法创造新的艺术形式。与原始艺术的抽象相比较，现代艺术的形式抽象更复杂、更多样化、更具象征性，因而也更抽象。

原始艺术的形式抽象，主要出于表意目的，而现代艺术的形式抽象，除表意外，更讲求形式所带来直觉感受和视觉冲击力。原始艺术的抽象化形式，简洁单纯、意义明确，结构有序，现代艺术的抽象化形式复杂多样、朦胧多义，结构繁杂多样。原始艺术的抽象化形式，是从物象中概括而来，先有物后有形，先有具象后得抽象，故脱略形似而略有形似，在抽象中可求得事物之实像。所以原始的抽象，再抽象仍然是"写实"的。而现代艺术的抽象形式，多由观念或感觉的形式化而来，先有理念后有形式，先有感受再把感受用形式表达出来。所以在现代艺术的抽象中本无物象可形容，而只有理念或感受，故而现代艺术的抽象，再写实具象仍然是"写意"的。

原始抽象和现代抽象，尽管二者在视觉表征层面具有形式相似性，但其内在动因存在根本差异：前者体现着原始思维的符号化记述，后者则彰显理性反思下的文化反叛。这两类抽象性形式的背后隐含着文化对形式的塑造作用。

本文原题为《原始艺术与现代艺术的抽象性比较》，刊载于《美与时代》2009年第9期，本次提交版本在原作基础上有改订

何平，东南大学人文学院副教授

瞿佑宣德三年南还再探

——以《乐全诗集》为中心

乔光辉

现存瞿佑《乐全稿》仅有抄本藏于日本内阁文库，内含《乐全诗集》《东游诗》《乐全续集》三部诗稿。2006 年笔者进行《瞿佑全集校注》整理即以此本为据。关于此本的既有研究，黄文吉《明代运河纪行——瞿佑〈乐全诗集〉论析》一文论述甚详[1]。笔者近年揣摩瞿佑《乐全诗集》，深感其不是简单的运河纪行之作，而是别有所发。如果说《归田诗话》多是瞿佑"久居山后""履患难，谪塞垣"之感慨，那么《乐全稿》则是其留居太师英国张公"西府"三年期满，"太师仍以家舰送至南京"，借运河纪行对自己后半生所进行的文学总结。换而言之，以《乐全诗集》为代表的《乐全稿》，意味着瞿佑对其"全人"形象自我塑造的最终完成。笔者仅以《乐全诗集》为例，就"太师仍以家舰送至南京""深有志于武公之学"、《乐全诗集》对"蒲轮生度鬼门关"的记忆、《乐全诗集》的运河生活特点等关键问题，再作申述，以求教于方家。

一、关于"太师仍以家舰送至南京"原因蠡测

瞿佑《乐全稿》自序谈及宣德三年（1428）南返一事经过："向以洪熙乙巳（1425）冬，蒙太师英国张公奏请，自关外召还，即留居西府。及三载，又蒙少师吏部尚书蹇公奏准，恩赐年老还乡，太师仍以家舰送至南

---

1. 黄文是 2005 年国立成功大学主办的"中国近世文学国际学术研讨会"提交的会议论文，后收入《黄文吉古典文学论集》，华艺学术出版社，2013 年，第 203—232 页。该文共分为前言、旅行时间及路线、返乡之旅的基调、旅途记事、旅途写景、旅途抒怀、诗艺特色、结语等八个部分。另外，旅日学者李庆《瞿佑及其时代——日本内阁文库藏〈乐全稿〉考述》也有论述，见《中华文史论丛》第 53 辑，上海古籍出版社，1994 年，第 258—287 页。此处再次感谢黄文吉教授为笔者昔日《瞿佑全集校注》整理所提供的相关资料。

京，自九月十一日起程，至十月十五日抵达武定桥长子进舍。"[1] 即洪熙乙巳（1425）冬，瞿佑因太师英国公张辅（1375—1449）奏请，自流放地关外（即抗击蒙古前线保安）回到北京。"留居西府"即在英国公张辅家中担任幕僚[2]。"西府"原指宋熙宁间京师枢密使所居西府，因代称枢密使；后司马光又将"西府"的纯住宅性质，改变为住宅兼议政之场所。《续资治通鉴长编》载："庚戌，三省、枢密院言：同差除及进呈文字，理须会议者，先于都堂聚议。或遇假及已归东、西府，听便门往来聚议。从之。"[3] "西府"成为官员住宅中的"便门"聚议之处。"留居西府"即在英国公府上担任聚议政事的幕僚，但"尚须朝廷支给口粮、马匹、草料"[4]。宣德三年（1428），"又蒙少师吏部尚书蹇公奏准，恩赐年老还乡"。其中，"蹇公"即时任吏部尚书的蹇义（1363—1435），可见瞿佑年老还乡经过了宣德皇帝的御批。相对于昔日"贬谪保安"，"太师仍以家舰送至南京"对瞿佑而言极其荣耀。然而，既有学者并没有予以足够关注。结合特定历史语境，笔者以为这正是英国公张辅对瞿佑"西府"三年工作的认可与回报。

张辅于洪熙乙巳（1425）冬奏请将瞿佑召还，与瞿佑在关外的声望有关。瞿佑自永乐十三年（1415）贬谪保安，至洪熙乙巳（1425）冬召还，历经十年，与边关将领交往甚多，熟悉边关事务。此间，瞿佑与兵部尚书赵羾（1364—1436）往来密切，《归田诗话》卷上载赵羾喜诵唐四川节度使严武诗歌；又如保安知州冯源，《乐府遗音》载《临江仙》（贺冯源太守得子）、《木兰花慢》（郑钦长司诞日，适逢任满之期，奉贺"）、《满

1.［明］瞿佑《乐全诗序》，［明］瞿佑著，乔光辉校注《瞿佑全集校注》，浙江古籍出版社，2017年，第157页。
2.《归田诗话》木讷序称："太师英国张公延为西宾。"（见《瞿佑全集校注》第355页）旧时"东家曰东主，师傅曰西宾"，西宾即对家塾教师或幕友的敬称。［明］徐伯龄《蟫精隽》卷四"吕城怀古"称："先生以辅导失责，坐系锦衣狱，寻窜保安为民。太师英国张公起以教读家塾。"（文渊阁四库全书本）［明］郎瑛《七修类稿》也沿袭徐伯龄之说。此"西宾""教读家塾"与瞿佑"留居西府"的自称，可互为补充。
3.［南宋］李焘《续资治通鉴长编》卷三五八，中华书局，1995年，第8567页。
4.陈宝良《明清幕府人事制度新探——以"幕宾""幕友""师爷"为例》，《史学集刊》2020年第4期，第33—47页。

江红》(冯知州满帐词)三首。据叶盛《泾东小稿》卷五《保安州学记》：
"当时知州冯源已有志建学，而仅成于洪熙改元之初。"[1]可知，冯源对于保
安州学等地方文化、经济发展有所贡献。其他与瞿佑关系密切者尚有苏
麒指挥、王理都司以及邻居许晟镇抚等。瞿佑词《千秋岁》(辞谢赵尚书
等)自注称："自罹罪谪，独处困厄中，与妻孥睽隔逾十寒暑矣。尚书赵
公、指挥高公、太守冯公、长司郑公及诸邻友，怜其穷苦独居，皆劝以
纳妾，戏作此谢之。"[2]其中"尚书赵公"即时任兵部尚书的赵羾，"太守冯
公"即保安知州冯源，"指挥高公"所指不明，长司郑公即郑钦长司。可
见，边关将官对瞿佑的尊重及对其个人私生活的关心，也可窥见瞿佑在北
方边塞将领心目中的地位。张辅于永乐七年(1409)、九年(1411)、十三
年(1415)先后三次往安南平乱，后一直北方宣府、大同等边境训练，负
责边防等事宜[3]。瞿佑谪放地保安州与之毗邻，且瞿佑所交往的边塞将官与
张辅多有交集，故彭城刘铉在《乐全稿序》中称："太师英国张公慕其声，
奏乞主其家塾。"[4]无疑，瞿佑在保安的表现，为英国公张辅奏请"自关外
召还"奠定了基础。

瞿佑三年"西府"生涯究竟做了些什么？从现存瞿佑作品也可窥知
一二。一是洪熙元年(1425)五月，英国公张辅与蹇义、夏原吉等被命为
《实录》监修。此年十月，瞿佑即被召还。观《乐全诗集》之《次东昌府
吊河间忠武王》诗："首赞戎机振国纲，奉天勋业不寻常。卢沟坟墓埋金
甲，青史文章表铁镕。战地英风犹凛凛，云台遗像自堂堂。几筵配享酬功
厚，四海同称异姓王。"该诗为瞿佑乘船经过山东东昌运河地段，悼念东
家张辅之父，即战殁于靖难东昌之役中的张玉而作，瞿佑自注云："予作
行状，送实录局。"[5]其中"予作行状"即瞿佑作了《张玉行状》，并呈送负

1.[明]叶盛《泾东小稿》卷五之《保安州学记》，明弘治刻本。
2.[明]瞿佑《乐府遗音》之《千秋岁》(辞谢赵尚书等)词，《瞿佑全集校注》，第260页。
3. 永乐二十年(1422)，"英国公张辅言：'山西大同、天城、阳和、朔州等卫地临边，徽宜给神机
铳炮为守备。'从之。"《明太宗实录》卷二五二，永乐二十年十月甲辰。"中央研究院"历史语言
研究所，1962年。
4.[明]刘铉《瞿先生乐全稿序》，《瞿佑全集校注》，第155页。
5.[明]瞿佑《次东昌府吊河间忠武王》诗与自注，均见《瞿佑全集校注》，第166页。

责编撰《明太宗实录》的"实录局"，供其采用；二是《乐府遗音》洪熙至宣德三年所载存作品来看，如《沁园春》(太师英国公寿诞)、《满庭芳》(贺太师得子)、《洞仙歌》(寿神策卫张辂指挥)等，均为太师与其弟所作[1]；三是瞿佑佚作《景行录》一卷，瞿佑序称："宣德戊申(1428)侍太师英国公坐，因问经史中警句，可资观览而切于修省者，谨写一编拜献，以供清暇之一顾。末题门下士瞿佑手录，时年八十有二。"[2]可知，瞿佑作为英国公张辅的幕僚，实际相当于张府"御用"文臣，参与张府重要节庆活动、应张辅要求编撰有关"修省"手册，甚至协助张辅监修《实录》皆其工作范围。由于张辅的"异姓王"身份，地位等同于诸侯王。瞿佑服务于太师张辅，也相当于"异姓王"张辅的"国相"。且考瞿佑于永乐元年(1403)被任命为周府长史，为周王朱橚之"国相"；今留居英国公之"西府"，两者地位正可相当。清朱文藻《归田诗话跋》对郎瑛《七修类稿》中的"诗祸说"提出质疑：《万历府志》极称其(指瞿佑)师道振举，辅弼有法，似郎瑛有传闻之误也。惟《府志》云：'久之释归，复原职，内阁办事，年八十七卒。'今《通志》亦因之。参之他书，皆无复职办事之语，不知其何所本也？"[3]朱文藻并没有阅读到《乐全稿》。瞿佑《乐全诗序》称"爵至五品"，即在留居"西府"依旧是五品官员，与周府长史爵位等同。这正是万历《杭州府志》"复原职，内阁办事"之说的根据。

最重要的是，瞿佑既身为太师幕僚，则必然参与了与太师张辅相关重要事件的谋划。宣德皇帝即位之后，即受到叔父汉王朱高煦(1380—1426)的叛乱威胁。据《明宣宗实录》卷二十记载："高煦遣亲信人枚青等入京，约旧功臣为内应。(枚)青至太师英国公张辅所。辅暮夜执之以闻。上亲问之，悉得其实。"[4]这一细节，其他文献如薛应旂《宪章录》、郑晓《吾学编》均沿袭宣宗实录的记载。"(枚)青至太师英国公张辅所"，与张辅究竟谈了些什么？我们已经无从得知。后小说《于少保萃忠传》卷

---

1. 分别见《瞿佑全集校注》，第267、268、273页。
2. 关于瞿佑编《景行录》，可参见《瞿佑全集校注》第818—819页。
3. [清]朱文藻《归田诗话跋》，《瞿佑全集校注》第429页。
4.《明宣宗实录》卷二十，"中央研究院"历史语言研究所校印1962年。

八称："又遣枚青到京，暗约英国公张辅为内应。张辅见枚青问其来意，青遂递上汉王密约之书。英国公见了大惊。暮夜即拿枚青见宣德。"[1] 则是小说家根据实录记载而作的文学情境还原。但不管怎么说，"辅暮夜执之以闻"的举动为宣德皇帝掌握汉王叛反事实，提供了至为关键的证据。而这恰恰是与张辅一起出生入死战斗过的朱高煦所没有想到的[2]。毫无疑问，张辅此举为平叛立下了第一功。

是什么动因促使张辅关键时刻"执之以闻"？何乔远（1558—1631）《名山藏》卷五九"臣林记"记载："仁宗即位……进辅太师掌中军都督府，两赐羊二百羫酒五百瓶白粲千斛，使知经筵事，监修文庙实录。宣宗即位知经筵，监修昭庙实录，重锡勋阶，颁赏金币，为群臣冠。汉庶人且反，使所亲信人枚青谋辅内应，辅母令辅执青以献。上亲征汉，付辅机事。汉平，赐予优渥。"[3] 张岱（1597—679）《石匮书》卷四五"张河间定兴世家"记载与何乔远《名山藏》相同，二者均是"辅母令辅执青以献"。但不知何据？这一说法忽视了瞿佑作为"幕僚之长者"对张辅决策的重要作用。英国公张辅对瞿佑下狱原因自然有察，永乐三年周府长史司移榜郡，朱棣震怒，称："若奸人造此离间，即据实以闻，当究治之。如实贤弟所命，则速遣人收还。仍严戒长史行事存大体，毋使人讥议。"[4] 瞿佑"辅导失职"实即没有处理好周王与成祖朱棣之间关系，成为朱棣削藩的政治牺牲品。此事瞿佑一生都在反省，英国公张辅既奏请洪熙帝，将瞿佑从关外召还并留居西府，协助自己处理相关事务，不仅因瞿佑在边关将领中的影响，熟悉边塞情况，还希望从他这里听取如何处理诸侯王与帝王之间关系的相关建议。瞿佑有过被成祖朱棣称为"离间"其与弟周王朱橚之间的经历，且长张辅28岁，年龄上属于张辅的父辈人物，"（枚）青至太师英国公张辅所，辅暮夜执之以闻。"实录言简义丰，但细心体会，"青

---

1. [明] 孙高亮《于少保萃忠传》卷八，《古本小说集成》第 2 辑第 055 册，第 118 页。
2. 梁曼容、张钰坤《靖难勋臣政治权力的演变——英国公张辅与明代前期政局》一文称："又因为仁宗方薨，张辅正处在失去联姻帝室地位的微妙时期，因之被朱高煦视为可以争取的对象。"见《延安大学学报》2020 年第 2 期，第 111 页。
3. [明] 何乔远《名山藏》卷五十九"臣林记"，明崇祯刻本。
4. 此文献《明太宗实录》卷三六与《礼部志稿》卷二（清文渊阁四库全书本）均记载。

至太师英国公张辅所"与"辅暮夜执之以闻"明显存在时间差，从逻辑上看，此间张辅必然召开幕僚会议，只是决策过程不为外人所知。换而言之，作为"幕僚之长者"瞿佑在英国公张辅"暮夜执之以闻"的决策中，起到了关键性的作用。

"在没有有关的陈述是得自目击者的始终未中断的传说那种意义上，历史学家是能够重新发现已经被完全忘记的东西的。"[1]因为"历史学是某种有组织的或推理的知识。"[2]尽管缺乏直接证据，但由已知推未知，"西府"瞿佑参与此事也属于职责范围。再看倪谦（1415—1479）《倪文僖集》卷二十六《明故昭勇将军万全都指挥使司都指挥佥事致仕李公墓表》称："晏宪金彦文、瞿长史宗吉谪寓于斯，公皆执弟子礼，从之讲学，故公行业过人远甚。每从大将出师，必延公至帐，与参筹划，退而未尝语人迹。其德善，可谓无愧于躬行君子矣！"[3]文中墓主"李公"即宣府都指挥李徽（1392—1457），李徽在大将出师前的"与参筹划"，均"退而未尝语人迹"。倪谦认为这源于瞿佑的影响。可见，瞿佑参与张辅重大事件的研讨，"退而未尝语人迹"，正属于"西府"职业操守的体现。

由于张辅在平定汉王朱高煦叛乱中态度鲜明，率先将高煦亲信枚青"执之以闻"，且表态："高煦徒怀不臣之心，而素怯懦，且今所拥悉，非有谋能战之人，愿假臣二万卒，保为陛下擒之，不足仰烦。"[4]我们无法探究这一表态是否源于幕僚们的精细商议，毕竟身经百战的张辅也有自己的主见；但据瞿佑《乐全诗集》中《东平州有感》诗云："似砥平原似礧城，遗民安分只躬耕。狂夫莫恃山河固，浪说东殊未易平。"[5]诗歌表面虽是写东平，但考虑到东平距离汉王朱高煦封地乐安州不远，且高煦叛乱，"暗结山东都指挥靳荣等为助，旁近有司亦多趋附。"[6]此"狂夫莫恃山河固，浪

1.［英］柯林伍德著，《历史的观念》（何兆武等译），北京大学出版社，2010年，第238页。
2.《历史的观念》，第250页。
3.倪谦《明故昭勇将军万全都指挥使司都指挥佥事致仕李公墓表》，见《倪文僖集》卷二十六，文渊阁四库全书本。
4.《明宣宗实录》卷二十，一九六三年"中央研究院"校印本。
5.［明］瞿佑《东平州有感》诗，《瞿佑全集校注》第167页。
6.《明宣宗实录》卷二十，一九六三年"中央研究院"校印本。

说东殊未易平"即指宣德皇帝带领张辅等平定高煦叛乱一事。又如《阿城怀古》诗云："陈王才力昔何多，作赋能回洛水波。莫道大兄恩义薄，移封犹得过东阿。"[1] 此诗后两句，黄文吉的解释是："瞿佑亲身经历靖难之役，这首诗或许是在暗讽明成祖的残酷作风吧。"[2] 此说略远。由于瞿佑英国公"西府"经历，平定汉王朱高煦，英国公张辅并幕僚瞿佑均亲自参与谋划，此句"莫道大兄恩义薄"是说，洪熙皇帝朱高炽之于其弟汉王高煦之恩不薄，暗指朱高煦衔恨朝廷。又，瞿佑《府训陈惟诚赠诗和韵奉答》附载杭州府训陈惟诚赠瞿佑诗："不是故乡留不得，侯门悬榻在京畿。"[3] 正是瞿佑在英国公张辅家的"西府"身份，尤其在平定汉王之乱期间，瞿佑为张辅谋划极为细密，因而也成为张辅最为信任的谋臣。上引何乔远《名山藏》"汉平，赐予优渥"，说明在平定汉王之乱后，张辅地位与待遇有进一步抬升[4]。可见，"太师仍以家舰送至南京"便是张辅对瞿佑三年"西府"生涯的肯定与褒奖。

瞿佑《赠舟人陈海、陈忠二都管三首》诗云："解缆下仪真坝，收帆入聚宝门。稳送先生归也，修书回复东君。"[5] 陈海、陈忠便是英国公张辅派遣护送瞿佑到南京的"家舰"的都管，"稳送先生归也，修书回复东君。"便是陈海、陈忠完成使命之后，瞿佑"修书"回复"东君"，"东君"犹"东家"，是雇佣幕僚对主人的尊称，即英国公张辅。

二、"深有志于武公之学"：由"辅导失职"到"乡里之全人"的转变

刘铉在《乐全稿序》中表述更清楚："今日乐全，勉以保全名行为乐，皆修省之功。时先生齿逾八袠，其自治老而益严犹若是，盖深有志

1.［明］瞿佑《东平州有感》与《阿城怀古》二诗，均见《瞿佑全集校注》，第 167 页。
2. 可参见黄文吉《明代运河纪行——瞿佑〈乐全诗集〉论析》一文。
3.［明］瞿佑《府训陈惟诚赠诗和韵奉答》诗，《瞿佑全集校注》，第 225 页。
4.《靖难勋臣政治权力的演变——英国公张辅与明代前期政局》文称："凭借检举揭发朱高煦谋反以及扈从宣宗征讨汉王的功劳，张辅年俸增至三千三百石，此后地位益高，威权益重。"见《延安大学学报》2020 年第 2 期第 115 页。
5.［明］瞿佑《赠舟人陈海、陈忠二都管三首》，《瞿佑全集校注》，第 183 页。

于武公之学。是知先生之所有者，不独有言也。"[1] 刘铉不仅认识瞿佑，应"先生之犹子四：迪、迎、逼、遴"之请而作序，且熟悉瞿佑号"存斋"是"收其放心之谓"，了解瞿佑的谪居保安以及后来留居英国公"西府"的经历。在刘铉视野中，瞿佑并非锐于立言的雕虫小儒，而是"深有志于武公之学"，即试图有所建树的经世之儒，这一判断可谓得瞿佑之本意。瞿佑由贬谪保安而终能"今以余生，归见亲党"，且"爵至五品，寿逾八袠，不亏其体，不辱其亲，俯仰两间，自谓无愧"[2]，"全人"之谓不仅指向"不亏其体"的身体上完整，还指"不辱其亲"的名节上完整。其中"深有志于武公之学"便是完成"予自遭难"到"乡里之全人"的桥梁，也是瞿佑晚年"全人"形象自我建构的核心内容。

客观上，卫武公成为瞿佑自贬谪之后至晚年逐渐寻找到的人生楷模。瞿佑自序称："以乐全题稿以自勖，《抑》亦卫武公求箴警之意也。"[3] 即将《乐全诗集》比作《诗经·抑》篇。《抑》篇是《诗经》中少有的长诗之一，主题是卫武公由自儆而诫勉周天子。全诗共十二章，集劝告、讽刺和指责于一体，诗歌宛如一位慈祥的长者对晚辈的谈话，推心置腹，语重心长。卫武公终生致力国是，自儆励治，博采众谏，察纳诤言。其一生最大的贡献便是帮助周平王平定犬戎，司马迁《史记》载："武公即位，修康叔之政，百姓和集。四十二年，犬戎杀周幽王，武公将兵往佐周平戎，甚有功，周平王命武公为公。"[4] 刘铉称瞿佑"深有志于武公之学"实即如何自儆励治，察纳诤言，审时度势以辅佐君王，平定叛乱。这恰是身为英国公张辅的日常功课，而"西府"幕僚的任务就是虑主人之所虑。

"深有志于武公之学"的信念，使瞿佑完成了由"辅导失责"到"乡里之全人"的转变。关于瞿佑下狱的原因，徐伯龄《蟫精隽》称："既而相藩，藩屏（指周王朱橚）有过，先生以辅导失责，坐事系锦衣狱。"[5] 笔

1.［明］刘铉《乐全稿序》，《瞿佑全集校注》第 155 页。

2.［明］瞿佑《乐全诗序》，《瞿佑全集校注》第 157 页。

3.［明］瞿佑《乐全诗序》，《瞿佑全集校注》第 157 页。

4.［汉］司马迁《史记》卷三七，中华书局，2013 年第 1914 页。

5.［明］徐伯龄《蟫精隽》卷四"吕城怀古"，文渊阁四库全书本。

者在《瞿佑〈资治通鉴纲目集览镌误〉考述》一文中认为："瞿佑下狱显然是介入了成祖与周王之间的复杂矛盾，而都督袁宇所'赉《纲目》一部'实乃是成祖授意而为，目的在于让瞿佑反思人臣之道。"[1] 李庆曾举出瞿佑之后的周府长史继任者刘淳为例，以刘淳"以正附王"对比前任瞿佑之"辅导失责"[2]；由此延伸，周王继任者朱有炖在文集中有周府文人如郑义、刘淳、余士美等相关记录，但对受周藩牵连者如王翰、瞿佑、周是修、滕硕等，有炖均只字未及。各种迹象表明，身为长史的瞿佑在处理周王与成祖关系上存在欠缺，以致获罪。所以，如何辅佐藩王是其"谪放保安"期间一直深思的内容。

实际上，与边关将领的和睦相处，已反映出瞿佑阶段性反思的成果。而留居英国公"西府"使瞿佑之反思有了施展的平台，"深有志于武公之学"成为瞿佑及其东家英国公张辅共同研讨的话题。无论瞿佑以"卫武公求箴警"类比其《乐全稿》，还是宣德三年瞿佑编《景行录》以助英国公"修省"，实际均将卫武公当作人格修行的楷模。此间，瞿佑不仅撰写有《沁园春》(太师英国公寿诞)、《洞仙歌》(寿神策卫张辄指挥)等张辅兄弟的祝寿词，还协助英国公监修《明实录》，协助张辅抓捕枚青，编撰《景行录》以助英国公"修省"等，无不以卫武公为道德楷模。英国公对瞿佑"慕其声""甚加礼貌"，并派遣家舰送还南京，这些都成为瞿佑晚年最大的荣耀。如果说《归田诗话》集中反映了瞿佑贬谪关外的心路历程，那么《乐全稿》虽表达含蓄，但一洗昔日蒙羞!《乐全诗集》中七律《舟中望紫金山》诗便是对昔日周府长史"辅导失责"一事的回应：

> 昔游宝地发长歌，今泛归舟泊近坡。二十五年成一梦，好山真是阅人多。望中佳气晚氤氲，宛若蟠桃在瑞云。白首归来只依旧，山灵不必更移文。

诗句"山灵不必更移文"表面化用孔稚圭《北山移文》，以示决心隐

---

1. 乔光辉《瞿佑〈资治通鉴纲目集览镌误〉考述》，《古籍整理研究学刊》2009 年第 3 期。
2.《瞿佑及其时代——日本内阁文库所藏〈乐全稿〉之探析》，《中华文史论丛》第五十三辑，第 274 页。

居；但该诗有自注称："昔周定王于灵谷寺建斋会，从驾至此累日。"[1] 即指1404 年朱橚在灵谷寺建斋会超度父母朱元璋与马皇后一事，故"白首归来只依旧，山灵不必更移文"句中的"山灵"即山神，暗指周王朱橚已殁，瞿佑"白首归来"，不必再为周王"移榜郡县"。永乐三年（1405）七月，朱棣赐书周王橚曰："长史司专理王府事，岂得遍行号令与封外与朝廷等？"[2] 可见，朱棣称瞿佑"辅导失责"不为之过。《舟中望紫金山》一诗实际为昔日"辅导失责"作变相澄清。前引杭州府训陈惟诚赠瞿佑诗："不是故乡留不得，侯门悬榻在京畿。"[3] 也是对瞿佑、张辅"幕僚与东家"之"深有志于武公之学"形象的生动描述。

"深有志于武公之学"体现为在现存体制中如何选择进退与寻求机遇。《乐全诗集》中除了称自己是"乐全翁"之外，还大力赞颂另一"全人"，即孔门圣贤闵子骞（前 536—前 487）。某种意义上，这是瞿佑对如何知所进退的反思。《汶上怀古》三首其一为："大贤义不仕强臣，鲁北齐南欲置身。除却颜曾传道外，圣门有此一全人。"[4] 是瞿佑有感而发。结合《论语·雍也上》云："季氏使闵子骞为费宰。闵子骞曰：'善为我辞焉。如有复我者，则吾必在汶上矣。'"[5] 费是季氏管辖之邑，而季氏不臣，其邑宰数叛。司马迁《史记·仲尼弟子列传》赞闵子骞曰："不食污君之禄。"[6] 瞿佑也称赞"圣门有此一全人"。面对上级的"不臣"举动，属下该如何选择？结合瞿佑周府长史经历，其前任因"橚亦时有异谋，长史王翰数谏不纳，佯狂去"，[7] 但瞿佑没有辞职，终以"辅导失责"而下狱。"圣门有此一全人"之誉，称赞闵子骞知所进退，似流露出瞿佑深深的自省，潜台词是后悔没有如闵子骞与王翰那样急流勇退。

"深有志于武公之学"还体现在瞿佑对群己关系的反思。他在《归田

---

1. ［明］瞿佑《舟中望紫金山》诗，《瞿佑全集校注》，第 183 页。
2.《明太宗实录》卷三十六，一九六二年"中央研究院"校印本。
3. 杭州府训陈惟诚赠瞿佑诗，《瞿佑全集校注》，第 226 页。
4. ［明］瞿佑《汶上怀古》三首，见《瞿佑全集校注》，第 168 页。
5. 程树德撰《论语集解》，中华书局，2013 年，第 440 页。
6.《史记》卷六七，第 2647 页。
7.《明史》卷一一六列传第四，清乾隆武英殿刻本。

诗话》中说范仲淹《渔家傲》词："意殊衰飒，以总帅而所言若此，宜乎士气之不振，所以卒无成功也。"[1]强调诗词创作应与自身身份相应；他盛赞"老杜诗识君臣上下""识大体"[2]，则是强调传统文人的兼济天下精神。此类论述贯穿《归田诗话》之始终，显示瞿佑在谪放期间的文学主张，即以文辅政，将自身价值与家国同构。在个人文学名望与为政一方之间，究竟孰轻孰重？另一首《重有感》诗云："济水潜流绕郡清，源泉涌出自成泓。腐儒不了公家事，诗板将图后世名。"后自注云："晏璧为宪金巡案至此，刻本传其七十二泉诗，为同僚奏劾，获罪，编发口外为军。"[3]作为地方巡案，晏璧因诗废公，"腐儒不了公家事"，公事未完，诗名挤占了政事，瞿佑直斥为"腐儒"。这也体现出瞿佑"公家"与"个人"之间的选择。

身处流放地，而依旧以家国为己任，瞿佑不仅力所能及地为边关将士提供指导，并以文辅政，撰写《西江月》(送山西泽州阳武县县臣赵选部粮毕还任)、《鹧鸪天》(送芮城李主簿运粮毕还任)等鼓舞后勤士气，同时撰写了诸多赞颂边疆将帅的诗词；留居张府后，瞿佑有了施展"武公之学"的平台，得以将个人事业融入社会历史发展的大进程中，克胜幕僚之责，由"辅导失职"变为"乡里之全人"，从而完成了其自我形象的重构。

三、蒲轮生度鬼门关："乡里全人"的磨难记忆

《乐全诗集》共有组诗120首，为瞿佑从北京到南京还乡时所作。由第一首《南皈留别金台诸亲友》诗"乐全加号知相称，笑对家山不厚颜"，提出了组诗的中心命题是"乐全"；到倒数第三首《渡江》诗"从此存斋加别号，老来重作乐全翁"，再次点题。组诗围绕"乐全"，抒发了瞿佑的人生感慨。

首先，运河见证了瞿佑由戴罪之身到乡里全人的转变，《乐全诗集》

1.《归田诗话》卷上"渔家傲"，《瞿佑全集校注》，第379页。
2.《归田诗话》卷上"少陵识大体"，《瞿佑全集校注》，第361页。
3.[明]瞿佑《重有感》诗，《瞿佑全集校注》，第170页。

再现了瞿佑的"悲""乐"人生。瞿佑运河抒怀，善于借他人之酒杯，浇自己之垒块，特别是与自身有类似经历的前人那里，抒发人生共鸣，寄托自己情感。第七首《天津卫陈翁家延饮》："忆昔来从此地过，拘留漕舶奈愁何。如今座下多宾客，醉咏前人归辞歌。"便将这种情绪表达得淋漓尽致。该诗自注曰："东坡《辞黄州歌》乃后人假托，以感世情，俗谓《扫壁歌》。"[1] 对此，黄文吉解释说："苏东坡离黄州时曾作《别黄州》一诗，但这首俗称《扫壁歌》的《辞黄州歌》，并非《别黄州诗》，根据瞿佑的说法是后人揣测东坡离黄时的心情而伪作的，所以这首歌应该最能倾吐瞿佑脱困还乡的心声。"[2] 黄文吉判断很准确，但并没有指出《扫壁诗》的具体内容。根据康熙《湖广武昌府志》卷二"兴国州"："大坡山，东坡谪黄州过此，有《扫壁歌》刻于石。"[3] 瞿佑"俗谓《扫壁歌》"即指此，诗为："山多石广金银少，世上人稠君子稀。相交不必尽言语，恐落人间惹是非。"瞿诗"拘留漕舶奈愁何"句指瞿佑编管保安的经历，据瞿佑《乐府遗音》载《水调歌头》（乙未初度日自寿）词云："六十九年我，老作塞垣民。更无官守言责，依旧一闲身。"[4] 永乐乙未即 1415 年瞿佑已到达保安。由南京贬谪至保安，同样沿运河北上，至天津卫"拘留漕舶"；而今南还，再经过此地，则是"如今座下多宾客"。今昔对比，"醉咏前人归辞歌"，瞿佑在托名东坡的《黄州歌》那里找到了强烈的共鸣。"世上人稠君子稀"句，可谓有感而发。结合《归田诗话》卷下"和狱中诗"云："不才弃斥逢明主，多难扶持望故人。"[5] 在艰难时刻，竟无一友人相帮。非但周王朱橚不出面，世子朱有炖竟也回避此事，遑论其他。"世上人稠君

---

1. ［明］瞿佑《天津卫陈翁家延饮》诗，见《瞿佑全集校注》，第 159 页。
2. 可参见黄文吉《明代运河纪行——瞿佑〈乐全诗集〉论析》一文。
3. 康熙《湖广武昌府志》卷二，笔者依据《中国地方志数据库》之影印本。据沈振国《苏东坡与阳新茶》一文引《兴国州志》称：坡山原名碧云山，苏东坡由黄州赴江西筠州经此登山，有扫石壁歌刻悬崖……寺东北侧悬石刻《扫壁歌》："山中石广金银少，世上人多君子稀。相交不必尽言语，恐到人间惹是非。"（《农业考古》，1994 年第 4 期）笔者查阅光绪《兴国州志》不载。惟湖北省阳新县县志编纂委员会编《阳新县志》"大事记"："1084 年（元丰七年）4 月 24 日，苏东坡由黄州赴江西，被知军杨绘迎至兴国，先后畅游银山寺、桃花尖、石田驿、飞云洞、碧云山等地……在碧云山写有《扫壁歌》。"（新华出版社 1993 年，第 9 页）。
4. ［明］瞿佑《水调歌头》词，见《瞿佑全集校注》，第 256 页。
5. 《归田诗话》卷下"和狱中诗"，《瞿佑全集校注》，第 424 页。

子稀"便抒发了其对世情的感慨，一如同黄文所说"最能倾吐瞿佑脱困还乡的心声"。

借助运河航行，回忆与自己经历类似者的遭遇，更容易让人产生同情。《归田诗话》卷下"塞垣风景"，回忆了周府教授滕硕的人生遭遇，末尾说："滕与予同庚，到此不半载，竟以忧卒。而予犹留滞于此，未得解脱云。"[1] 由自己身边同事的遭遇，可预见到自己的未来，由此抒发了切肤之痛。《乐全诗集》延续了这一抒情策略，如船只航行至高邮段运河之时，瞿佑写有《挽杨彦达助教》诗：

投笔昔从戎，年深老亦穷。乍闻离雁塞，岂料赴龙宫。遗恨随流水，孤魂托断蓬。忽经沉溺处，哀泪洒悲风。

自注：彦达，名荣，金华人。由府庠升补国监。从宋侑禹授诗经，洪武末为定州训导。太宗兵起，罢职南归。除助教，永乐初编发塞外为军。全家为胡寇所掠，身被重伤。宣德改元，始以荐拔，授临州崇安训导，附载赴任，过此舟覆，叔侄二人俱殒于水。患难之余，复此委命，哀哉！[2]

杨荣的经历就是瞿佑的影子，瞿佑也经历了宜阳等县学训导、国子助教、编发塞外的经历。瞿佑的运气比杨荣略好一些，多了居留英国公"西府"经历。但是，纵然英国公派家舰送还，运河航船艰险，也依然有覆船之可能。"忽经沉溺处，哀泪洒悲风"，杨荣的结局便是瞿佑内心对南还的隐忧，毕竟年事已高，能否经历运河险阻也难以预料。瞿佑内心当何等感恩英国公张辅。"家舰"护送的待遇，使瞿佑运河航行得到了实实在在的安全保障。

其次，《乐全诗集》借运河抒怀，多处写到瞿佑"自罹罪谪"事变对家庭的影响。经历了辅导失责、贬谪塞外事件后，瞿佑家庭由盛而衰，也由运河之行得以见证。《泊扬子桥有怀》自注："洪武末，自宜阳赍印赴礼部。全家一十五口同憩此，今在者九口，于南京、松江两处蛰居，余则物

1.《归田诗话》卷下"塞垣风景"，《瞿佑全集校注》，第 428 页。
2.［明］瞿佑《挽杨彦达助教》诗，《瞿佑全集校注》，第 179 页。

故矣。"[1]毫无疑问，瞿佑下狱导致了家庭变故，全家由十五口锐减为九口，而今，长子瞿进住南京，二子瞿达住松江。《寄松江次子达》诗："折简偶成章，殷勤示二郎。抛家为客久，得道放舡忙。拟跨扬州鹤，来过陆氏庄。笑斟长寿酒，期尔捧杯觞。"[2]表达了作者对父子相聚的温馨生活的渴望。

当然，《乐全诗集》写得更多的还是他妻子，运河之行寄予了瞿佑对妻子富氏的怀念。如《舟中见月忆内子》《清江曲四首》《至武定桥》等。瞿佑与妻子富氏极其恩爱，《乐府遗音》载《千秋岁》(辞谢赵尚书等)有小注："自罹罪谪，独处困厄中，与妻孥睽隔逾十寒暑矣。尚书赵公、指挥高公、太守冯公、长司郑公及诸邻友，怜其穷苦独居，皆劝以纳妾，戏作此谢之。"[3]虽然边塞高官多次劝瞿佑纳妾，但均被他拒绝。词云："云雨迹，都扫除。全身为福寿，守分为珍宝。昏夜里，布衾纸帐安眠好。"[4]固然有老年养生之考虑，更多的则是他对妻子真挚的感情。《归田诗话》卷上"一日归行"称："予自遭难，与内子阻隔十有八年，谪居山后，路远弗及迎取，不意遂成永别。《祭文》云：'花冠绣服，享荣华之日浅；荆钗布裙，守困厄之时多。忍死独居，尚图一见，叙久别之旧事，讲垂死之余欢。促膝以拥寒炉，齐眉以酌春酿。'"[5]洪熙元年(1425)中秋前，瞿佑妻子于南京去世。自瞿佑下狱(1408)至妻子去世(1425)，与妻子分别十八年，《清江曲》诗云："望得君归后，相期共白头。从今空改业，莫泛济川舟。"[6]可见瞿佑对妻子的愧疚、眷念之情。《舟中见月忆内子》诗云："到家怜独孤，挥泪縓帷前。"(第160页)《至武定桥》诗云："老妻已隔生前面，幼子空留别后屋。"(第184页)凡此，均反映了遭难之后，瞿佑家庭所发生的变故。

再次，"往今解却尘缨去，一任沧浪孺子讴"。《乐全诗集》更多流露

1.[明]瞿佑《泊扬子桥有怀》，《瞿佑全集校注》，第180页。
2.[明]瞿佑《寄松江次子达》诗，《瞿佑全集校注》，第182页。
3.[明]瞿佑《乐府遗音》之《千秋岁》(辞谢赵尚书等)词，《瞿佑全集校注》，第260页。
4.[明]瞿佑《千秋岁》(辞谢赵尚书等)，《瞿佑全集校注》，第260页。
5.《归田诗话》卷上"一日归行"，《瞿佑全集校注》，第381页。
6.[明]瞿佑《清江曲》诗，《瞿佑全集校注》，第184页。下引该书只在句末标明页码，不另注。

出远离官场后的自由。"乐全"最早出于《庄子·缮性》篇:"乐全之谓得志。"成玄英疏曰:"夫己身履于正道,则所作皆虚通也。既而无顺无逆,忘哀忘乐,所造皆适,斯乐之全者也。"[1]瞿佑年轻时向往道家自由,词集《乐府遗音》多有体现,如《鹧鸪天》(吴江村中):"酒熟鸡肥不用钱,菱腰豆角上盘筵。钓来溪鳝长如秤,摸得田螺大似拳。丹橘贱,白鱼鲜,西风千里菊花天。官租纳罢私租毕,便是侬家快活年。"(第246页)在《乐全诗集》中,诸多诗篇《南舨留别金台诸亲友》、《沙河棹歌》五首、《不寐偶成》、《舟中会饮》、《舟中观物》二首、《流河驿》、《次仪征县》二首等,又表现出对于道家自由的向往。《渡江》诗云(第184页):

黄粱梦觉万缘空,拂袖归来趁顺风。两岸好山还似旧,一江流水自朝东。存亡已出三生外,得失都归一笑中。从此存斋加别号,老来重作乐全翁。

此诗以"黄粱梦觉"比喻自己的仕途生涯,尽管过去是"自罹罪谪",现在是"拂袖归来趁顺风",经历了仕途的逆顺悲乐,作者由衷发出"存亡已出三生外,得失都归一笑中"的感慨。这与成玄英"既而无顺无逆,忘哀忘乐,所造皆适,斯乐之全者也"正相一致。其它如《舟中睡起,见民业颇盛,有感往日南北战争之事》诗云:"别港尚通南去路,高墩曾侦北来船。兴亡彼此皆陈迹,未了侬家一觉眠。"(第180页)《到家》诗云:"旧亲无花惟燕麦,新田有黍亦凫茨。生存零落须臾事,未了仙家一局棋。"(第185页)"兴亡彼此、生存零落"如同"一觉眠、一局棋",人生的大起大落,反令作者出离"存亡",一如《南舨留别金台诸亲友》所写"筇杖老登仙岛路,蒲轮生度鬼门关"(第158页),成仙的背后,是鬼门关的煎熬。《次仪征县》二首表达得更清楚:"久落泥途似梦中,不图今日赐生还。"(第183页)

总之,瞿佑虽自号"乐全",但掩饰不住他内心的悲凉。于功名,他抓住机遇,"深有志于武公之学",留居张府,自称"爵至五品,寿逾八袤,不亏其体,不辱其亲,俯仰两间,自谓无愧。庶几得为乡里之全人。"

1.郭象、成玄英等《庄子集释》,城邦(香港)出版集团有限公司,2018年,第385页。

但于家庭，"蒲轮生度鬼门关"，与妻子分隔十八年而阴阳隔绝，家庭成员也由十五口减为九口。相对于他的"乐全"之乐，《乐全诗集》流露出掩饰不住的悲伤。大难过后，"老来重作乐全翁"，宠辱偕忘，《不寐偶成》诗云："齿豁头童心力尽，老年习气似初年。"（第165页）年少时对于道家自由的渴慕重上心头。

四、船闸、击鼓、饮食：《乐全诗集》的运河纪行特点

《乐全诗集》既然是一次运河行船之旅的组诗，则运河行船遵循着运河管理规定，组诗也反映了运河行船的特点。作者自序称："历燕、赵之郊，经齐、鲁之境，过徐、扬二州，遡长淮，逾大江，凡三千七百余里。"（第157页）瞿佑南还取道运河水路，黄文吉《明代运河纪行——瞿佑〈乐全诗集〉析论》一文有详细探究[1]。为避免重复，笔者拟就运河行船与《乐全诗集》组诗关系再作阐发。

首先，运河行舟应遵循船闸管理规定。王琼《漕运通志》卷二"漕渠表"称："地势东南下，盖自兖而江南，其高下相去若干仞，进漕州如凌霄然，苟无闸以节之，则水疾泄而舟莫前矣。故必甃石以为闸，涸则少节以版，溢则启板通舟，犹阶梯之升之。且置官司，飞挽启闭之节，而禁其陵暴。"[2]船只过闸有严格的管理规定，王鸣鹤《登坛必究》卷三十一载："宣德四年令：凡运粮及解送官物并官员军民商贾等船到闸，务积水至六七板，方许开。若公差内外官员人等，乘坐马、快舡或站船，如是急务，就于所在驿分给舆、马、驴过去，并不许违例开闸。进贡紧要者不在此例。"[3]引用《登坛必究》"宣德四年"管理律例，也可逆推宣德三年（1428）瞿佑过闸时的情景。此处"以诗证史"，将瞿佑诗中呈现运河行船特点展开论述。

1.《黄文吉古典文学论集》，第203—232页。
2.［明］杨宏、谢纯撰《漕运通志》卷二"漕渠表"，方志出版社，2006年，第36页。
3.［明］王鸣鹤《登坛必究》卷三十一，笔者依据鼎秀数据库之清刻本；又《漕运通志》卷八"正德十年"载从都御史丛兰、总兵官顾仕隆奏文也有此条文献，文字略有差异，见第160页。

《乐全诗集》直接以闸名的诗篇有《过临清上下闸》《开河闸》《泊天井闸，风起骤寒二首》等四首。王琼《漕运图志》载："漕河夫役，在闸者曰闸夫，以掌启闭。溜夫以挽船上下。在坝者曰坝夫，以车挽船过坝。在浅铺者曰浅夫，以巡视堤岸、树木，招呼运船，使不胶于滩沙；或遇修堤浚河，聚而役之，又禁捕盗贼。"[1]瞿佑《乐全诗集》之《开河闸》云："闸夫间袖手，不用索绹牵。"（第 168 页）"索绹"即用以拉纤的绳子，"闸夫"即帮助船只过闸的士卒。《沧州城》诗中描写漕船进入沧州城时的场面："漕夫叫噪挽卒劳，朔风刮面穿征袍。"（第 162 页）其中"漕夫"则泛指在运河服役的各类差役。瞿佑《夹沟道中二首》中云："乘风早发，过闸南驰。"（第 173 页）过闸很顺利；但《过临清上下闸》时，则是"上闸迟迟下闸忙，舟人司力竞趋跄。只缘水性须防降，赢得淹留半日强"。（第 166 页）"上闸迟迟"则是船只排队等候，"下闸忙"则是开闸时，水流喷涌而出，船速太快，难以驾驭，"舟人司力竞趋跄"。《泊天井闸，风起骤寒二首》："舡中偎坐拥绨袍，舡外阴风正怒号。"（第 170 页）则写排队等候过闸时，乍遇天气变冷，作者借酒以暖身的经历。

其次，《乐全诗集》多次出现"鼓""帆""舵（柁）"字，也是运河行船之必然。运河行船，击鼓是发船信号。《朝发荆门驿》诗云："霜月扬辉共一天，素娥青女鬪婵娟。舟人睡觉酒初醒，打鼓唱歌催发舡。"其中"打鼓唱歌"应是运河发船之信号，鼓声穿得远，辅之以吆喝声，可作为开船之信号。如《过良店》诗："打鼓高陵驿，扬帆下水舡。"（第 163 页）《赠舟人陈海、陈忠二都管三首》："打鼓发清河馆，放船过临淮关。"（第 183 页）其中"打鼓"均是发船的标志。《漕运通志》卷三称："若道由河、淮，则操轻舟，用便楫，假天风，加人力，亦刻期而可至。"[2]描述了挂帆之后船速加快的情景。这种情况下，需要舟人熟练地操作，也需要特殊信号以确保行船安全。《沙河棹歌五首》其二："去舡扶柁急中流，逢右来舡尽落蓬。共道天公机变多，北风才息又南风。"（第 172 页）《夹沟

1.［明］王琼《漕河图志》卷三 "漕河夫数"，张纪成等《京杭运河〈江苏〉史料选编》（第一册），人民交通出版社，1996 年第 366 页。

2.《漕运通志》卷三 "漕职表"，第 58 页。

道中二首》诗云："乘风早发，过闸南驰。水落石出，舟行岸移。舡头击鼓，舡尾搴旗。快意有此，前途可知。"（第173页）其中"舡头击鼓，舡尾搴旗"则是船快速移动过程中的特殊信号；《泊清源驿二首》诗云："樯头百尺彩旗悬，柁尾三通昼鼓传。整理衣装入城去，催唤丁夫来晚舡。"（第165页）此处"彩旗"、"三通昼鼓"则是运河停泊靠岸的信号。运河行船，除了挂帆以借力，还靠掌舵来把握方向。《乐全诗集》中《固城夜发》诗云："月色三更吐，歌声百丈牵。酒醒闻掉柁，知是夜行舡。"（第164页）叙述舟人掌舵深夜行船；《舟行乘顺风》诗云："仰看帆腹饱，知是北风多。"（第166页）根据风向灵活调整挂帆方向，也是舟人的行船技巧；其他如《沧州城》诗："高桅大柁长短蒿，自南饷北连千艘。"（第162页）《淮安府》诗："楚柁吴樯舳舻接，齐纨鲁缟财货输。"（第177页）则借船舵与船桅，以写出沧州与淮安两地运河的繁华。《乐全诗集》还写出了运河行船之险。如《过吕梁洪》诗云："吕梁天下险，遗迹尚多艰。水出高原上，舟行乱石间。冈峦开峻峡，湍浪蹙长湾，赖有龙祠在，安然送度关。"（第175页）《次甲马营》诗云："洪河注深堑，高岸罗严城。"（第164页）《过仪真坝》诗："行尽长淮路，南来涉大江。高城河作堑，巨坝石为椿。舣岸红舫众，迎人白鸟双。丁夫齐着力，邪许自成腔。"凡此，均体现出运河行船的凶险。

再次，"烹鱼酌酒"是瞿佑《乐全诗集》记载出现频率极高的饮食种类，诗中所叙运河饮食景象，为研究明代运河纪行提供了生动的样本。瞿佑自北京到南京，共耗时三十五天。这期间，瞿佑每天均会饮酒吃鱼。先说吃鱼。运河舟中饮食，虽地域不同而物产有区别，但"吃鱼"一直贯穿始终。如《青县》诗云："设馔河鱼白，供筵野枣红。"（第161页）《过良店》诗云："程程逢路熟，顿顿食鱼鲜。"（第163页）《泊清源驿》其一云："小童入市买红枣，老妇就船留白鱼。"（第165页）《夹沟道中二首》："上岸取酒，就船买鱼。杯盘草草，聊备行厨。"（第173页）再看饮酒。《乐全诗集》出现"酒"字高达58处，根据诗意，可略分为离别之酒、由"贬谪"到"乡里全人"的感慨之酒、醉酒与希望之酒等。最初是离别之酒。初离北京，与金台亲友告别，诗中满是离别之情，如《九月十一日起程出哈答门，侄瞿迪、甥沈贤、门生雍凯、许安，送过通州，至张家湾，马上率口赋此留别》诗句："玉瓶酒量无穷乐，金缕歌声不尽欢。执手殷勤留后语，寄书早与报平安。"（第158页）《十二日风雨骤作，终日连夜，舟中不寐，因念送行诸人阻雨，未能入城有怀二首》云："何时再酌清罇酒，共话今宵别恨多。"（第158页）这两处叙分别，瞿佑与北京亲友一起饮酒；《次河西务》诗云："买薪供爨事，沽酒慰离情。"（第159页）则是独自上路后，买酒自饮，酒寄离别。二是感慨世情之酒，至运河天津段后，瞿佑则是感慨世情，《天津卫陈翁家延饮》诗云："忆昔来从此地过，拘留漕舶奈愁何。如今座下多宾客，醉咏前人归辞歌。"（第159页）《天津卫》诗云："滞酒留连久，人情莫敢违。"（第160页）因自身遭遇，想起托名苏东坡的《扫壁歌》："山中石广金银少，世上人稀君子稀。相交不必尽言语，恐到人间惹是非。"《过静海县》诗云："薄薄沽来酒，低低坐处床。舟人知往事，相对话偏长。"（第161页）则陈述自号"乐全"之由来。从反思世上人情开始，瞿佑常借酒助兴，回忆自身遭遇，如《泊天井闸，风起骤寒二首》："倩人换酒换柴薪，鲁酒沽来味颇醇。却忆公堂习侍吹，红炉金帐盎如春。"（第170页）则是今昔对比；《泊扬子桥有怀》诗云："扬子桥头杨柳烟，全家曾此系归舡。如今再饮江都酒，独钓遗踪一泫然。"（第181页）则叙自己贬谪而导致的家庭变故。三是醉酒。至山东运河段，瞿佑酒量放开，瞿诗中常叙述醉酒。如《舟中夜起》诗："香烟留烬烛生煤，午酒初醒醉梦回。自起推窗看斗柄，一方月色入舡来。"（第163页）《固城夜发》诗云："月色三更吐，歌声百丈牵。酒醒闻拨柁，知是夜行舡。"（第164页）均写瞿佑醉酒至深夜醒来情景。《临清县会饮》诗句："桥头蔬果鲜，市上鸡豚贱。醵钱共作欢，纵酒何须劝。"（第165页）《舟中会饮》云："莫云鲁酒薄，青州有从事。深瓯仍满斟，不觉熏然醉。"（第170页）则是与众人一起饮酒；《邢家庄》诗："野趣深村酒，乡心下水舟。"（第167页）饮用的是村酒；四是希望之酒，即与家人团聚，特别是期待与长子瞿进、二子瞿达相聚团圆之酒。如《沙河棹歌五首》："大儿撒网打鱼鲜，小儿采果助盘筵。烹鱼酌酒共酬酢，日日全家在眼前。"（第172页）则抒发心中理想，表达对与家人团聚美好生活的向往。

进入江苏段运河之后，瞿佑依旧"上岸取酒，就船买鱼"。（《夹沟道中二首》，第 173 页），《寄松江次子达》诗云："折简偶成章，殷勤示二郎。抛家为客久，得道放舻忙。……笑斟长寿酒，期尔捧杯觞。"（第 182 页）期待与亲人团聚，是瞿佑进入江苏段运河饮酒抒怀的主要内容。

从以诗证史角度看，《乐全诗集》描写运河行船过闸，是特定时期运河船只过闸之诗化体现；而"舻头击鼓，舻尾搴旗"、河坝之险等，也是运河行船之生动写照；至于一路"烹鱼酌酒"，更是运河饮食的典型特征。可贵的是，瞿佑借酒抒情，酒中寄予了离别之情、世情之慨以及期待家人团聚的人伦亲情。

五、余论

瞿佑最重要的文学创作是小说集《剪灯新话》，永乐十九年（1421）瞿佑在《重校〈剪灯新话〉后记》中说："抑是集成于洪武戊午岁（1378），距今四十四祀矣。彼时年富力强，锐于立言，或传闻未详，或铺张太过，未免有所疎率。今老矣，虽欲追悔不可及也！"（第 769 页）很明显，七十五岁的瞿佑流露出深深的"悔其少作"之感。八十二岁写作的《乐全诗集》自不同于早年《剪灯新话》。以《翠翠传》为例，刘翠翠为李将军虏走之后，忍辱含垢，顽强生活，金定千里寻妻后也没能摆脱凶险，最终抑郁而终；瞿佑在谪放保安之后，能与时俱进，积极投身到边塞建设中；他也渴望与妻子家人团聚，并不断创造机会，最终留居张辅三载，完成了"全人"的华丽转身。同是对"如何活下去"的反思，前者是文学创作的虚构，后者是基于惨淡人生的现实选择。就这个意义来说，现实远比虚构复杂。对比可知，时代语境是如何一点点剥蚀年轻瞿佑的锐气，由年少的"锐于立言"最终遁入年老时的"武公之学"。诗与远方为理性的现实所取代，幸或不幸？又是值得深思的另一话题。

本文原载于《广东社会科学》2022 年第 1 期
乔光辉，东南大学人文学院教授

卢作孚旅游思想探析

贾鸿雁　王　佳

一、引言

卢作孚先生是中国近代著名的爱国实业家、教育家和乡村建设理论的探索与实践者，被社会名流赞誉为"建设健将"[1]"创业奇才"[2]，更是被毛泽东同志盛赞为"万万不可忘记"的近代四位实业家之一。20 世纪上半叶的中国，内忧外患，卢作孚却在践行实业救国的同时思考着中国旅游的发展问题[3]。卢作孚将自身超前的旅游思想融入北碚的乡村建设实验，强调"将嘉陵江三峡布置成为一个生产的区域，文化的区域，游览的区域"[4]，并要求北碚的自然环境和社会环境"皆清洁，皆美丽，皆有秩序，皆可居住、游览"[5]。此外，在游览是"到有办法的地方去寻找办法"[6]的理念的指引下，卢作孚曾对中国的东北、广西、江浙以及美国、加拿大等地的名山大川、风土人情和社会建设进行系统地游览和考察，并撰写了《东北游记》《广西之行》《游美观感》等文章，较为全面地记录了游览途中的所闻所见与所感所思。卢作孚不仅自身热爱旅游活动，组织群体性旅游活动，还在城乡建设过程中较为系统地融入旅游建设理念，是当之无愧的中国近代旅游建设的先行者和旅游思想的先驱者，在近代旅游发展中留下浓墨重彩的篇章。

值得注意的是，卢作孚并未留下系统论述旅游的论著，其关于旅游问题的阐述散见于各类演讲稿、书信、游记等文献资料中。正是囿于载荷

---

1. 黄炎培《蜀道·蜀游百日记》，开明书店，1936 年，第 115 页。
2. 近代中国工商经济丛书编委会《陈光甫与上海银行》，中国文史出版社，1991 年，第 60 页。
3. 卢作孚纪《我的父亲卢作孚》，重庆出版社，1984 年，第 20 页。
4 5. 卢作孚《四川嘉陵江三峡的乡村运动》，《中华教育界》1934 年第 22 卷第 4 期，第 112 页。
6. 张守广、项锦熙主编《卢作孚全集》，人民日报出版社，2016 年，第 763—770 页。

卢作孚旅游思想的文献的纷繁且散乱，除王容（2002）的硕士学位论文[1]进行较为详实的文献梳理以及丁晨（2013）[2]、孟庆光和丁文义（2015）[3]对卢作孚旅游思想和实践做简单分析外，尚鲜有研究者基于卢作孚所著述的相关文献，采用质性分析方法，较为全面深入地探究卢作孚的旅游思想。因此，本文基于扎根理论，运用 Nvivo 软件，对卢作孚关于旅游动机、旅游影响、风景区开发建设等议题的原始文献进行编码分析，以期较为完整地归纳与凝练卢作孚的旅游思想，挖掘其对当代旅游发展的借鉴价值。

二、研究方法与研究素材

扎根理论是社会学家 Glaser 和 Strauss 于 1967 年提出的一种典型的归纳研究范式[4]。扎根理论构建实质理论（substantive theory）的顺序是自下而上，具体而言，研究前，研究者一般不预设任何理论假设[5]，研究中，研究者根据被研究者的相关资料生成概念与类属，进而探索概念与类属之间的关系，即理论的建构，如此，理论超越了研究者无根据的想象世界，而成为被研究者意义世界与社会实在的真实再现[6]。因此，扎根理论一定程度上脱离了量化的和标准的实证研究的程序化"捆绑"，信息更加全面真实[7]。卢作孚的旅游思想散见于其所著述的相关文献中，借助扎根理论进行系统地编码，能更好地窥见其对于旅游动机、旅游影响、风景区建设等议题的认知与见解，并探析相关概念间的内在逻辑，因此，扎根理论在探究卢作孚旅游思想这一研究中优势突显。

1. 王容《卢作孚的旅游思想与实践研究》，西南师范大学硕士论文，2002 年。
2. 丁晨《近代爱国实业家卢作孚的旅游思想与实践》，《兰台世界》2013 年第 13 期，第 62—63 页。
3. 孟庆光、丁文义《旅游事业的先行者卢作孚的旅游实践管窥》，《兰台世界》2015 年第 4 期，第 158—159 页。
4. A. Papathanassis, F. Knolle, "Exploring the adoption and processing of online holiday reviews: A grounded theory approach", Tourism Management, 2011, 32（2）: 215—224.
5. 陈向明《扎根理论的思路和方法》，《教育研究与实验》1999 年第 4 期，第 58—63 页。
6. 卢崴诩《质性研究法与社会科学哲学：以社会学中的民族志为例》，《思想战线》2013 年第 39 卷第 2 期，第 16—20 页。
7. 褚玉杰、赵振斌、张丽：《民族社区妇女旅游精英角色：基于性别特质的演绎》，《旅游学刊》2016 年第 31 卷第 1 期，第 37—48 页。

基于对《大公报》《嘉陵江日报》《建设月刊》等民国报刊，《卢作孚全集》《卢作孚年谱》等著作，以及重庆档案馆相关文献的梳理，笔者共检索到34篇卢作孚论述旅游的原始文献，包括游记、书信、演讲、讲话、建设方案和其他等六类，文献类型与编号如表1所示。需要说明的是，文献类型中卢作孚的"演讲"对象是社会大众，而"讲话"对象则主要是民生公司的职员，由于卢作孚在对不同的对象阐述旅游时往往采用不同的视角与立场，例如对民生公司职员的"讲话"中更多的是站在旅游供给方角度强调"如何帮助旅客"[1]，因此，作演讲和讲话之区分。

表1　原始文献类型与编号

文献编号 Number	文献名称 Name	文献类型 Type	文献编号 Number	文献名称 Name	文献类型 Type
N1	《东北游记》	TRA-31	N18	《要参加社会活动》	TAL-33
N2	《广西之行》	TRA-35	N19	《到北碚旅行之预备及意义》	TAL-34
N3	《游美观感》	TRA-47	N20	《本公司之职工教育运动》	TAL-35
N4	《游程中寄回峡的第一封信》	LET-31	N21	《如何帮助旅客与提高工作技术》	TAL-37
N5	《游程中寄回峡的第二封信》	LET-31	N22	《两市村之建设》	CON-25
N6	《致白崇禧》	LET-35	N23	《乡村建设》	CON-29
N7	《四川人的大梦觉醒》	SPE-30	N24	《四川嘉陵江三峡的乡村运动》	CON-34
N8	《卢作孚之演说词》	SPE-30	N25	《四川的新生命》	CON-34
N9	《中国科学社来四川开年会以后》	SPE-33	N26	《新北碚的建设》	CON-47
N10	《从四个运动做到中国统一》	SPE-34	N27	《建修嘉陵江温泉峡温泉公园募捐启》	ELS-27
N11	《整个四川的五个要求》	SPE-34	N28	《四川的问题》	ELS-31
N12	《南洋华侨的两个工作》	SPE-34	N29	《东北游记》再版序	ELS-31
N13	《社会的动力与青年的出路（上）》	SPE-35	N30	《工作与休息》	ELS-33

1.《卢作孚全集》，第877—882页。

文献编号 Number	文献名称 Name	文献类型 Type	文献编号 Number	文献名称 Name	文献类型 Type
N14	《社会的动力与青年的出路（下）》	SPE-35	N31	《我们的要求和训练》	ELS-33
N15	《精神之改造》	SPE-39	N32	《建设中国的困难及其必循的道路》	ELS-34
N16	《理想的三民主义青年团团员》	SPE-40	N33	《人人应明了交通设施之实况》	ELS-39
N17	《国际交往与中国建设》	SPE-44	N34	《怎样组织青年服务社》	ELS-39

注：文献类型中"英文—数字"，前者表示文献类型，TRA、LET、SPE、TAL、CON和 ELS 分别代表游记、书信、演讲、讲话、建设方案和其他，后者表示首次公开发表的年份。例如 TRA-31 表明《东北游记》是卢作孚 1931 年发表的游记类型的文献。

三、卢作孚旅游思想的扎根理论分析

Strauss 将扎根理论对资料的分析称为译码，指将所收集的文字资料加以分解、赋予概念，再以适当方式将概念重新抽象、提升和综合为范畴以及核心范畴的操作化过程，共包括三个级别的译码[1]。文章依序采用开放性译码、主轴译码和选择性译码对卢作孚有关旅游论述的原始文献进行扎根理论分析，具体而言，开放性译码是对卢作孚原始文献在悬置研究者"个人偏见"和"研究预设"的前提下进行裂解并提取概念和范畴的过程，主轴译码是对前一步骤形成的卢作孚旅游概念和范畴进行反复比较，进一步抽象、凝练为主范畴的过程，选择性译码是对前一步骤产生的卢作孚旅游范畴与主范畴进行深度勾连与剖析，提炼核心范畴，最终勾勒卢作孚旅游思想体系的操作化过程。

---

1. Strauss A.L.，Corbin J.M. 著，徐宗国译《质性研究概论》，巨流图书公司，1997 年，第 117—135 页。

（一）开放性译码

开放性译码是指将资料分解、检视、比较、概念化和范畴化的过程，也就是一个将资料打散，赋予概念，然后再以新的方式重新组合起来的操作化过程。笔者对卢作孚有关旅游的著述进行了开放性译码，部分译码过程见表2。

开放性译码中的概念与范畴的名称来自多个途径，其一为卢作孚原始文献的表述，其二为已有研究成果的描述，其三为笔者的总结概括。例如，旅游动机中人格层面的"涵养性灵"这一概念来源于卢作孚的原文"文学家可到此涵养性灵"[1]，此外，单一型旅游表现形式中的"浏览""旅行""游""游览""游历""观览"等概念均源出于其原始文献。而旅游动机的"生理""社交""文化""人格"四分类范畴是笔者基于对马斯洛需求层次理论的思考与卢作孚相关论述的梳理进行开放性互动之后的结果。此外，部分范畴和概念是笔者对卢作孚相关论述的提炼和凝结，例如将"军政绅商，都市生活之余，可到此消除烦虑，人但莅此，咸有裨益"[2]归结为旅游动机中的"休闲"倾向。经过对卢作孚旅游相关著述的开放性译码，笔者共得到81个概念，并从81个概念中提取出24个范畴。然而，由开放性译码分析得出的24个范畴间意义较为分散，相互间勾连关系较为薄弱，层级间的统属关系尚未明确，因此，需进一步地反复比较与综合抽象，以探究卢作孚旅游思想体系。

表2　原始文献的开放性译码（部分）

开放性译码 Opening coding		原始文献（部分） Original document（partly）
范畴化 Categorization	概念化 Conceptualization	
A1 生理性动机 （a1–a3）	避暑（a1）	沿山间，空气良，风景佳，交通便，远近人士必多以养病、避暑或喜农村生活而迁徙来峡（a1）

1.《卢作孚全集》，第85—86页。
2.《卢作孚全集》，第85—86页。

开放性译码 Opening coding		原始文献（部分）
范畴化 Categorization	概念化 Conceptualization	Original document（partly）
A1 生理性动机（a1–a3）	休闲（a2）	硕士宿儒，可到此勒石题名；军政绅商，都市生活之余，可到此消除烦虑，人但莅此，咸有裨益（a2）
	养病（a3）	将来经营有绪，学生可到此旅行；病人可到此调摄（a3）
……	……	……
A4 人格性动机（a8–a9）	涵养性灵（a8）	文学家可到此涵养性灵；美术家可到此即景写生；园艺家可到此讲求林圃（a8）
	寻找解决问题的办法（a9）	我觉得游览是一生最感兴趣的生活，尤其是到有办法的地方去寻找办法，我们问题太多办法不够的人最愿意的活动（a9）
A5 单一型旅游表现形式（a10–a15）	浏览（a10）	现在已经改为天然博物苑了。范围广大，林木阴翳，足供游览（a10）
	旅行（a11）	为什么旅行的活动，一定要到北碚去呢？我们盼望各事业团体互相影响，用一方面的长处来补另一方面的短处（a11）
	游（a12）	寺左有深邃之洞（俗名五花洞）颇可游，洞石多为岩泉所积，撑者如柱，卧者如桥，梁覆者如钟，患者如乳，展者如翼，蓄势欲飞，拳者如莲，含苞欲吐（a12）
	游览（a13）	相伴游览寺内外，再三留宿不得，复送出门外，派人到山下觅取渡船（a13）
	游历（a14）	这回游历是准备由青岛到大连，再到奉天，游历东三省各地后，到北平（a14）
	观览（a15）	于是我便问他博物馆本是经营起来供人观览的，为甚么要取这样多的费以限制人观览呢（a15）
……	……	……
A11 个人享受行为（a50–a54）	参加游艺（a50）	午膳后到北碚，即开始比赛一种球类，于晚间举行演讲会，讲演之后，参加游艺（a50）
	购买纪念品（a51）	面则产于寺侧，用水力磨成，细润适口，远近多来采购，快游归去，携赠亲友，尤饶风味（a51）
	看风景（a52）	我们便踞坐乱石间，边吃、边喝、边看海景、山景，临榆摆在眼前，北宁路跨过诸江亦有线索可观（a52）

开放性译码 Opening coding		原始文献（部分）Original document（partly）
范畴化 Categorization	概念化 Conceptualization	
A11 个人享受行为（a50-a54）	泡温泉（a53）	第二晨，再作一种运动的比赛，再到温泉沐浴，再赴夏溪口参观运河工程（a53）
	品尝美食（a54）	食品则寺内有甜茶、清泉以供饮，有精美之腌菜、香菌、嫩笋、细面以佐食（a54）
……	……	……
A13 对旅游地的影响（a58-a60）	传播形象（a58）	足证明他们是很同情于我们的，而且极愿意帮助我们宣传。今天以后，我们有了这样大的一群，中国学术上，教育上，有地位、有声誉的人来替我们把四川近年的真相介绍出去，使外间的人了解我们四川内部的真情实况（a58）
	发展经济（a59）	这可有几千人以北碚来消费，其他如有关的事业，天府公司等举行会 议亦都会在北碚举行了，以后任何方面集会，都可以吸引到北碚来举行（a59）
	增强自信（a60）	北碚可爱的地方太多，以出产言，西瓜、香蕉，在偶尔外宾宴会的招待上，亦增加过川人的骄傲（a60）
……	……	……
A22 旅游与教育相结合（a79）	教育元素（a79）	他们与运动场、图书馆、博物馆、动物园以及地方医院联络，利用每一个地方有人进出的时候，即是实施民众教育的时候（a79）
A23 旅游与生活相结合（a80）	生活元素（a80）	又假如我们的使命是布置花园，我们便要在风景的调和上活动。便要从我们游各处的公私花园，游自然的野景，看图画，看照片，看电影，乃至朝夕看我们自己的公园，去作风景调和的活动；我们便要求有地方都布置，有花园都有方式。（a80）
……	……	……
共计 24 个范畴	共计 81 个概念	

注：由于原始文献的开放性译码涉及概念和范畴较多，此表仅显示部分内容。

（二）主轴译码

主轴译码的主要任务是发现和建立范畴之间的联系，以表现资料中各部分相互之间的关联[1]。开放性译码分析得到的 24 个范畴的意义较为宽泛，彼此间的逻辑关系含混不清。因此，笔者回归原始文献，在不同文献资料中反复比较和思考文献内容、概念和范畴所代表的意义，从而探讨范畴间的关联，最终从 24 个范畴中提炼出 8 个主范畴（表 3）。下文分述之。

表 3　主轴译码后的主要范畴

主范畴 Maincategories	范畴 Categories	主范畴 Maincategories	范畴 Categories
AA1 旅游的动机（A1–A4）	A1 生理性动机	AA5 旅游的影响（A13–A15）	A13 对旅游地的影响
	A2 社交性动机		A14 对旅游者的影响
	A3 文化性动机		A15 交互影响
	A4 人格性动机	AA6 旅游开发条件（A16–A18）	A16 自然条件
AA2 旅游的表现形式（A5–A6）	A5 单一型旅游表现形式		A17 人文条件
	A6 复合型旅游表现形式		A18 社会条件
AA3 旅游目的地类型（A7–A10）	A7 自然型旅游目的地	AA7 旅游营销策略（A19–A20）	A19 旅游地人员
	A8 文化型旅游目的地		A20 非旅游地人员
	A9 生产型旅游目的地	AA8 旅游的包容性发展（A21–A24）	A21 旅游与公务相结合
	A10 混合型旅游目的地		A22 旅游与教育相结合
AA4 游客行为（A11–A12）	A11 个人享受行为		A23 旅游与生活相结合
	A12 社会尊重行为		A24 旅游与实业相结合

1. 旅游动机

旅游动机是触发旅游行为的原动力，卢作孚虽没有直接提出"旅游动机"一词，但在多篇文献中都论述了旅游动机的相关内容，基于对卢作孚相关论述的反复比较与考究，并借鉴马斯洛的需求层级理论，笔者凝练出卢作孚倡导的四大旅游动机。首先是生理性旅游动机，例如卢作孚强调

---

1. 褚玉杰，赵振斌，张丽《民族社区妇女旅游精英角色：基于性别特质的演绎》，《旅游学刊》2016 年第 31 卷第 1 期，第 37—48 页。

可以将旅游开发融入北碚乡村建设，究其原因，是卢作孚对养病、避暑等生理性旅游动机的深刻把握，预见到一旦北碚建成游览区，"远近人士必多以养病、避暑或喜农村生活而迁徙来峡"[1]，加之"沿山间，空气良，风景佳，交通便"[2]的外力拉动，旅游必能有效嵌入乡村建设。其次是旅游的社交性动机，在卢作孚看来，旅游既可以拜访故友也可以结交新知，例如故友"温君以非常诚恳的态度盼望我到广西一游"[3]，遂促成卢作孚的广西之行。再次是旅游的文化性动机，在非惯常环境中体验异质性文化是旅游的独特魅力，对于部分旅游者尤其是青年学子而言，摄取文化知识是促成旅游行为的重要内驱力，其根源在于"可取得对世界的相当了解，可以增进多少认识"[4]。最后是旅游的人格性动机，显而易见，"涵养性灵"[5]是其重要表现形式，尤值得注意的是，卢作孚把个体促进社会发展作为自我实现和人格完善的重要途径，因此把寻找解决社会问题的方法作为旅游的重要动机。关于这一动机，卢作孚在多篇文献中均有提及，例如"我觉得游览是一生最感兴趣的生活，尤其是到有办法的地方去寻找办法，我们问题太多办法不够的人最愿意的活动"[6]。应白崇禧之邀在广西发表演讲时，卢作孚再次强调"这次到广西参观，也就为着找办法来的"[7]。除了将寻找解决问题的办法时刻融入自身的旅游动机外，卢作孚还"盼望去旅行的朋友，能于短时间内，找出材料，看哪些是可以为社会做的事"[8]。卢作孚将"寻找解决社会问题的方法"作为旅游动机的独特见解与其所处的社会环境以及人生志趣密不可分，卢作孚人生主要时期的中国内忧外患，内有军阀混战，外有列强入侵，社会动荡不安，无论是卢作孚早期尝试的"教育救国"，还是波澜壮阔的"实业救国"，亦或是不断探索的"乡村建设"，其旨归均是社会安定昌盛、人民安居乐业。换言之，卢作孚的人生事业跳脱

1.《卢作孚全集》，第 69—81 页。

2.《卢作孚全集》，第 69—81 页。

3.《卢作孚全集》，第 763—770 页。

4.《卢作孚全集》，第 1213—1221 页。

5.《卢作孚全集》，第 85—86 页。

6.《卢作孚全集》，第 763—770 页。

7.《卢作孚全集》，第 749—756 页。

8.《卢作孚全集》，第 544 页。

了狭隘的个人主义，而是以解决社会问题、促进社会发展为导向，因此，具有社会发展考察与建设经验交流等效用的旅游备受卢作孚的关注和强调。自然地，"寻找解决社会问题的方法"也便成为卢作孚格外推崇的旅游动机。

2. 旅游的表现形式

在卢作孚看来，旅游的表现形式是旅游动机的外化，旅游动机的复杂性直接导致了旅游表现形式的丰富性。旅游的形式包括"浏览"[1]"旅行"[2]"游"[3]"游览"[4]"游历"[5]"观览"[6]等以欣赏风物、纵情愉悦为核心目的的单一型旅游表现形式，例如强调嘉陵江温泉峡温泉公园"将来经营有绪，学生可到此旅行"[7]。此外，旅游还应当包括基于寻求解决社会问题的办法而表征出来的"参观"[8]"调查"[9]"考察"[10]等复合型旅游表现形式，例如"转到工业博物馆，先参观里面的工业馆，凡属机械工业的机器零件、模型、说明，都有陈列"[11]。事实上，在卢作孚的观念中，旅游活动应当与出于寻找解决社会问题的办法的"参观""调查"和"考察"进行有机的结合，而且在部分论述中，卢作孚存在将旅游不同表现形式的名词进行混用和叠加使用的倾向，例如强调"设立专门调查机关及旅行调查团，种种组织，调查所得公开发表，以备各业之参择"[12]，"以供各业之创兴及改进，而立吾蜀富庶之基"[13]。

1.《卢作孚全集》，第 316—345 页。
2.《卢作孚全集》，第 1017—1019 页。
3.《卢作孚全集》，第 85—86 页。
4.《卢作孚全集》，第 167—188 页。
5.《卢作孚全集》，第 316—345 页。
6.《卢作孚全集》，第 216—276 页。
7.《卢作孚全集》，第 85—86 页。
8.《卢作孚全集》，第 278—281 页。
9.《卢作孚全集》，第 148—161 页。
10.《卢作孚全集》，第 431—433 页。
11.《卢作孚全集》，第 216—276 页。
12.《卢作孚全集》，第 316—345 页。
13.《卢作孚全集》，第 316—345 页。

3. 旅游目的地类型

承接旅游动机的多样性和旅游表现形式的丰富性，卢作孚认为旅游目的地应当突破风景名胜区的局限，凡可观览、可考察、可参观的地方都应当纳入旅游目的地的范畴。因此，卢作孚眼中的旅游目的地大致可以包括四大类，即涵括林场[1]、树林[2]等的自然型旅游目的地，涵括博物馆[3][4][5]、陈列馆[6][7][8]、古物陈列所[9]等的文化型旅游目的地的，涵括瓷厂[10][11]、发电所[12][13][14]、水泥厂[15]、冶铁厂[16]、印刷厂[17]、农事试验场[18][19]等的生活生产型旅游目的地，涵括动物园[20][21]、公园[22][23][24]等的混合型旅游目的地。旅游动机、旅游表现形式和旅游目的地类型这三个主范畴在卢作孚的旅游思想体系中紧密联系、密不可分，突出地表现为"寻找解决社会问题的办法"这一旅游动机的融入，使得无论是旅游表现形式还是旅游目的地类型都进入到广泛的社会生活领域，并将旅游活动赋予了社会责任、自我实现等方面的色彩。

1.《卢作孚全集》，第69—81页。
2.《卢作孚全集》，第216—276页。
3.《卢作孚全集》，第69—81页。
4.《卢作孚全集》，第167—188页。
5. 卢作孚《中国的建设与人的训练》，生活书店，1935年，第62—68页。
6.《四川嘉陵江三峡的乡村运动》。
7.《中国的建设与人的训练》。
8.《卢作孚全集》，第624—638页。
9.《卢作孚全集》，第216—276页。
10.《卢作孚全集》，第216—276页。
11.《卢作孚全集》，第62—68页。
12.《四川嘉陵江三峡的乡村运动》。
13.《卢作孚全集》，第763—770页。
14.《卢作孚全集》，第216—276页。
15.《卢作孚全集》，第1028—1032页。
16.《卢作孚全集》，第1028—1032页。
17.《卢作孚全集》，第216—276页。
18.《卢作孚全集》，第69—81页。
19.《卢作孚全集》，第216—276页。
20.《卢作孚全集》，第69—81页。
21.《卢作孚全集》，第216—276页。
22.《卢作孚全集》，第85—86页。
23.《卢作孚全集》，第69—81页。
24.《卢作孚全集》，第167—188页。

4. 游客行为

毫无疑问，旅游的重要目的是休闲娱乐，卢作孚高度认可和赞赏寻求欢欣的游客行为。例如卢作孚认为购买旅游纪念品并赠送亲友是一件乐事，"采购，快游归去，携赠亲友，尤饶风味"[1]，而吃与观赏的结合更是最常见的游客行为，"踞坐乱石间，边吃，边喝，边看海景、山景，临榆摆在眼前，北宁路跨过诸江亦有线索可观"[2]描绘了一幅悠闲自得、恬静自洽的游客行为图景。当然，只有深入体验旅游目的地的特色活动，才能享受异质性文化所带来的高峰体验，在鼓励民生公司职工前往温泉之都北碚旅游时，卢作孚就强烈建议"温泉沐浴"[3]。理解卢作孚的游客行为思想，除了购物、观景、饮食、品茗等个人享受型游客行为外，尤其需要关注其所推崇的社会尊重型游客行为。卢作孚所强调的社会尊重型游客行为类似于当下所倡导的文明旅游的内涵，即是要在旅游中充分体现游客素养，保持秩序、注意卫生、注重礼貌等。例如卢作孚在鼓励民生公司职员外出参观时，"参观人员必须有组织，有整齐之服装及行动"[4]。此外，卢作孚还在《东北游记》中对比了中国管辖的铁路段"拥挤得人没有坐次，亦没有人管理，人乱吐痰，抛渣滓，厕所尤无下足之地"[5]。与日本占据的南满铁路段"搭车的人亦似各爱洁净，没有乱吐痰、乱抛东西在车内的，车之两端都有洗面漱口的装置，都有厕所，厕所中间亦有洗手的装置，都很洁净，无臭味"[6]，卢作孚愤恨于日寇蚕食鲸吞中国的野心，但也认为中国执政者需要学习日本人善于管理、引导游客行为的做法。

5. 旅游的影响

旅游影响是在旅游者与旅游地居民、旅游从业人员以及其他旅游参

1.《卢作孚全集》，第85—86页。
2.《卢作孚全集》，第216—276页。
3.《卢作孚全集》，第544页。
4.《卢作孚全集》，第709—710页。
5.《卢作孚全集》，第216—276页。
6.《卢作孚全集》，第216—276页。

与者的互动中产生的。在卢作孚的旅游思想体系中，旅游影响主要表现在三个方面。第一是对旅游地的影响。最直接的便是促进经济增长，在北碚的乡村建设实验中，卢作孚时常强调吸引各公司的会议、各团体的年会来北碚举行，由此"可有几千人到北碚来消费"[1]，更进一步地，"凡有国际访华的团体，未入国门，北碚就得去函欢迎，以繁荣地方"[2]。其次，卢作孚十分重视通过旅游来传播旅游地的形象，1933年10月，在中国科学社来四川开年会后，卢作孚激动地表示"我们有了这样大的一群，中国学术上，教育上，有地位、有声誉的人来替我们把四川近年的真相介绍出去，使外间的人了解我们四川内部的真情实况"[3]以改变"在外间的人……常常是把四川当作野蛮的社会看待"[4]。第二是对游客的影响。除了放松身心[5]、增广见闻[6][7]等常见影响外，卢作孚认为旅游在某种程度上是一种"以艺术的生活代替一切下流无聊的娱乐"[8]，是在正确的运用闲暇时间以"消灭以前社会上的赌钱、饮酒、吸鸦片烟的种种不良的行为"[9]。此外，在异质环境的旅游促使游客进行对比，由此激发旅游者对本国本民族本地区文化习俗、人情风物的爱惜之情，例如卢作孚感叹"一切自由行动的四川军人们也应出来游历游历，才知道本国轮船之当爱惜呵"[10]。第三是旅游所产生的交互影响，国际间旅游与人员的相互往来可以"促进中外的相互了解"[11]。卢作孚特别强调了旅游对于文化认同的塑造作用。他在对南洋华侨同胞演讲时，鼓励华侨"深入内地考察那犹有勤俭之风，可敬佩的同胞的生活……亦考察祖国可爱的自然"[12]，由此增强华侨的民族意识和家国情怀，

1.《卢作孚全集》，第1288—1289页。

2.《卢作孚全集》，第1288—1289页。

3.《卢作孚全集》，第461—468页。

4.《卢作孚全集》，第461—468页。

5.《卢作孚全集》，第456页。

6.《卢作孚全集》，第316—345页。

7.《卢作孚全集》，第167—188页。

8.《卢作孚全集》，第167—188页。

9.《卢作孚全集》，第148—161页。

10.《卢作孚全集》，第216—276页。

11.《卢作孚全集》，第1213—1221页。

12.《中国的建设与人的训练》，第149—154页。

进而增进中华民族的凝聚力与向心力。

6. 旅游开发条件

卢作孚不仅从旅游需求的角度探讨了旅游动机、旅游表现形式、旅客行为等内容，也从旅游供给的角度探究了旅游开发与管理、旅游营销等议题。作为北碚乡村建设实验的掌舵者，卢作孚将其旅游思想融入北碚的规划建设之中。首先，自然条件是旅游开发的基础，卢作孚在《建修嘉陵江温泉峡温泉公园募捐启》中详细描述了嘉陵江温泉峡地区的优美环境，"嘉陵山水，自昔称美。江入三峡，乃极变幻之奇。群山奔赴，各拥形势，中多古刹，若禅岩、若缙云、若温泉，风景均幽"[1]，并将"风景"资源作为吸引社会各界集资的最重要组成部分，相关阐述占据了该《募捐启》的最大篇幅。风物名产也是重要的旅游资源。卢作孚强调，嘉陵江温泉峡地区"山产甜茶，色青味甘，香沁心肺，较之峨茶尤美，前代曾作贡品"[2]，此可以作为旅游纪念品出售。其次，旅游开发需要紧密结合旅游地的人文条件。卢作孚认为"温泉寺中，明清两代名人题刊之迹，未湮灭者尚多"[3]，可以此作为旅游吸引物。进一步地，社会基础条件是进行旅游开发的重要保障，卢作孚强调建设温泉公园需"于江滨新辟码头，并与各汽船公司交涉，特在温泉寺停车，接客送客，凡由渝合往来及附近人士，均可过此游憩信宿而去"[4]。而社会治安问题也需要深加考虑，卢作孚认为"大家只建设强力，不建设秩序。于是乎这可爱的地方，变成了可怕的地方，要到四川的人都怀疑，到过四川的人都头痛"[5]，并列举了奥京斯基·蒲得利的四川之旅因四川内乱而被迫中断的例子。尤值得注意的是，卢作孚十分强调地方居民参与风景区开发与建设，例如嘉陵江温泉峡温泉公园的开发建设希望"各界人士慷慨捐输……集腋成裘，告厥成功"[6]。卢作孚十分

1.《卢作孚全集》，第 85—86 页。
2.《卢作孚全集》，第 85—86 页。
3.《卢作孚全集》，第 85—86 页。
4.《卢作孚全集》，第 85—86 页。
5.《卢作孚全集》，第 516—521 页。
6.《卢作孚全集》，第 85—86 页。

希望唤醒公众的地方意识、责任意识和参与意识，"促起大众起来解决码头的问题、道路的问题、桥梁的问题、公共会集或游览地方的问题"[1]。

7. 旅游营销策略

关于旅游目的地营销，卢作孚更注重的是传播层面，尤其是不同主体的传播。一方面是旅游地人员的传播，"参观每一事业，都可得领引的人"[2]即是要求旅游地人员既通过"列表镌碑，或竖立木牌"[3]以方便游客的参观，又要通过讲解、交流等行为传播旅游地形象。另一方面，旅游者的传播往往能带来更好的营销效果。卢作孚认为，对于四川而言，"到过的人都想念她。她有很好的风景，有雄峻的极曲折变化之致的夔巫三峡，有秀拔的峨眉，有幽深的青城，有无数可以游览的名胜"[4]，游客的口碑传播会形成良好的示范效应，由此"可以招致世界的游人，不仅是中国人"[5]。此外，有效借用专家的权威传播亦是一种不错的营销策略，例如通过在旅游地举办各类学术年会，吸引各领域专家感受旅游地的风土人情与名山大川，例如四川通过举办中国科学社年会，使"中国学术上，教育上，有地位、有声誉的人来替我们把四川近年的真相介绍出去"[6]。

8. 旅游与社会各领域的兼容性发展

旅游的发展应当跳出旅游本身的狭隘小圈子，要融入到更广阔的社会生产生活领域。从旅游者角度，旅游可以与公务活动等结合，例如卢作孚强调"在职人员每经几年须出外游历一次，并考查与其职务有关事项"[7]，政府机构还可以"设立专门调查机关及旅行调查团"[8]对地区、全国甚至国际情形进行调查，学习、借鉴经验。从旅游地居民角度，应该将参

1.《四川嘉陵江三峡的乡村运动》。
2.《卢作孚全集》，第216—276页。
3.《卢作孚全集》，第216—276页。
4.《卢作孚全集》，第516—521页。
5.《卢作孚全集》，第516—521页。
6.《卢作孚全集》，第461—468页。
7.《卢作孚全集》，第624—638页。
8.《卢作孚全集》，第316—345页。

与旅游发展与日常生活相结合，例如在北碚的人居环境建设中，卢作孚认为"现在北碚已有的住宅，亦应重新调整地积，点缀风景"[1]，鼓励居民"去作风景调和的活动"[2]，一则美化人居环境，一则使来北碚游玩的人感到赏心悦目。从社会部门的角度，一方面是要将旅游和教育相融合，发挥旅游的美育与德育功能，卢作孚认为"教动物学到动物园或博物馆，教工业到工厂，参考图书到图书馆，练习演讲到公共演讲处"[3]，并基于青年"最缺乏的是休闲时间的娱乐机会"[4]的思考，认为青年应当要有"参加运动、音乐、社交和旅行的机会，欣赏戏剧、电影和游览公园或名胜的机会"[5]，最终教会青年"随时随地有艺术的欣赏"[6]。此外，旅游发展还应当和实业发展相融合，例如卢作孚认为"将来全区皆是美丽的果树，不仅充实了人民的经济，而且也增加了区内的风景"[7]。概言之，旅游是社会发展和社会生活的有机构成部分，旅游在城乡建设过程中占据重要地位，卢作孚曾在多个场合表明"建设成功一个美满的三峡，是从经济上、从文化上、从风景上、从治安上建设成功一个美满的三峡"[8]，"必须将整个三峡的事业分为经济方面、文化方面、治安方面、游览方面"[9]，毫无疑问，在卢作孚的思想观念中，旅游已经上升为社会综合体的必要组成部分。

（三）选择性译码

选择性译码是指选择核心范畴，将其系统地和其他范畴予以联系，验证其间的关系，并把概念化尚未发展完备的范畴补充完整的过程[10]。笔者

1.《卢作孚全集》，第 1288—1289 页。
2.《中国的建设与人的训练》，第 125—130 页。
3.《卢作孚全集》，人民日报出版社 2016 年版，第 69—81 页。
4.《卢作孚全集》，人民日报出版社 2016 年版，第 1017—1019 页。
5.《卢作孚全集》，人民日报出版社 2016 年版，第 1017—1019 页。
6.《卢作孚全集》，人民日报出版社 2016 年版，第 148—161 页。
7.《卢作孚全集》，人民日报出版社 2016 年版，第 1288—1289 页。
8.《中国的建设与人的训练》，第 125—130 页。
9.《中国的建设与人的训练》，第 125—130 页。
10.《质性研究概论》，第 117—135 页。

通过对主轴译码阶段获得的 8 个主范畴的继续考察，同时结合原始文献进行反复比较，并借助 Nvivo 的探索功能，得到如下图 1 所示的核心范畴与主范畴关系图。

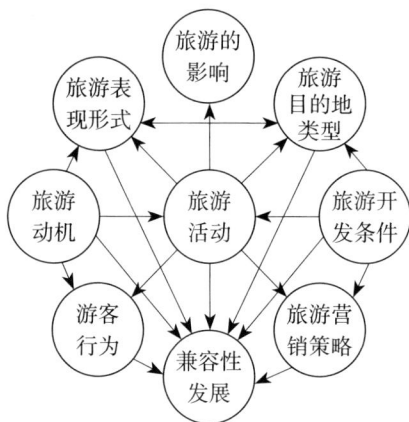

图 1　核心范畴与主范畴关系图

在卢作孚的旅游思想中，旅游是核心范畴，是所有主范畴的旨归。显见，旅游动机影响着旅游表现形式和游客行为，而旅游开发条件影响着旅游目的地类型和旅游营销策略，旅游的直接后果就是产生包括对旅游者、旅游地以及其交互作用在内的旅游影响，尤其值得注意的是，诸主范畴都指向了旅游的兼容性发展，言下之意，旅游的兼容性发展建立在诸要素相互协调的基础上。质言之，卢作孚的旅游思想体系乃是围绕旅游活动这一核心范畴形成的主范畴之间的有机互动，最终实现旅游的兼容性发展。

四、卢作孚旅游思想的当代价值

首先，在观念层面，显现出"大旅游"的格局。其一，在旅游目的地层面，突破传统风景名胜的阈限，将无论是自然属性的目的地，还是文化属性的目的地，亦或是工厂、农场、商店等生活生产属性的目的地，即凡是可游可观的均纳入旅游目的地的范畴。其二，在旅游表现形式层面，将旅游、旅行、游览，与考察、调查等目的、效用不同的活动均纳入旅游范畴。扩大化的旅游观念使得旅游活动不仅仅是闲情逸致，游山玩水，而具有了更广泛的社会属性，为旅游与社会各领域的融合发展和社会力量参与旅游建设奠定了认识上的基础。

其次是在策略层面实现旅游与社会各领域的兼容性发展。旅游不是脱离社会生活与社会生产的独立环节，旅游发展离不开与社会各领域、各环节、各部门的互动。今天所谓的"旅游+"和"+旅游"即强调旅游应当嵌入社会建设的方方面面，在区域规划时将游览区作为区域功能区的有机组成部分。旅游产业不仅应当成为经济发展的重要支柱，发挥旅游在推进经济效益增长、实现经济可持续增长等方面的积极效用。进一步地，还应当高效发挥旅游的教育和积极休闲功能，包括科普性知识的推广、审美能力的塑造、良好志趣的濡染等。概言之，将旅游的经济、休闲、教育功能与相关社会生产、社会活动深度融合，兼容发展，旅游才能够有持久、旺盛的生命力，旅游的积极效应才能进一步扩大。

最后是在旅游建设主体方面注重广泛社会参与。卢作孚在北碚的旅游建设成效显著，其中很重要的一点乃是通过不断宣传，使社会各界接受旅游观念、参与旅游建设。今天，旅游的健康发展需要在协调利益相关者群体的基础上，形成以政府部门为主导，以盈利机构为首要推动力，以社会公众为重要参与主体的多元建设主体网络。政府部门作为旅游规划制定者与旅游系统运行的监督者，需要深化旅游概念的宣传，加强旅游融合性的顶层设计，健全旅游建设的社会参与渠道与平台。盈利机构的纳入，有利于提高旅游发展的经济效益，通过市场手段实现资源最大效用，将能有效促进旅游发展的人才、技术、资金进行高效融通与配置。旅游的长效发展绝对离不开社会公众，社会公众不仅是旅游的消费者，更是旅游的建设者，可以在旅游建设的规划、集资，旅游地形象的塑造与维护等诸多环节扮演重要角色。

贾鸿雁，东南大学人文学院教授；王佳，东南大学人文学院旅游管理硕士

"鸡"的民俗文化解读

卢爱华

鸡与人类生活息息相关。鸡的打鸣报晓，让人间开始了新的一天的烟火和生机；鸡肉的鲜美无比让人们齿颊留香。鸡是人类日常生活中不可缺少的美味佳肴，给人们提供了足够的能量与营养。鸡不但作为食物营养着人类的身体，它还由于人类驱邪纳吉的心理需求而被注入了种种民俗文化内涵，被人类"煲制"成了"心灵鸡汤"，作为精神佳肴"营养"着人类的精神世界，"调适"着人们的种种心理精神状态，给民众的生活带来了众多的慰藉和愉悦。鸡在古人眼里是辟邪吉祥之物。婚丧祭祀，结义盟誓，除病祛邪，冠戴装饰等都离不开鸡；鸡在日益关注传统文化、希冀祥和如意的现代人心中也是吉祥之物。因此，作为民俗象征物的鸡蕴涵了民间信仰的多重信息，具有丰富的民俗文化内涵。

一、"鸡"作为吉祥图案在民间美术中的种种表现

民间美术包括民间年画、剪纸、灯彩、泥塑、木雕、砖雕、石雕、刺绣、各种扎艺等表现形式。民间美术深深扎根于活泼的民间生活之中，是民俗文化的一个组成部分，它通过种种巧妙的艺术手法，非常形象化地反映历史积淀在人们心中的种种信仰习俗。中国民间美术表现民间信仰习俗的主题，可以分为祭——崇佛祭神、禁——禁忌装饰、祈——祈吉纳福、祛——镇凶祛邪[1]。民间信仰的趋吉避凶习俗带来了中国民间吉祥图案的丰富多彩，常见民间吉祥图案的母题有龙、凤、莲花、麒麟、蝙蝠，八仙、如意、喜鹊、福禄寿、菊、牡丹、鸡、鱼、龟等。

鸡作为吉祥图案在年画、剪纸、木雕、画稿、用具等中广为应用。以鸡为母题的吉祥图案借用寓意、谐音等表现手法勾画出一幅幅生动有趣

---

1. 姜彬主编《吴越民间信仰民俗》，上海文艺出版社，1992年，第545页。

的画面。

　　江南农村新年传统年画《鸡王镇宅》（参见图1）中画金距花冠、翠翎锦羽大公鸡，嘴衔昆虫（毒蝎），爪踏如意珍宝，气势轩昂。在陕西，每到谷雨节，人们早起收露水研成墨汁，在纸上画一红冠公鸡，嘴啄毒蝎，蝎子身上涂上红颜色以为血迹，表示已被杀死，民间贴于墙壁，用以镇压毒蝎，称为"鸡王镇宅"体现了人们镇凶辟邪的心理（参见图2）。

图1　桃花坞年画鸡王镇宅　　图2　陕西谷雨时节鸡王镇宅镇宅画

　　鸡谐音吉，公鸡站在石头上，石上大鸡谐音为 室上大吉（参见图3、图4）；木雕和年画中的《功名富贵》采用谐音和象征的方法，以公鸡之"公"谐功名之"功"，以鸣叫之"鸣"谐名声之"名"，以牡丹代表富贵；以公鸡之"冠"谐官位之"官"，鸡冠之上有鸡冠花，寓意官上加官的《官上加官》的画面形象展示了人们趋吉纳祥的生活希冀（参见图5、图6）。

图3　石上大鸡（室上大吉）　　图4　徐悲鸿画作《室上大吉》

图 5、图 6　冠上加冠（官上加官）

　　一只雄鸡和五只雏鸡在一起或站在窠上的画面《教五子》（参见图 7、图 8）或《五子登科》以鸡比人，反映人们教育子孙的情况。隐含着《三字经》中的名句："窦燕山，有义方；教五子，名俱扬。"

图 7　教五子　　图 8　齐白石画作《教五子》

二、"鸡"作为民俗象征物在民俗生活中的广泛应用

1. 婚俗中的"鸡"

　　在河北、山东等地有以男孩抱"长命鸡"或"吉鸡"的婚俗，象征吉祥如意；东南沿海一带如新郎出海捕鱼遇上风暴，不能如期赶上吉日良

辰，于是便有用公鸡代替新郎与新娘拜堂的"公鸡拜"的习俗；台湾有用"引路鸡"预祝新婚夫妇，恩爱到老，并效法鸡之五德（文、武、勇、仁、信）的习俗；甘肃有以鸡的不同部位款待各种客人，区分长辈和尊贵者的"吃鸡娃"的习俗；浙江有让新郎"宰鸡"以考验新郎的习俗；湖南有新郎家送"离娘鸡"，新娘夹鸡肉敬奉母亲以示告别娘家的习俗[1]。

广西白裤瑶人崇拜鸡，举行婚礼选择鸡日、鸡时，用熟鸡蛋占卜，他们的传统服饰，也以鸡仔花为主要纹饰，节日盛装造型，模仿的是鸡的造型。整个婚礼过程的安排，是参照鸡的活动规律进行。迎亲的人必须在新娘出门的头一天下午鸡进笼以前到达女方家；新娘必须在出嫁的当天早上鸡鸣后，为父母打一担柴以示孝敬父母；迎亲的人把新娘接到男家时，如时辰不到必须在村口处等候，至天黑鸡进笼以后才进入夫家。"在确认当地的每一只鸡都进笼完毕之后，新郎家就鸣枪放炮，热烈地迎接新娘。"[2]

由上可见，鸡作为民俗象征物在中华各地婚俗中担当了不同的角色，发挥着多种功能，满足着人们众多的心理需求，蕴涵了人们对幸福美满生活的期盼。

2. 冠戴配饰中的"鸡"

鸡在许多地方还成为冠戴配饰的主题。

在陕西潼关有立春时为孩子缝制"春鸡"的习俗，母亲们用红布缝制约一寸长的布鸡并缝于儿童的帽子上，以此祝愿春吉[3]。山东与此相似，山东《邹县志》载："妇女剪彩为鸡，儿童佩之，曰戴春鸡。"[4]春公鸡钉在儿童的左衣袖上，以鸡谐"吉"，象征孩子吉祥如意。有些春公鸡的嘴上还要叼一串豆粒，几岁叼几粒，以鸡吃豆隐喻孩子不生天花、麻疹等疾病。孩子戴"春鸡"就是戴"春吉"，而且鸡能降服"五毒"，即蜈蚣、蝎

1. 林新乃编《中华风俗大观》，上海文艺出版社，1991年。
2. 陆军、徐金文《白裤瑶族的"鸡时"婚姻》，《民族艺术》，1999年03期，第192—200页。
3. 叶大兵、乌丙安主编《中国风俗辞典》，上海辞书出版社，1990年，第61页。
4. 简涛《立春风俗考》，上海文艺出版社，1998年，第192页。

子、蟾蜍、蛇、壁虎，立春之后，气候转暖，各种毒虫出现，所以戴"春鸡"以祈避毒虫。因此，"春鸡"是儿童的护身符，寄托着儿童不受任何毒虫伤害的良好愿望。

在浙江金华地区时兴在端午节佩戴鸡心袋，亦称"端午袋"[1]。五月初五，人们用红布制成小袋子，形似鸡心，内装茶叶、米和雄黄粉，挂在小儿胸前，以驱邪祈福。"鸡心"和"记性"谐音，民间以端午节小孩挂了鸡心袋，寓意读书记性好，将来有出息。

3. 祭祀活动中的"鸡"

古人对祭祀非常重视。在众多的祭祀用牺牲中，鸡就是其中之一。用鸡祭祀祖宗，至今仍在一些地区流行。

在江淮地区农村祭祀祖先或办丧事时用猪头、公鸡、鲤鱼作为祭品。如笔者 2004 年夏在江苏金湖县农村拍到丧事做"六七"时用熟猪头、熟公鸡、熟鲤鱼以及面馍公鸡、猪头、鲤鱼作祭品的情景。（参见图 9、图 10）

图 9

图 10

黔西北的一些彝族人家祭"照化"时也用鸡作为主祭品。他们认为"照化"乃是一家之主，主管家宅吉凶，所以需要祭祀。祭祀多在春节临近之时，有小祭或大祭两种形式。小祭简单，只在临近春节前杀一只鸡，

---

1. 引自 http://207565.anyp.cn/24.aspx：趣说生肖] 说鸡（三）。

斟一杯酒，祭者念上几句祝辞，祈求"照化"保佑全家来年清吉平安即可。大祭则先备猪一只，白公鸡两只，酒若干斤。随即请布慕在家中献酒念经，请祭"照化"，杀鸡祭献。主人以酒少许滴地，祝告心愿，并将全家之人姓名一一念出，烧香跪拜，祈求保佑。与此同时，在屋外杀猪，取猪身上内脏和肉各一点交布慕献祭，再念献牲经，然后布慕一手拿刀，逐屋扫邪，主人全家老幼坐堂屋内，布慕取鸡在每人头上绕扫几圈，表示扫除邪秽，从此清吉平安[1]。

广西罗城仫佬族自治县仫佬族"还祖先愿"（也称"依饭节"）的祭祀习俗中也以鸡为主要祭祀道具。它的法事程序包括安坛（用三牲焚香请神）、请筵（请诸神赴宴）、点牲、唱牛哥、合兵、送圣等。其中点牲用鸡祭祖。敲锣通知各户拿鸡来敬祖灵。法师杀鸡后，鸡血、内脏由法师与父老们共餐，其余部分则待"喜乐愿"依饭法事活动结束后，各自带回家祭祖后食用。唱牛哥则为依饭法事的高潮。用五只酒杯盛酒，法师用嘴把一只公鸡咬死，把鸡血滴进五只酒杯里，然后把五杯酒相互倒来倒去，称"阴阳合和"。合酒后，把谷穗和黄牛、水牛模型放在地上铺的新草席上，法师持公鸡翻三十六个筋斗，把鸡血酒洒在谷穗和牛模型上。把谷穗和牛模型分发各户，带回家中供于神龛，保佑人人平安，户户丰收，家家有牛[2]。

4. 占卜活动中的"鸡"

民间流行许多用鸡占卜的方式，因民族和地域的不同而各异。

汉族的鸡卜将鸡宰杀后煮熟，取鸡两眼骨，上有孔裂，似人形则吉，不似则凶。

彝族鸡卜又称鸡卦，流行于四川凉山及云南、贵州、广西等彝族地区，用于问疾病、生产等。卜时，取股骨左右两肋，用细麻束紧，吊在墙上视其窍孔方向断吉凶。另有用鸡头卜天气阴晴和祸福，顶骨明爽为晴，阴暗无光为阴雨兆；顶骨多黑斑为病丧之兆，有红斑点为凶死流血之兆。

---

1 2.《中华风俗大观》，第 819 页。

海南黎族亦有"鸡骨卜"。杀鸡后从鸡身上抽取两根股骨分左右插在一根丫形小树枝上，然后往股骨穴中插入小签，以小竹签的指向来定吉凶[1]。

四川大小凉山彝族地区还流行"打鸡卜"的占卜方式。由卜主告知人名、事由，随即将鸡一只用锤击毙，掷出门外，头向外方者吉，向内者凶，坐或立者为最凶之象。

水族的鸡卜是在下述情境中进行的：一是在祭祖、求婚、求财、送鬼时，杀鸡供奉后观其双目以断凶吉。眼睛半睁半闭为大吉，全睁为中吉，全闭为小吉，若爆裂、凹陷为至凶；二是撕鸡翅膀、鸡腿、鸡断屈直。人们遇争执、怀疑猜忌、赖帐而难以调和时，当众发誓焚香、烧纸祭天后，各执一鸡腿用力撕开，大的一边为理屈者，即依发誓条款受罚；三是在敬霞节时，以一鸡站于高竹竿顶端，念咒之后让其啼叫呼唤雨神。如其不叫认为难以如愿，则再念咒词虔诚祷告，或改期再敬之。人们认为鸡具有一定的神性，能托付与反映某种神鬼的意愿，与古代"鸟崇拜"有关[2]。

除了鸡卜，各地各族还有不同的蛋卜。如在云南南部以蛋卜问疾病。遇人患病即以为鬼魂附体，用鸡蛋一只在病人身上滚擦，以为能使鬼魂附形于蛋，将蛋入锅煮熟后给巫师验看，以断吉凶。瑶族人干任何一件事都要用蛋占卜。如择地造屋，动土前选鸡蛋一只，穿一小洞后，在蛋壳上写上人、财、畜、鬼四字，点火烧之，至其爆烈，视蛋白流出情形以定凶吉。如果蛋白沾于人字上，则以为地基犯人，房屋前后家人必多病痛；沾在财字上，则以为犯财，今后谋生必艰；沾畜字上，则以为犯畜，日后牲畜必不旺；沾在鬼字上，则以为犯鬼，必使祖先及各种福佑之神不悦而导致不测。遇到以上情形，视为凶兆，要立即停止别择屋基[3]。

5. 丧葬仪式中的"鸡"

山西、黑龙江、吉林、辽宁、陕西等省有借"引魂鸡"出殡的丧葬

---

1 2.《中华风俗大观》，第847页。

3. 中国农历网，http://www.bctd.com.cn/web/item1/shxwh/sxwhqt9.htm：《生肖文化趣谈》。

风俗。出殡时，由孝子或女儿抱一只雄鸡走在灵前，到墓地后，待灵柩安葬毕，将鸡送给阴阳先生，或放飞，送葬者谁抓到归谁。

湖南等地有"跳井鸡"的丧葬风俗。井，即"墓井"。在安葬棺材入土前，孝子备一雄鸡，阴阳先生抱鸡站于墓井中，口里念词，用嘴咬破鸡冠，滴血于墓井的"五方位"，再念词，谓"掩煞"。然后，将鸡抛出，鸡跳出墓井，故名。

三、"鸡"作为民俗象征物的功能剖析

鸡在民间美术和民俗生活中之所以能被广泛应用是广大民众的辟邪趋吉的民间信仰使然。人们赋予给鸡众多的民俗文化内涵，使其成为能发挥多重功能的民俗象征物。

1.驱阴邪、退鬼祟：积阳使者的辟邪功能

无论是江南人在过年这一天"贴画鸡户上"或年画、剪纸中的《鸡王镇宅》，还是祭祀占卜中鸡的应用，鸡都被赋予了神性，具有了驱阴邪、退鬼祟的辟邪镇恶功能。

鸡驱阴邪、退鬼祟的辟邪镇恶功能的取得渊源于以下传说和民间信仰：

一说是因为鸡被视为积阳之物。

雄鸡的打鸣预示着太阳的升起，太阳又称为火凤凰。古人把雄鸡打鸣这一特征附会到阴阳五行，认为鸡鸣带来日出，故属阳，属火。《春秋话题辞》曰："鸡为积阳，南方之象，火阳精，物炎上，故日出鸡鸣，以类威也。"还把鸡与星宿和八卦相关联。《春秋运斗枢》曰："玉衡星散为鸡。"《易林》曰："巽为鸡，鸡鸣时节，家乐无忧"。积阳就可辟阴驱鬼。

汉代谶纬之书《河图括地象》中写到："桃都山有大桃树，盘屈三千里。上有金鸡，下有二神，一名郁，一名垒，并执苇索，饲不祥之鬼、禽奇之属。将旦，日照金鸡，鸡则大鸣，于是天下众鸡悉从而鸣。金鸡飞下，食诸恶鬼。鬼畏金鸡，皆走之矣也。"

大约在魏晋，鸡开始成为守门辟邪的门上神物。南朝宗懔《荆楚岁时记》载正月一日风俗："帖画鸡户上，悬苇索于其上，插桃符其傍，百鬼畏之。"晋代郭璞《玄中记》讲："东南有桃都山，上有大树，名曰"桃都"，枝相去三千里，上有一天鸡。日初出，光照此木，天鸡即鸣，群鸡皆随之鸣。下有二神，左名隆，右名突，并执苇索，伺不祥之鬼，得而煞之"[1]。

　　在民间的传说中，鬼最怕听到鸡声，因为鬼只能在黑夜里活动，而鸡啼叫，代表天快亮了，天一亮，一切鬼会便无法可施了。门上张贴鸡画，百鬼就不敢上门，纯是鬼怕听到鸡叫声的寓意。现今仍有一些地方的人们存有鸡叫驱鬼的观念，大人们经常告诉孩子们说：晚上如果遇见了鬼只要学叫鸡啼就可以把吓跑。

　　过去在苏北运河曾有镇辟水怪的"九牛二虎一只鸡"，是用铸造的九头铁牛、雕刻的石壁虎和公鸡作为镇水神兽。而鸡能成为驱鬼除阴镇物也是由于鸡与太阳相类感，是积阳之物，鸡啼天明，阳至而阴去。洪水泛滥被民间认为是恶龙水怪的兴作，是阴气贼害，而鸡能辟"阴"，所以鸡就被赋予消除水患之性。[2]

　　另一说则来源于重明鸟的传说。

　　晋代王嘉《拾遗记》载录重明鸟的神话，并言这是以鸡驱鬼风俗的本源：

　　"尧在位七十年，有抵支之国，献重明之鸟，一名双睛，言双睛在目，状如鸡，鸣似凤，时解落毛羽肉翮而飞。能搏逐猛兽虎狼，使妖灾群恶不能为害。贴以琼膏，或一岁数来，或数岁不至。国人莫不洒扫门户，以望重明之集。其未至之时，国人或刻木，或铸金，为此鸟之状，置于门户之间，则魑魅丑类自然退伏。今人每岁元旦，或刻木铸金，或图画，为鸡于牖上，此其遗像也。"

　　画鸡，原是重明鸟。此神鸟双瞳，能降服妖灾群恶，成为众望所归。

---

1. 参见 http://www.shuku.net: 8080/novels/zatan/uyhywxywdjn/mwh08.html：《中国的门文化》。
2. 陶思炎《风俗探幽》，东南大学出版社，1995 年，第 213 页。

有时几年不至，人们就刻木铸金为此鸟，守卫门户，驱除魑魅。传至晋时，径以鸡代之。董勋《问礼俗》："正月一日为鸡，二日为狗，三日为羊，四日为猪，五日为牛，六日为马，七日为人。正旦画鸡于门。"正月初一为鸡日，门上画鸡，新一年就这样开始的。

2. 寓吉祥、添喜庆：抱吉使者的纳吉功能

鸡叫三遍，太阳出来，鸡的早晨报晓，被看成黎明即起的吉兆。鸡便成了划分阴阳两界、送走黑暗，迎接光明的"阳鸟""天鸡"，吉祥的化身。

而"鸡"与"吉"的谐音，公鸡的"公"与功名的"功"的谐音，鸡冠的"冠"与当官的"官"的谐音，更让希冀功名富贵、吉祥如意的人们自然的产生丰富联想。鸡于是被视为功名吉祥的代称，在中国传统吉祥图案中占有了一席之位。公鸡与牡丹的画面构成了"功名富贵"的寓意；公鸡与鸡冠花的画面成了"官上加官"的愿望；公鸡站在石头上寓意"室上大吉"。孩童佩戴春鸡，以鸡谐"吉"，寄托着父母希望孩子能吉祥如意的美好祝愿。因而，鸡成为了吉祥的代称，它如同吉祥的使者，满足人们纳吉的心理需求。

3. 彰美德、作表率：德禽代表的教化功能

古人崇尚鸡，称鸡有"五德"。《韩诗外传》记田饶的话说："头戴冠者也；文也；足傅距（雄鸡脚底后突出的利爪）者，武也；敌在前敢斗者，勇也；见食相呼者，仁也；守夜不归者，信也。"以此会意，还可以给鸡加上四德：觅食寻虫无闲者，勤也；一颗一粒拣之者，俭也；吞糠咽草，不图厚酬自求半饱者，廉也；雌则生蛋孵雏者，献也。合谓之"九德"。鸡为德禽，当之无愧。

正因为鸡作为"德禽"具有"文武勇仁信"五德或"文武勇仁信勤俭廉献"九德，人们就以鸡比人，以鸡之美德教化人类自身，鸡成了人培养自己良好品行的一面镜子了，由此担当起了教化人类才智道德的功能。中国传统吉祥图案中教化启示子孙的《教五子》《五子登科》用鸡作为象

征物的寓意可谓深远。

斗鸡游戏中鸡的勇敢善斗让人们受到启发和鼓舞，成语典故中的"鸡鸣而起""闻鸡起舞"也是有志之士借以激励自己勤习文武的鞭策。

4. 显神明、断吉凶：求通神灵的巫术功能

杀鸡驱邪是一种巫术，它反映了一种民间信仰。各族各地的人们用鸡或鸡血、鸡蛋来驱邪、祭祀、占卜、结盟、判案等，都是源于鸡被认为有通神灵、显神明的能力。度朔山的传说、重明鸟的神话以及各民族的鸟信仰、鸟图腾都可窥见鸡被赋予通神灵内涵的痕迹。

山东一些地区给儿童佩戴的春鸡要在元宵节或者正月十六赶庙会时扔掉。这实际上也是一种目的在于祛病并保佑儿童健康的巫术手段。扔"春鸡"象征扔掉疾病，犹如某些地区的人们所认为的断线的风筝可以把疾病带走于是放风筝时剪断风筝线的做法 [1]。

早在先秦时期，就有用鸡和鸡血驱邪的活动。古人认为，鸡和鸡血具有驱鬼邪去灾祸的作用。歃血盟誓时的动辄杀鸡，既是借同喝鸡血酒这种仪式表示出有福同享、有难同当的意愿，也含有经过神灵见证的意味。

景颇族在判案时用鸡鸣作为神判的方式。争讼双方各携一只活公鸡到约定地点，先由巫师念经，念毕双方纵鸡，视约鸣叫以决胜负，先叫者败诉，后叫者或不叫者胜诉。这也显示了景颇族将鸡作为通神灵的信仰以及希冀鸡能显神明、判是非的心态。

在日本的民俗信仰中，鸡被赋予了丰富的象征意义和文化内涵。不仅仅是一种生物，更是一种神圣的形象，成为了日本文化中不可或缺的一部分。日本民俗中的"鸡"信仰主要来自古代的宗教信仰和神话故事。在古代日本，人们常常将鸡看作是一种神圣的生物，是天神和地神的使者。在祭祀活动中，人们会用鸡祭拜神灵，同时也认为鸡可以驱邪避祸，保佑家庭平安和健康。

1.《立春风俗考》，第 193 页。

5. 展雄强、显英武："斗鸡"游戏的娱乐功能

鸡喜欢博斗打架，尤其是公鸡。两只公鸡相遇，往往有一场博斗，母鸡之间偶尔也会有一场厮杀。平时平凡柔弱的鸡，一旦博斗起来，也是气氛紧张、勇猛顽强、厮杀激烈。

两鸡相斗为戏，自古有之。斗鸡这种古老的游戏，深受人们的喜爱，不仅流行于民间，王公贵族乃至于君主中也多有人为它着迷。为了观赏精彩的斗鸡博杀，人们饲养了专门的斗鸡。《列子》记："纪渻子为周宣王养斗鸡，十日而问之，鸡可斗乎？曰：未也，方虚骄而恃气。十日，又问之：鸡可斗乎？曰：未也，犹疾视而盛气。十日，又问之，鸡可斗乎？曰：几矣，望之如木鸡，其得全矣，异鸡无敢者也。"《邺都故事》云："魏明帝大和年中筑鸡台，赵玉、石虎亦以芥羽漆砂斗鸡于此。"曹植诗云："斗鸡东郊道，走马长楸间。"《荆楚岁时记》云："寒食斗鸡。"《东城父老传》云："唐明皇喜民间清明斗鸡，立鸡坊于两宫之间。"可见，古人在斗鸡一事上是花费了不少心思的。"斗鸡"游戏也给人类带来了无穷的乐趣。

也正是在斗鸡活动中，鸡才得以展示出其性格中雄强的一面，以及它不轻易显露的英武风姿。这在一些斗鸡诗中有很好的体现。

刘桢《斗鸡诗》云：

丹鸡被华采，双距如锋芒。愿一扬炎威，会战此中唐。

利爪探至除，瞋目含火光。长翘惊风起，劲翮正敷张。

轻举奋勾喙，电击复还翔。

曹植《斗鸡诗》云：

游目极妙伎，清听厌宫商。主人寂无为，众宾进药方。

长筵坐戏客，斗鸡间关房。群雄正翕赫，双翘自飞扬。

挥羽激流风，悍目发朱光。觜落轻毛散，严距往往伤。

长鸣入青云，扇翼独翱翔。愿蒙狸膏助，常得擅此场。

应玚《斗鸡诗》云：

戚戚怀不乐，无以释劳勤。兄弟游戏场，命驾迎众宾。

二部分曹武，群鸡焕以陈。双距解长缧，飞踊超敌伦。

芥羽张金距，连战何缤纷。从朝至夕日，胜负尚未分，

专场驱众敌，刚捷逸等群。四座同休赞，宾主怀悦欣。

博弈非不乐，此戏世所珍。

如此描写斗鸡的诗句，像一幅幅活灵活观的斗鸡图，描绘了斗鸡的意态神色，以及古人斗鸡取乐时的热闹场面。

唐诗中也有不少描写斗鸡的诗篇。唐朝张仲素的《春游曲》写道："当年重意气，先占斗鸡场。"张籍的《少年行》中写道："日日斗鸡都市里，赢得宝刀重刻字。"显示了"斗鸡"是当年人们的娱乐游戏，给人类带来了无穷的乐趣。如今在旅游业快速发展之际，斗鸡游戏也在很多景点进行着，给游客带来愉悦体验和参与乐趣。

在解读了"鸡"的民俗文化内涵后，我们可以看到平凡之极的鸡不但营养了人类的身体，而且滋养了人类的精神世界，并且成为人类托付愿望、解决问题的一种有效的表达方式和手段。鸡丰厚的民俗文化内涵也透露出了人类社会众多的远古信息，比如古代人类的"万物有灵"的世界观、祈求神灵庇护帮助的愿望以及驱邪纳吉的心理等等。因此，鸡虽普通，但其民俗文化内涵却是丰富深远的，它显示了古人的朴素信仰，也寄托着现代人希冀祥和安康生活的愿望，人类在物质需求和精神需求上将永远离不开鸡的相伴，鸡作为民俗象征物在民众日常生活、艺术创作、文创品生产、旅游活动开展等场域频现身影，展现魅力。

卢爱华，东南大学人文学院副教授

月令源流考

张小稳

一、月令来源的学术史回顾

我们今天所能看到的月令书有三种，按照成书时间的顺序分别是《吕氏春秋·十二纪》《淮南子·时则训》和《礼记·月令》，学界称之为传世月令书。除此之外，还有三种月令书，其一为今本《逸周书》中的第五十三篇《月令》，其二为郑玄在追溯《礼记·月令》来源时提到的《明堂月令》，其三为《邹子·月令》。郑玄《周礼·夏官·司爟》注引郑众语：《邹子》曰：'春取榆柳之火，夏取枣杏之火，季夏取桑柘之火，秋取柞楢之火，冬取槐檀之火'"[1]，此语与魏何晏《论语集解》卷一七"钻燧改火"注引马融语"《周书·月令》有更火"之文同[2]，故有学者认为有《邹子·月令》的存在[3]。可惜这三种月令都已经亡佚，也正是由于它们的亡佚，造成了学术界的一桩公案，即月令的源与流问题。源即月令为谁所作，作于何时？流即这六种月令之间的承袭关系。从东汉时期开始及至今日，学界聚讼纷纭，莫衷一是。

关于月令来源问题的争论，始于东汉中后期。贾逵及其同时代的鲁恭始言为周公或周世所作，和帝末年，鲁恭在给邓太后的一封奏疏中说道："《月令》，周世所造，而所据皆夏之时也，其变者唯正朔、服色、牺牲、徽号、器械而已。"[4]马融继其说，臧庸引《月令正义》云："贾逵马

---

1. ［东汉］郑玄注，［唐］贾公彦疏《周礼注疏》，上海古籍出版社，2010 年，第 1157 页。
2. ［魏］何晏集解，［梁］皇侃疏《论语集解义疏》，丛书集成初编本，商务印书馆，1937 年，第 251 页。
3. 容肇祖《月令的来源考》，《燕京学报》1935 年第 18 期。关于《邹子·月令》是否存在，待下文详考。
4. ［南朝宋］范晔撰，《后汉书》卷二五《鲁恭传》，中华书局，1965 年，第 881 页。

融之徒皆云《月令》周公所作。"[1]之后百余年间，并无争论，直至郑玄为《礼记》作注，提出吕不韦说，才引起学界争论。郑玄曰："名曰《月令》者，以其记十二月政之所行也。本《吕氏春秋》十二月纪之首章也，以礼家好事抄合之，后人因题之名曰《礼记》，言周公所作。其中官名、时、事多不合周法。"[2]其同门卢植及卢植弟子高诱赞同郑玄的说法。

可是，与之同时的蔡邕和王肃则提出反驳意见，仍然维护周公说。蔡邕著《明堂月令论》曰："《夏小正》传曰（臧注：卢学士云'曰'字衍）阴阳生物之后（臧注：通候），王事之次，则夏之月令也。殷人无文，及周而备。文义所说，博衍深远，宜周公之所著也。官号职司，与《周官》合。《周书》七十一篇（臧注：旧作'二'篇，据《汉志》改），而《月令》第五十三……秦相吕不韦著书，取《月令》为纪号，淮南王安亦取以为第四篇（臧注：今本第五）改名曰《时则》，故偏见之徒或云《月令》吕不韦作、或云淮南，皆非也。"[3]观蔡邕所言，当时不仅有郑玄吕不韦说，还有一种淮南说，不过淮南说后世无人响应，因而也很少为人提及。王肃言："始皇十二年吕不韦死，廿六年秦并天下，然后以十月为岁首，不韦已死十五年，便成乖谬。"[4]南齐时刘瓛亦难之云："不韦鸠集儒者，寻于圣王月令之事而记之。不韦安能独为此记?"[5]

西晋时人束皙又提出新的观点，以为"夏时之书"[6]，理由是"《月令》

1.［清］臧庸辑蔡邕《明堂月令论》，《拜经堂丛书》，昭和十年东方文化学院京都研究所影印，第13页。
2.［东汉］郑玄注，［唐］孔颖达正义《礼记正义》，上海古籍出版社，2008年，第591页。校勘记：《礼记》浦镗校云，当作《月令》。为之作疏的唐代学者孔颖达进一步阐释其旨意，"案吕不韦集诸儒士著为十二月纪，合十余万言，名为《吕氏春秋》，篇首皆有月令，与此文同，是一证也。又周无大尉，唯秦官有大尉，而此《月令》云'乃命大尉'，此是官名不合周法，二证也。又秦以十月建亥为岁首，而《月令》云'为来岁授朔日'，即是九月为岁终，十月为授朔。此是时不合周法，三证也。又周有六冕，郊天、迎气则用大裘，乘玉辂，建大常日月之章，而《月令》服饰车旗并依时色，此是事不合周法，四证也。故郑云：'其中官名、时、事多不合周法。'"唐人陆德明亦持此说，"此是《吕氏春秋》十二纪之首，后人删合为此记"（［唐］陆德明《经典释文》，中华书局，1983年，第175页）。
3.《明堂月令论》，第13页。
4.［隋］杜台卿《玉烛宝典序》，第3页，《古逸书丛书》之十四，光绪十年甲申遵义黎氏刊于日本东京使署。
5.［唐］魏征等撰《隋书》卷四九《牛弘传》，中华书局，1973年，第1302页。
6.《隋书》卷四九《牛弘传》，第1302页。

四时之月，皆夏数也，殆夏时之书。"[1]隋杜台卿提出反驳意见曰："束云四时皆夏数者，孔子云'行夏之时'，以夏数得天，后王宜其遵用，非必依夏正朔，即为夏典。其夏时书者，《小正》见存，文字多古，与此叙事多别。"并提出"唯《皇览》所引《逸礼》，发骞相应，当是七十弟子之徒及其时学者杂为记录，无以知其姓氏，《吕氏》取为篇目，或因治改，遂令二本俱行于世"的观点。[2]隋人牛弘又提出"杂有虞夏殷周之法"的模糊说，其言"今案不得全称《周书》，亦未可即为秦典，其内杂有虞、夏、殷、周之法，皆圣王仁恕之政也。"[3]

隋唐之后，争论渐趋平息，直至清代考据学兴起，关于月令的来源问题，又成为大家争论的一个焦点问题。论之者有徐文靖、戴震、孙星衍、黄以周、方以智、梁玉绳、万斯大、王引之、卢文弨等，所持观点与汉唐时期大致相同。值得注意的是，此时出现了一种颇为流行的新观点，即"汉儒辑订说"，其首倡者为宋代的章如愚，"周人《月令》已详陈于《七月》之诗，则此书断非周公赞为之也。今之《月令》虽用《吕氏春秋·十二纪》之首，亦未可专归之不韦也。然则此书始于何代？作于何人乎？曰：补葺而订之者，汉儒之力也"[4]。清人汪鋆踵其后，"昔云《礼记》强半秦、汉人笔，于此益信"[5]。晚清至民国，出于政治改革的需要或受疑古思想的影响，很多学者赞同此说并陆续有所发明，如康有为谓五帝皆刘歆伪造，崔适、顾颉刚等亦持此说[6]。

今人对于月令来源的讨论，首倡者为容肇祖，其于 1935 年发表《月令的来源考》一文，认为《月令》出于阴阳家的邹子，理由之一是《月

1. [隋] 杜台卿《玉烛宝典序》，第 2 页。
2.《玉烛宝典序》，第 3 页。民国时期学者杨宽亦批评束皙观点云："夏正本为周正后之一种新历，《月令》之用夏正，正足见其晚出，何得据以为夏书也？"（杨宽《月令考》，《齐鲁学报》1941 年第 2 期，第 7 页。）
3.《隋书》卷四九《牛弘传》，第 1302 页。
4. [宋] 章如愚《群书考索》别集卷八《经籍门》，书目文献出版社，1992 年，第 1315 页。
5. [清] 汪鋆《十二砚斋随录》卷三《经注》，徐德明、吴平主编《清代学术笔记丛刊》（第 55 册），学苑出版社，2005 年，第 44 页。
6. [清] 康有为著，章锡琛点校《新学伪经考》，古籍出版社，1956 年，第 41 页。[清] 崔适著，张烈点校《史记探源》，中华书局，1986 年，第 21 页。顾颉刚《汉代学术史略》，人民出版社，2008 年，第 84 页。

令》的内容是"序四时之大顺"，是阴阳家的学说；之二是《月令》出于《明堂月令》；之三是邹子有四时更火之文[1]。翌年，卷章先生发表文章进行反驳，文章沿袭清末以来的观点，认为《月令》中的五帝系统和明堂制度都是汉代出现的，《月令》是汉代"逐渐编成的伪书"，"虽是阴阳家后学的书，但不出于邹衍是无疑问的"[2]。1941年，杨宽先生撰文《月令考》，从历法的采用、五行说的形成与流行、官制和土地制度四个方面进行论证，认为"《月令》既不得谓周公所作，亦不得谓秦制。盖出于晋太史之学，经春秋、战国陆续补订而成者"[3]，是迄今为止关于月令来源问题考察得最为详尽的一篇文章。1945年，蒙季甫撰文《月令之渊原与其意义》，认为月令为糅合《夏小正》类纪星象时候、阴阳五行、洪范之天地大法以及《王居明堂礼》等书而成，"吕不韦分之以作《十二纪》，刘安取之以作《时则训》，小戴采之以入《礼记》，皆非自撰者也。郑玄不察，以为吕不韦所作固谬，即蔡邕尊之以为周公所作，亦未得其实也"，至于月令成书于何时、出于何人之手，则无论[4]。

秦汉简牍的出土为月令的进一步研究提供了新材料和新视角，邢义田先生首次关注月令在秦汉政治中的实施情况，从而引发了与杨振红先生之间的讨论[5]。其中杨先生的文章涉及到了月令的来源问题，她认为《吕氏春秋·十二纪》产生之前，"已经存在一本以'明堂'名义命名的月令书，它应当出自战国齐人邹衍阴阳五行家一派，很可能就是汉宣帝时丞相魏相所上《明堂月令》。《吕氏春秋·十二纪》《淮南子·时则》《礼记·月令》应分别采自《明堂月令》，三种传世月令书之间没有直接的继承关系，但

1.《月令的来源考》，第97—105页。

2. 卷章《读容肇祖先生"月令的来源考"质疑》，《益世报》1936年3月5日第11版之《读书周刊》第38期。

3. 杨宽《月令考》，第36页。

4. 蒙季甫《月令之渊原与其意义》，《图书集刊》1945年第6期，第79—94页。

5. 具体参见如下三篇文章：邢义田《月令与西汉政治——从尹湾集簿中的"以春令成户"说起》，《新史学》（台北）第9卷1期，1998年；杨振红《月令与秦汉政治再探讨——兼论月令源流》，《历史研究》2004年第3期；邢义田《月令与西汉政治再议——对尹湾牍"春种树"和"以春令成户"的再省思》，《新史学》（台北）第16卷1期，2005年。

后出者很可能参阅了前出者"[1]。邹昌林先生将《月令》《十二纪》《时则训》与《时训解》中的七十二物候加以比较后，认为《月令》成书早于《十二纪》[2]。

通过梳理月令来源的学术史，可知，在古代，周公说和吕不韦说占据主流，成为月令来源辩论的主线索，晚清至民国"汉儒辑订说"一度流行；但是随着现代学术的兴起，周公说与吕不韦说基本被否定；在逐步走出疑古时代的学术背景下，"汉儒辑订说"也渐为人所否定，而原先不被儒生们所重视的阴阳家则成为关注的重点，容肇祖先生更是提出有《邹子·月令》的存在，并视之为月令的祖本。

综观以往的研究，我们发现，这些研究中存在着一个共同的前设，即月令是某一时期某一个人所作，争论的焦点是这个时期是哪个时期、这个人是谁？杨宽先生虽然指出其是"经春秋、战国陆续补订而成"，但其前提是成于"晋太史之学"。我们通过对《月令》文本本身的分析，发现《月令》的成书具有明显的阶段性特征，隋代牛弘已经提出《月令》中"杂有虞夏殷周之法"，杨振红先生也在文中指出"月令书是在总结中华民族数百千年积累的天文历法知识、农业生产常识以及行政管理经验的基础上，与阴阳五行理论相配伍而成"[3]，但都未及详论。本文从《月令》的阶段性特征入手，分析其成书过程，指出其文献源头，兼及诸种月令之间的流变关系，以祈学界指正。

二、月令中五行系统为后加说

我们以《礼记·月令》为文本依据[4]，来分析月令主体内容与五行框架之间的关系，认为五行框架明显为后加。试从三方面论述之：

1.《月令与秦汉政治再探讨——兼论月令源流》，第38页。
2. 邹昌林《〈月令〉成书时代新探——兼及〈逸周书〉与〈周礼〉成书问题》，浙江大学古籍研究所编《礼学与中国传统文化——庆祝沈文倬先生九十华诞国际学术研讨会论文集》，中华书局，2006年，第214—224页。
3.《月令与秦汉政治再探讨——兼论月令源流》，第20页。
4. 据［清］孙希旦《礼记集解》，中华书局，1989年，第399—505页。

第一，月令中农事、政事等安排只与阴阳有关，与五行无关。《礼记·月令》中关于阴阳消长和季节的变化，主要是一种自然现象的描述，如孟春之月，"天气下降，地气上腾，天地和同，草木萌动"；季春之月，"生气方盛，阳气发泄，句者毕出，萌者尽达，不可以内"；仲夏之月，"日长至，阴阳争，死生分"；仲秋之月，"日夜分，雷始收声，蛰虫坯户，杀气浸盛，阳气日衰，水始涸"；孟冬之月，"天气上腾，地气下降，天地不通，闭塞而成冬"；仲冬之月，"日短至，阴阳争，诸生荡"，等。

一年的农事安排要根据四季阴阳的变化，遵循春生、夏长、秋敛、冬闭的规律。如春天是一年农业耕种的开始，天子要亲自躬耕帝藉，并且命令田官到田地里督促教导农民准备种植，根据地形地势决定种植作物的种类和多少。春夏是生养的季节，所以要保护幼小，鼓励生育，"合累牛、腾马，游牝于牧"；禁止一切不利于生养和农业生产的行为，"禁止伐木。毋覆巢，毋杀孩虫、胎、夭、飞鸟，毋麛，毋卵。毋聚大众，毋置城郭。掩骼埋胔""田猎，罝罘、罗网、毕翳、餧兽之药毋出九门""毋有坏堕，毋起土功，毋发大众，毋伐大树"；季夏"树木方盛，乃命虞人入山行木，毋有斩伐。不可以兴土功，不可以合诸侯，不可以起兵动众，毋举大事以摇养气，毋发令而待，以妨神农之事也。水潦盛昌，神农将持功，举大事则有天殃。"祭祀时用的牺牲也"毋用牝"或"不杀牲"，用圭璧、鹿皮和束帛来代替。

秋冬是敛藏的季节，秋天乃"命百官始收敛，完堤防，谨壅塞，以备水潦，修宫室，坏墙垣，补城郭""趣民收敛，务畜菜，多积聚"，为漫长的冬天做准备；"百工休"，民"皆入室"，以保养身体。冬天乃命百官"谨盖藏""坏城郭，戒门闾，修键闭，慎管钥，固封疆，备边竟，完要塞，谨关梁，塞蹊径""土事毋作，慎毋发盖，毋发室屋及起大众，以固而闭。地气沮泄，是谓发天地之房，诸蛰则死，民必疫疾，又随以丧"。

一年的政事安排也要符合四季阴阳变化所显示出来的特性，如春季要"安萌芽，养幼少，存诸孤"，夏季要"养壮佼"，秋季要"养衰老，授几杖，行糜粥饮食"，冬季要"赏死事，恤孤寡"。春夏要进行表彰、赈济，减少诉讼，故孟春"命相布德和令，行庆施惠，下及兆民。庆赐遂行，毋有不当"，季春"布德行惠，命有司发仓廪，赐贫穷，振乏绝；开府库，出币帛，周天下，勉诸侯，聘名士，礼贤者"，孟夏"赞杰俊，遂贤良，举长大"；仲春"命有司省囹圄，去桎梏，毋肆掠，止狱讼"，孟夏"断薄刑，决小罪，出轻系"，仲夏"挺重囚，益其食。"秋冬是肃杀的季节，所以"用始行戮""命有司修法制，缮囹圄，具桎梏，禁止奸，慎罪邪，务搏执。命理瞻伤、察创、视折、审断，决狱讼必端平，戮有罪，严断刑。天地始肃，不可以赢""申严百刑，斩杀必当，毋或枉桡""乃趣狱刑，毋留有罪。收禄秩之不当、供养之不宜者""阿党则罪，无有掩蔽"。军事行动也要安排在这个季节，"乃命将帅选士历兵，简练杰俊，专任有功，以征伐不义，诘诛暴慢，以明好恶，顺彼远方"。

人们的生活起居也要符合阴阳四季的特点，仲夏时节"日长至，阴阳争，死生分。君子斋戒，处必掩身，毋躁，止声色，毋或进，薄滋味，毋致和，节嗜欲，定心气。百官静事毋刑，以定晏阴之所成""毋用火南方。可以居高明，可以远眺望，可以升山陵，可以处台榭"；仲冬之时"日短至，阴阳争，诸生荡。君子斋戒，处必掩身，身欲宁，去声色，禁嗜欲，安形性，事欲静，以待阴阳之所定"。

也就是说，无论从自然现象的描述，还是农事、政事和生活起居的安排，都要随阴阳的变化而变化，与五行没有什么关系[1]。

第二，月令中所载祭祀、荐庙与五行不匹配。从《礼记·月令》所载祭祀情况来看，其祭祀的对象主要为皇天上帝（又称帝或上帝）、名山大川、四方之神与宗庙、社稷之灵，除此之外，还有高禖、释菜、天宗、帝之大臣、天之神祇、四海、大川、名源、湖泽、井泉、百辟卿士有益于民者、公社及门闾等，这些神都与人们的生活息息相关，并没有五行框架中的五帝与五神。祭祀的主要目的是祈福，且无一定规律，完全根据农时

---

1. 王利华先生说"《月令》因为'五行'框架平添了高深莫测的神秘色彩，但剥除其神秘外衣，则可见其总体框架是由日月星辰、风雨雷电、山川草木、鸟兽鱼虫、祖宗神鬼，以及帝王、后妃、百官和四民共同构成的庞大自然—社会系统""其中隐含着一种敬畏自然、师法自然和顺应自然的深层生态伦理意识"。（王利华《〈月令〉中的自然节律与社会节奏》，《中国社会科学》2014年第2期。）

或社会生活的实际需要而确定时间和对象。如孟春"祈谷于上帝""祀山林川泽",仲春祀高禖,季春"荐鞠衣于先帝……荐鲔于寝庙,乃为麦祈实",仲夏"为民祈祀山川百源,大雩帝,用盛乐。乃命百县雩祀百辟卿士有益于民者,以祈谷实"。季秋田猎之后"命主祠祭禽于四方"。孟冬之后,"天子乃祈来年于天宗,大割祠于公社及门闾,腊先祖五祀""天子命有司祈祀四海、大川、名源、渊泽、井泉""乃毕山川之祀,乃帝之大臣,天之神祇"[1],遍祀诸神,为来年祈福。如果按照五行框架,必定在规定的时间内对五帝、五神进行祭祀,而在月令中完全看不到这一点。

再者,月令中的荐庙之制,也无规律可寻,完全依照农时的情况而定。如仲春"天子乃鲜羔开冰,先荐寝、庙",孟夏"农乃登麦。天子乃以彘尝麦,先荐寝、庙";仲夏"农乃登黍……天子乃以雏尝黍,羞以含桃,先荐寝庙";仲秋"以犬尝麻,先荐寝庙";季秋"天子乃以犬尝稻,先荐寝庙";季冬"乃尝鱼,先荐寝庙"。并且所荐物品"以彘尝麦""以雏尝黍,羞以含桃""以犬尝麻""以犬尝稻""尝鱼",与五行系统中的春麦与羊、夏菽与鸡、中稷与牛、秋麻与犬、冬黍与彘,也不吻合。可见,其与五行系统并不匹配。

第三,月令的形式。从形式上看,春、夏、秋、冬四季十二月的内容都非常丰富,只有中央土的内容非常简单,仅有两句,"中央土,其日戊己,其帝黄帝,其神后土,其虫裸,其音宫,律中黄钟之宫。其数五,其味甘,其臭香,其祀中霤,祭先心。天子居大庙大室,乘大路,驾黄骝,载黄旂,衣黄衣,服黄玉,食稷与牛,其器圆以闳"。这两句中只有五行框架,"既无日躔星中物候之纪,又无所当行的政令和禁忌之规定,仅仅是虚位于此,且究竟虚位几日,亦无明文"[2]。并且十二律已经被十二月占满了,此处无律。这是五行与四时相配时的初始形态,而《淮南子》

---

1. "帝之大臣",元人陈澔以"五帝之佐,句芒祝融之属"释之([元]陈澔注,万久富整理《礼记集说》,凤凰出版社,2010年,第139页),显然是以后人观念度古人。郑玄解释为"句芒之属。"(《礼记正义》,第735页)高诱释为"功施于民,若禹、稷之属"。([战国]吕不韦著,陈奇猷校释《吕氏春秋新校释》,上海古籍出版社,2002年,第625页。)可见,东汉时并没有指实五帝之佐,《月令》中帝之大臣的本意当不应指五神。
2. 杨天宇《礼记译注》,上海古籍出版社,1997年,第268页。

中以六月属季夏，五行与四时搭配的紧密无间，这一细节告诉我们五行系统与月令主体内容的融合经历了一个较长的过程[1]，五行系统应该是在月令主体内容形成之后加上的。因此，这一节和其它各月的"其日 XX，其帝 XX，其神 XX，其虫 X，其音 X，律中 XXXX，其数 X，其味 X，其臭 X，其祀 X，祭先 X"，"天子居 XXXX，乘 X 路，驾 XX，载 X 旍，衣 X 衣，服 X 玉，食 X 与 X，其器 X 以 X"都属于后加。

还有一个细节，就是在一年四季的开始之时，也即立春、立夏、立秋、立冬四个时节，都有这样的书写，"先立 X 三日，大史谒之天子曰：'某日立 X，盛德在 X。'天子乃齐。"这应该说是月令中五行观念的体现，用以弥和五行与阴阳之间的关系，但观月令全文，只有春季的盛德在木，夏季的在火，秋季的在金，冬季的在水，而无盛德在土，显然不是完整的五行运行体系。而且，一个"德"字显示出其与全文阴阳观念的不匹配，因为在月令中阴阳的消长变化都是自然的，与气有关，而与德无关，德的观念显然是后发的，加在这里显得生硬。因而，这一句很可能也是后加的[2]。

月令中所加的五行框架应该是五行学说成熟之后才可能有，那么，五行学说是在什么时候成熟的呢？王梦鸥先生认为"昭公二十九年（前513），蔡墨始列举五行之官"，"然而生胜之理犹未昭也"[3]，杨宽先生考证，"颛顼为黑帝之说"起于战国[4]，葛志毅先生认为阴阳与五行"互渗、融合

---

1. 具体可参看马涛《先秦"五行时令"探赜——论〈月令〉所言"中央土"》，《史学月刊》2017年第10期。
2.《礼记·月令》季冬："命有司大难，旁磔，出土牛以送寒气。"关于"出土牛"，元人陈澔解释说："出，犹作也。月建丑，丑为牛，土能制水，故特作土牛以毕送寒气也。"（《礼记集说》，第139页。）似乎《月令》主体内容中已经有五行观念。可是，东汉的郑玄和高诱却只是从阴阳的角度来解释，郑玄谓："此难，难阴气也。……作土牛者，丑为牛，牛可牵止也。"（《礼记正义》，第735页。）高诱："大傩（即'难'），逐尽阴气为阳导也。……出土牛，今之乡县，得立春节，出劝耕土牛于东门外是也。"（《吕氏春秋新校释》，第624页。）都没有以土胜水之五行说释之，可见陈澔很可能是后人以今度古，并非《月令》之本意。
3. 王梦鸥《礼记月令校读后记》，李日刚等著《三礼研究论集》，黎明文化事业股份有限公司，1981年，第263页。
4.《月令考》，第24页。

并最终在战国末形成一体无间的阴阳五行体系"[1]，可见五行学说之成熟必在进入战国之后。

既然月令的五行框架是在战国之后所加，那么其主体内容是何时形成的呢？月令中的天象是时人实测的记录，其中记载的各月昏旦中星和每月日躔的位置，为我们提供了进一步考察的线索。最早对月令中的天象进行现代天文学研究的是日本学者能田忠亮，他认为月令天象的观测年代，应当在鲁文公七年（前620）前后，以此为中心前后一百年间[2]。这一判断得到中日学者的普遍认可，陈遵妫先生的《中国天文学史》即采此说[3]。郑慧生先生进一步说："至于成书，也许就在春秋前期，无论如何也不会拖到战国。书中出现的此季行彼季之令，也正是春秋时代常有一再失闰的月份误差的反映。"[4]中国学者用文献比对的方法进行研究，亦得出相似的结论。深谙古天文学的张汝舟先生认为《月令》与《七月》的星象吻合[5]，他的学生张闻玉先生进一步判断，"从《月令》与诸典籍有关星象记载的对照可以看出，《月令》乃丑正实录，当是春秋前期或更早时期的星象记录"[6]。

三、《周书·月令》及其源头

成书于春秋前期的月令很可能就是《周书·月令》，也就是今天《逸周书》中的存目《月令》，它应该是传世月令的初创和初始面目。《周书·月令》自在战国后期被加入五行系统而收入《明堂阴阳》中之后，便

---

1. 葛志毅《重论阴阳五行之学的形成》，《中华文化论坛》2003年第1期。薛梦潇从"五音"配置的角度论及秦汉月令与齐月令之间的关系，也注意到了五行理论对月令文献的影响。（《"五音"配置与齐楚月令源流》，《江汉考古》2015年第5期。苏筱先生亦认为"完整的月令方帝系统形成于战国晚期"。（《先秦时期"月令方帝系统"的建构》，《济南大学学报》，2020年第1期。）
2.（日）能田忠亮《礼记月令天文考》，《东洋天文学史论丛》，恒星社，1943年，第491—519页。
3.陈遵妫《中国天文学史》，上海人民出版社，1984年，第696页。
4.郑慧生《古代天文历法研究》，河南大学出版社，1995年，第141页。
5.张汝舟《〈夏〉小正校释》，《贵州文史丛刊》1983年第1期。
6.张闻玉《古代天文历法研究讲座》，广西师范大学出版社，2008年，第90页。

以《明堂月令》[1]，后又以《礼记·月令》的面目存世，自身则逐渐淡出人们的视线直至亡佚，仅存篇目而无其文。东汉初年的许慎是最早使用《逸周书》之名的，在其所撰的《说文解字》中也多次引用《逸周书》之文，至于月令，则只见称引《明堂月令》，而不见称引《周书·月令》或《逸周书·月令》[2]。可见，至许慎时《明堂月令》还存在，而《周书·月令》则已经亡佚[3]。比之稍晚的马融应该无缘见到《周书·月令》[4]，晋人孔晁注《逸周书》时仅剩四十五篇，其中应该没有《月令》篇。郑玄则因为没有见到《周书·月令》而认为《月令》系礼家抄合《吕纪》而成。

可是自隋以来，很多人怀疑《周书·月令》另有其文，与《礼记·月令》等不是一回事。其主要理由就是《周书·月令》的两条佚文：

其一是马融注《论语》所引的更火之文。三国魏人何晏著《论语集解》引马融注《论语·阳货篇》"钻燧改火"曰："《周书·月令》有更火，春取榆柳之火，夏取枣杏之火，季夏取桑柘之火，秋取柞楢之火，冬取槐檀之火。一年之中，钻火各异木，故曰改火也。"[5]隋杜台卿曰："《论语》注云《周书·月令》有更火之文，今《月令》聊无此语，明当是异。"[6]清人梁玉绳云："《逸周书》阙《月令》，近刻以《月令》补之，余未敢信。《周书·月令》马融曾引之注《论语》'钻燧改火'，与《月令》迥异。"[7]

其二是《召诰正义》所引"三日粤朏"。孔颖达疏《尚书·周书·召

---

1. 葛志毅先生通过对明堂五室、九室与五行之间的关系分析，亦得出"明堂月令说的产生时间不会早于战国后期"的结论。(《明堂月令考论》，《求是学刊》2002年第5期。)

2. 许慎《说文解字》中共引《明堂月令》10次，分别见［东汉］许慎撰，［清］段玉裁注《说文解字注》，上海古籍出版社，1988年，第41页下、166页下、371页上、404页上、573页上、584页上、593页上、666页上、673页下、748页上。

3. 清人孙志祖认为《逸周书·月令》"宋时始佚尔"(［清］孙志祖，《读书脞录》卷二《逸周书·月令》条，清嘉庆四年刻本)，今人杨宽认为"《周书·月令》汉时犹存"(《月令考》，第3页)，皆失之于考察。

4. 杨宽先生亦谓："蔡氏实未见《周书·月令》，其所言《明堂月令》，亦指《礼记·月令》言，其《月令答问》云：'予幼读《记》，以为《月令》体大经同，不宜与记书杂录并行，'可证。"(《月令考》，第1页。)

5.《论语集解义疏》，第251页。

6.《玉烛宝典序》，第3页。

7. ［清］梁玉绳《吕子校补》，《丛书集成新编》第二十册，新文丰出版公司，2008年，第605页。

诰》"惟丙午朏"曰:"《周书·月令》云:'三日粤朏'"。[1]清人俞正燮云:"《召诰正义》引《周书·月令》云'三日粤朏',即班《志》之古文《月采》,班固及见之,此《月令》文例无处着之。"[2]俞正燮所说"班志之古文《月采》"是班固《汉书·律历志》中对"三日丙午"的解释:"《召诰》曰:'惟三月丙午朏。'古文《月采》篇曰'三日曰朏。'"[3]宋人王应麟认为《汉书》中的《月采》乃《月令》之误[4]。

孙志祖谓"《逸周书》阙《月令篇》,或取《吕氏·十二纪》以补之,非也。马融《论语》注引'春取榆柳之火……',《召诰正义》引'三日粤朏'……其文与《十二纪》迥异。"[5]今人杨宽亦持这样的观点:"《周书·月令》既散佚,虽未由详考,唯其佚文皆与《吕氏·十二纪》、《礼记·月令》不同,若因《周书》有《月令》,遂谓《吕纪》及《礼记·月令》亦周世所作,宁非武断!"[6]

我们却认为,这两条佚文都不应该来自《周书·月令》。"三日曰朏"首见于班固的《汉书·律历志》,颜师古注曰:"《月采》说月之光采,其书则亡。"[7]从内容上看,《月采》应该是关于月相变化与记日关系的古天文历法书,而《月令》是用太阳、北斗和星辰所在的位置来标明时间,并没有月相变化的内容,可见,《月采》并非为《月令》之误,而是另有其书,唐代时已经亡佚。孔颖达注《召诰》时,误将《月采》当作《月令》,并

1.［西汉］孔安国传,［唐］孔颖达正义《尚书正义》,上海古籍出版社,2007年,第575页。
2.［清］俞正燮《癸巳类稿》卷三《月令非周书论》,清道光十三年求日益斋刻本。
3.［东汉］班固撰《汉书》卷二一下《律历志下》,中华书局,1962年,第1016页。
4.《召诰》正义引《周书·月令》云'三日粤朏'。《汉·律历志》引《古文·月采篇》曰'三日曰朏',颜注谓说月之光采。愚以《书正义》考之,'采'字疑当作'令'。"(［宋］王应麟《困学纪闻》,上海古籍出版社,2008年,第240页。)
5.《读书脞录》卷二《逸周书·月令》条。
6.《月令考》,第3—4页。
7.《汉书》卷二一下《律历志下》,第1016页。

系之《周书》[1]。后人将班志中的《月采》解释为《月令》之误，有点本末倒置。

更火之文也不应该出自《周书·月令》。在现存古籍文献中，更火之文仅两见，其一便是马融引《周书·月令》之文，另一是郑众引邹子言注《周礼》。《周礼·夏官》司爟职"掌行火之政令，四时变国火，以救时疾"，郑玄注引"郑司农说以《邹子》曰：'春取榆柳之火，夏取枣杏之火，季夏取桑柘之火，秋取柞楢之火，冬取槐檀之火。'"[2] 对于二者之关系，唐人贾公彦认为："先郑引《邹子书》，《论语注》引《周书》，不同者，《邹子书》出于《周书》，其义是一，故各引其一。"[3] 清人臧庸的观点则与之相反，"《论语注》所言《周书》，实邹子尔"[4]。

我们认为更火之文出自邹子的可能性更大一些，按照我们上面的推断，《周书·月令》至迟应该在东汉初年就已经亡佚，马融无缘相见，其引可能有误；如若《周书·月令》存，郑众也不可能舍《周书》而引邹子；郑玄为马融弟子，如果马融真的见过《周书·月令》，郑玄也不可能不知道而转以《月令》首创为《吕纪》。而邹子书中相关篇章在东汉以至曹魏时期犹存，《史记·孟子荀卿列传》中载邹衍"作《主运》"，注引《索隐》曰："刘向《别录》云邹子书有《主运篇》"[5]；《汉书·郊祀志上》载"自齐威、宣时，邹子之徒论著终始五德之运……邹衍以阴阳主运显于

---

1. 王连龙先生亦认为《月采》乃《月令》之误，理由之一是"光采"之"采"重在色彩，而古人言月，多语其光，无取其采；之二是采、令字形相近。（王连龙《〈周书·月令〉异名考》，《沈阳师范大学学报》2008 年第 1 期。）我们认为颜师古所说"月之光采"，首先是光，其次是采，这与王先生所论古人"古人言月，多重其光"不悖；不过古人重其光，但并非不言采，光和采也很难截然区分开，如《诗经·月出》中有"月出皎兮……月出皓兮……月出照兮"的变化，皎和皓都有白而亮的意思，色彩也是有变化的。《说文解字》中对"皎"的解释为"月之白也"（《说文解字注》，第 363 页下）；"皓"乃由"晧"发展而来，《说文解字》对"晧"的解释是"日出貌"，段玉裁注曰："谓光明之貌也。天下惟洁白者取光明，故引申为凡白之称。改其字从白作皓矣。"（《说文解字注》，第 304 页下）可见，由"晧"而"皓"重在强调色采。'采、令字形相近，但仅凭字形相近而不及内容，恐怕说服力还不够。同文中王先生还认为《邹子》和《明堂月令》也是《周书·月令》之异名，《明堂月令》是《周书·月令》被后儒改编后收入《明堂阴阳》的作品，是《周书·月令》的发展，而不是同书，《邹子》和《周书·月令》的关系将在下文中论及。
2. 《周礼注疏》，第 1157 页。
3. 《周礼注疏》，第 1157 页。
4. 《明堂月令论》，第 13 页。
5. [汉] 司马迁撰《史记》卷七四《孟子荀卿列传》，中华书局，2013 年，第 2835—2836 页。

诸侯"，注引如淳曰"今其书有《五德终始》。五德各以所胜为行""今其书有《主运》。五行相次转用事，随方面为服也"[1]。《淮南子·齐俗训》高诱注亦引《邹子》曰："五德之次，从所不胜。"[2]高诱为汉末三国时人、如淳为三国至曹魏时人，邹子书其时还存在，可见郑众所引当有所据，更火之文也符合其"五行相次转用事，随方面而服"的学说内容，而成书于春秋前期的《周书·月令》则不可能有更火之文[3]。

可见《周书·月令》并非另有其文，而是各传世月令书的前身，由于其亡佚甚早，我们无缘其本来面目。关于其源头，有学者认为是《夏小正》[4]，我们则认为可能是《夏大正》。《夏小正》四月："初昏，南门正。"传曰："南门者，星也，岁再见，壹正。盖《大正》所取法也。"孔广森补注曰：《大正》疑亦夏记时之书。此篇之事对彼为小，故以'小正'名。"《周语》引《夏令》曰："九月除道，十月成梁。其时儆曰：收而场功，偫而畚梮，营室之中，土功其始。火之初见，期于司里。"岂即《大正》之遗与？[5]根据孔广森的解释，《大正》当与《小正》同时并存，小正所记之事小，大正所记之事大。张汝舟先生亦谓"小正、大正对举，政有大小，故分为大正，小正，较通"[6]。

观《小正》与《夏令》的内容、言说角度与语气，确实有别。《小正》只记物候、星辰、农作和生活，并没有政令的色彩[7]，其言说角度，也

1.《汉书》卷二五上《郊祀志上》，第1203—1204页。

2. 刘文典《淮南鸿烈集解》，中华书局，1989年，第358页。

3. 具体见拙文《改火、更火、出火及其融合》，《社会科学战线》2015年第9期。由于马融《论语注》引《周书·月令》更火之文，在一定程度上造成了文献的混乱。宋人编撰《太平预览》，关于更火之文时而引《周书》，时而引《邹子》，时而《周书》《邹子》同引，"重复杂出无序甚矣"。（黄怀信等撰《逸周书汇校集注》，上海古籍出版社，2007年，第616页。）

4. 明人方以智云："周公《月令》因《夏小正》。"（[明]方以智《通雅》卷一二《天文》月令条，中国书店，1990年，第16页。）

5.［清］孔广森《大戴礼记补注》，中华书局，2013年，第49页。

6. 张汝舟《二毋室古代天文历法论丛》，浙江古籍出版社1987年，第131页。洪震煊认为大正为"古刑官名"。（《（夏）小正疏义》，万有文库第二集七百种，商务印书馆，1937年，第26页。）西周时期的"正"并非某一长官，而是长帅或曰领导的泛称，（张亚初、刘雨《西周金文官制度研究》，中华书局，1986年，第58页。）与作为政令书的《大正》当为互不相干的两回事。

7. 林甸甸亦认为《夏小正》未有"训诫或政令意味""没有'令'的公文性质"。（林甸甸《先秦月令文体研究》，《北京师范大学学报》2014年第4期。）

是站在下层农人的立场上，谦卑谨慎地言说。如正月"初服于公甸"，传曰："古有公田焉者，古言先服公田而后服其田也。"三月"妾子始蚕"，传曰："先妾后子，何也？曰：事有渐也，言事自卑者始。"[1]《诗经·七月》亦与此相同，最初是流传于民间的歌谣。而"九月除道，十月成梁"，则是关系国计民生的宏大工程，非政府组织不可，"收而场功，偫而畚梮……火之初见，期于司里"也是从上而下的命令。因此，《小正》可能是流行于民间的农书，《大正》或曰《夏令》则可能是政府依时而行的政令书。农人的农事生活少有变迁，而国家的行政则会随着时间的推移，发生或大或小的变化，所以《小正》在民间长期流传而得以保存，《大正》则因时代的变迁而被后世的政令书取代，因而湮没无闻，仅留下只言片语。西周时期应该也有类似于《大正》的政令书，春秋前期成型的《周书·月令》书，就是在其基础编撰而成的。

张怀通先生对《周书》的形成进行了详细的考察，认为《周书》的资料来源是周代以记录周王及其它统治者言行为主的档案文书，西周中后期和春秋时期、甚或战国时期，一些史官根据这些档案资料制作了大量的篇章，这就是"周书"[2]。《月令》当是以西周中后期和春秋时期的档案文书为依据，[3]后世认为《月令》为周世或周公所创，并非空穴来风。

1.《大戴礼记补注》，第 42、48 页。王安安先生将《夏小正》与《礼记·月令》《逸周书·时训》中的天象、物候进行对比，指出《夏小正》的用历与《礼记·月令》《逸周书·时训》一个周期正好相差两个月，且十一、十二月缺少天象记录，因此《夏小正》是以十月记历，今本《夏小正》所记人们在十一月、十二月的活动内容，完全有可能是《传》文作者将《夏小正》误当成十二月历，按照自己的主观意图，从十月内析分出来的。(《〈夏小正〉历法考释》，《兰州学刊》2006 年第 5 期。）即使在流传过程中后人所加的内容也符合《夏小正》的言说立场，如十二月"纳卵蒜"，传曰"纳者何也？纳之君也"，完全是劳动人民的角度。(《大戴礼记补注》，第 60 页。)

2. 张怀通《〈逸周书〉新研》，中华书局，2013 年，第 26—73 页。

3. 汤勤福先生亦认为《月令》属于政令性文献。(《〈月令〉祛疑——兼论政令、农书分离趋势》，《学术月刊》2016 年第 10 期。）但汤先生认为《夏小正》也属政令之书，与本文稍有差异。杨雅丽从语义学的角度阐明《月令》中的"令"指"政令"而非指"气候和物候"。(《"月令"语义文化溯源——〈礼记·月令〉解读》，《贵州文史丛刊》2010 年第 2 期；《〈礼记〉"月令"之"令"考辩》，《西北工业大学学报》2002 年第 3 期。)

四、《明堂月令》及其流变

根据以上的考证，我们认为月令的成书经历了两个大的阶段，第一阶段为春秋前期，在西周政令书的基础上形成主体内容，即《周书·月令》；第二阶段为战国时期，在主体内容之上加上五行框架，这应该就是《明堂月令》。《汉书·艺文志》载礼类著作：

《记》百三十一篇。七十子后学者所记也。

《明堂阴阳》三十三篇。古明堂之遗事。

《王史氏》二十一篇。七十子后学者。[1]

对于"七十子后学"，颜师古注曰："刘向《别录》云六国时人也。"[2]班固对《礼》类著作总结时，将《明堂阴阳》《王史氏记》并提，谓其"多天子诸侯卿大夫之制"[3]，可见，《明堂阴阳》和另外两种著作一样，都是作于战国时期，《明堂月令》就收于其中。《礼记·月令》即来源于此，郑玄《三礼目录》中云："此（《月令》）于《别录》属《明堂阴阳记》。"[4]臧庸谓"记"为衍字[5]。

清人姚振宗辑刘向《七略别录》佚文，在礼类著作中辑"他家书拾撰所取"条，列四十九篇篇目，与今本《礼记》相同，其中《月令》列第六。又加按语曰："'他家书拾撰所取'者，谓小戴氏也。小戴与刘中垒同论五经于石渠，其人犹在世，故云'他家'，犹言今人也。然则《别录》既校订《古记》百三十一篇，复以他家拾撰所取者，附记其篇目而不著于录"。[6]可见，在刘向当时，已经存在有一本与今本《礼记》篇目相同的礼类汇编著作，作者当为小戴，这就是《礼记》的前身。唐陆德明《经典释文·叙录》在"小戴礼"后加注云："刘向《别录》有四十九篇，其

1.《汉书》卷三〇《艺文志》，第 1709 页。

2.《汉书》卷三〇《艺文志》，第 1710 页。

3.《汉书》卷三〇《艺文志》，第 1710 页。

4.《礼记正义》，第 591 页。

5.《礼记正义》校勘记引，第 610 页。

6.［汉］刘向、刘歆撰，［清］姚振宗辑录，邓骏捷校补《七略别录佚文》，上海古籍出版社，2008年，第 26—27 页。

篇次与今《礼记》同，名为他家书拾撰所取，不可谓之《小戴礼》。"然后又说："后汉马融卢植考诸家同异，附戴圣篇章，去其繁重及所叙略而行于世，即今之《礼记》是也。郑玄亦依卢马之本而注焉。"[1]也就是说，东汉时期马融卢植在小戴礼类汇编著作的基础上，加以考订异同，去繁之后的定本才是《礼记》，郑玄乃为之作注。又据郑玄《三礼目录》，《礼记》四十九篇中，除《明堂位》《月令》出于《明堂阴阳》，《乐记》出于乐类著作《乐记》之外，其余四十六篇皆出于《记》百三十一篇。所以，刘向只列其目而不为之作叙录。由此可知，今本《礼记·月令》乃来自于《明堂阴阳·月令》。

　　吕不韦及其门客割裂《明堂月令》而成《十二纪》，成书于汉代的《淮南子》当参考了《明堂月令》和《十二纪》，二者同时还可能参考了阴阳家的著作。原因是《十二纪》在季春有"行之是令，而甘雨至三旬"、季夏有"行之是令，是月甘雨三至，三旬二日"、孟秋有"行之是令，而凉风至三旬"、仲秋有"行之是令，白露降三旬"、季冬有"行之是令，此谓一终，三旬二日"之语[2]，此乃是天人感应思想中瑞应在月令中的体现，而《礼记·月令》则无。在与月令相关的文献中，最早出现这种思想的是阴阳家前驱的著作《管子》。《管子·四时篇》中载四时五政，若"五政苟时"，则"春雨乃来""夏雨乃至也"，《五行篇》中"庚子金行御"条，有"然则凉风至，白露下"的瑞应[3]。《十二纪》中的瑞应思想当来源于此。《淮南子·时则训》将其简化为两条，季春"行是月令，甘雨至三旬"、孟

1.《经典释文》，第 11 页。《隋书·经籍志》《旧唐书·经籍上》中都著录有刘向《别录》二十卷，宋之后不见，《别录》当于唐末五代中失传，生活于隋唐之际的陆德明应该是见到过《别录》的，其言当不虚。

2. 分见《吕氏春秋新校释》，第 124、315、381、427、623 页。关于"旬"字，高诱的解释为"十日曰旬"，而金其源认为为"公旬之日数"，也就是百姓服役的天数。并认为周用大均，故《礼记·月令》无此文，而秦用休征，故《吕纪》有此文。陈奇猷认为金说是。（《吕氏春秋新校释》，第 137 页）我们认为高诱的解释更为合适，《月令》《吕纪》中并没有涉及民众服役天数的事情，此处的甘雨、凉风、白露等，当是天人感应思想的体现，也就是说，按照月令的精神行事，符合上天的旨意，上天便降下休征，以示对人间君王行政的认可和表彰。如果按照金其源的说法，秦用休征来决定百姓服役的时间，有休征则服役多，而事实上，如果君主按照月令行事，风调雨顺，本应减少服役天数，怎么会增加呢？于道理上是讲不通的。

3.［清］黎翔凤撰，梁运华整理《管子校注》，中华书局，2004 年，第 843、847、876 页。

秋"行是月令，凉风至三旬"[1]。当然，《淮南子·时则训》比之《礼记·月令》和《十二纪》有较大变化，其思想来源可能更为多元[2]，不过，这已经不在我们的讨论范围之内了。

至此，我们就可以大致勾勒出月令的源流简图：

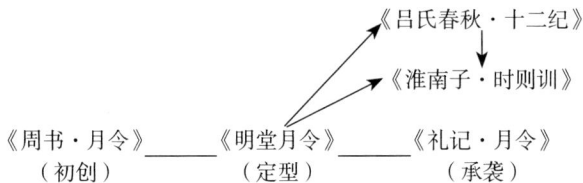

其中，"→"表示参考关系，即《吕氏春秋·十二纪》参考了《明堂月令》，《淮南子·时则训》参考了《明堂月令》和《吕氏春秋·十二纪》，《礼记·月令》与《明堂月令》的关系则是承袭。细心的读者可能已经发现，我们的简图中只有五种月令，而我们在文章开头却提到了六种月令，那么《邹子·月令》是否存在呢？我们现在来考察一下，兼及《明堂月令》的作者。

《汉书·艺文志》中著录了阴阳家的著作21种，可惜都已经亡佚，无缘其真实面目。对于阴阳家的总体认识只能借助于司马谈和班固的概括，司马谈在《论六家之要旨》中先总括其要旨为"尝窃观阴阳之术，大祥而众忌讳，使人拘而多所畏；然其序四时之大顺，不可失也"，然后详论曰："夫阴阳，四时、八位、十二度、二十四节各有教令，顺之者昌，逆之者不死则亡。"[3]班固《汉书·艺文志》中曰："阴阳家者流，盖出于羲和之官，敬顺昊天，历象日月星辰，敬授民时，此其所长也。及拘者为之，则牵于禁忌，泥于小数，舍人事而任鬼神。"[4]班固此语来自于刘向，刘向《七略别录》中有"阴阳家者流，盖出于羲、和之官，敬顺昊天，以

1.《淮南鸿烈集解》，第166、175页。
2. 王梦鸥："淮南王门客所搜集者，其中实又包括有农家月令，占星家月令，阴阳家月令以及兵家月令等等。"（《礼记月令校读后记》，第261页。）杨振红："《淮南子》可能是依据现行法律制度对月令书加以增删而成。"（《月令与秦汉政治再探讨——兼论月令源流》，第27页。）
3.《史记》卷一三〇《太史公自序》，第3965、3967页。
4.《汉书》卷三〇《艺文志》，第1734—1735页。

授民时者也。"[1]

观司马谈、刘向、班固之言，可以看出阴阳家的学说中包括两个部分的内容，一为"序四时之大顺""敬授民时""阴阳四时、八位、十二度、二十四节各有教令"，即根据阴阳时节的变化来安排一年的政事和生活，这是源于农耕社会的经验总结，是其合理的部分，故司马谈说"春生夏长，秋收冬藏，此天道之大经也，弗顺则无以为天下纲纪，故曰'四时之大顺，不可失也'"；另一部分则为"大祥而众忌讳""牵于禁忌，泥于小数，舍人事而任鬼神""顺之者昌，逆之者不死则亡"，这很可能源于占卜，属于天人感应和占星学的理论。再看《月令》的内容，除了五行的框架之外，基本上没有天人感应和占星学的内容。而反观《管子》中的相关篇章，我们就会发现其阴阳家的味道非常之浓厚。

我们以《五行》篇为例。《五行》篇将一年360日平均分成5节，每节72日，分别配以甲子、丙子、戊子、庚子、壬子和木、火、土、金、水，每节有令，遵令而行则祥瑞至，逆令而行则灾祸生，特别是逆令而行时更能显示其阴阳家的特质，现将其内容胪列如下：

睹甲子，木行御。天子不赋，不赐赏，而大斩伐伤，君危。不杀，太子危，家人夫人死，不然则长子死。

睹丙子，火行御。天子敬行急政，旱札苗死，民厉。

睹戊子，土行御。天子修宫室，筑台榭，君危。外筑城郭，臣死。

睹庚子，金行御。天子攻山击石，有兵，作战而败，士死丧执政。

睹壬子，水行御。天子决塞动大水，王后夫人薨。[2]

这很符合司马谈的概括"顺之者昌，逆之者不死则亡"。如果月令为阴阳家所作，则其阴阳家的色彩应该更为明显，可是我们看到，月令并没有"舍人事而事鬼神"，更没有"君危""臣死""家人夫人死""王后夫人薨"等"顺之者昌，逆之者不死则亡"的内容，有的只是违反时令时的阴阳不调，其阴阳家的色彩反而不如阴阳家的前驱《管子》。所以，月令并

1.《七略别录佚文》，第17页。

2.《管子校注》，第879—880页。

不一定是阴阳家的作品，很有可能是吸收了阴阳五行思想的儒生。因为战国中后期，在百家思想融合的趋势下，一部分儒生积极吸收阴阳五行学派的思想，将其五行框架纳入儒家思想体系，而摒弃其"逆之者不死则亡"的思想，使其成为儒家思想发展中的一个阶段，是极有可能的。

容肇祖先生认为《邹子·月令》存在的主要理由是其有更火之文，且与《周书·月令》同，可是郑众所引只言邹子，而未及《月令》；根据上文的推断，《周书·月令》并无更火之文，这就使邹子和《月令》失去了联系。也就是说，邹子可能有更火之文，但不一定有《月令》，就像《管子·幼官篇》中亦有更火之文[1]，而无月令一样。

五、结语

千百年来，关于月令的源流问题，聚讼纷纭，"周公说""吕不韦说""汉儒辑订说""阴阳家说"相继登场，但大都忽视了一点，即月令非成于一时一人之手，虽有学者提出，但未及申论。我们对月令文本反复研读，发现月令的成书具有明显的阶段性特征。于是以《礼记·月令》为文本依据，对月令中五行系统和主体内容的关系进行分析，发现月令中五行系统与主体内容有明显的龃龉之处，显然是后加的。根据学界的研究，五行系统的成熟是在战国后期，由此我们判定，月令文本的最终成形应该是在战国后期。以此为基点，上溯月令的文本源头，根据月令中的天象记录和学界的研究成果，我们推断月令的主体部分成书于春秋前期，很可能就是《周书·月令》；而《周书·月令》的文献源头，是西周时期类似于《夏大正》之类的政令书。下观其流，我们发现，月令文本最终形成后，便以《明堂月令》的身份被收录到《明堂阴阳》中，从此《周书·月令》逐渐消失。《明堂月令》西汉时又被戴圣辑录到《礼记》之中，以《礼记·月令》的面目呈现于世，《明堂月令》随之消失。因而，《周书·月

1.《管子·幼官篇》："中以裸兽之火爨，春以羽兽之火爨，夏以毛兽之火爨，秋以介虫之火爨，冬以鳞兽之火爨。"（《管子校注》，第133—159页。）

令》是初创,《明堂月令》是定型,《礼记·月令》是承袭,这是月令成书的主线;而成书于秦的《吕氏春秋·十二纪》和西汉的《淮南子·时则训》则是参考了《明堂月令》,不在月令成书、发展的主线上;至于《邹子·月令》则并不存在。

本文原载于《中国史研究》2020 年第 4 期

张小稳,东南大学人文学院教授

兴灭继绝：东汉侯爵绍封制度再议

尤　佳

一、问题的提出

在我国古代社会，封爵的承袭模式一般有两种：连续传袭的爵位继承方式（如"嫡子袭爵""推恩分封"等[1]）与间断传袭的爵位继承方式（也被称为"绍封"或"绍封继绝"）。与连续传袭的爵位继承制度相比，绍封袭爵的实例不如前者多，似乎显得不如前者重要，学界对此关注度较为有限，评价也不甚高。如日本学者牧野巽认为，绍封是基于皇帝旨意的例外性、恩惠性的措施，绝非制度上的规定[2]。西嶋定生也赞同牧野氏的看法，他说："（汉代）在制度上只承认儿子的爵位继承，疏远亲属自不必说，孙及兄弟之子也不被认可继承，他们间或也有被许可继承一事，是例外的、恩赏性的，决（绝）不是制度上的当然认许。"[3]两位日本学者都表达了这样一种看法：在汉代的封爵传递中，儿子对爵位的继承是常态化的，其他人等的"绍封"即国除后所发生的封爵继承行为则是例外性的。关于牧野巽与西嶋定生先生对绍封"绝非制度上的规定"的评价，我们认为应还存在堪容商榷的余地。因为两汉时期封爵绍封的实例还是有一定数量，更重要的是王朝在绍封的条件、范围及绍封者待遇等诸方面逐渐形成了一套执行的原则和方法，这在东汉表现得尤为典型。所以，我们认为绍封这种封爵继承制度在汉代，至少说在东汉业已制度化了。

同时，作为与连续传袭的爵位继承方式相并列的另一种袭爵模式，

---

1. 列侯的推恩分封是侯爵继承制度的重要组成部分，其形式具体有两种：分户推恩与另立户邑。详见拙文《东汉列侯推恩分封问题辨正——东汉侯爵继承制度研究之一》，《古代文明》2013 年第2 期，第 65 页。
2. ［日］牧野巽《西汉的封建相续法》，《支那家族研究》，（东京）生活社，1944 年，第 416 页。
3. ［日］西嶋定生著，武尚清译《中国古代帝国的形成与结构——二十等爵制研究》，中华书局，2001 年，第 58 页。

绍封在王朝的政策体系中发挥着十分重要的作用。以涵盖承嗣者的范围为例，它远比前一种模式要广，真正将嫡子、庶子以及其他亲族成员列为了自己的实践对象。鉴于学界目前的研究状况，我们认为很有必要深入探讨这个有较大学术价值但关注度却不高的问题，希望就绍封制度的定义、特点及其历史演变得出一个较为公允、全面的评价和客观、准确的分析，本文主要以东汉侯爵为例[1]，谨据相关史料，略陈管见，疏失之处，祈请方家教正。

二、东汉侯爵绍封的对象

探讨绍封制度，首先需要搞清楚何为绍封。目前学界对它的解释并不一致，代表性的观点主要有以下两种。杨光辉认为，绍封是指以庶子孙或亲族子弟袭爵[2]。程维荣认为，所谓绍封即受封者无嫡子时，可以由庶子或侄子继承[3]。总体上看，关于绍封的这两种看法有一个共同点，即认为绍封者不会是除国侯的嫡子（孙），而是其庶子孙或其他亲族子弟。相较而言，杨光辉对绍封对象的范围界定得更大一些。

此外，学界还存在另一种意见，认为嫡子孙也有绍封资格，绍封并非仅涵盖庶子孙。如韩亚男认为，绍封是一种绝国后子孙或亲族子弟袭爵的现象。此处所言的子孙，韩氏并没有只限定为庶子孙，她认为还可以是嫡子孙[4]。韩亚男的这种看法与程、杨两人存在明显的区别，分歧的焦点在于嫡子孙是否能绍封袭爵。关于庶出候选人的范围界定，韩亚男与杨光辉几乎完全一致，皆认为是庶子孙或亲族子弟。那么，上述见解是否准确允当呢？"绍封"的含义到底是怎样的呢？笔者认为很有必要对这一概念进

1.《后汉书》无表，虽然自宋代开始，陆续有学者为其做补表，但都不同程度存在着讹误遗漏，这无疑为我们的研究增加了不少障碍，学界对东汉封爵、职官等一些问题的研究也明显逊于西汉。有鉴于此，本文的讨论主要以东汉侯爵为例，希望能抛砖引玉，有助于学界加深对于这一研究薄弱环节的认识。

2. 杨光辉《汉唐封爵制度》，学苑出版社，2004年，第143页。

3. 程维荣《中国继承制度史》，东方出版中心，2006年，第148页。

4. 韩亚男《东汉列侯的等级、绍封与传袭特征探讨》，吉林大学古籍研究所硕士学位论文，2008年，第18页。

行辨析剖明。

对以上观点，我们首先想阐明的是，尽管在实践中侯爵的绍封往往表现为对某人授以侯爵，似乎属于列侯分封的一种形式。但如果我们从绍封前后相继的整个过程去考察，就发现它应当属于爵位的继承制度，只不过它有别于为人熟知的连续传袭的爵位继承制度。

封爵绍封得以发生是因为存在"国除"，或称之为"绝封""绝国"等。经过一段绝国期后，少部分除国侯的后人有机会蒙朝廷特恩，复袭侯爵，侍奉先侯之祀，绍封中"褒显先勋、纪其子孙"[1]的继绝、褒扬意味十分浓厚。

关于绍封的定义，既然学界分歧的焦点在于嫡子孙是否能绍封继绝，那我们首先就来分析嫡子孙有否成为绍封者的可能性。我们知道，绍封得以发生是因为存在"国除"，或称之为"绝封""绝国"等。经过一段绝国期后，少部分失爵者的后人有机会蒙朝廷特恩，复袭封爵。而绝封的原因一般有两种：一是所谓"无子"，实际指的是封君没有嫡子；二是有罪除国，至于罪错的原因会是多种多样。以列侯为例，对于第一种情形，除国侯既然没有嫡子，那么绍封对象只能是其庶子孙或亲族成员。若是第二种情况——列侯坐罪失国，其嫡子孙则完全有可能存在，常见的情形是嫡庶皆有，嫡子甚或不止一位。朝廷予以绍封时，会在除国侯的子嗣中选择适合的袭爵者，继承的优先级应当与连续传袭下的侯爵承袭制度一样，嫡子尤其是嫡长子享有最高的优先级。在此情形下，绍封侯完全有可能是嫡子。如果仅以"无子国除"情形下的绍封事例去解释整个绍封制度，忽视"坐罪除国"的绍封情况，结论恐怕会失于周全。为便于对绍封的概念进行界定，兹将东汉所有列侯绍封的事例列表如下，以清眉目：

1.［南朝宋］范晔《后汉书》，中华书局，1965 年，第 917 页。

表 1 东汉侯爵绍封统计表

绍封时间	绍封侯	爵称	除国侯	爵称	始封侯	爵称	《后汉书》描述绍封侯身份的类型[1]	A: 绍封侯与除国侯关系	B: 绍封侯与始封侯关系	除国原因	列侯属类
明帝 永平十四年（71年）	窦嘉	安丰侯	窦穆	安丰侯	窦融	安丰侯	A	子	孙	坐事死狱中	功臣侯
建初元年（76年）	贾邯	胶东侯	贾敏	胶东侯	贾复	胶东侯	B	叔伯	子	坐诬告母杀人	功臣侯
章帝 建初二年（77年）	耿肵	高亭侯	耿阜	莒乡侯	耿纯	东光侯	A	子	孙	坐同族耿歆与颜忠辞语相连	功臣侯
建初二年	耿腾	高亭侯	耿肝	高亭侯	耿纯	东光侯	B	不详	后裔	不详	外戚恩泽侯
建初二年	曹湛	容城侯[2]	不详	不详	曹参	平阳侯	A	子	孙	追坐楚王英事	外戚恩泽侯
建初二年	萧熊	鄏侯	不详	不详	萧何	鄏侯	B	不详	后裔	不详	外戚恩泽侯
建初七年（82年）	郭勤	伊亭侯	郭高	新郪侯	郭竟	新郪侯	A	弟	孙	无子	功臣侯
不详											

1.《后汉书》在描述绍封侯身份时，时而以除国侯为参照，时而又以始封侯为参照，故本表对不同的身份描述角度进行了区分。如《后汉书》从绍封侯与除国侯之间的关系描述身份的（合计有 15 人，本表以 "A" 表示；若由绍封侯与始封侯的描述角度去描述的（总计有 12 人），则用 "B" 标明；但对于少部分绍封侯侯之间的关系描述身份的（共计有 5 人），其绍封邑之始封者与除国者为同一人，亦可视为以始封侯为参照，故以 "AB" 来标识。

2.《后汉书》卷二十六《韦彪传》（中华书局，1965 年，第 917 页）然《后汉书》卷四《和帝纪》所载永元三年（91 年）诏却书作 "客城侯"（中华书局，1965 年，第 172 页）钱大昭考证曰："平阳侯"，子冯备袭封。则建初二年不得有两平阳侯。……（曹湛）则为绍邑无疑。"详焉[清]熊方等撰，刘祜仁点校《后汉书三国志补表三十种》，中华书局，1984 年，第 342 页。钱说甚是，今从之。

绍封时间		绍封侯	爵称	除国侯	爵称	始封侯	爵称	《后汉书》描述绍封侯身份的类型[1]	A: 绍封侯与除国侯关系	B: 绍封侯与始封侯关系	除国原因	列侯属类
和帝	永元七年（95年）	冯劲	平阳侯	冯备	平阳侯	冯备	平阳侯	AB	兄	兄	无子	外戚恩泽侯
	不详	冯珧	杨邑乡侯	冯定	杨邑乡侯	冯鲂	杨邑乡侯	A	弟	孙	无子	功臣侯
	永初二年（108年）	冯晨	平乡侯	冯普	平乡侯	冯异	阳夏侯	AB	子	子	坐罪	王子侯
	永初六年（112年）	邓康	夷安侯	邓良	夷安侯	邓珍	夷安侯	A	子	曾孙	有罪	功臣侯
	永初六年	朱冲	鬲侯	朱演	鬲侯	朱祐	鬲侯	A	弟	子	无子	功臣侯
安帝	永初七年（113年）	杜奉	安乐亭侯	杜元	参遂乡侯	杜茂	参遂乡侯	A	子	曾孙	坐从兄伯为外孙阴皇后巫蛊事	功臣侯
	永初七年	马震	漻亭侯	马檀	杨虚侯	马武	杨虚侯	B	子侄辈	孙	坐与楚王英党王平、颜忠不道[2]	功臣侯

2.《后汉书》卷二二《杜茂传》云："永平十四年，（杜元）坐与东平王等谋反，减死一等，国除。"（中华书局，1965年，第77页）钱大昭认为此记载有误，杜元应当是"坐与楚王英党王平、颜忠不道，减死，国除"。参阅《后汉书·明章和安顺冲功臣侯》卷三《光武中兴功臣表》、《后汉书补表》、《后汉书三国志补表三十种》，第297页。

绍封时间	绍封侯	爵称	除国侯	爵称	始封侯	爵称	《后汉书》描述绍封侯身份的类型[1]	A：绍封侯与除国侯关系	B：绍封侯与始封侯关系	除国原因	列侯属类
永初七年	万丰	曲平亭侯	万篡	扶柳侯	万修	槐里侯	B	子侄辈	孙	坐兄伯济与楚王英党颜忠不道	功臣侯
永初七年	盖陕	芦亭侯	盖侧	安平侯	盖延	安平侯	B	子侄辈	曾孙	无子	功臣侯
永初七年	傅铁	高置亭侯	傅昌	关内侯	傅俊	昆阳侯	B	子侄辈	曾孙	坐与剪王平谋反	功臣侯
永初七年	景遽	监亭侯	景临	余吾侯	景丹	栎阳侯	A	子	孙	以国贫不愿就封贬为关内侯	功臣侯
永初七年	邓音	平亭侯	不详	乐陵侯	邓彤	灵寿侯	A	叔	孙	无子	功臣侯
永初七年	臧由	朗陵侯	臧松	朗陵侯	臧宫	朗陵侯	A B	子	子	被诬逼自杀	外戚恩泽侯
元初元年（114年）	马朗	合乡侯	马光	许乡侯	马光	许侯	B	兄弟	孙	无子	功臣侯
元初三年（116年）	马度	颍阳侯	马遵	程乡侯	马廖	顺阳侯	B	子侄辈	孙	无子	外戚恩泽侯
永宁元年（120年）	樊盼	燕侯	樊建	燕侯	樊宏	寿张侯	A	弟	玄孙	无子	外戚恩泽侯
永宁元年	阴淑	原鹿侯	阴黄	原鹿侯	阴识	原鹿侯	A	弟	孙	与母别居	功臣侯
永宁元年	刘褒	朝阳侯	刘护	朝阳侯	刘匡	宜春侯	A	弟	孙	为奴所杀，无子	外戚恩泽侯

（安帝）

	绍封时间	绍封侯	爵称	除国侯	爵称	始封侯	爵称	《后汉书》述绍封侯身份的类型[1]	A: 绍封侯与除国侯关系	B: 绍封侯与始封侯关系	除国原因	列侯属类
安帝	延光中	刘嵩	西平侯	刘崇	西平侯	刘昱	西平侯	A	从兄	曾孙	无子	王子侯
顺帝	阳嘉三年（134年）	耿箕	牟平侯	耿宝	牟平侯	耿舒	牟平侯	A	子	曾孙	阿附嬖幸，共为不道，自系	功臣侯
	延熹二年（159年）	马昌	益阳亭侯	马丑	棘陵侯	马成	全椒侯	B	祖父辈	玄孙	坐罪	功臣侯
桓帝	延熹二年	万恭	门德亭侯	万炽	曲平亭侯	万修	槐里侯	B	兄弟	玄孙	无子	功臣侯
	延熹二年	邓万世	南乡侯	邓遵	舞阳侯	邓遵	舞阳侯	A B	子	子	被逼自杀	外戚恩泽侯
	延熹二年	郑石魋	关内侯	郑安	鄘乡侯	郑众	鄘乡侯	B	子侄辈	曾孙	不详	宦者侯
献帝	建安中	王黑	安乐亭侯	王允	温侯	王允	温侯	A B	孙	孙	被杀	功臣侯

资料来源：《后汉书》、《后汉纪》、《三国志》、熊方《补后汉书年表》、钱大昭《后汉书补表》、万斯同《东汉诸王世表》、《东汉外戚侯表》、《东汉宫者侯表》、《东汉云台功臣表》与黄大华《东汉中兴功臣侯世系表》。

据表 1 对东汉列侯绍封情况的统计，在全部 32 个实例中，除去 3 例情况不详外[1]，因无子绝封的计有 12 例，因各种罪错而遭免爵或杀害的有 17 例。可见，列侯因无嫡嗣而绝封的情况在绍封中并不占多数，更多的是因坐罪除国。所以，多数绝国侯一般会有嫡子，若蒙绍封时，这些故侯的嫡嗣自然会先于庶出或血缘关系更为疏远的亲族成员去承嗣原爵，所以绍封侯中应当有嫡子的存在。史籍也为我们的这一论断提供了证据，据《后汉书·宗室四王三侯列传·城阳恭王祉传》：

（刘）祉以故侯嫡子，行淳厚，宗室皆敬之。及光武起兵，祉兄弟相率从军。……更始立，以祉为太常将军，绍封舂陵侯。[2]

观上可知，刘祉是以先侯嫡子的身份绍封舂陵侯的。尽管这则史料反映的是两汉之交的封爵传袭情况，但此时距东汉甚近，制度上的因袭与可参照性仍非常大。所以，以刘祉的例子大略说明东汉，尤其是东汉初年的情形，应无大的问题。

另外，学界关于绍封者范围的界定还存在可商榷之处。在绍封者的选择范围上，杨光辉将程维荣的"庶子或侄子"扩大为"庶子孙或亲族子弟"，韩亚男又在杨光辉的基础上补入了嫡子孙，但我们认为，这样的界定仍不够准确，还有一些具有绍封资格的人群被遗漏了。

以上三位学者在界定绍封侯可能的人选时，皆以除国侯为参照对象去探讨与其有何种血缘关系的人拥有绍封资格。表 1 即详细罗列了绍封侯与除国侯的关系、绍封侯与始封侯的关系。之所以要补列后面一项，是因为史籍在描述绍封侯身份时，时而以除国侯为参照，时而又以始封侯为参照，选择不同的参照物会使绍封侯具有了不同的身份表述，这种多重的身份界定有助于我们更清楚地探寻王朝对绍封继承人的选择倾向。

通过对《后汉书》中相关绍封史实的分析和统计，范晔只从绍封侯与除国侯之间关系书写绍封侯的实例有 15 个，仅由绍封侯与始封侯角度去描述的有 12 例。在属于前者的 15 位绍封侯中，确定为除国侯之子的有

---

1. 除国原因不明的 3 个绍封实例中，其绍封侯分别为：容城侯曹湛、鄜侯萧熊、关内侯郑石雠。
2.《后汉书》，第 561—562 页。

7人，兄弟有6人、从兄弟1人、叔1人。我们需要特别注意的是，绍封者并非只有除国侯的晚辈（如子）或平辈（如兄弟或从兄弟），还存在其长辈（如叔），这是一个非常有趣且鲜有关注的问题。一般来说，先侯爵位通常是由其晚辈或平辈来继承，能由长辈承嗣者较少，所以学界目前对绍封的定义中，多称绍封继爵者为先侯的子孙或亲族子弟，这种认识恐有欠准确周全。我们细究东汉列侯绍封的实例会发现，绍封者为除国侯长辈的情形并非个案。如胶东侯贾敏坐诬告其母杀人除国，爵位后由其叔父贾邯绍封[1]；棘侯马丑坐罪失国，后来竟由其祖父辈的长亲马昌绍封为益阳亭侯[2]。这种以先侯长辈绍封继统的情况在我们研究封爵继承制度时，具有重要的学术价值，值得我们在今后的研究中给予应有的重视。

《后汉书》仅由绍封侯与始封侯之间关系来论绍封侯的例子共计12个，其中绍封者为始封者之子的有1人、孙有4人、曾孙有3人、玄孙有2人、后裔有2人。如果我们以整体的眼光去考察这些绍封侯，将以上12位绍封侯亦以除国侯为参照来分析其亲缘关系便会发现，在东汉32个绍封实例中亲缘关系明了的有30例。绍封侯明确为除国侯之子的有10人，子侄即可能为除国侯之子或是其侄的有6人、弟（含从兄弟）10人、孙1人、叔伯辈长亲2人、祖父辈长亲1人。需要说明的是，关于容城侯曹湛与鄼侯萧熊二人与距他们世代最近的除国侯的关系，囿于史料，目前我们还尚不清楚，所以本书暂未将这二人列入上述统计中。综上，在亲缘关系明了的30位绍封侯中，属除国侯子侄辈的有16人，占到了总数的53%以上；兄弟辈的有10人，占到了总数的三分之一。此外，还有以孙、以叔伯和祖父绍封继统的，尽管他们的数量较少，但如前两类人群一样，他们也完全拥有绍封袭爵的资格。他们的存在大大拓宽了我们的研究视野，使我了解到绍封者不仅可以是绝封者的子侄兄弟等，亦可以是其长辈。

通过以上考证和分析，笔者以为很有必要对“绍封”的概念重新进行界定。它应当是除国绝封后由失爵者的子孙或亲族成员在皇帝许可的情

1.《后汉书》，第667页。
2.《后汉书》，第780页。

况下继承原爵主爵位的一种继承方式，其中绝封者的子孙即有嫡子孙，也有庶子孙，亲族成员的范围也相当广泛，包含绝封者的侄子、兄弟、从兄弟以及叔伯、祖父等。

三、东汉侯爵绍封的特点

（一）降等绍封

东汉侯爵绍封中有一个突出特点——降等绍封，即绍封侯与除国侯（或与始封侯）相比，存在着爵级的下降[1]或各项待遇的降低（如侯邑租入的减少、封域的缩小等），而且它在王朝封爵绍封承袭的实践运作中已开始逐步地制度化。

首先，我们来观察绍封侯与除国侯相比，爵级上的变化。同时，我们也将结合绍封侯封域的盈缩变化来综合分析东汉列侯绍封降等的问题。

通过表1，我们能发现东汉的32位绍封侯中，爵级与先侯爵级持平的有17人（15人还继承了除国侯原来的爵称），爵级发生下降的有14人，还有1人的爵级获得了提升[2]。表面上看，绍封的32人中，爵级未发生下降的共有18人，这似乎与我们以上所讨论的降等绍封问题有所抵牾，但若我们具体加以分析，会发现二者间其实并不存在矛盾。如安丰侯窦融

---

1. 与绍封制度不同，在东汉列侯的推恩分封中，推恩侯的爵级多数与始封侯平级，少数会有所下降。参见拙文《东汉列侯推恩分封问题辨正——东汉侯爵继承制度研究之一》，第67页。
2. 获得爵级晋升的绍封侯为安帝时的颍阳侯马度，在此，我们未将高置亭侯傅铁计算在内。《后汉书》卷二二《傅俊传》载，安帝永初七年（113年），邓太后绍封关内侯傅昌之子傅铁为高置亭侯。表面上看，傅铁的爵级获得了提升，但若从傅昌爵位变化的全过程及其变化原因进行分析，我们不宜将傅铁绍封为亭侯视之位封爵的晋升。东汉，傅氏家族的始封侯为昆阳侯傅俊，建武七年（31年），傅俊卒，其子傅昌嗣爵，并被徙封为芜湖侯。"建初中，遭母忧，因上书，以国贫不愿之封，乞钱五十万，为关内侯。肃宗怒，贬为关内侯，竟不赐钱。"（第782页）由上可知，傅昌本为县侯——芜湖侯，后被贬为关内侯。其爵级变化的原因在于傅昌嫌芜湖"国贫"而宁愿降爵也不愿就封，因此触怒章帝，遭到了贬爵的处罚。傅昌爵级的黜降其实带有较大的偶然性，其袭爵后虽被徙封，但朝廷仍授之以县侯爵级，其后如若没有"上书不就封"的变故，傅昌的爵级很可能会一直保持下去。我们在比较傅昌与其子傅铁的爵级升降时，应更多地从朝廷徙封傅昌与绍封傅铁时的爵级与政治初衷上去考量，不宜以非制度化的偶然性因素去分析。所以，我们将傅铁的绍封归于爵级下降的类别似更为妥帖。

因功高而食安丰、阳泉、蓼安、安风四县，后其子窦穆嗣爵，坐事死于狱中，永平十四年（71年），明帝绍封窦穆子窦嘉为安丰侯，食邑二千户[1]。虽然窦嘉与父、祖的爵称一样，但若结合食邑户数、封域大小等因素就会发现，窦嘉的实际等级及经济收益已大幅降低了。窦融食有四县，不排除还有尽食县邑全部民户的可能，其食邑户当以万计，而绍封后的安丰侯仅食二千户。前文已讨论过，食邑户数基本可用来表征封邑的大小。窦嘉绍封后食封户数的急剧减少表明，此时侯国的封域已大大缩小，其经济收益必定也大幅萎缩，其保有的县侯爵称相较于父、祖，无疑已经打了大大的折扣。类似的例子还有胶东侯贾邯[2]。

关于东汉列侯的食邑方式，学界主流的看法是，侯邑是以户数为限，即列侯受封于某县、乡或亭，往往会有一个确定的食封数，不尽食侯邑内全部封户。限于《后汉书》等史籍未尽载东汉列侯的食封情况，我们还无法确知每位列侯的食邑户数及其增减情况。但我们推测，在东汉的绍封侯中，类似于安丰侯、胶东侯这样情况的列侯绝不会是少数，其实际等级与身份地位的下降应当是较为普遍的情形。

相较于除国侯，东汉爵级发生下降的14位绍封侯中，有11人的爵级是亭侯，而除国侯的爵级则多为县侯，也有乡侯的情形[3]，可见绍封前后爵级发生下降的程度相当剧烈。当时，甚至还存在由乡侯直降为关内侯的实例[4]，绍封者直接跌出了列侯的范围，降等袭爵的意味更为明显。

东汉的绍封侯中有一个特例——颍阳侯马度，其在绍封中竟然颇为

1.《后汉书》，第808—809页。

2. 贾邯之父贾复于建武十三年（37年）定封胶东侯，食六县：郁秩、壮武、下密、即墨、挺、观阳。贾忠、贾敏袭封时均未削邑，后贾敏因诬告其母杀人而除国，章帝时贾敏之叔父贾邯绍封为胶东侯，仅食胶东一县。绍封前后胶东侯国名称依旧，但封域已由六县剧减至一县。详见《后汉书》，第667页。

3. 关于东汉乡、亭侯爵设立的时间，学界的看法比较笼统，未能给出明确的设置时间。绝大多数学者主张"东汉说"，个别学者采用了顾炎武、俞正燮的"建武时期说"。据笔者的研究，乡侯之封在建武元年（25年）已经出现，亭侯之制至迟在建武十年（34年）也已存在。很可能在建武元年，汉廷设立乡侯爵的同时，亦设立了亭侯爵。详见拙文《东汉乡、亭侯爵设立时间新考》，《秦汉研究》第七辑，陕西人民出版社，2013年，第108—114页。

4. 如鄝乡侯郑众以诛窦宪功获封，食邑一千五百户，后养子郑闳嗣爵，闳卒，子郑安嗣。郑安薨，国绝，绍封的具体原因不详。桓帝时，郑众曾孙郑石雠绍封为关内侯。事具《后汉书》，第2513页。

少见地获得了爵级的提升，我们有必要就此稍作阐析。《后汉书·马廖传》："（马遵）徙封程乡侯。遵卒，无子，国除。元初三年，邓太后诏封廖孙度为颍阳侯。"[1] 除国侯马遵爵为程乡侯，据钱大昭考证，程乡可能是丹阳郡丹阳县之乡[2]。后来，马度绍封为颍阳侯，颍阳县属颍川郡，颍川为当时人口稠密、经济发达、地理位置优越的大郡。相较于程乡侯马遵，颍阳侯马度在爵级、封邑位置、封域大小等方面获得了全方位的提升，这与我们所分析的绍封的降等性似乎存在很大的矛盾。在这里，我们需要特别注意的是，马度的绍封案例有其特殊的背景与原因。马度的祖父马廖、从祖父马防、马光皆为帝舅，而且马廖在当时还享有极高的声誉，本传称其"性质诚畏慎，不爱权势声名，尽心纳忠，不屑毁誉……每有赏赐，辄辞让不敢当，京师以是称之"。然马廖性格宽缓，不能教勒约束子孙、兄弟。其子马豫"投书怨诽，又（马）防、（马）光奢侈，好树党与"，这些直接导致了建初八年（83）马廖、马防、马光三兄弟受到了"遣就国"的处罚。永元四年（92），马廖亡故后，其子马遵袭其爵，并被徙封为程乡侯[3]。可以说，顺阳侯马廖与程乡侯马遵个人并无罪错，且马廖威望甚隆，邓太后绍封马廖孙马度为颍阳侯之举带有强烈的政治补偿与褒奖恩幸的意味[4]，并不完全是制度本身的体现，我们不宜以这样附带强烈政治韵味的特例去否定东汉侯爵绍封制度的典型特点。

其次，列侯封域的盈缩变化与爵级的高低升降也有密切的关系，由县侯降至乡侯乃至亭侯，其封户数往往要下降，侯邑通常也会缩小。《后汉书·王允传》：

（初平）二年，（董）卓还长安，录入关之功，封（王）允为温侯，食邑五千户。固让不受。士孙瑞说允曰："夫执谦守约，存乎其时。公与董太师并位俱封，而独崇高节，岂和光之道邪？"允纳其言，乃受二千

1.《后汉书》，中华书局，1965 年，第 855 页。

2.《后汉书补表》卷五《外戚恩泽侯》，《后汉书三国志补表三十种》第 342 页。

3.《后汉书》，第 854—855 页。

4. 马廖薨后，朝廷对其优宠慰恤之意亦颇为明显。本传载，和帝以马廖为先帝之舅，遂厚加赗赙，以诸侯王主丧事，并遣使者吊祭。详见《后汉书》，第 855 页。

户。……后迁都于许，帝思允忠节，使改殡葬之，遣虎贲中郎将奉策吊祭，赐东园秘器，赠以本官印绶，送还本郡。封其孙黑为安乐亭侯，食邑三百户。[1]

王黑绍封前后，爵级由王允始封时的县侯降至亭侯，随之而来的便是户数的大量削减，由 2000 户降至 300 户，相信王黑之封域应当也缩小了很多。所以，爵级的降低通常意味着封域的缩小、食邑户的减少，从而会进一步带来列侯经济收益与等级地位的下降[2]。

其次，我们再来看绍封侯租税收入降低的问题。反映东汉绍封侯经济待遇下降最典型的例子莫过于安帝时邓康绍封为夷安侯。《后汉书·邓禹传》曰：

夷安侯珍子康，少有操行。兄良袭封，无后。永初六年，绍封康为夷安侯。时诸绍封者皆食故国半租，康以皇太后戚属，独三分食二。[3]

文中明确讲到绍封侯循例只食故国半租，在田税收入这一项上，绍封侯就比先侯降低了一大截。目前我们尚不清楚绍封侯"食租减半"之制始于何时，但用其解释东汉一段时期内的绍封事例应当没什么大的问题。钱大昭云："建武之初，邓、贾、吴、窦兼食数县。降及后世，绍封者食故国半租，有功者食乡亭，得县益寡。"[4]可见，钱氏并不认为绍封"国租

1.《后汉书》，第 2175—2178 页。

2. 列侯的食邑户数与封域大小关系甚密，二者大概呈一种正比例关系，封户多，食邑面积应当也较大。宇都宫清吉说："当时反映侯国大小，仍是以户数多少来表示，已是明确的事实。……所以，以户数多少直接显示侯领大小及收入多少，乃是最普遍的方法。"（参见［日］宇都宫清吉《刘秀与南阳》，刘俊文主编《日本学者研究中国史论著选译·上古秦汉》，中华书局，1993 年，第 626 页。）尽管每名封户所耕种的田地面积不尽相同，但以封户数量大体表征侯国之幅员大小应当是没有问题。第一章中我们曾以侯国领亭的数目来衡量侯国之大小，现在以食邑户数来表征亦是同样道理。而且，列侯食邑的大小也可以体现列侯等级的高低，这其中很重要的一个原因就是封域面积的大小对列侯的收入可以产生非常重大的影响。其中的道理是比较容易理解的，田租是列侯食邑收入中重要的一块，如果食邑面积较大，则封户拥有的垦田面积应该也较大，粮食的总产量就会比较高，列侯的田租收入自然也会提高。如阎显初袭父爵为北宜春侯，邑五千户，延光元年（122 年）又徙封为长社侯，邑一万三千五百户。阎显的徙封发生在安帝亲政以后，作为安帝皇后之兄，这次徙封明显带有优宠之意。尽管从爵级上说，北宜春侯与长社侯同为县侯，但二者的食邑数差别很大，后者的封户比前者增加了一倍还要多，封域的面积应当也比前者大了不少，田租收入自然也获得了大幅度的增长，这些均能够反映出阎显地位的提升。

3.《后汉书》，中华书局，1965 年，第 606 页。

4.《后汉书补表·自序》，《后汉书三国志补表三十种》，第 253 页。

170 南雍史学丛稿：东南大学历史学系复建五周年志庆论文集

减半"之制是东汉开国便实行的制度，而是后世才有。结合邓后援引此制时已处于东汉中期，所以，我们大略推测，这项制度至迟在东汉前期的后半段应该就已存在。

另外，绍封侯经济待遇的下降还表现在其他方面，如朝廷赐赙。所谓"赙"，即亲故以财物送丧家，有以钱者，有以缣帛者[1]。汉代诸侯王、列侯等亡故，朝廷一般会依爵位或官秩高低等行赙赠恤问之礼。《后汉书·光武十王列传·中山简王焉传》：

> 中山简王焉，建武十五年封左冯翊公，十七年进爵为王。焉以郭太后少子故，独留京师。三十年，徙封中山王。立五十二年，永元二年薨。自中兴至和帝时，皇子始封薨者，皆赙钱三千万，布三万匹；嗣王薨，赙钱千万，布万匹。是时窦太后临朝，窦宪兄弟擅权，太后及宪等，东海出也，故睦于焉而重于礼，加赙钱一亿。[2]

又，《后汉书·章帝八王传·济北惠王寿传》：

> （济北惠王）寿以永元二年封，分太山郡为国。和帝遵肃宗故事，兄弟皆留京师，恩宠笃密。有司请遣诸王归藩，不忍许之，及帝崩，乃就国。寿立三十一年薨。自永初已后，戎狄叛乱，国用不足，始封王薨，减赙钱为千万，布万匹；嗣王薨，五百万，布五千匹。时唯寿最尊亲，特赙钱三千万，布三万匹。[3]

观上可知，始封王与嗣王的丧葬待遇明显有差，即使朝廷财政困窘，整体的慰恤力度有所降低，但二者的赙赠待遇还是判然有别。对于没有封爵的政府官员，朝廷的赐赙也有明确的规定。《后汉书·羊续传》云："旧典，二千石卒，官赙百万。"[4]所以我们有理由相信，在赐赙的待遇上，始封侯与承嗣侯间应当也存在着差别。如寿张侯樊宏薨后，光武帝赐赙钱千万、布万匹[5]。樊宏所获的赐赙待遇与和帝及之前嗣王所享受的一样，相

1.杨树达《汉代婚丧礼俗考》，上海古籍出版社，2009年，第158页。
2.《后汉书》，第1450页。
3.《后汉书》，第1806页。
4.《后汉书》，第1111页。
5.《后汉书》，第1121页。

信这应该是依照当时对始封侯的相关规定执行的。但对于樊宏的待遇有可能较一般县侯为高，因为樊宏身为外戚，又兼功烈，出于光武帝的优崇，朝廷可能会一定程度提高对樊宏的赐赙级别。

反观西汉，封爵传递中虽也存在袭爵者待遇下降的情形，不过制度的规定乎不如东汉细密周整。《汉书·宣帝纪》载宣帝地节二年（前68）诏书曰：

> 大司马大将军博陆侯宿卫孝武皇帝三十余年，辅孝昭皇帝十有余年，遭大难，躬秉义，率三公、诸侯、九卿、大夫定万世策，以安宗庙。天下蒸庶，咸以康宁，功德茂盛，朕甚嘉之。复其后世，畴其爵邑，世世毋有所与。功如萧相国。

关于"畴其爵邑"，张晏注曰："律，非始封，十减二。畴者，等也，言不复减也。"[1] 可见，西汉对于侯爵的继承也有嗣封减等的规定，只不过降等的程度不似东汉那般剧烈，嗣爵侯较始封侯只削减了五分之一的利益所得，只有个别"功德茂盛"的元勋大臣蒙特恩才可使继承者完整地承袭自己的爵邑。所以，有学者说："封爵的传递和推恩虽是等级权益的世袭，这种权益却并非一成不变，而是随世系的推移而逐渐减少。"[2] 封爵的传袭自然也包括了绍封继绝这种间断传袭的类型，绍封侯与始封侯的待遇存在明显差别，这种差别不仅体现在租入、赐赙上，还体现在日常赏赐、列侯俸禄等诸多方面。相较而言，东汉的规定较西汉更为细密周详，降等的力度也更为明显。其中的原因应该是多方面的，值得我们做进一步深入的分析，但前后汉不同时期，中央与列侯或说皇权与贵族士大夫集团的力量对比与消长当为其中一个重要原因。

（二）选择性绍封

东汉侯爵的绍封还有一个显著特点：王朝绍封列侯带有明显的选择

1.［东汉］班固《汉书》，中华书局，1962年，第247页。
2.杨光辉《汉唐封爵制度》，学苑出版社，2004年，第153页。

性。这种选择性主要体现于以下两个方面：绍封的覆盖面很有限与绍封的对象主要是功臣侯和外戚恩泽侯。

首先，我们看第一个方面，柳春藩认为，东汉分封的各类列侯共计877人[1]，其中因坐罪或无嫡子而遭免爵除国的列侯很多，但能够获得绍封机会的却比较少。据笔者的统计，东汉一朝获绍封继绝的列侯仅32位，更多的除国侯是没有机会延续国祚的。其例甚多，如《后汉书·王常传》载：

（建武）十二年，（王常）薨于屯所，谥曰节侯。子广嗣，三十年，徙封石城侯。永平十四年，坐与楚事相连，国除。[2]

王广因罪而绝封，此外还有无嫡除国的事例。夜侯欧阳歙薨，子欧阳复袭爵，复薨，无子而除国[3]。在石城侯国与夜侯国废除后，王广与欧阳复的亲族成员一直都未获得绍封继绝的机会。

其次，王朝有限的绍封对象多集中于功臣侯与外戚侯集团。据表1的统计，在东汉32位绍封侯中，功臣侯有20位，外戚侯有9位，二者合计29人，占到了总数的九成以上。再通过绍封侯与除国侯的爵级对比，我们能发现，20位功臣侯中有10位在绍封前后爵级未发生变化；9位外戚侯中有6人是这样，保有原爵级的比率最高，而且，外戚侯中有一人在绍封中还被提升了爵级。所以，绍封的外戚侯中，爵级保持不下降的比率竟高达78%，这也从一个侧面体现出朝廷对外戚集团的重视与优宠以及皇权在爵位传袭过程中的重要作用，突显出"获得爵位的荣耀应当更多地来自当今皇帝，而不是归功于他们的父祖"[4]。

那么，朝廷在绍封中为何如此优遇功臣与外戚呢？官方的宣称多将绍封的动因归之于酬劳答勋与章功显德等。《后汉书·和帝纪》载和帝永元三年（91）诏书曰：

---

1. 柳春藩《秦汉封国食邑赐爵制》，辽宁人民出版社，1984年，第176页。柳氏所据主要是钱大昭的《后汉书补表》，但钱氏的统计存在一些疏漏和讹误，东汉一朝所分封的列侯不止877人，据笔者的统计，总人数至少在890人以上。
2.《后汉书》，第581—582页。
3.《后汉书》，第2556页。
4. 叶炜《唐代异姓爵的袭封问题》，《国学研究》第27卷，北京大学出版社，2011年，第182页。

高祖功臣，萧、曹为首，有传世不绝之义。曹相国后容城侯无嗣。朕望长陵东门，见二臣之垅，循其远节，每有感焉！忠义获宠，古今所同。可遣使者以中牢祠，大鸿胪求近亲宜为嗣者，须景风绍封，以章厥功。[1]

又，《后汉书·冯异传》载安帝永初六年（112）诏书曰：

夫仁不遗亲，义不忘劳，兴灭继绝，善善及子孙，古之典也。昔我光武受命中兴，恢弘圣绪，横被四表，昭假上下，光耀万世，祉祚流衍，垂于罔极。予末小子，夙夜永思，追惟勋烈，披图案籍，建武元功二十八将，佐命虎臣，谶记有征。盖萧、曹绍封，传继于今；况此未远，而或至乏祀，朕甚愍之。其条二十八将无嗣绝世，若犯罪夺国，其子孙应当统后者，分别署状上。将及景风，章叙旧德，显兹遗功焉。[2]

那么朝廷行绍封的真实原因是所谓的"章德""显功"吗？史籍中，我们能看到不少功臣诸将除国后未获绍封的实例，王朝实行选择性的绍封继绝似乎不仅仅是想章显列侯功烈这么简单。我们认为，其中的主要原因当与朝廷希望获得外戚、功臣等势力集团的支持以巩固其统治基础有关。

东汉的功臣、外戚多为豪门大族，拥有雄厚的经济实力与政治影响力。虽然列侯中发生绝封的情况比较普遍，但朝廷往往以绍封制度为笼络的手段有选择性地向拥有强大实力的功臣与外戚集团倾斜，扶持他们的后嗣以继绝奉祀。这样一方面增强了功臣侯与外戚侯封爵的稳定性，延长他们的传国时间；另一方面也有利于皇室源源不断地获取他们的支持与拥戴，增强统治集团内部的凝聚力，从而达到稳固王朝封建统治的目的。

我们还能看到，相较于对功臣侯的绍封，朝廷对于外戚恩泽侯的爵位传延似乎给予了更多的利益保障与特别照顾。在绍封的绝对数量上，外戚侯虽不如功臣侯多，但考虑到东汉分封功臣侯明显多于外戚侯这一事实，外戚侯的绍封比例还是相当客观的。如前文所述，外戚侯绍封后其爵级保持不下降的比例竟接近八成，这明显高于功臣侯，体现出王朝对于外

1.《后汉书》，第 172 页。
2.《后汉书》，第 652 页。

戚侯的特权待遇与利益满足相当地重视。当然，这个特点也符合前面我们所阐述的原因，即最高统治者欲笼络外戚集团以长久地获取其支持。

其次，统治者对于功臣侯的绍封似乎还有一重原因，即通过较大数量地绍封功臣侯以淡化绍封外戚侯的色彩，便于朝廷更自然、更方便地绍封外戚。换句话说，王朝对功臣侯的绍封带有一种平衡各方政治势力、维护政局稳定的用意。

我们知道，东汉中后期，外戚与宦官迭掌权柄。其间，女主秉政、委事父兄之情形屡见不鲜，相较于功臣集团拥有深厚的历史渊源与政治根基，临朝辅政的太后就显得力单势孤了。《后汉书·周章传》载：

> 初，和帝崩，邓太后以皇子胜有痼疾，不可奉承宗庙，贪殇帝孩抱，养为己子，故立之，以胜为平原王。及殇帝崩，群臣以胜疾非痼，意咸归之，太后以前既不立，恐后为怨，乃立和帝兄清河孝王子祐，是为安帝。（周）章以众心不附，遂密谋闭宫门，诛车骑将军邓骘兄弟及郑众、蔡伦，劫尚书，废太后于南宫，封帝为远国王，而立平原王。事觉，胜策免，章自杀。[1]

和帝崩后，留有长子刘胜与仅百日大的幼子刘隆，邓太后却舍长立幼。群臣"意咸归之""众心不附"的情形能反映出多数朝臣在抉立皇嗣的问题上与邓太后意见不合，而且邓太后也忌惮于群臣的力量，"恐后为怨"，乃立安帝，甚至有的臣子还欲发动宫廷政变来改变女主干政的政治局面。在此情势下，女主更倾向于倚重外戚集团，希冀通过他们的力量增长与政治支持以维护并巩固现有的政治局面。

邓太后秉政期间，大肆分封邓氏子弟为侯，如上蔡侯邓骘、叶侯邓悝、西华侯邓阊、阳安侯邓珍与武阳侯邓遵。邓氏外戚侯的食封数也较大，邓骘、邓悝、邓阊的封户数都达到了万户，邓珍与邓遵也分别有三千五百户与三千户[2]。此外，邓后还分封了一些诸侯王的舅氏，如封清河王舅宋衍为盛乡侯，济北王舅申转为新亭侯等[3]。同时，邓后还很重视分封

1.《后汉书》，第1157—1158页。
2.《后汉书》，第613、615页。
3.《后汉书》，第1804、1806页。

或绍封前朝外戚及其子弟。如封安帝后父阎畅为北宜春侯，绍封樊宏、阴识、马廖及马光的后人相继为侯。当然，众皇亲戚属中，邓氏外戚无疑是最大的受益者[1]。但大量封授外戚亦会带来群臣的猜忌并有可能导致政局的不稳，因而朝廷在分封当政外戚的同时，也兼顾到前朝外戚与功臣集团的利益，亦给予其爵位分封与继承方面的政策倾斜。如此这般，执政者就较有可能获取来自各方面的政治支持，平衡好各势力集团的力量，以稳定现行的统治秩序。

此外，王朝有选择地绍封还强烈地体现出这么一层用意：执政者在有意突显皇权在封爵封授与继承上的核心作用，通过降低依据血缘关系袭封的必然性，以显示爵位的荣耀应当更多地来自于皇帝，而非归功于他们的父祖。

四、两汉魏晋时期侯爵绍封制度的演变

两汉魏晋时期一直存在着侯爵的绍封，但在不同时期，其内容与特点亦存在差异。同时，嫡子承嗣与支庶袭封的侯爵继承方式也在不同时期以各自的特点存在着，它与绍封制度相互影响、消长，为我们呈现出这一时期封爵承袭制度的种种起伏变化以及值得我们探讨分析的诸多内容。

（一）两汉时期

两汉时期的绍封制度大略相似，汉廷重视嫡子的封爵继承权，严格地执行着列侯"无嫡子即除国"的规定。所以，这一时期遭除国绝封的列侯较多，封爵传递的稳定性较差，史称："（汉）不崇兴灭继绝之序，故下无固国"[2]。守屋美都雄说："在西汉的封建实践中，只有事先经由正规手

---

1. 自东汉建立以来，邓氏一门"累世宠贵，凡侯者二十九人，公二人，大将军以下十三人，中二千石十四人，列校二十二人，州牧、郡守四十八人，其余侍中、将、大夫、郎、谒者不可胜数，东京莫与为比"。语详《后汉书》，第 619 页。
2. [唐] 房玄龄等《晋书》，中华书局，1974 年，第 1301 页。

续、并为国家认定其继嗣资格的亲生子，才被承认对封爵的继承；若无亲子，则将面临除国的严格规定。"[1]他进一步指出，西汉时期封爵的继承被置于国家的强力控制之下，守屋氏的这一论断对东汉也同样适用。

由于统治阶级上层存在较多"无子国除"的情况，汉廷遂采用绍封继绝的方式来延续部分封爵者的国祚。总体来说，两汉绍封列侯并不普遍，有幸获得绍封机会的只是绝封侯国中的一小部分，而且王朝选择的绍封对象主要是功臣侯与外戚侯。相较于西汉，东汉对于绍封制度的规定要更为细密周整，始封侯与绍封侯的等级与待遇差异也更加显著。

（二）曹魏时期

曹魏时期可以说是侯爵绍封制度变化最为剧烈的时期，也是一个具有承上启下作用的重要时期。学界论及曹魏时期的封爵继承制度时，往往认为该时期基本废止了"无子国除"之制，绍封普遍流行，支庶袭爵的方式亦非常普遍[2]。我们认为这种看法堪容商榷。另外，曹魏的封爵继承程度也并非一成不变，其前期基本延续了东汉之制，中期以后才逐渐形成了自己的承袭制度，至晚期乃定型。下面，我们就来讨论一下学界某些值得商榷的观点。

杨光辉说："魏晋之际，袭爵制度出现变化，标志是无子国除基本废止，绍封继绝普遍流行。"[3]程维荣亦持类似观点，"魏晋之际，封爵一般由嫡长子（嫡长孙）世袭传递，但绍封普遍流行"[4]。两位学者都有一个共同的认识，即曹魏时期侯爵绍封很流行。相较而言，杨光辉阐述得更为详实，他认为无子国除基本已经废止，曹魏关于"无子除国见于诸史籍者，仅萧王曹熊一例"[5]，并例举了诸多史例以论证当时绍封继绝的普遍实行。

---

1. [日] 守屋美都雄著，钱杭、杨晓芬译《中国古代的家族与国家》，上海古籍出版社，2010年，第180页。
2. 分别参见《汉唐封爵制度》，第143页；《中国继承制度史》，第149页。
3.《汉唐封爵制度》，第143页。
4.《中国继承制度史》，第148—149页。
5.《汉唐封爵制度》，第143页。

笔者认为，以上观点与论述有值得取法之处，但也存在如下一些问题。

首先，曹魏时期"无子国除"不止一例，各个时间段基本都存在。守屋美都雄曾对该时期绍封的实例进行过统计，结果显示曹魏的侯爵绍封共有七例，亡故侯分别是武安侯曹爽、昌陵乡侯夏侯玄、陵树亭侯荀适、都亭侯任先、丰乐亭侯杜恕、颍阴侯陈恂和高阳乡侯常时。关于他们绝封的原因，守屋氏只言明了曹爽与杜恕二人，皆为遭诛而除国[1]。关于其余五人，我们检核《三国志》相关纪传发现，夏侯玄与常时两人也是坐法被诛的，剩余三人——荀适、任先与陈恂皆因无子嗣。而且我们还发现，守屋氏对曹魏时期侯爵绍封的统计并不全面，至少还遗漏了因无子绝封而后获绍封的兰陵侯国，除国侯为王恽[2]。所以，曹魏时期蒙恩绍封的列侯至少有八人。

其次，杨、程两位学者似乎混淆了绍封袭爵与支庶袭爵两种封爵继承方式，这二者间存在一个很大的不同——爵位传递中是否出现过绝国。前文已述，绍封是在除国后所发生的一种爵位继承行为，属于出现中断的封爵传袭模式；而支庶袭封则是列侯在无嫡子的情形下，取其支庶子弟等承嗣继爵，其间不除国，是一种连续传袭的封爵继承方式。所以，不论是因为无子还是坐罪，只有当发生了除国的情形，绍封这种爵位继承方式才有可能会发生。也就是说，绍封大量出现的前提是有大量的列侯被免爵除国，倘若某时期无子国除之制基本废止了，那么绍封列侯相应地就会大量减少，怎么可能还会普遍流行呢？

以上是我们从理论层面所进行的分析，接下来，我们再通过一些实例来证明我们的观点。杨光辉在论证曹魏绍封制流行时，曾列举了一些例子，其言："任峻、田畴在建安中卒，均以无后国除。曹丕代汉后，无嫡长子而取支庶子嗣之例甚多，如任峻、田畴的中子或从孙分别赐爵关内侯，以奉其嗣。又刘廙以弟子嗣爵，荀攸先以次子袭，无子又以庶孙绍

2.《三国志》载："（兰陵侯王恽）薨，无子，国绝。景元四年，封肃子恂为兰陵侯。"（[西晋] 陈寿《三国志》，中华书局，1982 年，第 419 页。）王恽无子而除国，后由其侄王恂绍封继统，爵称如旧。

封；王肃以次子为嗣；苏则以次子袭封；文聘以养子嗣。"[1] 以上杨氏所举之例确实有属于绍封继绝的，如任峻、田畴、荀攸与王肃，但其中也掺杂了不少支庶袭封的例子，如所谓"刘虞以弟子嗣爵"。本传载刘虞"黄初二年卒。无子。帝以弟子阜嗣"[2]。刘阜继承其叔父刘虞爵位前，侯国未曾遭废除，其嗣爵是在刘虞死后即刻进行的，很明显刘阜的承嗣属于支庶袭爵而非绍封。同样的，苏怡之弟苏愉袭爵的例子亦属于支庶袭封[3]。

在支庶袭封的过程中，曹魏时期甚至还存在以养子嗣爵的例子。《三国志·魏书·文聘传》："（文）聘在江夏数十年，有威恩，名震敌国，贼不敢侵。分聘户邑封聘子岱为列侯，又赐聘从子厚爵关内侯。聘薨，谥曰壮侯。岱又先亡，聘养子休嗣。"[4] 在汉代，除宦者侯外，列侯之爵若由养子承袭是一件令人难以想象的事情，但在曹魏时期，它却比较流行，早在曹丕代汉前就已存在这样的先例。《三国志·魏书·韩浩传》裴注引《魏书》曰："及薨，太祖愍惜之。无子，以养子荣嗣。"[5] 所以，守屋美都雄评价曹魏的继承制度时说："与前代相比，封建继承者的范围已有明显扩大。"[6]

观上可明，除国绝封在曹魏绝非个案，但数量并不多，故而绍封继绝的实例也不会多，其中因无子国除而获绍嗣的例子就更少了。整体来看，曹魏前期基本承袭了东汉旧制，严"嫡庶之辨"，任峻、田畴无嫡子而绝封的事实即是显例。但从中期开始，这项制度却大大松动了，在列侯无嫡子的情况下，庶出子弟纷纷承嗣，使得"无子国除"的实例大为减少。诚如守屋美都雄所言，"见之于明文的无子国除（爵绝、无子绝），有荀攸、任峻、温恢三例，自太祖、文帝以后就不再执行。……至魏末年，'无子国除'之制度事实上几乎已成一纸空文"[7]。

1.《汉唐封爵制度》，第143页。
2.《三国志》，第616页。
3.《三国志》曰：苏则左迁东平相，"未至，道病薨，谥曰刚侯。子怡嗣。怡薨，无子，弟愉袭封"。（第493页）
4.《三国志》，第540页。
5.《三国志》，第270页。
6.《中国古代的家族与国家》，第181页。
7.《中国古代的家族与国家》，第183—184页。

综上，曹魏时期封爵的继承者不光有嫡子，还有一些非嫡子的人群，如逝者之兄弟、侄子、从侄、孙，甚至还包括养子，在绝大多数时候，这些人的嗣爵属于支庶袭封的形式。所以，曹魏时期普遍流行的并不是代际中断的绍封继绝，而是连续传袭的支庶袭封，后者的大量出现当与统治者欲照顾与满足功臣集团的利益有密切的关系。

（三）两晋时期

两晋则延续了曹魏后期之制，"无子国除"基本废止，绍封继绝亦极其有限，支庶袭爵则更趋普遍。列侯若无嫡子孙承嗣，则选立庶子孙；若无庶子孙，则以亲族成员递次为嗣。朝臣中很多人无嫡子便以庶子、庶孙为世子、世孙，甚至还有以外姓为嗣者。《晋书·贾充传》载贾充逝后，因无胤嗣，其妻便奏请朝廷欲"以外孙韩谧为黎民子，奉充后"，后竟获诏许，得以贾充外孙袭其爵[1]。总之，晋代君臣对汉代"无嫡国除"之制基本持否定态度，不少时候将其视为有碍统治秩序稳定之弊政。《晋书·刘颂传》曰：

（汉）不崇兴灭继绝之序，故下无固国。……今宜反汉之弊，修周旧迹。国君虽或失道，陷于诛绝，又无子应除，苟有始封支胤，不问远近，必绍其祚。若无遗类，则虚建之，须皇子生，以继其统，然后建国无灭。[2]

刘颂所言的"苟有始封之胤，不问远近，必绍其祚"指的便是支庶袭封，文中的"绍"乃继嗣、承袭之意，非指绍封[3]。刘颂奏章所反映的基本上是两晋封爵承袭制度的真实写照，该时期封爵的稳定性得到了明显加强，侯爵传袭的时间也延长了很多，这无疑与当时门阀士族势力强大、朝廷欲通过袭爵政策的倾斜以笼络他们有密切的关系。

综上所述，侯爵绍封制度在两汉魏晋时期的发展大致可以曹魏中期

1.《晋书》，第 1171 页。

2.《晋书》，第 1301 页。

3. 如《后汉纪》载张纯临终遗命曰："司空无功劳于国，猥蒙大恩，爵不当及子孙，其勿绍嗣。"（［东晋］袁宏，张烈点校《后汉纪》，中华书局，2002 年，第 154 页。）文中之"绍嗣"亦与《刘颂传》之"绍祚"意义相同。

为界分为前后两段，前半段朝廷对"无子国除"之制执行得较为严格，尤以东汉为最。虽然存在绍封继绝之制，但相较于除国侯的总体数量，绍封侯所占的比例较低，王朝施恩绍封的机会多倾斜于势力强大的功臣与外戚集团。曹魏前期基本沿用汉制，尽管也存在支庶袭封的实例，但"无子国除"还是获得了很大的尊重与认可。中期以后重嫡之制明显松动，支庶袭爵获得了极大推行，"无子国除"现象大为减少，至曹魏晚期基本已不存在。晋代基本沿袭了曹魏后期之制，"无子国除"基本停废，支庶袭封更为流行，不光庶出子孙、亲族成员有机会承袭先爵，甚至连外姓子弟也可奉祀袭爵，与以上这些变化相伴，绍封继绝也就变得极其有限了。

五、余论

通过以上对各朝绍封制度的梳理，不难看出，王朝在大多数时期重视"嫡子袭爵"的继承原则，不过在有的时期执行得非常严格，在某些时期则有所松动，变通机制较为发达。我们不禁好奇，如果逝去的王侯没有嫡子存在，那王朝的爵位继承政策该如何择定？这些选择又体现出什么样的深层原因呢？下文拟对这两个问题稍作阐发。

据前文的分析，我们能发现，在无嫡子的前提下，王朝通常会采取以下三种处理方式：无子国除、绍封继绝与支庶袭封。统治者在袭封政策的选择上往往表现出一种兼容性，通常会综合运用多种处理手段以达到最佳的运行效果，以应付更为复杂的局面和满足各种不同势力集团的利益诉求。

具体来讲，汉王朝基本采用的是无子国除与绍封继绝的政策组合，东汉体现得尤为典型，虽然间有以孙或以弟袭爵的现象，但此种实例数量极少且带有特殊的原因与背景，不宜将其视为制度化的体现。曹魏则主要表现为三种继承政策的混合，但越往后期发展，"无子国除"的情形就越少，至魏末几至于无，支庶袭爵遂渐居主流。两晋则延续了魏代爵位继承制度的趋势并有了更大的发展，无嫡子时基本不见"国除"，绍封继绝遂也极其稀见，支庶袭封变得更为流行。两晋与两汉相比，尤其与东汉相比，就像处于了政策选择杠杆的另一端，特点鲜明，风格迥异。魏制则处于这个杠杆的中部，实现着反差极大的两种爵位继承政策的调和与过渡。

那么，王朝在不同时期为何会有不同的政策选择呢？这应当和中央与封君或说皇权与贵族士大夫集团的力量对比有着非常密切的关系。守屋美都雄评析曹魏既有无子国除又存在非亲子袭爵的继承现状时说："在国家与封侯之间的实力对比关系上，国家控制力的后退确是不争的事实。"[1]守屋氏的意思也就是说，王朝对爵位继承政策的选择要取决于国家与贵族豪门之间的力量对比。若中央具备强大的实力，对封君拥有较强的控制力，则利益趋向的天平就会向中央倾斜，反映在政策层面上，"嫡子袭爵"与"无子国除"的制度就会获得比较严格的执行，两汉多数时期如此。反之，贵族士大夫集团势盛，皇权衰微，王朝就极力笼络这些勋贵，以妥协利他的政策来换取对方的拥戴与支持。在此情势下，支庶袭爵的继承政策遂有了更大的实行可能与运作空间，两晋是也。

尤佳，东南大学马克思主义学院副教授

1.《中国古代的家族与国家》，第183页。

从"名"看《老子》的哲学突破

周晓露

对于《老子》第一章"名可名，非常名"中"常名"的解释，不少学者将之视为"道之名"[1]，然而《老子》反复强调"道"是"无名"的。针对这一问题，近年来有学者尝试做出解读，大致有两种意见。一是认为，"无名"与"常名"构成矛盾，但这一矛盾不是老子思想的自相矛盾，而是文本的形成和变迁所致。认为"名可名，非常名"晚出，是战国中晚期"名"思想盛行、"道""名"关系受到高度重视之后才形成并渗入《老子》的[2]。二是认为，不构成矛盾。或认为老子是用一种极端的"无名"来强调对"名"的警惕和高度限制[3]；或认为"无名"和"常名"是"道"未被对象化（语言出现前）和对象化之后（语言出现后）所造成的区别[4]。对"无名"与"常名"的多种解读足以说明这是《老子》思想中一重要问题，本文将通过这一对看似矛盾的概念，透视《老子》建构"道"的过程以及不同于诸子"哲学突破"的特质。

一、"名"问题的提出：刑名对礼乐的挑战

对"名"的讨论酝酿于春秋时期，显发为老子的"无名"和孔子的"正名"，至战国中晚期蔚为大观。从这一视角出发，可以将诸子的"哲学突破"视为对前"轴心时代"之"名"问题的回应。如果说，《老子》的"哲学突破"在于通过"无名""常名"建构"道"，反思并回应了春秋以来的政治、思想危机，那么首先就需要阐明"名"何以表征春秋以降的危机。

---

1. 陈鼓应《老子今注今译》，商务印书馆，2003年，第74页。
2. 曹峰《〈老子〉首章与"名"相关问题的重新审视》，《哲学研究》2011年第4期，第58—67页。
3. 王中江《早期道家"统治术"的转变（下）》，《哲学动态》2016年第3期，第55页。
4. 林光华《非对象化之道：再读〈老子〉第一章》，《哲学研究》2015年第6期，第46—54页。

思想是现实的投射，春秋中晚期的社会现实是以齐国为代表的尚功利的"霸道"政治不断冲击以周政为代表的"王道"政治[1]，在思想上则表现为刑名新思潮对礼乐老传统的挑战[2]。对于齐桓公、管仲的"霸道"政治及其影响，有如下记载：

仲之任术立伯，假义济欲，纵其致富强，而汲汲功利，礼物俱丧，其果有闻正心诚意之道乎？周自平王东迁，诸侯僭王，大夫僭诸侯，文、武、成、康、周公之法，一切尽坏，列国尽然，非止仲一人而已也。然则仲何如人？曰：人也，功首而罪魁者也。曰：齐之申、韩、鞅、斯之列，亦有间乎？曰：申、韩、鞅、斯刻矣，而仲不至是也，原其作俑之意，仲亦乌得无罪焉？薄乎云尔。[3]

孔子之时，齐俗急功利，喜夸诈，乃霸政之余习。[4]

三代以前，其风淳质、修谨不必言。三代以后，世衰道丧，士大夫惟知功利为上，故争尚权谋。[5]

齐桓公任用管仲，一改周政礼治旧俗，在齐国推行高效率、尚功利的治理模式，由此成为破坏西周礼乐成法、开启列国变法潮流的始作俑者。管仲之治不仅让齐国首霸且影响了齐国乃至整个时代的社会风气，此后晋文公"举善援能，官方定物"[6]，子产铸刑书而治郑国都可视为对管仲思想的继承与发展，上至诸侯国君，下至士大夫都汲汲于功利。至此，管仲开启的这一新思潮与礼乐老传统并立为春秋时代两大思想势力且成为诸子思想发生的共同境域。

---

1. 这里的"王道"和"霸道"均是在历史现象的语境中使用。叶树勋将历史现象和思想话题中"王道"和"霸道"予以区别。见叶树勋《"帝道"理念的兴起及其思想特征》，《中国哲学史》2017年第1期，第23—24页。
2. 郑开认为，春秋战国时期"名"的来源一是"名位"观念之旧传统，二是诉诸于刑名和法的新思潮。见郑开《德礼之间：前诸子时期的思想史》，生活·读书·新知三联书店，2009年，第411页；贡华南指出，春秋思想界存在两股思想力量，一是《诗》《书》《礼》《乐》代表的老传统，二是齐桓—管仲的形名—事功思潮。两种思想力量之对立与激荡构成春秋思想进一步发展的内在张力。见贡华南《春秋思想界的张力：论新思潮与老传统的关系》，《复旦学报》2017年第5期，第104页。
3.［明］宋濂，顾颉刚标点《诸子辩》，香港太平书局，1962年，第4页。
4.［南宋］朱熹《四书章句集注》，岳麓书社，2008年，第124页。
5.［金］刘祁，崔文印点校《归潜志》，中华书局，1983年，第143页。
6.［春秋］左丘明，陈桐生译注《国语》，中华书局，2013年，第411页。

在尚功利新思潮中，笔者认为其思想核心应当是刑名。无论是管仲的"任术"，还是晋文"正名育类"[1]以至于子产铸刑书都与刑名密切相关。韩非称管仲为"圣"[2]并对其"操法术之数，行重罚严诛"[3]的刑名法术推崇备至。实现国家的有效治理和高速发展离不开对民众的"确定化"管理，刑名的功用即在于此，管仲的改革即着力于"作内政而寄军令"[4]。将民众按照士、农、工、商的不同职分进行编制，令其分别定居在不同地方，同一职业者聚居一处不仅便于交流专业技能，且便于管理。对军队则采取类似保甲的制度进行管理，此外尚有举贤授官、重罚严诛等。但这些举措的前提都是审名、定名，即根据职分、才能不同来分类，并以此制定标准、法度。标准、法度一经建立，即可对民众进行确定化、客观化管理。因此，管仲改革举措虽繁杂，但以刑名为要，则纲举目张，此后晋文、子产的治理模式也大抵依此。正是由于刑名具有客观、高效的实用性特点，代表时代潮流的"法"精神孕育其间，因此才受到各国权力阶层的普遍青睐与支持，成为能够冲击和挑战礼乐老传统的新生力量。

刑名新思潮对礼乐老传统的冲击和挑战，反映了春秋中期之后天子权威虽衰而未失、诸侯迅速崛起而尚无力取代周政的社会现实，同时也表明了两套系统在思想领域中亟待解决的问题。首先，就礼乐系统而言，由于受到刑名新思潮的冲击，西周初年建构起来的天命—天子（德）—礼乐的权力体系受到了动摇与质疑：

天道无亲，唯德是授。[5]

周室既衰，礼乐征伐自诸侯出。[6]

周初统治者以"天命有德"的思想完成了周代殷立的合法性论证，并建构了"招携以礼，怀远以德。德礼不易，无人不怀"[7]的德礼体系。

1.《国语》，第411页。

2.［战国］韩非，王先慎集解《韩非子》，中华书局，2013年，第176页。

3.《韩非子》，第105页。

4.《国语》，第248页。

5.《国语》，第470页。

6.［东汉］班固，赵一生点校《汉书》，浙江古籍出版社，2000年，第545页。

7.［春秋］左丘明，郭丹等译注《左传》，中华书局，2012年，第358页。

然而一旦受到了刑名思潮的冲击，这一体系即显示出其理论漏洞。礼乐失序，从本质上说是以等级名位为基础的礼乐制度的动摇。同样是依靠"名"对人实现"确定化"管理，相较于刑名根据人的职分、才能而量能授官、赏罚有度，礼乐制度无视人的主体性，完全将人固化在等级名位中，是对人的才性、能动性的压抑。而礼乐失序又引发了天子是否有德、天命是否在周等连续质疑，反映了周政的权力论证体系被动摇且面临重新诠释并修复的问题。其次，就刑名系统而言，代表诸侯"霸道"的政治模式如何取得其合法性地位，需要在思想上予以论证。相对于礼乐系统"天命有德"的理论支持，刑名只是诸侯实现迅速崛起的功利性工具，其价值论证缺乏进一步的正当性来源。这或许是导致诸多已获取实际权力的诸侯依然有僭礼行为的原因，如晋文公"请隧"[1]，在尚无合法性支持的前提下，只能通过与"天命有德"联结的礼乐来彰显自身权威。

礼乐、刑名两套系统所要解决的都是"名"的问题。由"名以制义，义以出礼，礼以体政，政以正民"[2]可知，命名不仅仅是认识对象的过程，而且是赋予对象以政治、伦理意义，使之归于秩序的过程。礼、法皆出于名，是"名"的制度化表现，同时也表明"名"是礼、法的抽象形式，是建立规范、秩序的工具。可以说，"名"对人们应然的生存方式予以设定，且指向秩序和权力。至春秋晚期，以"名""言"论政似乎成为一种共识：

夫耳内和声，而口出美言，以为宪令，而布诸民，正之以度量，民以心力，从之不倦。……言以信名，明以时动。名以成政，动以殖生。政成生殖，乐之至也。[3]

唯器与名，不可以假人，君之所司也。名以出信，信以守器，器以藏礼，礼以行义，义以生利，利以平民，政之大节也。[4]

君主的"美言"即是施之于民的政令，政令代表了君主的权威，为

---

1. 晋文公朝见周天子时，请求死后用隧道下葬（天子之礼）。见《左传》，第488页。
2.《左传》，第109页。
3.《国语》，第134页。
4.《左传》，第873页。

君主专有，是施政的重要环节，直接影响社会秩序的安定。可见言—名—信—政的因果关系为当时的论政共识，"名"直接关乎权力和秩序。鉴于此，春秋中期以后的思想危机就是"名"所表征的权力—秩序体系在思想上的修复或建构问题。如果将诸子哲学的发生置于"名"问题的背景下，则会发现，儒家由礼乐切入，致力于礼乐的内在依据的发掘（如人性论），走的是修复一途；法家则致力于建构一路，以刑名法术为目的，为其建构了形上基础——"道"。那么，主张"无名"的道家其致思路径究竟如何呢？

二、"无名"：对权力、物的超越

《老子》基于当时的政治、思想语境，对"名"所表征的权力—秩序问题做出了回应：以"无名"否定了礼、法两套系统，本质是批判礼、法背后的权力意志，进而由"反智"跃出"物"的形下领域而开启形上之思。

在以"名""言"论政的语境中，"名"即是权力的符号，而《老子》强调"无名"是统治者应当遵循的政治法则，即弱化权力意志，不使用礼、法等强制性手段治理百姓。《老子》论"无名"，有时较抽象（如第一章），有时则与"侯王"并论，具有明显的政治指向，如：

道常无名，朴虽小，天下莫能臣也。侯王若能守之，万物将自宾。[1]

道常无为而无不为，侯王若能守之，万物将自化。化而欲作，吾将镇之以无名之朴。无名之朴，夫亦将无欲。不欲以静，天下将自定。[2]

这里的"无名"虽然也指抽象的"道"，却有具体的应用范围，是"侯王"应当遵循、效法的原则。王弼解此处"无名"说："朴之为物，以无为心也，亦无名。"[3]由于"无名之朴"具有无心、无欲的特质，那么统治者在主观上也应当无欲，尽可能弱化自己的权力意志，不要按照自己的

---

1. [魏] 王弼著，楼宇烈校释《王弼集校释》，中华书局，1980 年，第 81 页。
2. 《王弼集校释》，第 91 页。
3. 《王弼集校释》，第 81 页。

私志去规范、限制民众，这样可以收到最好的治理效果——"万物将自宾""天下将自定"。由此可见，统治者不崇尚权力意志，不以限制、强制民众来获得秩序反而能使万物、百姓自然而然地归于秩序。这一思想在《老子》中有不同形式的表达：

> 太上，下知有之。其次，亲而誉之。其次，畏之。其次，侮之。信不足，焉有不信焉。悠兮其贵言。功成事遂，百姓皆谓我自然。[1]

> 是以圣人处无为之事，行不言之教。[2]

《老子》将统治者与民众的关系分为四个层次，最好的统治者，百姓只是大概知道有君主的存在，而感受不到其统治力度；其次，是贤明的君主，他们以仁义治天下，赢得了百姓的拥护和赞誉，如周文王、武王之类；再次，是那些以严刑峻法威慑百姓进行统治的君主，百姓对他们感到畏惧，如秦始皇之类；最次的君主，是那些亡国之君，他们受到百姓的唾骂和羞辱，如商纣之类。由此可见，越是好的统治者，越是"贵言""行不言之教"，即很少颁布礼、法之类的政令，其统治力度或者说对百姓的强制程度越弱，也就是"圣人无常心，以百姓心为心"[3]，统治者权力意志的弱化成就了百姓的自然、自化。

提倡君主权力意志的弱化和民众的自然、自化，必然会反对带有强制性的礼、法：

> 故失道而后德，失德而后仁，失仁而后义，失义而后礼。夫礼者，忠信之薄而乱之首。[4]

> 天下多忌讳，而民弥贫；民多利器，国家滋昏；人多伎巧，奇物滋起；法令滋彰，盗贼多有。[5]

按照《老子》的说法，道、德是天性本有，仁、义是儒家人为地提倡，礼则带有一定的强制性。作为治理境界，道、德、仁、义、礼是依次

1.《王弼集校释》，第 40—41 页。
2.《王弼集校释》，第 6 页。
3.《王弼集校释》，第 129 页。
4.《王弼集校释》，第 93 页。
5.《王弼集校释》，第 150 页。

递减的，而刑罚则可令"畏罪者强仁"[1]，较之"礼"更等而下之。礼、法的运用不仅不能使社会良序发展，反而是祸乱的开始。这是因为礼、法皆是"以智治国"[2]的产物，君主"以智治国"则百姓也会以诈巧应对之，正如《庄子·胠箧》所说："上诚好知而无道，则天下大乱矣。何以知其然邪？夫弓弩毕弋机变之知多，则鸟乱于上矣。"[3]对此，郭象解释说："攻之愈密，避之愈巧，则虽禽兽犹不可图之以知，而况人哉！"[4]君主任智，采用多种方法治理百姓，则百姓也用智以应对，实则导致百姓走向诈巧，其结果是"法令滋彰，盗贼多有"。因此，反对以礼、法治国，最终仍要归结到"绝圣弃智"[5]。

如果说反对礼、法治国，提倡权力意志的弱化是《老子》"无名"的政治指向，那么经由"绝圣弃智"、"无知"则将"无名"由政治领域推进到形上领域，开启了对"道"的建构：

> 知者不言，言者不知。塞其兑，闭其门，挫其锐，解其分，和其光，同其尘，是谓玄同。[6]

《老子》认为，懂得大道的人不会去言说"道"。不仅如此，他们还会让百姓闭目塞听，不去学习世俗知识，"常使民无知无欲"[7]，这样的人是真正的"智者"。无知、不言方可触及"道"，而作为人类认知活动的产物——"名"自然成为了与"道"相悖的存在。《老子》因此主张"无名"：

> 道可道，非常道；名可名，非常名。无名天地之始，有名万物之母。[8]
> 大方无隅，大器晚成，大音希声，大象无形。道隐无名。[9]
> 绳绳不可名，复归于无物。[10]

---

1. 陈戍国《礼记校注》，岳麓书社，2004年，第425页。
2.《王弼集校释》，第168页。
3.〔清〕郭庆藩辑，王孝鱼整理《庄子集释》，中华书局，1961年，第359页。
4.《庄子集释》，第360页。
5.《王弼集校释》，第45页。
6.《王弼集校释》，第147—148页。
7.《王弼集校释》，第8页。
8.《王弼集校释》，第1页。
9.《王弼集校释》，第112—113页。
10.《王弼集校释》，第31页。

"名可名"在北大汉简本中作"名可命"[1]，笔者认为它揭示此处的"无名"是就"命名"的"名"而言。据许慎《说文解字》："名，自命也。从口夕。夕者，冥也，冥不相见，故以口自名。"[2]而据林义光《文源》卷六，名非为夕而设，夕乃是象物形，名乃是口对物称名之象[3]。这里显示出"名"有自命和命物两个向度，那么"无名"也正是从这两个向度来建构"道"。从"自命"的角度说，"道"无法说明自身；从"命物"角度说，"道"无形无象，非物，故"无名"。综合来看，"道"的性质只能从与物相反的方面去描述、理解，这就造成《老子》描述"道"时采用了大量"无 X"形式的语词，即所谓"正言若反"。无论如何，其结果是"道"已被推向"非物"的形上世界。由此可见，"无名"不仅突破了礼、法之"名"的既有政治哲学的框架，而且进一步突破了"命物之名"所限定的"物"的范畴而开启了形上之思，即追寻"符号之后"[4]的致思路径。

三、"常名"：对道、德的建构

"无名"以否定的形式不断追溯"符号之后"，但《老子》并非要破斥世俗的一切而全然追求彼岸世界。其落脚处依然是此岸的现实世界，但却是以形而上的方式来解决形而下的治国问题。一方面，如前所述，《老子》出于对现实问题的回应逐步走向形上之思；另一方面，前"轴心时代"的天道观也为《老子》创构"道"提供了可资利用的思想资源。一般认为，《老子》的"道"是对此前宗教性的神秘超玄的"天道"进行哲学改造的产物。[5]但曹峰指出，这种解释"只能说明老子采取了一种更为理

---

1. 北京大学出土文献研究所编《北京大学藏西汉竹书（贰）》，上海古籍出版社，2012 年，第 144 页。
2. [东汉] 许慎，段玉裁注《说文解字》，上海古籍出版社，1988 年，第 56 页。
3. 林义光《文源》，中西书局，2012 年，第 221 页。
4. 邬昆如将道家哲学的性格界定为"符号之后"的形上学。见邬昆如《中国形上学的三个向度》，《哲学与文化》2003 年第 2 期，第 12 页。
5. 如王博认为《老子》的"道"是对旧的天道观的突破和改造："其具体表现就是在天道观念的基础上提出了道的概念，剔除了传统天道观念中的神意内容，发展出了天道自然的观念，进而在天道和人道之间建立了一种完全不同于占星术的关系。"见王博《老子思想的史官特色》，台北文津出版社，1993 年，第 52 页。

性的态度处理天人之间的关系，而难以说明作为最高概念的'道'是如何发生的"[1]。如果将前"轴心时代"权力正当性的来源视为"天"或"天道"，那么我们至少有理由认为，《老子》基于批判权力意志及其论证体系而要求建构一个超越"天道"且有着类似权威的新概念[2]，即"道"。因此，《老子》在以"无名"不断否定之后依然有所肯定，而其肯定的就是"常名"所指向的"常道""常德"。

"常名"建构了作为万物应然存在方式的"道"，指向恒常、本然的内在秩序。《老子》首章以"常道""常名"并举，将之与"可道之道""可名之名"截然判分。这里为我们提示了两条思路：

第一，"名"造成了对"常道""常名"的障蔽，"名"的出现意味着与"道"背离的开始。命名是人对外物的认知活动，同时也是人将自身从万物之中剥离的开始（物我相分），随着认知活动的展开与深入，万物因被命名而相分，物物之间的界限越来越清晰（物物相分）。当人和万物以"名"的抽象个体形式而存在时，世俗圣人认为其是杂乱无章、缺乏秩序规范的，因此"以智治国"、制礼作乐赋予世界秩序和规范，不仅使得人与禽兽等万物泾渭分明，而且使得人类社会内部层次分明，此即"朴散则为器"[3]的过程。由此可知，认知活动将"名"的世界不断拓展，令人沉浸于"物"的世界而不自知，同时使得物我相分、物物相分乃至人人相分，从而与"无名之朴"[4]的"道"相背离。或许正是鉴于此，《老子》才说："始制有名，名亦既有，夫亦将知止。"[5]主张"大制不割"[6]，向往无为无名的"其政闷闷"[7]，反对立刑名、明赏罚的"其政察察"[8]。

第二，"常名"与"常道"并举，提示我们可通过"常名"认识"常

---

1. 曹峰《论〈老子〉的"天之道"》，《哲学研究》2013年第9期，第48页。
2. 用"道"替代、超越传统天道观，可视为破除权力神话的需要，同时《老子》中屡次出现的"天之道"反映出《老子》依然要借助权威性的"天"、"天之道"作为"道"的代言者。
3.《王弼集校释》，第75页。
4.《王弼集校释》，第91页。
5.《王弼集校释》，第82页。
6.《王弼集校释》，第75页。
7.《王弼集校释》，第151页。
8.《王弼集校释》。

道"。由于"名"是就"物"而言,因此"名"和"常名"都是在讨论"物"。由"名"是对"常道""常名"的背离可知,"常名"所对应的"物"之状态当不同于"名"。如果说"名"是人为介入、对万物进行规定的产物,那么"常名"则是包括人在内的"万物为一"的状态,是没有人为介入,万物自然、自化的存在状态,同时也是对"道"的呈现:

> 有物混成,先天地生,寂兮寥兮,独立不改,周行而不殆,可以为天下母。吾不知其名,字之曰道,强为之名曰大。大曰逝,逝曰远,远曰返。故道大,天大,地大,王大。域中有四大,而王居其一焉。人法地,地法天,天法道,道法自然。[1]

这里的"大"是就"道"的周遍性和恒常性而言,具有普遍法则的意味,故而被《老子》视为"道"的同位的、辅助的、伴随性概念[2]。由"大曰逝,逝曰远,远曰返"可知,在"道"的作用下,万物发展、壮大、衰弱、消亡又复归于起点,天地万物生生不息、自化自在实际上正是按照"道"赋予的本性而存在,且呈现一种本然的秩序。"道"规定了万物应然的存在方式,不同于礼法这类人为的、外在的规范和限制,它倾向于一种本然的、内在的秩序。"道生万物"不仅使得万物得以生,而且赋予万物本性的同时即赋予其秩序。这就使得圣人以"道"治国收到了"功成事遂,百姓皆谓我自然"[3]的效果,即"功成事遂,而百姓不知其所以然也"[4],而万物自然正是"所以然"之"道"的最佳注脚。由此,无形无相的"道"通过万物自然言明了自身。

《老子》以"常名"建构的"道"使得万物在生之始即被赋予内在秩序,从而无需权力主体作为天命的代言人为百姓制定规范和秩序。这一过程显示出《老子》将"道"与"物"直接关联,试图以内在秩序的"道"消解外在秩序的权威性来源"天",从而消解外在秩序的实际来源——权力意志。然而《老子》还需面对另一问题,若要使"道"超越"天"成为

1.《王弼集校释》,第63—64页。

2. 王中江《根源、制度和秩序:从老子到黄老》,中国人民大学出版社,2018年,第106—107页。

3.《王弼集校释》,第41页。

4.《王弼集校释》,第42页。

指导现实生活的恒常秩序和法则，还需要为其注入价值内涵。西周"天命有德"表明周公试图把握政治生活的普遍道德原则，天虽有价值判断力，但并未被塑造成一价值本体。这是因为在论证应然的政治秩序时，周公并没有从根本上诉诸"天"而是诉诸于历史经验中的"先王之道"。"从而把历史过程中的'先王之道'演化成理论上的先验'绝对'，把'天命惟德'这一命题转化为历史经验语境下的'先王有德'"[1]，因此并没有证成"德"的普遍必然性。"天"只是作为赏善罚恶的执法者出现而非价值本体，"天"与人应然的道德生活尚未建立真正联结。鉴于此，"道"的价值化势在必行，而"前轴心时代"极富价值意味的"德"自然成为"道"联姻的对象。

"道"与"德"联姻可从"常名"观之，"常名"在《老子》中的另一表述是"自古及今，其名不去"：

> 孔德之容，惟道是从。道之为物，惟恍惟惚。……其精甚真，其中有信。自古及今，其名不去，以阅众甫。[2]

> 故道生之，德畜之：长之、育之、亭之、毒之、养之、覆之。生而不有，为而不恃，长而不宰，是谓玄德。[3]

造成"道""自古及今，其名不去"的正是"德"，这里的"常名"是基于"道"的功用而做出的价值判断。此处不应将"德"视为与"道"类似的实体性概念[4]，"德"具有两个层面的意义：其一，从生成、爱养万物而言，"德"是"道"的功能性表现。对此，苏辙解释说："道无形也，及其运而为德，则有容矣，故德者道之见也"[5]；其二，"不有""不恃""不宰"显示了不占有、不主宰的至公无私的"玄德"。对此"玄德"，《老子》做了如下评价：

---

1. 允春喜、金田野《从命定的秩序到主体的道德》，《道德与文明》2015 年第 3 期，第 33 页。

2.《王弼集校释》，第 52—53 页。

3.《王弼集校释》，第 137 页。

4. 王中江认为，"德"在此具有"形上化"的意义，对于万物存续而言，"道"是最高养护者，"德"是起到辅助作用的养育者。（见王中江《道家形而上学》，上海文化出版社，2001 年，第 173—178 页。）这一观点倾向于将"德"理解为实体性概念。

5.［北宋］苏辙《老子解》，商务印书馆，1939 年，第 20 页。

上德不德，是以有德；下德不失德，是以无德。上德无为而无以为，下德为之而有以为。……是以大丈夫处其厚，不居其薄。处其实，不居其华。故去彼取此。[1]

"上德不德"实际上是相对于世俗的美名、美德而言，即"不求而得，不为而成，故虽有德而无德名也。下德求而得之，为而成之，则立善以治物，故德名有焉"[2]，圣人无心于立名而彰显自身美德，只是处因任自然、爱养万物之实，不居浮华虚名。因此"德"隐而不显为"玄德"，自古及今不失爱养万物之功为"常德"，"以其终不自为大，故能成其大"[3]。可以说"道"不求美名反而成就其"自古及今，其名不去"的"常名"。因此《老子》虽反对世俗意义上的价值，如美德、美名，但其肯定的"常德""常名"实际上仍带有价值判断，即以"常德""常名"为"上德"。由此可见，"自古及今，其名不去"的"常名"有两层内涵：一是显示了"道"的功能性表现"德"恒常不变；二是赋予"道"之"玄德"以价值判断，即有"德"之实的"上德"。这样，基于批判世俗美德、美名的"常德""常名"反而塑造了"道"作为价值本体的一面。

由此可见，"常名"将"德""道"相互关联，这种关联收到两种效果。一方面，在西周"天命有德"话语的长期浸润下，"德"被塑造成一个极富价值意味的概念，通过"常名"将"德"收纳于"道"，使"道"成为价值本体，成为公共生活的价值来源，改变了周公"天命有德"中"天"和"德"分离的局面。另一方面，这种关联也使"德"的话语不再局限于前"轴心时代"个人品德、政治领域，而是扩大到宇宙场景，成为沟通"道"与"物"的中介，从而为其后学将"德"视为"物得以生"[4]的"各物个体所以生之原理"[5]提供了可能[6]。

1.《王弼集校释》，第 93 页。

2.《王弼集校释》。

3.《王弼集校释》，第 86 页。

4.《庄子集释》，第 424 页。

5. 冯友兰《中国哲学史》(上)，商务印书馆，2011 年，第 242 页。

6.《老子》中的"德"并没有明确的"各物个体所以生之原理"内涵，更多的就"道"的功能和德性而言，但"道"与"物"因"德"而关联。

如果说"无名"是以否定的方式破斥礼、法乃至"物"的形下世界并开启了形上之思，那么"常名"则是以肯定的方式建构了形上概念——"道"。在以"常名"建构"道"这一过程中，始终不离"名"所表征的秩序与权力这一核心话题。一方面，虽然《老子》否定了人为的、外在的礼法秩序，但却基于"名"的规范功能而肯定"常名"的存在，表明了对恒常秩序的肯定倾向。其突破在于将秩序诠释为内在的、本然的万物存在方式——"道"，并以此消解外在秩序的来源——天命、权力。另一方面，为保障秩序的恒常，在"天命有德"启发下，以"常名"将"德"收纳于"道"，为"秩序"之"道"注入泛爱万物、至公无私的价值内涵。至此"常名"建构了一个突破时空限制、私心限制的恒常、至公之"道"的概念。同时，这一形上世界投射了《老子》寄寓其中的政治诉求，即希望君主效法"道"而摒除权力私心，爱养万物（百姓）而不用礼法限制万物（百姓），进而达到物物（百姓）各得其所和社会整体的和谐、圆满状态。由此，《老子》完成了宇宙－政治的思想建构。

四、结论

刑名新思潮对礼乐老传统的冲击和挑战动摇了周政的权力论证体系，新旧两套系统急需对"权力—秩序"体系进行重新诠释或建构，作为秩序建构的工具——"名"的问题就此提出。春秋中期以降的危机聚焦于"名"的问题。诸子的"哲学突破"正是在这一背景中展开，儒家秉承礼乐老传统，致力于德礼体系的修复，侧重发掘礼乐秩序的内在依据，将天命与人性联结。法家顺应刑名新思潮，以刑名法术为治理工具，致力于为"法"寻求形上基础，以建立新的"权力—秩序"体系。由此可见，儒、法均认同"名"的权力符号系统，且在"名"所表征的"权力—秩序"体系框架内进行思想革新。

面对现实政治中"名"的权力符号系统，《老子》以"无名"否定礼法，本质是破斥其后的权力意志，并经由"反智""无知"将否定对象由礼法这类政治的"名"推及命物之名这类语言的"名"，从而由社会政治乃至"物"的形下世界跃入了"非物"的形上领域。进入形上领域，《老子》以"常名"的肯定方式建构了恒常秩序和价值本体意义上的"道"，并以此投射了相应的政治建构。至此，"无名"与"常名"显示出两个维度的意义：其一，由"无名"到"常名"彰显出《老子》建构"道"的动态思想轨迹，即由现实问题出发而建立了宇宙—政治思想结构；其二，"无名"与"常名"彰显了对前"轴心时代"思想传统的继承与突破。继承了"名"的秩序意义和"德"的话语，使"名"突破了作为权力符号的限制而升华为宇宙普遍秩序，"常名"指向的"道"不再如同"天命"那样成为权力的论证依据，而是包括"民"在内的天地万物和谐、自在的存在方式之源。在保证秩序恒常而要求建立价值本体的驱动下，"道"通过"常名"吸纳了极富价值意味的"德"，进而作为价值本体而为现实生活提供指导。至此，《老子》将西周以来"天命有德"的思想收束于"道"，完成了对前"轴心时代"思想继承式的突破。

本文原载于《哲学研究》2020 年第 3 期
周晓露，东南大学马克思主义学院副教授

清代儒家先贤奉祀型家族的生成与扩张

贺晏然

引　言

儒家祠庙系统是中央朝廷文教政策的表征，自孔子逝后历代持续扩张。唐代以后，孔庙先贤先儒从祀制度逐渐形成，进至明清，孔庙两庑的奉祀序列渐趋稳定[1]。其中可称为先贤者包括四配、十二哲、孔孟门人和宋代的几位大儒，如朱熹、二程、周敦颐、张载、邵雍等[2]。虽然贤儒在孔庙奉祀结构中彼此依存，但总体而言先贤的地位略高于先儒，这些先贤也是明清时期各级政府授予奉祀头衔的核心群体。儒家先贤除在孔庙，地方专祠、乡贤祠或家祠中也多存在奉祀活动。明代以前，先贤地方奉祀限于私人或地方官府的参与，奉祀展开的形式各异。明景泰年间，朝廷开始重视地方的儒家奉祀活动，逐渐建立了以嫡裔奉祠为特征的儒家先贤奉祀制度，衍圣公府、地方政府、礼部、吏部都曾参与奉祀后裔的确认。晚明已经形成了关于先贤后裔拣选和认定的大致程序，相关制度在清雍正初年臻于完善，以五经博士和奉祀生为代表的奉祀后裔被纳入中央朝廷的管理[3]。

中央朝廷认证的先贤奉祀后裔包括五经博士和奉祀生两个层次。五经博士地位较高，清代为正八品[4]，孔门十二哲及曾子、孟子、朱子等后裔均曾设。略低的奉祀生是生员的一种特殊形态[5]，包括上述几家的分支及大量的孔门弟子后裔。基于明代五经博士设立的经验，清初增设奉祀生

---

1. 学界对孔庙的研究极富，综述性的研究参见黄进兴《优入圣域：权力、信仰与正当性》，中华书局，2010年；《圣贤与圣徒》，北京大学出版社，2005年。学术史综述可参见田志馥《近二十年孔庙研究成果综述》，《西北大学学报》2011年第4期。
2. 广义的先贤包含甚众，本文仅处理由孔庙四配、两庑祭祀衍生的儒家先贤群体，少数南方先圣家族因性质较近亦纳入讨论。
3. 王春花《圣贤后裔奉祀生初探》，《清史论丛》2018年第1期。
4. 清高宗敕撰《清朝通典》卷三二职官十，商务印书馆，1935年，第2203页。
5. 刘永华《明清时期的礼生与王朝礼仪》，《中国社会历史评论》2008年第1期。

风气渐开，人数快速上升。嘉庆《学政全书》所载先贤先儒奉祀生额已达七百余[1]。五经博士与奉祀生俱可世袭。一旦列名奉祀后裔，即可不通过考试而获职，享受优免赋役等待遇，还可以官祠的名义获得祭田祭银等官方支持。奉祀后裔题请由此落实到家族实利，家族化成为清代先贤奉祀发展过程中的重要特点。家族与朝廷奉祀制度之间密切合作，一类以先贤奉祀为核心的儒家"奉祀型家族"急剧涌现[2]。

儒家先贤除少数出身南方，主要集中在山东及邻近北方地区。明代除了南孔和朱熹、周敦颐后裔，未见对南方奉祀后裔的认定。清代以后，山东以外奉祀家族的扩张改写了明代以来的格局。以《大清会典》等所载各省奉祀生名额观之，清代南方地区的祀生人数渐成规模，仅江苏一地便达到了除山东外北方诸省的总和。南方"奉祀型家族"的涌现与晚明以来家族复兴和清朝政治发展相伴生，形成了南北差异化的发展模式和区域间的竞合关系。本文基于制度史和家族史结合的路径，希望呈现清代这类儒家"奉祀型家族"的构筑和变迁过程，以细化此前对明清奉祀生制度史的理解[3]。

一、明清儒家先贤奉祀的建立与扩展

儒家先贤奉祀在明代逐渐进入中央朝廷的视野。在此之前，南方虽然有泰伯、言子等传统的地方儒家代表人物，但除此之外儒家先贤遗迹并不显见。南宋名儒孙应时（1154—1206）在任常熟知县时，曾为当地先贤

---

1. 据嘉庆《学政全书》统计，《故宫珍本丛刊》第334册，海南出版社，2000年，第275—283页。
2. 对圣贤后裔家族的研究此前多集中于孔氏，如：赵文坦《孔氏南宗"让爵"考》，《史学月刊》2012年第3期；赵文坦《文宣公孔仁玉中兴本事考》，《孔子研究》2015年第3期；覃力维《孔子"圣裔"的历史演变研究》，武汉大学2019年博士学位论文；赵文坦《阙里伪孔案考辨》，《孔子研究》2020年第4期；吴佩林《北洋时期孔府奏颁行辈考》，《中国社会经济史研究》2021年第1期；刘正刚、张柯栋《冲突与调适：明清永康樟溪孔氏的"圣裔"谱系建构》，《史林》2022年第5期。
3. 牛建强《地方先贤祭祀的展开与明清国家权力的基层渗透》，《史学月刊》2013年第4期；王春花《圣贤后裔奉祀生初探》，《清史论丛》2018年第1期；李成《清朝奉祀生制度初探》，《清史论丛》2019年第1期；张钰《清代圣贤奉祀生选补研究》，《泰山学院学报》2019年第5期。

言子立祠作赞，感叹："孔氏以来千六百祀，大江以南，遗迹能几？"[1]可见直到南宋晚期，南方跟儒家先贤有关的遗迹还十分罕见。明代初设五经博士承袭奉祀时，也体现出南北分布的极端差异。除了南孔和朱熹等少数设于南方，绝大多数均在儒家腹地山东。这一传统奉祀格局的维护由朝廷的充补政策、士人的儒脉观念等支撑，直至清初方受到新朝奉祀生政策和家族复兴的挑战。

（一）先贤奉祀的原乡原则

明景泰间始为圣贤后裔设置五经博士，但是从设置对象到方式都经历了长期的摸索过程。圣贤家乡因常为祠、墓所在，在奉祀活动中享有天然的优先级。但随着先贤后裔的迁徙，在原乡寻找后裔的努力常常流于无功。怎样将远迁的族裔与在地的奉祀职责统一，是儒家先贤奉祀制度建立过程中的重要议题。原乡奉祀在此过程中成为儒家先贤奉祀的重要原则。最早牵涉这一议题的是山东嘉祥的曾子奉祀，此后随着张载、邵雍奉祀与地方理学复兴的结合，原乡奉祀又与儒脉传承相结合，被赋予血脉和道统的双重意义，从晚明一直延续到清代。

与此前五经博士设立过程中后裔来源明晰的情况不同，明代曾子族裔衰落，朝廷久寻不得。山东、江西、浙江等地均曾寻访曾子后裔。礼部最终选择了生活在江西的曾参五十七代孙曾质粹（1492—1560）[2]，诏徙山东兖州府嘉祥县奉祀宗圣祠墓[3]。曾质粹除了谱系清晰，最重要的优点在于愿意迁徙回乡[4]，与拥有嫡系身份但不乐远迁的后裔形成对比。吏部尚书严嵩（1480—1567）在为质粹求取五经博士头衔时便道："但曾辉之后见今有曾嵩、曾衮兄弟二人，虽皆文行修饬，各称生长南方，不乐北徙。则曾耀之后，惟曾质粹读书循理，该彼处提学官查勘谱系明白，乡族其推，既

---

1. 孙应时《先贤言子赞》，杨载江《言子春秋》，同济大学出版社，1992年，第323页。
2. [清]曾毓墫《武城家乘》卷二，美国华盛顿国会图书馆影印部藏乾隆46年刊本，第9页。
3.《世宗肃皇帝实录》卷二二一，"中央"研究院历史语言研究所，1964年，第4584页。
4. 贺晏然《南北竞合：明清曾子奉祀的建立与发展》，《中国区域文化研究》2022年第2期。

无别项违碍情由，起送前来。"[1] 曾氏五经博士设置过程说明迁徙意愿所代表的奉祀职责和家族伦理超越了对嫡系血脉的要求，成为拣选奉祀后裔重要的考量之一。通过曾子奉祀一事，儒家圣贤奉祀后裔的拣选形成了更为明确的原乡原则，是此后儒家先贤奉祀强调祠庙所在的依据[2]。

稍后，张载、邵雍奉祀的重建显示了道统对原乡奉祀的助推。吕妙芬的研究指出张载后裔获封五经博士的过程掺杂了地方儒学复兴的思想背景。明中叶以后，关中张载祠祀随关中理学的重建而兴盛，在积极构建关中学脉络的冯从吾（1556—1627）等人支持下，张载后裔重回关中故里凤翔，为地方士人重建张载奉祀提供了基础[3]。凤翔知府沈自彰就曾点出张载后裔回归与奉祀活动开展的关系："二程、周子、朱子之后则世袭博士，藉冠裳以光俎豆，徼国恩以荣奕叶。而张子之后则犹未沾，盖缘其五世孙以功食邑于滦，从此世为滦人，而陕中无考，故莫有为之。"[4] 天启二年二月，朝廷"准张子十四世孙生员张文运五经博士世袭"[5]。在提振关学的背景下，张载后裔回归故里的过程不仅是对奉祀政策的回应，也是文士利用先贤符号进行学脉建设的需要。

与曾子和张载类似，邵雍后裔也因回归原乡得以承担奉祀并继承学脉。正德十一年，大学士洛阳人刘健（1433—1526）在为洛阳邵雍后裔撰文时，就曾感叹"成化中，溥之裔有名仁者，授伊藩审理，自浙官洛阳，嘻！道果南乎哉！道果南乎哉？文运又中兴矣。"[6] 对刘健来说，随着邵雍后裔回归北方，邵雍奉祀才具有传承儒脉、挽救文运的现实意义。万历、天启间，丘兆麟（1572—1629）等为邵雍后裔求取五经博士的议论数现。崇祯三年六月，河南巡按吴甡（1589—1670）请为在洛的邵雍后裔设立五

1.［清］曾国荃重修，王定安编辑，周海生、徐国峰点校《宗圣志》卷十二，上海三联书店，2023年，第232页。
2.［明］俞汝楫《礼部志稿》卷九四，《景印文渊阁四库全书》第598册，台北商务印书馆，1983年，第701—704页。
3. 吕妙芬《明清之际的关学与张载思想的复兴：地域与跨地域因素的省思》，刘笑敢主编《中国哲学与文化（第七辑）》，广西师范大学出版社，2000年，第30页。
4.［清］沈锡荣纂《郿县志》卷十四，台北：成文出版社，1969年，第399页。
5.《熹宗哲皇帝实录》卷十九，"中央"研究院历史语言研究所，1964年，第952页。
6.［清］邵性全等修《古共邵氏宗谱》卷四，民国13年刻本，第19页。

经博士，"以宋儒邵雍比程颢程颐例，授世袭五经博士，准其二十七代嫡孙邵继祖承袭以奉雍祀，部覆从之。"[1] 吴甡的题请体现了在地官员的自觉，他由二程奉祀出发，将邵雍与二程推为儒学正宗，建立了由孔孟至于伊洛的儒学脉络[2]，与张载奉祀建立过程中地方士夫的学脉论颇相似。邵雍后裔第一任五经博士邵继祖是当地儒学训导，其父邵南是郡庠生，仅为普通的读书人，但在吴甡眼中对传承本地理学意义重大，所谓"雍后贤而可录"者。崇祯五年八月，"准宋儒程颢、邵雍嫡派程佳瑛、邵继祖子程接道、邵养醇俱袭五经博士，以佳瑛、继祖奉旨世袭未及拜爵身故也。"[3] 吴甡所希冀的二程与邵雍同塑地方儒脉的愿望终达成。

　　明代五经博士设立过程显示在朝廷的奉祀职守和地方学脉建构的合力下，原乡奉祀成为重要的原则。这一原乡传统清初再次被落实到奉祀制度中。雍正二年（1724）规定仅有先贤祠宇处才能设立奉祀，并对隔省题请充补的行为严加管控[4]。《学政全书》记录的清代题请增设奉祀后裔被驳的案例中，反复提倡"旧址奉祀"，杜绝"隔省充补"。[5] 明末清初尤侗（1618—1704）在为崇明樊氏族谱作序时，即曾提及樊迟北方族裔不明的状况，"其介在齐鲁者，宁阙以待考焉。"[6] 乾隆四十八年，山东学政赵佑（1727—1800）在得悉孔门弟子有子奉祀远设于崇明时，更严厉批评原乡官员不作为："孔氏则世公而诸博士之总也，方且舍近而远求之青州，甚又求之江南，迷离辗转，几何其不失之冒且滥！"[7] 此后，赵佑又反复在肥城寻求有子后裔，终于乾隆五十三年将有子奉祀迎归北方。儒家士夫对先贤奉祀的原乡情结由此可见。

1.《崇祯长编》卷三五，"中央"研究院历史语言研究所，1964 年，第 2088—2089 页。
2.［明］吴甡《请录先贤后裔疏》，《柴菴疏集》，《四库禁毁书丛刊》史部第 51 册，北京出版社，1997 年，第 440—442 页。
3.《崇祯长编》卷六二，第 3549 页。
4.《钦定大清会典事例》卷三九二，《续修四库全书》史部第 804 册，上海古籍出版社，2002 年，第 267 页。
5.《学政全书》卷十一，第 289—290 页。
6. 樊恒发，樊上海《樊氏源流》第 3 辑，科学普及出版社，2010 年，第 129 页。
7.［清］赵佑《清献堂文集》卷一，《清代诗文集汇编》第 360 册，上海古籍出版社，2010 年，第 641 页。

（二）奉祀生设置与"奉祀型家族"的增长

原乡奉祀原则自清初逐渐松动，各地奉祀家族急剧涌现。除了以经济、文化背景来解释儒家奉祀活动的转移[1]，这一现象更直接的原因是清廷对奉祀生的广泛设置。贤儒奉祀后裔原非中央朝廷所控制，形式上较为松散。"奉祀生之设，始不过由衍圣公及地方大吏拣选充补，给冠服奉祠墓而已。"[2]自明代设立五经博士，即由中央朝廷控制呈请程序和人数，"自改用部照，遂有定员。"朝廷大量给照增设奉祀生，则是清初方出现的现象[3]。清朝建立后，通过与江南士人为代表的士夫群体的博弈建构"大一统"意识形态[4]，奉祀生作为五经博士的重要补充，是新朝文化怀柔政策推广的途径之一。

另一方面，奉祀身份带来的家族利益推动了奉祀制度与家族策略的结合。明代五经博士初兴时便展现出对家族经济的助益。几乎所有的五经博士府都得到宅地、祭田、庙户等赏赐，在奉祀活动中地方政府还可能提供经济支持。明嘉靖年间设立五经博士的曾子后裔和清乾隆年间设立五经博士的有子后裔，均是依靠奉祀身份由底层的贫民一跃而成乡贤[5]。除了经济益处，科举利益也是贤裔关心所在。衍圣公府基于四氏学[6]、官制[7]和朝觐关系对颜、曾、孟等圣裔家族的照拂自不必说。乾隆五十年后，奉祀生中获准参加临雍大典的，可以直接成为监生。南方言子、有子等家族均曾据此而登上科举捷径，这对业儒家族来说是尤为重要的辅助。深谙奉祀制度益处的南北家族清初题请不断，在主要依靠家族力量呈请奉祀的南方地区表现尤著。

---

1. 许霆《言子与江南文化散论》（上），《东吴学术》2022年第1期。
2. [清]孔继汾撰，周海生点校《阙里文献考》卷十八，上海古籍出版社，2019年，第139页。
3. 《阙里文献考》卷十八，第139页。奉祀生虽仍需先贤嫡裔充任，但相较于五经博士，其增设途径更多元，对嫡裔的认定较为宽松，人数上也略显灵活。
4. 杨念群《何处是"江南"——清朝正统观的确立与士林精神世界的变异》，生活·读书·新知三联书店，2017年。
5. 贺晏然《圣贤与乡贤》，《读书》2022年第10期。
6. 张国旺《金元时期孔颜孟三氏子弟教育考论》，《首都师范大学学报》2019年第05期。
7. 《礼部志稿》卷九十四，第701页。

随着晚明以降家族的复兴，原乡以外持先贤后裔认同的家族日增。上述曾子、邵雍的例子中，便可见端倪。明代由南向北回迁的曾子奉祀到了清代又以南方家族的扩张收场。除在山东五经博士家族支持下江西、安徽等地陆续增置曾子祀生，湖南的奉祀后裔更一度成为南方曾子后裔核定的官方代表[1]。本在洛阳的邵雍奉祀清代以后也逐渐转向江南，在江苏宜兴和浙江常山均设立了礼部认证的邵雍祀生[2]。此外，还有大量未能进入国家奉祀生名单的先贤后裔，在地方社会的影响亦不容小觑，如以朱熹、张载为文化符号的家族奉祀活动在南方多地持续显现。

清乾隆年间，奉祀生泛化现象达到高峰，打破原乡原则的"南北"叙事频繁出现在家族史中。常熟言子后裔在康熙驾幸江南时，就反复强调建立南方儒脉对朝政的助益[3]。乾隆年间崇明有子后裔为题请奉祀，讲述了由北南迁、重建正统的过程[4]。孔子弟子任不齐祀生设于山东济宁，但在南方任氏家族的叙事中他被描写为类似言子的南方儒学代表[5]。范淶《澹台先贤祠重修记》强调了孔门弟子澹台灭明南游的意义，作为豫章澹台墓祠成立的基础[6]。顾承为清代同里任子祠所作传记中，也有"吴有言子，楚有任子，实为南方儒学之宗"的说法[7]。任子的"楚"虽有南北两种不同的解读，但出现在顾承传记中的记录显然是希望凸显任子南方后裔的正统地位。对先贤的追溯也渗透到地方儒脉叙事中。地方督抚学政时而助修祠庙、题请奉祀，将先贤叙事进一步纳入地区传统。同治年间李鸿章（1823—1901）为江南贡院撰碑时便称："茅、蒋以东，具区、洮滆之野，泰伯、仲雍、季札、言子之遗风存焉，温文而尔雅。"[8]他将言子等先贤与

1.《南北竞合：明清曾子奉祀的建立与发展》。

2.《钦定大清会典事例》卷三九二，第265—267页。

3.《言氏家乘》卷十七，常熟图书馆藏民国二年刊本，第4页。

4.《重建先贤祠碑记》，碑存崇明学宫明伦堂。

5. 贺晏然《清代儒家先贤家族和先贤奉祀的重塑——以任子为例的研究》，《江海学刊》2021年第6期。

6.［明］范淶《澹台先贤祠重修记》，《南昌府志》卷二八，万历十六年刻本，第9页。

7.［清］顾承《先贤任子祠记》，《吴江县续志》卷五，《中国地方志集成 江苏府县志辑》20，江苏古籍出版社，1991年，第357页。

8. 冯家红《江南贡院碑刻》，文汇出版社，2014年，第101页。

江南学脉相承接，正是家族史血脉叙事的变体。

由此可见，明清以来的儒家先贤奉祀是朝廷奉祀制度和家族策略的合流，奉祀家族在各地的涌现是这一过程的结果。在明代先贤后裔初设阶段，基于儒家先贤的历史活动范围、奉祀制度和士夫的道统思想，原乡奉祀都是最正确和经济的选择。但随着新朝政治需求和家族力量的发展，先贤奉祀大规模扩展，奉祀家族与官方之间的互利渠道越发多元。这些围绕先贤奉祀而展开的"奉祀型家族"是朝廷崇儒政策下达、也是地方家族上升的渠道。地方的奉祀活动逐渐融入新朝的政治框架中，这一过程也助推了儒家奉祀的多维扩展和长期延续[1]。

二、祠与谱："奉祀型家族"的发展

清廷对奉祀后裔的认定标准以雍正二年诏令的表述最为确切："果系先贤嫡裔，建有祠宇，将本生履历造册咨部，销毁原给印照，换给礼部印照，其冒滥者革除。"[2] 这一诏令被视为清代儒家先贤奉祀制度确立的标志，明确了奉祀后裔设置最为重要的两个条件：祠宇和谱系。先贤后裔家族吸取晚明以来的奉祀经验，围绕题请增设祀生而迅速展开了祠宇修建、族谱编撰等活动。同年还曾论及奉祀后裔考选程序，"翰林院五经博士有主祭守祠表率族人之责。嗣后应将应袭博士之人年十五以上者，咨送礼部考试，如果文理通顺，注册存案，令衍圣公题请承袭，由礼部覆议，吏部给札"[3]。雍正初年的政策强化了中央朝廷在奉祀后裔设置过程中的权威，也为地方家族题请奉祀提供了明确的标准。

---

1. 李俊领《"文治"与圣裔：国民政府对孔德成的借助及其困境》，《抗日战争研究》2018 年第 2 期。

2.《大清会典则例》卷七十，《景印文渊阁四库全书》第 622 册，台北商务印书馆，1983 年，第 343 页。

3.《宗圣志》卷十二，第 239 页。

（一）再造贤祠

设有奉祀生的祭祀空间一般是先贤专祠。为了便于求取奉祀，祠庙空间常取材于既有建筑，如家庙、墓葬、书院、宅院等[1]。其中以家庙最为多见。崇明有子奉祀在很长时间内仅是寄放在居所内的画像，族人"敬奉先贤像于寝堂"[2]，后因题请奉祀的需要才不断迁建。常熟言子奉祀的重要建筑县东家庙，本是承袭奉祀的常熟言氏大宗的家祠，相较于受到地方社会支持的文庙言子祠，长期被忽视，但因求设奉祀生再度受到家族的重视[3]。江阴施子祠在地方文献中被列为私祀，与地方家庙并列，地方文士甚至不知家庙的官方化经历[4]。同在江阴的奚子祠在康熙年间重建后，祠中供奉神主，从先贤起到巽字辈止，实际上同时兼有先贤专祠和奚氏家祠的功能[5]，《江阴县志》甚至直呼其为"奚氏家祠"[6]。贤祠与家祠的融合一方面体现了家族在奉祀设立过程中的核心角色，同时也展现了祠庙作为奉祀条件被灵活构筑的可能。

家族为了满足奉祀政策的要求，对奉祀建筑的托名现象频生。以无锡宋村朱熹奉祀为例：无锡金匮县设有"朱子嵩山书院祀生一名"[7]，但此建筑其实并未真正建成，而是对祭祀庙宇嵩山寺的借用。清乾隆以降，宋村朱氏编辑的数版族谱都记录了承袭奉祀一事，并将奉祀生系于白担山朱子祠之下[8]。乾隆五十三年（1788）钱大章为族谱所撰序言中称朱子祠奉祀始于乾隆三年奉祀生朱继发[9]。但《无锡金匮县志》则隐没了朱子祠设立奉祀生这一重要政治事件，且将重兴宋村朱氏的关键人物由朱继发变为族

---

1. 府学也曾被利用以设立奉祀生，如雍正间长沙颜子奉祀，参：《湘潭颜氏通谱》荫袭奉祀卷宗，上海图书馆藏清道光十八年刻本，第2册，第3页。
2.《重建先贤祠碑记》。
3.《钦定大清会典事例》卷三九二，第265页。
4.［清］李兆洛：《江阴县志》卷七，哈佛燕京图书馆藏道光20年［1840］刻本，第57页。
5. 奚远轼等纂修：《博潨奚氏宗谱》卷一，民国36年［1947］木活字本，第73页。
6.《江阴县志》卷七，第58页。
7.《学政全书》卷十一，第280页。
8. 朱继祖：《（紫阳）朱氏续修宗谱》卷首，美国犹他家谱学会藏民国13—14［1924—1925］年刊本，第3页。
9.《（紫阳）朱氏续修宗谱》卷一洋尖谱序，第36页。

人朱绍修[1]。金匮人浦起龙（1679—1762）为朱绍修所作《宋村朱氏重建文公像祠记》为这段往事提供了解释。由浦起龙的记录可知在清乾隆九年朱绍修建立专祠前，距离白担山不足三里的嵩山寺一直是家族祭祀场所[2]。因此，在朱继发承袭奉祀的乾隆三年朱子奉祀应仍在嵩山寺中，而并无嵩山书院的存在。朱继发苦于本地并无朱子专祠，为了承袭奉祀的需要虚构了"书院"之名。这一由嵩山寺假托的地名，可以掩饰不利于先贤祀生承袭的佛教背景，更符合奉祀制度的要求。嵩山书院的个案是寺观祭祖传统依儒家奉祀制度扭转的缩影[3]。

先贤奉祀依托祠庙的要求，助推了清代家庙、墓葬、书院、宅院等景观的祠庙化。如乾隆年间依靠广设奉祀展开家族建设的言子后裔，将文学书院、墓园、故宅均做了祠庙化改造。雍正中，五经博士言德坚重建言子文学书院后，唯有承担祭祀功能的言子祠和莞尔堂留存。到了咸丰十年，只有祭祀建筑言子祠独存，书院的祭祀功能显然超越了其教育功能。言子故宅中"有司置木主而释奠焉"，因得设祀生。衍圣公孔传铎为言氏恢复故宅而作的记文中，寄望于言氏后裔能够使家宅奉祀持续不绝[4]。类似的如舞雩台崇德书院，仅《孔府档案》中有清雍正、嘉庆年间选补祀生的记录。其实书院从未建立，不过是假托以设奉祀而已[5]。因此孔继汾（1725—1786）才会在考订奉祀书院时感慨："书院者，本为春秋讲学而设也。今祠庙虽肃，而弦诵之声无闻，戾厥旨矣！"[6]

清初配合奉祀政策而生的祭祀空间，求设祀生的目标更为明确。相关建筑多始于康乾间，在雍正二年奉祀要求明确后，祠庙的建设愈加高涨，并在乾隆前期达到高潮。江阴奚子祠建于康熙年间，是江南较早的贤祠，由清初江阴奚氏经济能力较强的族支新立，依附于奚子祠的奉祀生

---

1. ［清］斐大中修，秦缃业纂《无锡金匮县志》卷十二，《中国方志丛书》华中地方第21号，成文出版有限公司，1970年，第190页。

2. ［清］浦起龙《三山老人不是集》，民国二十五年铅印本，第22—23页。

3. 相关研究参见：何淑宜《香火：江南士人与元明时期祭祖传统的建构》，"国立"编译馆，2009年，第29—70页；常建华《明代宗族研究》，上海人民出版社，2005年，第50—55页。

4. ［清］孔传铎《复言子故宅记》，道光《苏州府志》卷四十九宅第园林，道光四年刻本，第2页。

5. 孔侔主编《曲阜地名志》，山东友谊出版社，1998年，第530页。

6. 《阙里文献考》卷一三，第77页。

不久后"遵例咨部给照"[1]。崇明有子后裔家族记录承袭奉祀过程的碑文中，建祠和设立祀生也是密切关联的。乾隆三年专祠建成，乾隆六年即获奉祀生身份[2]。新兴"奉祀型家族"对朝廷奉祀政策的敏锐由此可见。

（二）重订家谱

儒家先贤多年深代久，先贤后裔家族几乎无法自证嫡裔，主要依靠对血脉的重构寻求正统身份。族谱是论证过程中最重要的证据，也是题请奉祀时必须呈递给官方的凭证。题请增设奉祀后裔与族谱的编纂紧密关联。如江阴奚氏称族谱为"南渡宋进士世炎公所遗世谱，以容葴公为始祖"[3]，奚氏正是因为这部族谱才能证实奚子后裔身份，咨部承袭奉祀生。在奉祀身份确立后，编撰家谱也是惯常的步骤。崇明郁氏在获得奉祀身份后，即编撰《鲁国郡谱》，以巩固其有子后裔身份。湖南宁乡曾氏在光绪年间争取曾子奉祀后裔身份的过程中，也曾借助重修向来由北方五经博士家族主持的家族志《宗圣志》，重塑南方家族的源流[4]。

奉祀家族熟知对谱系的建构是争取正统的关键。与虚拟祠庙建筑相似，先贤谱系也有虚构以迎合奉祀要求者。崇明有子后裔的改郁为有姓是其中的显例。崇明郁氏族史载"廿传祖讳察，避难加邑，志郁郎之旧也。"[5]以解释有、郁之间的关系。但实际上，无论是族内或族外，都曾出现对郁氏奉祀资格的质疑。《崇明县志》直言"（郁柄）兄子廷模冒先贤有子裔。"[6]曾任崇明县令的查岐昌（1713—1761）亦对郁氏自称有子后裔表示不满："彼谱所言有姓因封邑郁夷加邑，更属无稽，况既云魏时加邑，

1.《博潈奚氏宗谱》卷十一，第 33 页。

2.《阙里文献考》卷十八，第 138 页。

3.《博潈奚氏宗谱》卷二，第 1 页。

4. 曾氏家族志研究另参：马淑晨《明代儒家圣贤家族志研究》，山东大学 2019 年博士学位论文；周海生《曾氏家族志编纂考述》，《孔子研究》2021 年 03 期。

5.《重建先贤祠碑记》。

6.《崇明县志》卷十二人物，《中国地方志集成 上海府县志辑》10，上海书店出版社，2010 年，第737 页。

又云封郁夷加邑，何舛错乎？"[1] 乾隆年间礼部尚书彭元瑞（1731—1803），曾于乾隆三十六至三十九年出任江苏学政，也表示从未听说过崇明还有有子后裔。他认为所谓有子祖居郁郎，本是郁姓、郎姓两姓所居，与有子无关，怀疑崇明有氏实为郁氏所改[2]。郁氏确也改写了族谱《鲁国郡谱》中大德五年（1301）陈绎曾、永乐十七年（1419）薄充实序。如薄充实原序中称郁氏"今断自唐太子校书郎讳圆者，由高平就其子之养于苏之官邸，以江淮骚乱，遂家于苏，迄今计之凡得一十八世，垂六百余年矣。"[3]《鲁国郡谱》径改为"今断自先贤若，就其师之教于鲁之阙里，遂家于鲁，迄今计之凡得六十三世，垂一千八百余年矣。"[4] 以使崇明郁氏接续于有子之下，达到重构贤裔的目的[5]。这类虚构的谱系在清初奉祀家族中并不鲜见。

这些被改写的家族记忆此后曾长期留存在地方家族史中。晚清江南的郁氏家族，尤其是经历了句容至崇明迁徙路线的家族，倾向于接受崇明奉祀生一支构建的晋汉以上传承脉络，将先贤有子作为家族的开端，如金山郁氏[6]，嘉定郁氏等[7]。崇明郁氏清初的奉祀生经历对加强族裔的有子后裔认同有强烈的推动作用。又如任氏后裔，乾隆年间苏州诸生任兆麟重修《任氏宗谱》时，便借济宁任氏的奉祀身份为同里祭祀传统提供政治支撑[8]。此外，清代无锡、如皋、海盐、扬州等地的任氏均曾通过族谱纂修和祠庙建设，向先贤奉祀政策的话语框架靠拢[9]。这类家谱重视收集先贤事迹，形成了集合先贤世系、奉祀经历、优免政策、朝廷敕令等内容的家谱编纂范式。

综上，清初以来新兴儒家"奉祀型家族"敏锐地捕捉到奉祀制度的

1.［清］王鸣盛《蛾术编》卷五十四，南京图书馆藏道光 21 年世楷堂刻本，第 14 页。
2.《清献堂文集》，第 643 页。
3.［清］郁继有等修《郁氏宗谱》卷一，日本东京国立国会图书馆藏清光绪 2 年刊本，第 10—11 页。
4.［清］郁兆培《鲁国郡谱》薄充实序，上海图书馆藏道光 17 年刻本，第 1—2 页。
5.《钦定大清会典事例》卷三九二，第 265 页。
6.［清］郁清耀等《黎阳郁氏支谱》卷四，哥伦比亚大学东亚图书馆藏清光绪 25 年刊本，第 6 页。
7.［清］黄汝成《袖海楼文录》，《清代诗文集汇编》第 600 册，上海古籍出版社，2010 年，第 313 页。
8.［清］任兆麟《任氏宗谱》"世系总表"，美国犹他家谱学会藏清乾隆 49 年刻本，第 2 页。
9.［清］任鸿声等修《无锡梁溪任氏宗谱》卷一，美国犹他家谱学会藏乐安堂民国 10 年刊本，第 11 页；任时燮《先贤任子遗书》，任氏宗亲会，1980 年，第 81 页。

祠、谱要求，展开先贤奉祀专祠建设和家谱重订，期盼获授世袭的先贤奉祀后裔资格，这一风潮在乾隆前期达到顶峰。在此过程中，形成书院、家宅等建筑的祠庙化、南北对应的叙事模式、托名虚构祠、谱等特殊的现象。这类以祠、谱建设为核心的"奉祀型家族"可以视为清代地方家族的一种特殊形态，首获奉祀身份的族人常被视为家族中兴的关键人物[1]，设有祀生的族支或可富集更多家族资源。先贤身份通过祠、谱与家族记忆捆绑，长久地留在地方家族的建设逻辑中。

三、南北竞合："奉祀型家族"的兴衰

南北竞合的北主要是指儒家腹地、衍圣公府所在的山东。先贤多属孔门弟子，出身和活动的区域集中在山东及邻近的北方地区，宋儒除朱熹、周敦颐，其余也多活动于北方。衍圣公府与山东官府在儒家先贤奉祀活动中表现活跃，这不仅与前文所述的原乡奉祀传统有关，也是衍圣公府职权所在。故山东以外的奉祀家族与北方家族的发展背景、方式实有差异。乾隆中期以前，衍圣公府对南北先贤奉祀尚有一定管理权。乾隆三十二年，衍圣公孔昭焕"以空白札付委及孔继兖带至江南，觅人填给"，造成"外籍无稽之人，滥与其选"，孔昭焕因此被交部严加议处[2]。此后，"山东奉祀生，令衍圣公会同该抚学政，详选顶补。其直隶、江南、浙江、河南、湖南、四川六省奉祀生，令各该督抚会同学政详查嫡派子孙顶补。"[3] 衍圣公府职权收缩使山东以外的祀生开始进一步依赖地方和家族力量展开活动。

---

1. 学界对孔氏家族关注较多，如：吴佩林、孟维腾《层累的历史记忆：孔氏"中兴祖"之形塑及其接受史》，《史林》2021年第2期。
2.《钦定大清会典事例》卷三九二，第268页。
3.《钦定大清会典事例》卷三九二，第268页。

（一）衍圣公府的职权变迁

乾隆以前的先贤奉祀大约呈现以衍圣公府为核心的金字塔结构。雍正二年规定，"嗣后设立奉祀生，关涉衍圣公者，令衍圣公会同该抚、学臣照例查核，报部换照。"[1] 即使是在衍圣公权力受到控制的乾隆中后期，山东奉祀生仍由衍圣公会同该抚学政详选顶补[2]。衍圣公府与在地奉祀家族建立了复杂的政治、经济和姻亲关系，由孔氏族支渐及四配、十二哲和贤儒后裔。清代奉祀生的泛化更曾使这一结构扩展到更广泛的先贤后裔家族。衍圣公府通过题请奉祀、核查族谱、祀生入监等，对南北奉祀家族的渗透不容忽视。

衍圣公府对孔氏族支的辐射自不必说。以江阴孔㲄后裔为例。康熙中，族人将自身系于孔子后裔并依托衍圣公府展开家族建设[3]。衍圣公府参与孔㲄家族的管理、族长任命和各支奉祀者的拣选，将衍圣公府的权力网络推及南方的旁支，江阴孔氏圣贤后裔的身份自觉与衍圣公府的活动关系密切[4]。依靠衍圣公府的支持，江阴孔氏一度自认是可与衢州、句容相颉颃的南方孔子后裔的代表[5]，甚至获得了超出额定数目的奉祀生之设。南方的颜、孟、曾家族，也普遍受益于衍圣公与各氏五经博士之间的权力关系。清代曾氏木塘祠、怀宁祠、舒城祠、上蔡祠等都是六十八代五经博士曾兴烈请设[6]。直到湖南宁乡曾氏的出现，祀生设立才脱离五经博士府的绝对影响。但即便如此，宁乡曾氏依然乐在五经博士家族的框架中寻求自身的正统地位。另如湖南长沙的颜子奉祀、江苏武进的孟子奉祀都与五经博士家族的权力辐射密切相关。

先贤家族与衍圣公府虽不及四配家族内部一般紧密，但也以诸多途

1.《大清会典则例》卷七十，第 343 页。

2.《钦定大清会典事例》卷三九二，第 268 页。

3. 贺晏然《清代江南儒家圣贤后裔的奉祀活动——以江阴为例的研究》，《江南大学学报》2022 年第 5 期。

4.[清] 孔昭仁《续修梧塍孔氏谱》卷十五，上海图书馆藏清同治十二年 [1873] 本，第 1 页。

5.《续修梧塍孔氏谱》卷十七，第 27 页。

6.《宗圣志》卷十二，第 241 页。

径得利于衍圣公府衍生的权力。如常熟言子祠在五经博士言德坚的主持下重修后，就邀请六十七世衍圣公孔传铎（1673—1732）作记，为这一新恢复的儒家祭祀空间的正统性背书[1]。此后从乾隆三年到咸丰三年，奉祀生族支多人因跟随衍圣公参与临雍大典而获得监生的身份[2]。崇明的有子后裔在清初承袭奉祀期间，也曾跟随衍圣公参加临雍大典，监生有绍熊的身份即由此获得。

总体而言，衍圣公府对南方的奉祀家族的影响虽不如北方深入，但仍然是清初先贤奉祀发展过程中不容忽视的因素。这是以衍圣公府为核心的权力结构在地方社会的反映。但随着衍圣公府对奉祀生拣选的权力被集中在山东省内[3]，家族逐渐成为南方先贤奉祀建设的更重要力量。这类新兴"奉祀型家族"不仅敏锐地察觉到祠谱等政策要求，同时善于调集家族经济和交谊的资源，显示出比传统奉祀家族更为多元的发展策略。

（二）南方家族的发展特点

以衍圣公府为核心的圣贤奉祀结构在乾隆后期，一方面受到"奉祀型家族"和地方官府力量的挑战，另一方面也随山东圣贤家族的衰落而收缩。《宗圣志》便曾提及因贫不克办，"今山东圣贤后裔奉祀生请领部照者绝少"。[4] 加之乾隆间衍圣公府的权力受到进一步控制，南方先贤后裔家族与衍圣公府的关系渐行渐远。最迟在乾隆末年，南方已形成了多个独立发展且内部紧密依存的先贤奉祀区域，如江苏常熟、武进、江阴、萧县和安徽安庆、宿州等[5]。

本地的姻亲关系是建立奉祀身份的重要途径。南方最重要的五经博士家族常熟言氏即曾成为地方家族争取奉祀的依靠。朱熹后裔就曾通过与言氏五经博士家族联姻，获得祀生资格。五经博士言钧是言、朱两姓联姻

1.《复言子故宅记》，第 2 页。
2. 贺晏然《常熟言氏与清代先贤言子祭祀的展开》，《苏州科技大学学报》2021 年第 6 期。
3. 此一过程详参《学政全书》，第 283—284 页。
4.《宗圣志》卷十二，第 242 页。
5.《学政全书》，第 279—281 页。

的起点，言钧娶了宋村朱氏洋尖荣字分支的近支洋尖贵字分支二十九世朱谦光的女儿[1]；洋尖荣字分支奉祀生朱继发子朱琏娶了言钧的长女[2]。朱氏最终在衍圣公府支持下得到奉祀生头衔应与言家的帮助有关，使名不见经传的朱氏小宗获得了成为乡贤的可能。这些姻亲关系被详细地记录在朱氏宗谱之中，成为奉祀生族支引以为荣的资本。

相较于山东奉祀家族，族支经济状况对南方家族的影响显著。江阴奚子祠的建立，实不以嫡系为主导，而是由富裕的族支担任建祠的主要工作。康熙四十二年，"养源公奚锐支盛丁繁，因起建祠之议。"[3]康熙五十二年，该支子孙邀匠估工，建立祠屋，共花费银千余两[4]。专祠拥有祭田九十亩，由四南公支下的四房轮流经管，以确保祠祭能持续进行。无锡金匮朱熹奉祀也是商业家族运作的结果。金匮县宋朱子嵩山书院奉祀生朱继发就是以经商起家，顾栋高（1679—1759）所作《紫阳奉祀生朱君传》中反复渲染朱继发乐善好施的儒商形象，以便将家族商业背景与文公传统相连接[5]。同在金匮的朱子锡山书院也是安徽人汪濣（1669—1742）担任浙江学政时应徽商所请而设，长期为侨居无锡的徽商所有[6]。谢赐履（1661—1727）《锡山紫阳书院碑记》载："徽人士之隶商籍而侨居于锡者咸来就试，拔其尤列弟子员，又惧其逐于声利而忘诗书之教，乃因元人溪山第一遗址鸠众庀葺，妥朱子神位其中而使夫弟子往肄业焉。"[7]锡山书院的奉祀活动自然也是由支持书院复兴的徽商所控制。清代湘潭颜子奉祀也落入经济能力较强的族支。奉祀生颜怀宝父颜崇汉（1741—1823）周贫济急，乐善不疲；伯父颜崇青持家有道、营谋得宜[8]。家族的经济能力成为奉祀资格传承的保障，也使得儒家先贤文化与家族的商业背景时而产生龃龉。民国

1.[清] 朱元标《朱氏宗谱》卷十五，上海图书馆藏清同治十年听彝堂木活字本，第 86 页。

2.《朱氏宗谱》卷十八，第 4 页。32 世朱琏的次女亦嫁入言家。

3.《博潟奚氏宗谱》卷一，第 73 页。

4.《博潟奚氏宗谱》卷一，第 73 页。

5.《朱氏宗谱》卷三，第 9 页。

6.[清] 延丰等纂修《钦定重修两浙盐法志》卷二，《续修四库全书》史部第 840 册，上海古籍出版社，2002 年，第 688 页。

7.《钦定重修两浙盐法志》卷三十，第 710 页。

8.《湘潭颜氏通谱》湘潭县十一都粟皮塘福公派下齿录，第 6 册，第 22 页。

九年，江阴奚氏邵敷公便提及奚家后代不重名声，追求利益，转行从商的现象，认为这是对家族奉祀传统的亵渎[1]。这显示了奉祀家族内部的儒商冲突，也可见维持奉祀所需常使那些拥有商业背景的族支得以凸显。

相较于山东奉祀家族的原乡优势，南方家族依托本地先贤形成了新的区域性网络，其经济能力可以有效应对"各衙门需费"[2]，与山东家族主要背靠衍圣公府和山东官府的发展模式形成差异。在某些儒学氛围淡泊的南方区域，儒家奉祀若非循着家族文化的脉络与地方社会的政经环境相调适，很难想见清代蓬勃之势。南北家族依循不同的发展路径，在随即出现的南北奉祀家族争夺正统的过程中彼此合作与竞争。

（三）南北奉祀家族的竞争

乾隆以后，伴随衍圣公府对南方先贤祀生的管控减弱，各地督抚学政对奉祀生管理权上升。区域之间职权的分化，也带来奉祀家族间不稳定的竞合关系。虽然合谱、联姻、交谊等合作方式广泛存在，但南方家族与山东官府、衍圣公府竞争的情况仍不可避免。且乾隆中后期开始，朝廷愈发重视奉祀生冒滥的现象，对祀生充补的考察更为严格，南北竞争关系愈加显著。总体而言，北方先贤奉祀家族的发展更倚重衍圣公府和地方官府的支持，与江南族支力量活跃的情形产生差异。下文以南北先贤施子和有子家族的例子略作比较。

孔门弟子先贤施之常奉祀便是在衍圣公府的干预下由江阴转向山东的。施之常为鲁国陶邑人，江阴本属隔省充补，再次选充时拣选山东后裔本无不可。但曾经较为宽松的奉祀生充补环境在嘉庆之后已然不存。嘉庆十三年（1808），安徽学政玉麟（1766—1833）在为明臣陈植请设奉祀时，便得到"所有陈增请袭奉祀生之处，应不准行"的回复[3]。即便嫡裔建有专祠，得到地方的承认，增设依然是困难的。因此，衍圣公提出依照前例增

1.《博澥奚氏宗谱》卷三十，第30—31页。

2.《宗圣志》卷十二，第242页。

3.《学政全书》卷十一，第298页。

设圣庙两庑施子奉祀生时，礼部却拒绝道："施子虽从祀圣庙，江阴设有奉祀，已足光俎豆而重祀典，山东施氏即有谱系可凭，未便复行设立，致滋冒滥。"[1] 稍后，衍圣公再次提出请设奉祀。这次题请的原因与此前相似，但是对细节的处理更为妥善。先强调山东与施之常的密切联系：阙里为施子从教之地，东鲁是嫡派子孙世居之地。又举嘉庆二年为先贤荣子旂、三年为先儒杜子春增设奉祀之例作为支撑。但礼部依然不为所动，与前次相比唯一的差异是，让江苏巡抚转饬该地方官，"确切查明该县是否尚有先贤施子嫡裔可以接充额设祀生，会否迁居他省之处，务即据实声覆到部，再行核办。其山东省例无施子祀生，是否嫡裔，无凭查核，本部未便议增。"[2] 礼部实际上是再次拒绝了衍圣公增设施子祀生的提议。但在孔府档案中却提及"从祀孔庙先贤施之常奉祀生"曾得以设立[3]，时间正在山东鱼台县施氏后裔求设奉祀的嘉庆十三至二十年间。施子奉祀的设立恐怕与衍圣公府的坚决态度有关，这位并未出现在《大清会典》等官方文献中的山东施子祀生很可能超越江阴祀生，使得江阴施氏奉祀资格的记录渐显模糊不清。

除了衍圣公府，山东官府也是题请奉祀的重要力量。崇明与山东争夺有子奉祀后裔便是一例。乾隆年间崇明郁氏的一支变郁为有，重构了其与先贤有子的血脉关系[4]。与此同时，有子山东后裔也逐渐浮出水面。有子为鲁人，山东较之隔省充补的崇明，更符合朝廷原乡奉祀的要求，也有利于争取衍圣公府的支持。占有地利的山东与崇明互不相让，在乾隆年间竞争愈发激烈，一度形成南北多地争夺奉祀权的局面。乾隆四十七年（1782），山东学政赵佑在肥城西北有庄访得有子后裔及有氏宗谱。有庄有子后裔仅存十三人，且极度衰落，"皆朴僿，佣力于汶济间"[5]。但在赵佑为代表的山东官府的支持下，有庄有氏开始迅速发展。乾隆五十三年

1.《学政全书》卷十一，第 297 页。

2.《学政全书》卷十一，第 298 页。

3.《曲阜孔府档案史料选编》第一编全宗类目索引，齐鲁书社，1988 年，第 64 页。

4.《黎阳郁氏支谱》卷三，第 12 页。

5.《清献堂文集》，第 641 页。

（1788）八月，肥城有守业赴礼部考试合格，正式承袭五经博士，这也是清代第一位有氏后裔获得五经博士头衔[1]。乾隆五十五年，济南府儒学训导孙汝彦重纂了肥城《有氏宗谱》，由五经博士有守业刊印，赵佑及山东学政刘权之（1739—1818）等纷纷作序[2]。谱中对肥城有氏获得五经博士的过程详加记录，显示了其在官方操纵下复兴的过程。崇明郁氏在强大的山东官府面前，自然无力继续争夺五经博士一职。山东官府一力支持的肥城，最终战胜了家族实力更强的崇明，得立五经博士。

除了如言子等少量出身南方的案例，几乎所有的南方"奉祀型家族"都面对与北方族支的竞争或合作。乾隆以降南北家族由早期的合作为主，开始呈现南方家族和由衍圣公府和山东官府背书的原乡家族对立的情况。相较于北方家族，南方家族的经济和社会活动似乎更为活跃，但是由于缺乏类似衍圣公府的政治力量的配合，奉祀生承袭遇阻的情况也屡见不鲜。施之常和有若奉祀的例子生动说明了南北家族竞争的复杂性，这也是清代山东以外的"奉祀型家族"兴衰不定的重要原因。

结　语

"奉祀型家族"是对清代围绕祠谱建设日益扩张的儒家先贤奉祀现象的揭示。这类家族在清初的涌现背后是中央朝廷的奉祀政策与地方家族策略的互渗，也是新朝文化怀柔过程中道脉与血脉的调合。清代以前以五经博士为主体的儒家奉祀后裔，至清初开始以奉祀生的大量增设为特征，使得南北诸多先贤后裔家族开始借助奉祀政策重整家族策略，拓展了原本集中于山东等北方地区的先贤家族范围。与山东衍圣公府为核心的奉祀结构不同，南方的先贤奉祀家族虽然在清初也受到衍圣公府权力的渗透，但随着乾隆年间衍圣公府管控范围的缩减，南北奉祀家族之间依靠的力量开始出现分化，族支间竞争和合作的情况日趋多元。以山东为中心的北方奉祀

1.《高宗纯皇帝实录》卷一二九八，《清实录》第25册，中华书局，2008年，第457页。
2.［清］孙汝彦纂，有守业刊《有子宗谱》序，哥伦比亚大学图书馆藏清刻本，第1页。

家族更依赖衍圣公府和官府力量，相对而言南方家族在区域网络和经济方面表现突出。清代"奉祀型家族"的扩张，使得南方此前仅以言子、泰伯等构筑的儒学景观被改写，先贤通过奉祀家族的在地建设，逐渐成为南方儒学传统的一部分。中央朝廷的崇儒思想也经由这一渠道逐渐渗透到地方社会。这对于致力于融合儒道与治道的清政府来说，是一条经济的途径。即使在晚清一些南方奉祀家族逐渐衰落的情况下，先贤奉祀传统依然在家谱和家祠中被悄然固定下来，家族与中央朝廷之间的文化认同通过先贤奉祀这一互利的渠道持续达成。

本文原载于《孔子研究》2024 年第 3 期
贺晏然，东南大学人文学院副教授

美洲作物有可能在哥布伦之前进入中国吗？

李昕升　金国平

美洲作物（American Food Plants），顾名思义，即是起源于美洲的栽培植物（农作物），比较重要的有 30 余种。一般认为美洲作物是藉由"哥伦布大交换"（Columbian Exchange）始入旧大陆，再经由欧洲人之手通过亚洲航路抵达亚洲，由于葡萄牙人 1498 年初抵印度，1511 年占领马六甲，所以理论上 1511 年之前美洲作物不可能传入中国，这也是本文选取 1511 年这个时间节点的原因。哥伦布（Christopher Columbus，1451—1506）可以说有开先河之功，第一次真正地将新旧大陆连为一体，但是，美洲作物能够全球广布主要归功于葡萄牙人、西班牙人，特别是前者，因此金国平提出"葡萄牙人大传播"[1]（2022）作为克罗斯比（Alfred W. Crosby J R.，1931—2018）提出的"哥伦布大交换"[2]（1972）的一个必要补充。

近代以来，关于作物起源问题常见于中外讨论，由于技术、认知的局限，经常存在外来作物尤其是美洲作物"乱入"中国的现象，其中多数认为中国是许多美洲作物的起源中心之一，少数认为美洲作物早在前哥伦布时代便进入中国。21 世纪以来，此种讨论逐渐偃旗息鼓，仍有孟席斯（Gavin Menzies，1937—2020）、李兆良坚持郑和发现美洲，大有超越以往"慧深东渡扶桑""殷人航渡美洲""法显航渡美洲"等中国人发现美洲说之势，特别是李兆良以"科学网"个人博客为阵地常年坚持立论，也提出了一些与美洲作物相关的证据（容后讨论）；又如李浩，认为"从 14 世纪始美洲作物便出现在中国的本草、医药典籍、图志等文献当中，而不

---

1. 金国平、叶农《"葡萄牙人大传播"：辣椒入印及入华史考略》，《学术研究》2022 年第 10 期，第 126 页。
2. 艾尔弗雷德·W·克罗斯比著，郑明萱译《哥伦布大交换：1492 年以后的生物影响和文化冲击》，中国环境出版社，2010 年，第Ⅳ页。

是目前普遍认为的在 16 世纪后经西班牙、葡萄牙殖民者传入"[1]，将时间进一步提前至元末明初，所以其实李兆良之流也不支持李浩的观点，李兆良系将界标定位至郑和。又见夏亚松（Paul Chiasson，2006）等相关研究[2]，可见此种观点一直很有学术市场，在坊间更是拥有众多拥趸，代表了相当一部分国民的观点。

针对上述观点，学界也做出了回应，宋正海、郑培凯、金国平、范金民、张施娟、龚缨晏、廖大珂等均表达了不同意见[3]；笔者也提出了自己的看法，但主要是方法论意义上讨论[4]，或一语带过"其殊不知他所谓的证据《饮食须知》是一部清人托名的伪书（另文再述）、《滇南本草》抄本形式流传后人串入甚多，至于弘治《常熟县志》的'花生'其实是土圞儿，景泰《云南图经志》中的'蕃茄'也不能证明就是西红柿"[5]，没有进一步展开，近期又见李浩的进一步申述，对我们的观点提出质疑[6]，我们有必要详细阐释。

一、《饮食须知》

《四库全书总目提要》说："《饮食须知》，八卷，编修程晋芳家藏本，元贾铭撰。铭，海宁人，自号华山老人，元时尝为万户。入明已百岁，太祖召见，问其平日颐养之法。对云：要慎饮食。因以此书进览，赐宴礼

1. 李浩《新大陆发现之前中国与美洲交流的可行性分析》，《中国海洋大学学报（社会科学版）》2018 年第 3 期，第 75 页。
2. 保罗·夏亚松著，暴永宁译《口述：最早发现北美洲的中国移民》，生活·读书·新知三联书店，2009 年；戴光宇《史诗〈乌布西奔妈妈〉和满族古代的航海》，载《满族研究》2009 年第 1 期，第 73—79 页，等。
3. 详见彭勇《重实证，跨学科，全球化：改革开放以来郑和下西洋研究》，载《暨南学报（哲学社会科学版）》2020 年第 8 期，第 104 页；龚缨晏主编《中国"海上丝绸之路"研究百年回顾》，浙江大学出版社，2011 年，第 288—289 页。
4. 李昕升《海上丝绸之路物种交流研究三题》，载《全球史评论》2020 年第 2 期，第 143—152 页。
5. 李昕升《近 40 年以来外来作物来华海路传播研究的回顾与前瞻》，载《海交史研究》2019 年第 4 期，第 70 页。
6. 李浩、王艳杰《地理大发现前中国与波利尼西亚、阿留申群岛等地的文化交流》，《国际汉学》2024 年第 2 期。下文简称"《地理》"。

部而回，至百有六乃卒。"[1] 一般认为这是一部元末明初的饮膳卫生书，但书中记述了多种美洲作物，如玉米、南瓜、花生等，在历史上造成了相当的混乱，如胡道静认为十四世纪初期南瓜已栽培于江南地区，《饮食须知》这部书中就载有南瓜的名字，并分析了元代北方未见南瓜记载的原因。[2] 闵宗殿也认为："（南瓜）元末明初已见于贾铭的《饮食须知》，说明元代我国已经引种。"[3] 彭世奖认为："贾铭'入明时已有百岁'，106 岁病卒，当时哥伦布未发现新大陆，南瓜不可能传入中国，贾铭所说'南瓜'可能是别有所指。"[4] 学者们莫衷一是，要么认为元代已有南瓜，要么认为《饮食须知》之彼"南瓜"非此南瓜。经过笔者考证，《饮食须知》记载确为南瓜[5]，那么如何解释元代的问题呢？

笔者曾经认为"是后人假托贾铭盛名撰之或增补之"[6]，近年发现原来《饮食须知》是一部托名贾铭的伪书[7]。目前《饮食须知》现存版本最早为杂录丛书——《学海类编》，《学海类编》题名清初学者曹溶辑、陶樾增订，四库馆臣曾经猛烈批评《学海类编》"为书四百二十二种，而真本仅十之一，伪本乃十之九。或改头换面，别立书名，或移甲为乙，伪题作者，颠倒谬妄，不可殚述"[8]。事实上，《学海类编》，是不是曹溶辑录的都很成问题，"《学海类编》，多书贾所窜入，非溶原本"[9]，当是"无赖书贾以溶家富图籍，遂托名于溶钦"[10]。非但清人发现，近人批评的案例也是比比皆是，如有人考证现存《学海类编》本《诗问略》非陈子龙撰，而是吴肃公[11]。所以对《学海类编》所记要保持高度警惕，伪托前人盛名售卖以营利，早在

1. [清] 纪昀总纂《四库全书总目提要》，河北人民出版社，2000 年，第 3014 页。
2. 胡道静《农书·农史论文集》，农业出版社，1985 年，第 154 页。
3. 闵宗殿《海外农作物的传入和对我国农业生产的影响》，《古今农业》1991 年第 1 期，第 5 页。
4. 彭世奖《中国作物栽培简史》，中国农业出版社，2012 年，第 220 页。
5. 李昕升，王思明，丁晓蕾《南瓜传入中国时间考》，《中国社会经济史研究》2013 年第 3 期，第 88—94 页。
6. 李昕升《中国南瓜史》，中国农业科学技术出版社，2017 年，第 45 页。
7. 愔之《再说〈学海类编〉本〈饮食须知〉之伪》（https://book.douban.com/review/5339198/，最后访问日期：2023 年 2 月 7 日）最早系统论述此事，但似乎并未取得广泛影响。
8. 司马朝军编《四库全书总目精华录》，武汉大学出版社，2008 年，第 573 页。
9. [清] 永瑢、纪昀主编，周仁等整理《四库全书总目提要》，海南出版社，1999 年，第 417 页。
10.《四库全书总目精华录》，第 573 页。
11. 龙野《现存〈学海类编〉本〈诗问略〉非陈子龙撰考》，《文献》2012 年第 2 期，第 157—161 页。

明代消费社会，便已经数见不鲜了。

有了这个前提之后，我们再审查《饮食须知》，发现问题也就不奇怪了。毕竟一部明初之书，居然在有明一代各种目录中从未著录、收录，这本身就是不正常的。经查，朱本中[1]有一同名之书，《明史·艺文志》《千顷堂书目》《文选楼藏书记》等著录，再经稽核，发现二者除序言之外，内容几乎一致，朱本中《饮食须知》至少有康熙十五年（1676）初刻本、康熙二十八年（1689）《四种须知》本和天津图书馆藏的一个抄本，是早于《学海类编》刊行的（《学海类编》现存最早目录为翁方纲抄本），所以孰真孰假，一目了然，《学海类编》完全是偷梁换柱。遗憾的是，这部假托贾铭的饮膳卫生书居然蒙骗过了四库馆臣，并且一直延伸到今天[2]，一直都是认定贾铭为著者，让人唏嘘，今应还名朱本中。

《饮食须知》之所以托名贾铭，一是因为贾铭长寿，二是因为贾铭本身就是养生家，《四库全书总目提要》能够专门提及，本来就可见贾铭是传奇文化名人，"术业有专攻"，诚如明代《种树书》就长期托名种树郭橐驼，而没有选择创造郭橐驼的、更有名气的柳宗元。今已还名俞宗本，系俞宗本在《种艺必用》等书的基础上编辑而成，而清初的朱本中更属于"无名之辈"，即使在今天寻找朱本中的信息亦是文字寥寥，生平不详，饮膳专书假托贾铭也就是很自然之事。

有人曾专门考察《饮食须知》，经过精心比对，认为其主要抄录《本草纲目》而成[3]，《四库全书总目提要》也说："然别无出于本草之外者，不足取也。"[4]值得一提的是，题为贾铭《饮食须知》为编修程晋芳家藏本，

---

1. 朱本中，道名泰来，故常称朱泰来，号凝阳子，安徽歙县人，例监，康熙十九年（1860）任河南彰德府通判，擅长医术，曾在广东行医，《广东新语》的作者屈大均为朱本中《饮食须知》作序，序言亦收于屈大均《翁山文外》。

2.《四库全书总目》之后，题为"贾铭《饮食须知》"被《八千卷楼书目》《续通志》《续文献通考》《元史·艺文志》《元史新编》等收录，得到"发扬光大"；近代以来更是数见不鲜，如周贻谋《论贾铭及其〈饮食须知〉》，《南京中医药大学学报（社会科学版）》2002年第1期，第43—44页；方瑾，张佳乐《基于〈黄帝内经〉思想探析〈饮食须知〉的养生观》，《成都中医药大学学报》2016年第2期，第114—116页，等；又，几乎所有的《饮食须知》整理本（约十余种）均是题名贾铭，最近的即"贾铭《饮食须知》，中国医科技出版社，2017年"。

3. 程杰《元贾铭与清朱本中〈饮食须知〉真伪考》，《阅江学刊》2018年第3期，第143页。

4.《四库全书总目提要》，第3014页。

程晋芳当时进贡了一批图书，如《类博杂言》《拯荒事略》《捕蝗考》和前文提到的《诗问略》等，又有人查《学海类编》本《拯荒事略》非欧阳玄撰，而是从明人彭大翼《山堂肆考》商集第四十二卷"政事·救荒"条目移出[1]，其实程晋芳所进多是《学海类编》零种，今天有必要就来源于《学海类编》的《四库全书》进行一次全面稽核、勘误，很有可能是移花接木，使用要特别小心。

二、波利尼西亚的番薯问题

番薯同其他美洲作物一样，起源于中、南美洲地区，无甚疑问，早已被考古学以及分子生物学证明，番薯至少在距今五千年前被驯化[2]。

然而，考古学家在太平洋中部的波利尼西亚发现了番薯遗存，根据放射性碳年代测定时间为公元 1000—1100 年[3]，虽然远没有美洲番薯遗存年代久远，但确系早于 1492 年，换言之，番薯早已跳出了新大陆的范围，早于哥伦布 400 多年被裹挟到其他热带和亚热带地区。这就冲击了我们的传统观点，认为番薯可能在 15 世纪末才进入欧洲，是旧大陆第一次与来自新大陆的番薯的接触。甚至我们可以假设，古代波利尼西亚人与南美洲有过交往，并把番薯带到夏威夷群岛乃至亚洲。

基于此，对于波利尼西亚番薯问题的讨论一直不绝于书，早在 1932年罗兰·B. 狄克森（Roland B. Dixon，1875—1934）就开启了讨论，认为波利尼西亚航海家到达了美洲海岸，在他们返回家园时带回了番薯，或者

1. 余辉《学海类编本〈拯荒事略〉辨伪新证》，《佛山科学技术学院学报（社会科学版）》2021 年第 4 期，第 60—64 页。
2. Austin D. F, *Exploration, maintenance, and utilization of sweet potato genetic resources.* International Potato Center, the Taxonomy, Evolution and Genetic Diversity of Sweet Potatoes and Related Wild Species. Lima, Peru, 1988. Bovell Benjamin and Adelia C, *Sweet Potato: Origins and Development.* New York: Springer, 2014. Nishiyama and Ichizo, "Evolution and domestication of the sweet potato", *Botanical Magazine Tokyo* 84.（2006）: 377–387.
3. Caroline Roullier and Laure Benoit and Doyle B. McKey and Vincent Lebot, "Historical collections reveal patterns of diffusion of sweet potato in Oceania obscured by modern plant movements and recombination", *Proceedings of the National Academy of Sciences of the United States of America* 110. 6（2013）: 2205–2210.

秘鲁或其他美洲印第安人，他们向西航行时，番薯和它们一起去往几千英里外的波利尼西亚 [1]。后人也大体延续了这种说法。

我们以为，即使存在波利尼西亚的番薯事实，也不代表波利尼西亚就与美洲存在密切交流，更不能盲目反推和例证，得出中国人发现美洲或美洲作物早已入华的结论。

第一，罗兰·B. 狄克森的观点本来就是一直存有争议的，并没有取得共识。波利尼西亚发现的番薯遗存数量较少、年代较晚 [2]，可见这并不一定是两地人员物质、文化交流的结果，很有可能是偶然因素导致的一种不可复制的交流，这种交流并不是频繁的、大量的、有意识的，没有对人类生活产生深刻而持续性的影响，甚至有可能是非人的交流（如季节性候鸟），而番薯正是在这种偶然的情况下散逸到了波利尼西亚。诚如詹姆斯·霍内尔（James Hornell，1865—1949）所言，番薯进入波利尼西亚是一个"孤立的偶发事件"，其扩散是源于非自愿的秘鲁漂流的航程 [3]。道格拉斯·E. 任（D. E. YEN）也提出鸟类从南美洲携带番薯到波利尼西亚的可能性问题 [4]。根据 2018 年最新研究，研究人员就 18 世纪库克船长（James Cook，1828—1779）从波尼利西亚群岛带回来的番薯进行了研究，发现其与其他地区的番薯并不相同，前者在大约 11.1 万年前就与其他番薯在演化道路上分离，番薯是凭自然的力量到达太平洋，如通过在海上漂流或者依靠鸟类的携带而达到太平洋岛屿 [5]。几乎可以盖棺定论了。

第二，《地理》一文说"目前学界普遍认为"众多美洲作物纷纷进入波利尼西亚。《地理》给出的证据是《拉丁美洲和太平洋岛屿》一文，该

---

1. Roland B. Dixon, "The problem of the sweet potato in Polynesia，". *American Anthropologist* 34. 1（1932）：40—66.

2. Thegn N. Ladefoged and Michael W. Graves and James H. Coil, "The introduction of sweet potato in Polynesia：Early remains in Hawai'i", *The Journal of the Polynesian Society* 114. 4（2005）：359—373.

3. James Hornell, "Was there pre-columbian contact between the peoples of oceania and south America？" *The Journal of the Polynesian Society* 54. 4（1945）：167—191.

4. D. E. YEN, "The sweet potato in the Pacific：The propagation of the plant in relation to its distribution", *The Journal of the Polynesian Society* 69. 4（1960）：373.

5. Pablo Mun˜oz-Rodrı´guez, et al., "Reconciling Conflflicting Phylogenies in the Origin of Sweet Potato and Dispersal to Polynesia", *Current Biology* 28（2018）：1246—1256.

文的确有 "Contact with South America is evidenced by the existence, at least on Easter Island, of sweet potato, manioc, capsicum, gourd, 26-chromosome cotton, pineapple, tobacco, some other South American plants, and some South American products and ideas" 之语[1]，这是一种想当然的说法，也并没有证据链条。其实，除番薯之外，并没有确凿的证据表明其他美洲作物存在于波利尼西亚。番薯"孤证不立"，如果两地存在频繁交流，不可能仅是番薯一家独大，换言之，番薯的逃逸是一种不可复刻的行为。

第三，即使番薯是为波利尼西亚的稳定物产，也没有传入旧大陆。我们常年从事美洲作物史研究[2]，在番薯1593年入华之前[3]，中华大地从未见番薯名、物，1593年之前的"薯"全部属于薯蓣（山药）的称呼。番薯进入中国之后，渐次传播到琉球（1605）[4]、日本（1615）[5]、朝鲜（1765）[6]。而这当然发端于欧洲人，番薯可能在15世纪末就进入欧洲，至迟在1526年西班牙出现了介绍番薯的文字，并以西班牙为始进入其他欧洲国家[7]。波利尼西亚的番薯能够走出大洋洲，同样归功于欧洲人的"发现"，否则便是一偏居一隅的物产。

三、此"花生"非彼花生

花生又名"落花生"，最早"出现"在弘治十六年（1503）《常熟县志》，此说最早由万国鼎先生提出[8]，考虑到此时距离哥伦布发现新大陆仅

---

1. Ron Crocombe, "Latin America and the Pacific Islands", *The Contemporary Pacific* 3. 1（2012）: 115.

2. 参见李昕升、王思明《近十年来美洲作物史研究综述（2004—2015）》，《中国社会经济史研究》2016年第1期，第99—107页；李昕升、王茨《近五年来美洲作物史研究评述（2016—2020）》，《中国社会经济史研究》2022年第1期，第88—100页，等。

3. 李昕升、崔思朋《明代番薯入华多元路径再探》，《历史档案》2022年第1期，第29—35页。

4.［清］郑秉哲《球阳》，郑有国《闽商发展史 福州卷》，厦门大学出版社，2016年，第81页。

5. 石毛直道著，关剑平译《日料的故事 从橡子到寿司的食物进化》，浙江人民出版社，2018年，第117—118页。

6.《金薯传习录 种薯谱 合刊》，农业出版社，1982年，第250—251页。

7. Patricia J. O' Brien, "The Sweet Potato: Its Origin and Dispersal", *American Anthropologist* 74. 3（1972）: 345.

8. 万国鼎《花生史话》，《中国农报》1962年第6期，第18页。

仅九年，学界一般选择性忽视，今《地理》再次提出。按照我们的标题1511年，这显然是一个悖论，作何解释？

弘治《常熟县志》载："菜品。……香芋。宜高地。浮土植之。生有小毒，煮熟可食，味甚香美。芋头。紫秆大叶，低田栽种。生有小毒。煮熟宜啖。落花生。三月栽。引蔓不甚长。俗云花落在地而生子土中，故名。霜后煮熟食之，其味才美。"[1]

单看文字而言，较为简略，雌雄难辨，这也是《地理》的底气所在。但是花生与香芋（*Apios fortunei Maxim.*）、芋头（*Colocasiaesculenta（L）.Schott*）并列在一起本身就很奇怪，花生与二者外形差异颇大。古人的分类虽不"科学"，但亦有规律可循，不会如此杂乱，此处存疑。

香芋，中国本土作物，今之学名土圞儿，爬蔓、卷须，《地理》以"引蔓不甚长"为由，说（落花生）"不能缠绕树干"[2]，文本过于简略，如此解释过于牵强。幸好明季后期保存了大量关于"落花生"的记载。

正德《姑苏志》："香芋，出嘉定，南翔色微黄，味香美，可食，别一种引蔓生花，花落即生，名落花生，虽香芋而味不及。"[3]

嘉靖《太仓州志》："落花生，其茎叶与香芋同，而花脱堕地上即结子，小于香芋味甘美。"[4]

万历《常熟县私志》："落花生，引蔓花落地生子，味减于香蔬。"[5]

崇祯《江阴县志》："香芋、落花生别是一种，可移土芝名之。"[6]

均可见落花生与香芋实为一类物产，香芋长相如马铃薯，也称人参果，方志之外，诸如《食物本草》《三才广志》《种芋法》《学圃杂疏》《戒庵老人漫笔》等都持这样的说法，兹不赘述，这都告诉我们一个事实——明代吴越一带的士人都将当地物产中的"香芋"和"落花生"归入芋类，他

---

1. 弘治《常熟县志》卷一《土产》，《四库全书存目丛书》史部第185册，齐鲁书社，1996年，第37页。
2. 李浩、王艳杰《地理大发现前中国与波利尼西亚、阿留申群岛等地的文化交流》，《国际汉学》2024年第2期。
3. 正德《姑苏志》卷十四《土产》，正德刻本。
4. 嘉靖《太仓州志》卷五《物产》，嘉靖刻本。
5. 万历《常熟县私志》卷四《叙产》，万历刻本。
6. 崇祯《江阴县志》卷二《土产》，崇祯十三年刻本。

们是同一作物的不同品种 [1]。

即使到了清初，陈淏《花镜》依然持此说："落花生，一名香芋，引藤蔓而生，叶桠开小白花，花落于地，根即生实，连丝牵引土中，累累不断。冬尽掘取，煮食香甜可口。南浙多产之。" [2] 当然随着真正花生（*Arachis hypogaea Linn.*）的推广，"落花生"的指向才逐渐发生了变化。

总之，明清之际"花生"多为土圞儿，基本可以盖棺定论了，其实，早在 1980 年代，叶静渊就指出"古籍中的香芋就是现在的香芋，古籍中落花生并非都是油料作物的花生" [3]。花生在中国最早的记载，恐怕还是《物理小识》，也就是说在崇祯年间，花生才进入中国，至于携入人、路线、地点不详，由于清初福建方志记载较为集中，可能如番薯、烟草一样，花生先进入福建 [4]。广东也可能较早。

四、《滇南本草》与玉米传入

国际上关于玉米的起源与传播问题，还是能够取得基本共识的，但《地理》转引《植物穿越太平洋》一文说到"美国生物学界的安德森团队利用遗传学和形态学手段进一步发现，在哥伦布抵达美洲前玉米还通过波利尼西亚群岛传入东亚和东南亚所在的太平洋东岸" [5]。实际上《植物穿越太平洋》一文的确转述了安德森团队的研究猜想，但仅仅是安德森团队在探究一种可能性，"He has not said that corn is Asiatic, but he has insisted that the evidence is such that the possibility must be explored. He has concluded that maize was very probably carried across the Pacific in pre-

---

1. 陈明《花生在中国的引进与发展研究（1631—1949）》，博士学位论文，南京农业大学科学技术史系，2019 年，第 26—27 页。
2. ［清］陈淏著，陈剑点校《花镜》，浙江人民美术出版社，2016 年，第 186 页。
3. 叶静渊《"香芋"与"落花生"名实考》，《古今农业》1989 年第 1 期，第 49—51 页。
4. 史煜飚《论花生传入中国的时间与地点》，《海交史研究》2022 年第 4 期，第 53—63 页。
5. 李浩、王艳杰《地理大发现前中国与波利尼西亚、阿留申群岛等地的文化交流》，《国际汉学》2024 年第 2 期。

Columbian times"[1]，纵观全文安德森团队也并没有提出确凿的证据。《植物穿越太平洋》发表于 1953 年，70 年过去了，并没有进一步的研究附和此说，本身就说明了随着时间的推移玉米在前哥伦布时代走出美洲的可能性微乎其微。更直接的证据来自基因测序，非洲西北角的玉米源于加勒比地区，加勒比的基因特征进一步扩散从尼迫尔到阿富汗的西亚地区[2]，进而流布中国，一个完整的基因传播链呼之欲出，没有太平洋的参与证据。

抑或由于玉米重要性日渐重要，中国关于玉米的起源与传播的问题的讨论，居于美洲作物之首。其实，上个世纪关于玉米是中国原产或在前哥布伦时代就进入中国的说法颇为流行[3]，但是在 2000 年前后[4]，讨论逐渐明晰，该言论也就偃旗息鼓了。

《滇南本草》记载了玉米、南瓜、烟草，以玉米为例，"玉麦须，味甜，性微温，入阳明胃经，宽肠下气"[5]。诚如《地理》所说"若学界日后常以不是原版为由将其史料不予采信，实在过于武断"[6]，但是《滇南本草》就如同《神农本草经》一样，本身就是一个不断完善、再造的过程。目前学界对于《滇南本草》的主要研究结论有二：一是《滇南本草》传世版本与兰茂并无关系，范本的真实著者应为范洪，务本的著者应为管氏昆仲[7]；二是《滇南本草》是兰茂"倡首"的，包括其门人、再传门人、后世学者以及当今医药、植物学等学者们的集体创作[8]。无论哪种，都说明了我们看

1. George F. Carter，"Plants across the Pacific"，*Memoirs of the Society for American Archaeology* 9（1953）：62—71.

2. 艾丽丝·罗伯茨著，李文涛译《驯化》，读者出版社，第 144—145 页。

3. 详见向安强《中国玉米的早期栽培与引种》，《自然科学史研究》1995 年第 3 期，第 239—248 页；曹玲《明清美洲粮食作物传入中国研究综述》，《古今农业》2004 年第 2 期，第 95—103 页。

4. 李晓岑《关于玉米是否为中国本土原产作物的问题》，《中国农史》2000 年第 4 期，第 102—107 页，以之作为界标。

5. ［明］兰茂著，《滇南本草》整理组整理《滇南本草》第 2 卷，云南人民出版社，1977 年，第 485 页。

6. 李浩，王艳杰《地理大发现前中国与波利尼西亚、阿留申群岛等地的文化交流》，《国际汉学》2024 年第 2 期。

7. 张廷瑜，邱纪凤《〈滇南本草〉的版本与作者》，《云南中医学院学报》1989 年第 1 期，第 30—34 页。

8. 杨国祥《〈滇南本草〉的作者与版本探述》，《云南中医学院学报》1988 年第 1 期，第 20—24 页。

到的《滇南本草》绝非"原版"，这早已在学界取得共识，并不是专门针对兰茂该书，所以数百年来对《滇南本草》的"批评"不断，如吴其濬《植物名实图考》、道光《云南通志稿》、道光《昆明县志》、民国《新纂云南通志》等均认为是书为"后人增益""伪托""依托""非兰氏手定"等，这又何其类似于《饮食须知》。所以《滇南本草》整理组都说"《滇南本草》在长期流传的过程中，经明、清两代中草医增订、补注，以及有关志书收编和民间传抄，不仅版本各异，甚至互相矛盾"[1]。

至于这些美洲作物"为何唯独选择性的'窜入'元末明初时期的文献？"这是因为《滇南本草》在美洲作物传入时还处在形成过程中，所谓的"窜入"，也算即时记录了。退一步讲，即便兰茂原本真的记载了"玉麦须"，也是很可疑的，因为明初到明末二百余年间，云南乃至全国的文献中再未出现过玉米，这就是一个典型的"孤证不立"。

五、蕃茄、菠萝及其他

景泰《云南图经志》载："蕃茄，有垂实三颗而同一蒂者，产于布政司之后圃，与嘉莲同时，识者以为丰年之兆，已而果然。"[2] 此"蕃茄"有没有可能是西红柿？仅仅凭一个名称无法说明更多，毕竟此外确凿的番茄记载便是王象晋的《群芳谱》(1621)，间隔了两百多年。自德康多尔（Alphonse L.P.P. de Candolle，1806—1893）开始，劳费尔（Berthold Laufer，1874—1935）等人研究作物起源，就擅长运用自然志、语言学等人文证据，虽然不能说毫无建树，但是一定要谨慎判断，毕竟这不是"科学"的证据，稍不注意就会得到大相径庭的结论。

囿于考古材料的缺乏（特别是考古学界目前缺乏对宋代以后的植物考古研究），我们已经无法获悉某一美洲作物最早在该地栽培的时间，只能根据文献资料佐证。相对来说，美洲作物传入中国的时间我们可以推估

1.《滇南本草》第1卷，第1页。
2.《续修四库全书》编纂委员会《续修四库全书》（史部·地理类）第681册，《（景泰）云南图经志》，上海古籍出版社，2002年，第9页。

的更精确一些，这是因为其传入的明清时期，传统中国已经形成了编纂方志的传统，一方面方志经过一系列的订凡例、分事任、广搜访、详参订，更加关注微观的细枝末节，再有就是"物产"一般是方志的定例，必然会详加记载，美洲作物作为新奇作物被引种至该地后，往往会被方志编纂者所注意；另一方面，一般来说每个年号都会新修方志，新旧方志之间的时间不会间隔很长，使我们能够洞悉"物产"的增加状况。当然，方志中未记载不代表该作物尚未引种至该地，本着有一分材料说一份话的原则，出于严谨我们不做夸大估计。我们占有明清全国数千部方志，对于判断美洲作物的引种时间、路线、分布及变迁是非常重要的。

所以我们再去爬梳文献中的番茄记载，普遍出现在入清以来，特别是 19 世纪以来。我们再以云南为例，云南我们目及的最早记载番茄的文献就是道光《普洱府志》"西番柿，俗名五子登科"[1]，已经是距离景泰"蕃茄"时序最近的个案了，再考察民国《石屏县志》"状元红，即蕃茄，五十年前屏人云有毒，不可食，近年则成为食品佳者"[2]，亦可见番茄对云南人来说即使到了民国时期还分明是个新鲜事物。

李兆良曾专门行文阐释过菠萝、向日葵的问题，他发现了明代名将戚继光设计监工的金山岭长城通风口上居然雕有各种图案，有向日葵和菠萝，据此认为菠萝在中国出现应远早于戚继光离开福建的 1567 年，进而认为郑和时代中国人把菠萝从南美带回[3]。

以上推论完全是风马牛不相及，上下之间根本不是因果关系。而且从源头上来说，所谓的雕刻之物的指向本来也是人言人殊，不能说明就是菠萝和向日葵，再加上孤证不立，可以说不能说明什么。其实，所谓的图画疑似美洲作物的情况，偶有发生，如河南新安荆紫山发现向日葵图案琉璃瓦，该瓦为明正德十四年（1519）当地重修的玄天上帝殿遗物[4]。但学界

---

1. 道光《普洱府志》卷八《物产》，咸丰元年刻本。
2. 民国《石屏县志》卷十六《物产》，民国二十七年铅印本。
3. 李兆良《金山岭长城的菠萝——明代与南美的接触》，https://blog.sciencenet.cn/blog-1674084-843282.html，最后访问日期：2023 年 2 月 7 日。
4. 张宗子《河南新安荆紫山发现向日葵图案琉璃瓦》，《古今农业》1995 年第 2 期，第 53—56 页。

普遍认为该瓦片的确切时间与图案所指尚有待考证[1]。

六、"葡萄牙人大传播"的合理性

"葡萄牙人大传播"即是说，这些美洲作物系经由葡萄牙人之手，先抵达欧洲，之后迅速通过葡萄牙新开辟的亚洲航路进入非洲、亚洲乃至大洋洲等地，当然，紧随而来的西班牙等其他国家也或多或少推波助澜。前文我们纷纷证伪了这些美洲作物在1511年之前传入中国的情况，即是肯定了"葡萄牙人大传播"的合理性，美洲作物作为《地理》一文中国与波利尼西亚、太平洋阿留申等群岛交流的重要证据，如此是不是我们可以说这种交流比较虚无缥缈？即使这种交流真的存在，也是与美洲无涉。当然，也没有任何一个旧世界栽培植物发现于前哥伦布时代的美洲[2]。德康多尔更直接指出"（美洲作物）乃先传入亚欧两洲，复有就大陆之植物传入美洲"[3]。

嘉庆时人檀萃著《滇海虞衡志》的确有说："落花生……宋元间与棉花、番瓜、红薯之类，粤估从海上诸国得其种归种之，高、雷、廉、琼多种之。"[4]我们正可以引用《地理》中的一句话"美洲作物传入中国后，在相当长一段时期，中国人并未理清其究竟从何而来"[5]，檀萃作为一个清中后期文人，他当然不清楚这些美洲作物是怎么来的，完全是一种自说自话的解读。事实上，类似檀萃的情况大有人在，由于知识和时代的局限，文献中比比皆是，明人谢肇淛《五杂组》就说"闽中有番薯，似山药而肥白过之……按，稽含《草木状》中有甘薯，性似薯蓣，实大如瓯，皮紫肉白，可蒸食之，想即番薯，未可知也"[6]，把番薯误作古已有之的甘薯（山

1. 曾芸，王思明《向日葵在中国的传播及其动因分析》，《农业考古》2006年第4期，第191—201页，等。
2. Berthold Laufer, "The American Plant Migration", *The Scientific Monthly* 28. 3（1929）: 240.
3. 德康多尔著，俞德浚等编译《农艺植物考源》，商务印书馆，1950年，第15页。
4. ［清］檀萃《滇海虞衡志》卷十《志草木》，商务印书馆，1936年，第73页。
5. 李浩，王艳杰《地理大发现前中国与波利尼西亚、阿留申群岛等地的文化交流》，《国际汉学》2024年第2期。
6. ［明］谢肇淛《五杂组》，山东人民出版社，2018年，第386页。

药）。王双怀《明代华南农业地理研究》对这种将美洲作物引入时间前推的观点同样表示否定[1]，并不是如《地理》所说王双怀支持这种说法。要之，真正能反驳"葡萄牙人大传播"的证据，还没有出现。

"近代学者又考证出美洲作物是葡萄牙、西班牙等西方殖民者传入，遂一直沿用此观点。"[2] 这其实是一个相当高屋建瓴的真知灼见，并不是错误的陈陈相因。德国自然学家约翰·雷茵霍尔德·福斯特（Johann Reinhold Forster，1729—1798）作为库克船长第二次航行期间的随船科学家曾经指出美洲大陆与旧大陆之间不存在联系，被广泛接受[3]。如此便说明美洲作物来到亚洲只能是通过欧洲人之手，德康多尔也持这样的观点。劳费尔在以马铃薯为个案研究美洲作物大迁移时也提出葡萄牙将马铃薯携入印度，进而流布东亚[4]。劳费尔亦认为玉米被阿拉伯人从欧洲带到麦加，再由葡萄牙取道海上输入果阿，之后由印度而北，传布于锡金、不丹、西藏等地，终乃至四川[5]。对此，早在民国时期中国学者也已经认同了"葡萄牙人大传播"[6]。日本学者星川清亲（1978）补充道："由于海船来往行动迅速，所以新大陆刚传入欧洲不久的'新作物'几乎同时又被传到东方各国。"[7]拉塞尔·伍德（Anthony John R. Russell-Wood，1940—2010）指出葡萄牙人是起了栽培植物的全球性传播的第一批和第二批携带者作用的人，葡萄牙人在美洲作物进入莫卧儿印度与明代中国的过程中扮演了重

1. 王双怀《明代华南农业地理研究》，中华书局，2002 年，第 212 页。
2. 李浩、王艳杰《地理大发现前中国与波利尼西亚、阿留申群岛等地的文化交流》，《国际汉学》2024 年第 2 期。
3. Robert Langdon, "The Bamboo Raft as a Key to the Introduction of the Sweet Potato in Prehistoric Polynesia", *Journal of Pacific History* 36.1（2001）：51—76.
4. Berthold Laufer and C.Martin Wilbu, "The American Plant Migration，Part I：The Potato", *Publications of the Field Museum of Natural History. Anthropological Series* 28.1（1938）：1—132.
5. Berthold Laufer, "The introduction of maize into Eastern Asia", *Congres international des Americanistes*, Dussault & Proulx, Imprimeurs 1.（1907）：232—233.
6. 施亮功《外域输入中国之植物考》，《学生杂志》1927 年第 4 卷第 6 期，第 60—66 页；宋序英《中国输入重要植物之源流及其经济状况》，《新苏农》1928 年第 1 卷第 2 期，第 139—150 页；陈竺同《南洋输入生产品史考》，《南洋研究》1936 年第 5 卷第 6 期，第 75—81 页；L. Carrington Goodrich 著，蒋彦士译《中国几种农作物之来历》，《农报》1937 年第 4 卷第 12 期，第 1—2 页，等。
7. 星川清亲著，段传德等译《栽培植物的起源与传播》，河南科学技术出版社，1981 年，第 12 页。

要角色[1]。

由于美洲作物本身在欧洲发挥作用就较晚，这些作物往往在欧洲还没有站稳脚跟就开始向亚洲输送，这反映葡萄牙、西班牙等海上帝国的"经商头脑"，充分将新知识、新事物转化了帝国的经济利益。但是也正是由于这些作物不甚重要，欧洲社会本身也不屑于去大量种植、食用，仅仅用于观赏、药用或作为奴隶等底层人民的食物，所以文献一直疏于记载，我们看到的第一批美洲作物的记载便是 1542 年德国人莱昂哈特·福克斯（Leonhart Fuchs，1501—1566）出版的《植物志》(De Historia Stirpium Commentarii Insignes)。所以时人缺乏对美洲作物传入亚洲的直接记载也就在情理之中了，但是如果不是"葡萄牙人大传播"，根本没有办法解释 1511 年之后中国骤然出现与增多的美洲作物记载。总之，这是最符合逻辑的说法。

当然这些美洲作物确实有航行到东方的潜力，间接叙述总是不一而足，"如果我们考虑到葡萄牙人普遍使用这些植物的方式，那么我们可以认为极有可能在前往东方的船只上也有辣椒属植物"[2]。"南瓜可以经长期航海而不腐败，十分适合远洋航行。"[3]总之，"葡萄牙引入了一些新的植物品种，今天这些品种在果阿，其实在整个印度，都深深扎根，包括烟草、菠萝、番木瓜、玉米、甘薯、腰果和辣椒"[4]。诸如星川清亲《栽培植物的起源与传播》、José E. Mendes Ferrão《植物的旅程与葡国航海大发现》等在分别类叙述不同美洲作物时，总是给出了不同的证据。

综上所述，"葡萄牙人大传播"才是美洲作物进入中国的契机，这个时间不早于 1511 年，微弱的经济因素是输送它们的动因，具体传入中国

1. 拉塞尔·伍德《五个世纪的交流和变化：葡萄牙人在全球范围内进行的植物传播》，黄邦和等主编《通向现代世界的 500 年：哥伦布以来东西两半球汇合的世界影响》，北京大学出版社，1994年，第 277—298 页。

2. Christian Fausto Moraes dos Santos and Fabiano Bracht and Gisele Cristina da Conceição, *A carreira da malagueta: uso e disseminação das plantas do gênero Capsicum nos séculos XVI e XVII*, in Revista IDeAS 6 .2（2012）: 155.

3.《中国南瓜史》，第 30 页。

4. M.N. 皮尔林著，郜菊译《新编剑桥印度史：葡萄牙人在印度》，云南人民出版社，2014 年，第 120 页。

的团体中，华人华侨也扮演了重要的媒介作用。有些美洲作物能够在中国产生甚至还高于欧洲的影响，完全是之前不能预料到的，也反映了中国虽然不是"哥伦布大交换"的最直接受益者，但是也被卷入"全球化"物种大交流浪潮。

本文原载于《国际汉学》2024年第2期，有增订

李昕升，东南大学人文学院副教授；金国平，暨南大学澳门研究院特聘教授

明清南京城南区域的空间演化与职能变迁

李 铀

引 言

南京作为中国"四大古都"之一，在中国古代城市发展史上具有特殊且重要的意义。明初朱元璋对南京重新规划，在改造南唐旧城的基础之上，造就了一个与此前北方国都迥然不同的都城形态，并且保留至今。因此，明初的南京城市规划、城墙营造和人口构成等问题长期以来颇受学界关注[1]。就城市内部结构而言[2]，以往学者多以都城整体为对象，讨论其空间职能和面貌。由于洪武建都规模宏大，以都城整体为对象的考察固然兼顾了政治、经济、军事、人文等各方面要素对城市内部结构的塑造，然而可能忽视了其中以地方行政和经济要素主导的更为具体的空间结构和发展过程。实际上，明清南京的经济和人口重心一直处于南唐旧城的南部，即今日一般所说的"老城南"。那么这个城市重心区域内部在明清时期有怎样的发展和变化？其原因又为何？以往学者对于明清南京城市经济发展、行政管理和社会文化等领域的研究业已颇丰，然而其中所涉及的城市空间及动态的变迁过程并没有清晰地呈现出来[3]。本文试从城市历史地理的视角出发，结合政治、经济、社会文化等多方面因素，梳理明清南京城南区域的

---

1. 牟复礼《元末明初时期南京的变迁》，施坚雅主编《中华帝国晚期的城市》，中华书局，第127—133 页；徐泓《明初南京的都市规划与人口变迁》，《食货副刊》1980 年第 10 卷第 3 期，第82—116 页；杨国庆、王志高《南京城墙志》，凤凰出版社，2008 年。
2. 侯仁之曾指出，城市空间职能及城市面貌的发展是城市历史地理的核心课题之一。侯仁之《城市历史地理的研究与城市规划》，《地理学报》第 34 卷，1979 年第 4 期，第 315—328 页。辛德勇《侯仁之先生对我国城市历史地理研究的开拓性贡献》，《中国历史地理论丛》1990 年第 4 辑，第 4 页。
3. 陈忠平《清代南京城市经济的发展与演变》，《南京师范大学学报》1986 年第 4 期，第 124—129页。范金民《明代南京经济探析》，《国计民生——明清社会经济研究》，福建人民出版社，2008年，第 432—462 页。范金民《明前期南京经济略论》，《国计民生——明清社会经济研究》，福建人民出版社，2008 年，第 464—473 页。许檀、高福美《清代前期的龙江、西新关与南京商业》，《历史研究》2009 年第 2 期，第 68—81 页。罗晓翔《陪京首善：晚明南京的城市生活与》，凤凰出版社，2018 年。费丝言《谈判中的城市空间：城市化与晚明南京》，浙江大学出版社，2021 年。

空间演化与职能变迁的进程，探讨变化背后各因素所发挥的推动作用，以及明清南京的都市地位和独特性。

晚明南京士人顾起元对南京城市风俗的描述为人熟知：

> 自大中桥而西，繇淮清桥达于三山街、斗门桥以西，至三山门，又北自仓巷至冶城，转而东至内桥、中正街而止，京兆赤县之所弹压也，百货聚焉。其物力，客多而主少，市魁驵侩，千百嘈呀其中，故其小人多攘攘而浮兢。

> 自东水关西达武定桥，转南门，而西至饮虹、上浮二桥，复东折而江宁县，至三坊巷贡院，世胄宦族之所都居也。其人文之在主者多，其物力之在外者侈。游士豪客，兢千金裘马之风。而六院之油檀裙屐，浸淫染于闾阎，膏唇耀首，仿而效之，至武定桥之东西。嘻，甚矣！故其小人多嬉靡而淫惰。[1]

这段文字实际为明代南京划分出东、中、南、北、西北五个区域，并且对各区域的经济与人文状况作出了生动描述，其中中、南两个区域基本涵盖了城南的主要空间（图 1）：

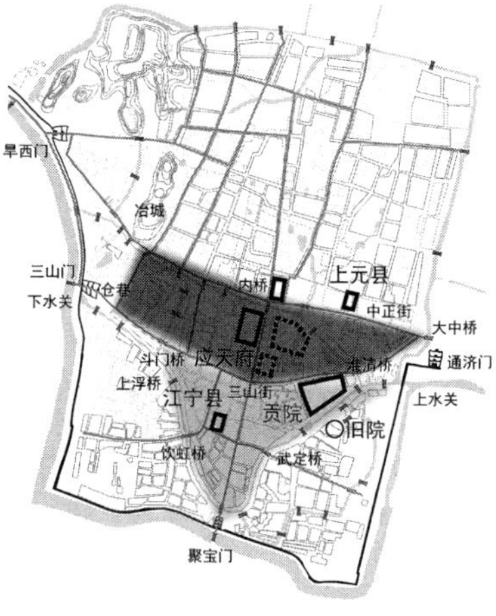

图 1　晚明南京城南区域（制图：陈紫葳、李铀）

注：深灰部分为顾起元所说五区中的中区，浅灰为南区。
底图来源：今人据清《陆师学堂新测金陵省城图》编绘的《江宁省城图》，载于南京地方志编纂委员会编纂《南京建置志》，海天出版社，1994 年。

1.［明］顾起元《客座赘语》卷一《风俗》，南京出版社，2009 年，第 23—24 页。

根据顾氏的描述，中区是官署和商业市场所在，商业贸易大都由外地客商带来，并非本地人经营。而南区是明朝勋戚家族的居所，引领奢侈享乐的消费风气，同时毗邻的旧院等教坊妓馆是城市娱乐消费的中心。尽管这段描述十分精要地勾画出南京城南的空间职能与人文气质，但也引出很多问题。首先是中区之内行政空间和商业空间是否有明确的区分？是因何而成？到清代以后又有何发展？其次，城南发达的商业氛围与明初的徭役型手工业的制度设计相矛盾，经济结构转化的同时，空间又是如何发生变化？

一、明代以前城南格局的发展与行政中心的变迁

明清南京城南既是经济、人口重心所在，同时也是地方行政中心，省级和府县官署错落于市廛民居之间，显示出城市空间职能中行政和经济两方面因素间的复杂张力。要解答这一现象形成的原因，还须将视野向前延伸，从更长时段的发展来进行考察。

五代十国时期，杨吴政权改唐昇州为金陵府，把持军政大权的徐温、徐知诰父子前后三次修筑金陵城，前后历经 18 年（914—932）[1]。此番筑城所奠定的南京城市形态在之后的 400 多年里基本保持不变，直至明初建都。由于隋唐时期南京的政治地位大大衰落，先后建立的蒋州和昇州治所只是一般的地方城市，而五代杨吴、南唐均以南京为国都，修筑金陵城主要是出于其政治、军事上的需求，同时也使得城市规模更符合其在区域经济网络中的地位。尤其值得注意的是，在作为唐宋之际城市变革重要时期的五代，许多地方城市都作为地方政权都城而扩大规模。这一时期，坊市制在中唐以来逐渐瓦解的过程中几近尾声，以水陆交通要道为骨干发展起

---

1. 第一次修筑在杨吴天祐十一年（914），第二次在天祐十四年至武义二年（917—920），第三次在大和四年（932），又拓城 20 里。此后南唐时期虽又有两次筑城，但均为局部修整加固，无大改动。杨吴金陵府至南唐时改称江宁府，为行文方便，杨吴和南唐时期的南京统称南唐金陵城。见南京市地方志编纂委员会办公室编《南京通史·隋唐五代宋元卷》，商务印书馆，2021 年，第153—154 页。

来的开放性街巷取代了被坊墙封闭的坊市，开启了"近世都市"的时代[1]。长久以来，北宋东京（今开封）被当作此际城市变革的代表案例，吸引了诸多学者的目光[2]。实际上，金陵城的建设早于后周显德二年（955）开始营建的东京外城。张学锋指出，南唐金陵城是五代两宋时期这类"近世都城"的出发点[3]。

五代建设的金陵城沿用了唐末升州治所为子城，营建宫室，其位置在城市中心偏北，形成了子城与都城的"回"字形二重城结构。从宫城南门延伸出的御街延伸至秦淮河最南端，经内桥跨越联通青溪与运渎的城濠，经镇淮桥跨秦淮河至南门，构成城市的中轴。这个布局是在六朝建康城遗存的基础上发展而来的。建康城即有出南侧宣阳门的御道，延伸至秦淮河南端北岸的朱雀门及秦淮河上的朱雀航。虽然建康宫城在隋代被"平荡耕垦"，但南部秦淮河沿岸仍是主要的民居和市场区域。唐末复置昇州城应该是在建康城西南角的基础上改造而成，后为南唐宫城沿用，在建康城南侧西门广阳门旧址上建造宫城南门。相较六朝时期，城市轴线的北端向西移动，而南端不变，因而御道暨城市轴线也发生小幅的偏转[4]。不过宫城在北，市肆民居在南部秦淮沿岸的格局得以延续和进一步地巩固。这一格局与唐长安城宫城、皇城、朱雀大街作为城市中轴贯通南北的形态亦有契合之处，可见中世纪都城规划对于南唐金陵城的影响。

在宫城以南的御街两侧，诸司衙门罗列左右，是主要的行政中心，其中作为地方行政治所的江宁府署位于内桥东南。从这种布局方式中可以

<hr>

1. 在内藤湖南等人提出的"唐宋变革说"影响下，唐宋城市研究中发现工商业的发展使得中古时期的坊市制城市瓦解，继而形成宋代开放式的街巷制度。其后伊懋可（Mark Elvin）、施坚雅（G. William Skinner）等人提出宋代产生"城市革命"，或称"中世纪城市革命"，尽管学界对以上命题提出不少质疑和反思，但仍普遍认同唐宋城市社会变革的存在。包伟民《宋代城市研究》，中华书局，2014年，第15—28页。

2. 杨宽《中国古代都城制度史研究》，上海古籍出版社，1993年，第280—310页。李孝聪《历史城市地理》，山东教育出版社，2007年，第229—235页。田银生《走向开放的城市：宋代东京街市研究》，生活·读书·新知三联书店，2011年。

3. 本文参考张学锋的观点，将3—9世纪的都市视为"中世纪都市"，而五代以降的都市视作"近世都市"。张学锋《"近世都城"的出发——以南唐金陵城为例》，《南京晓庄学院学报》2015年第5期，第53页。

4.《"近世都城"的出发——以南唐金陵城为例》，第52—53页。

见到唐长安皇城的影响，只是并未营造城墙将诸司衙门囊括在内形成皇城。而宋东京大内南门宣德门外御街两侧同样安置了诸多中央衙署。[1] 城市的经济重心则是在城市西南侧的秦淮河西段沿岸，此处是经长江而来的人员和货物的入城水道，故而在饮虹桥北岸附近有鱼市，鱼市以东至御街之间还有银行、鸡行、花行等工商业聚集地。秦淮东段为文教区以及官员宅第，国子监在御街南段东侧。围绕着这三个核心区外围的是各寺观和军营。上元县署在城北近北门处，而江宁县署在城西南隅近凤台处，两个县署位处偏地，靠近城墙，并未安置在城市的核心区域。总体而言，南唐金陵城的官署区、工商市场区和文教区依中、西、东次序排开，规划布局显得清晰而有秩序，虽然规模较统一朝代的国都偏小，但仍显示出礼制性较强的都城规划格局（图2：1）。

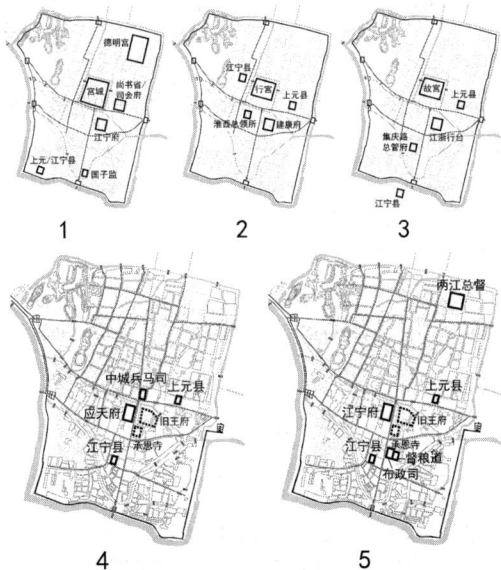

图 2　南唐至清代南京城南官署分布（制图：陈紫葳、李铀）
图 2：1　南唐江宁府　　　图 2：2　南宋建康府　　　图 2：3　元集庆路
图 2：4　明应天府　　　图 2：5　清江宁府
底图来源：今人据清《陆师学堂新测金陵省城图》编绘的《江宁省城图》，载于《南京建置志》。

1.孟凡人《北宋东京开封府城的形制布局》，《故宫学刊》2008 年总第 4 辑，第 366 页。

在短暂的五代时期之后，南京再次降格为地方城市，但仍有较高地位，其城墙和内部主要格局得以沿用，与其区域中心城市的地位相匹配。宋平南唐以后，将南唐宫改为昇州治，后又改为江宁府，并置建康军节度。北宋时沿用原南唐旧宫为府治，子城的结构和功能都得以保留[1]。南宋建炎三年（1129）改江宁府为建康府，定为行都，绍兴三年（1133），将府治改建为行宫，绍兴八年（1138）改建康为留都[2]。由于南宋朝廷最终定都临安，因而建康行宫历经整个南宋几乎闲置不用，这导致子城失去行政中心的功能，最终在明初完全消失，只有作为南唐宫城护城河的护龙河存续至清代。在南宋初府治迁出子城后，"以转运衙改为府治，在行宫之东南隅、秦淮水之北。凡留守、知府事、制置使、安抚使、宣抚使、兵马都督皆治于此"[3]。可见地方行政官署主要集中在南桥东南一侧，即南唐建康府旧址区域。虽然看似是对南唐的地方行政用地有所沿用，但结合作为行宫的子城空缺出来这一现象，实际上反映出城市的行政中心开始南移。此外，上元、江宁两县官署位移至行宫东西两侧，较南唐时更加靠近城市中心（图2：2）。南宋时期，运渎、秦淮西段一带的商贸区进一步发展，官员主持修建的楼、亭等公共设施位列于此，如下水门附近有供人赏景的折柳亭、赏心亭等，在御街南段以西有供人宴乐的层楼和东南佳丽楼，可视为商业市场中出现的消费娱乐空间。

元代集庆路大致继承南宋格局，不过行政中心呈现进一步南移的趋势。元代集庆的行政中心有两官署，江南诸道行御史台占据了南宋建康府署，而集庆路总管府位置则是几经辗转之后迁至南宋东南佳丽楼旧址[4]（图2：3），其实嵌入了城市的商业消费空间，开启了此后明清时期城南空间"京兆赤县"与"百货聚焉"杂处并立的局面。

元末朱元璋占据集庆时，将内桥东南的行台署改建为吴王府，而洪

---

1. 至正《金陵新志》卷一《行台察院公署图考》，《宋元珍稀地方志丛刊·乙编（四）》，四川大学出版社，2009年，第12页。
2. 景定《建康志》卷二十四《官守志一》，《宋元珍稀地方志丛刊·甲编（二）》，成都：四川大学出版社，2007年，第1125页。
3. 景定《建康志》卷二十四《官守志一》，第1125页。
4. 至正《金陵新志》卷一《集庆路治图考》，第19页。

武初迁入新建的紫禁城后，遂改称旧王府[1]。相传朱元璋原本想把旧王府赐予徐达作为宅第，徐达辞而不受，于是才赐大功坊的宅第[2]。其后旧王府西南一部被赐予太监王瑾，王瑾去世后舍宅为承恩寺。应天府治所位于内桥西南，原系大军库基址，与旧王府隔街相对。中城兵马司位于内桥东北广艺街与卢妃巷之间，即南唐旧宫的东南角[3]。江宁县署沿用元总管府旧址，因此前引起顾起元文字描述的晚明城南游冶空间中，还以江宁县为其中一地标（图2:4）。可以看到，原本在南宋至元代被空出的子城（南唐宫城）不但没有恢复行政中心的功能，甚至作为地方和区域行政中心的旧建康府署、元行台署的空间也因特殊的政治原因而被废弃闲置。到清代，徐氏大功坊宅第改为布政司衙门[4]，其东侧又有江安粮道署[5]。（图2:5）相较明代，清代江宁府虽然由留都降为省会，但由于城市东部皇城区域被用作八旗驻防，因而城南区域进驻了省级和区域性的行政单位[6]，进一步加强了前代行政设施向南扩散、深入商业消费空间的局面。

通过以上梳理可以看到，虽然五代建设的金陵城奠定了城南区域的格局，但随着朝代变迁，南京的政治地位起伏不定，加之改朝换代中种种特殊的政治原因，原本以南唐宫城子城结构为中心的行政中心逐渐被遗弃，地方或区域行政中心往往在朝代变更的初期向南寻找既有的官署、府邸，甚至是酒楼歌馆作为办公场所。然而这些变化往往发生在朝代初期城市经济凋敝、人口稀少之时，随着明代中后期城市经济的繁盛，以及清代建立后的快速恢复，这些行政空间与商业和消费空间之间的张力和矛盾便会显现出来。

---

1. 同治《上江两县志》卷十《建置》，《中国地方志集成》，江苏古籍出版社，1991年，第194页；嘉庆《新修江宁府志》卷九《古迹》，《中国地方志集成》，第86页。

2. 嘉庆《新修江宁府志》卷九《古迹》，第86页。

3. [明]施沛《南京都察院志》卷二十一《职掌十四·中城职掌》，日本国立公文书馆藏明天启刻本，页4上。

4. 顺治二年（1645）改明南直隶为江南省，以大功坊徐宅为江南布政使司，顺治十八年（1661）改为江南左布政使司，江南右布政使司移驻苏州，康熙六年（1667）更名安徽布政使司，乾隆二十五年（1760）改为江宁布政使司。

5. 嘉庆《新修江宁府志》卷十二《建置》，第115页。

6. 重要的区域性的行政设施仅有两江总督府设于南唐旧城内的东北隅，即今总统府。

二、明代匠作坊的设置与解体

在南唐以降的历次朝代变更中，对城南空间内部改造最大的仍应属洪武建都带来的影响。洪武年间，朱元璋通过大量迁移人口来解决都城人口不足的问题，使南京人口从元末的不足 10 万增长至约 70 万[1]。这些人口进城后并非自发聚居，而是根据城市规划意图，被有序地安置在城内各处。东扩皇城形成了中央行政中心，北扩部分驻扎军卫形成军事区，而城南区域，尤其是内桥以南至内秦淮河之间这个旧的人口重心区域被安置了各种匠作坊，可以看作是洪武规划中的城市手工业区。

据《洪武京城图志》中《街市桥梁图》(图 3)，斗门桥以西道路南北有皮作坊，习艺东、西二街，毡匠坊，弓匠坊和铁作坊，三山街至镇淮桥西侧有三个杂役坊与鞍辔坊、银作坊，东侧为三个织锦坊。此外还有箭匠坊、颜料坊、毡匠坊、铜作坊等未被标注，大致位于新桥东北一线。这些各行各业的匠人多是由江南富庶地区征发而填入城内的，据顾起元的记录："洪武十三年起，取苏、浙等处上户四万五千余家，填实京师，壮丁发各监局充匠，余为编户，置都城之内外，名曰'坊厢'。有人丁而无田赋，止供勾摄而无征派。"[2] 这些人口隶属官籍，实际上是强制性地使手工业者对接于官府的采买需求，因而明初的南京城市手工业是近似徭役性的官营手工业，具有强烈的政治属性[3]。这些由江南地区填入的匠户因永乐迁都北京而"随行太半"[4]，永乐迁都使南京居民人口减少一半以上，匠户迁移的比例也与之大致相当[5]。这导致一些匠作坊被突然腾空，加之此后制度松弛和商业活动需求的影响，到晚明时，许多匠作坊都转化为民居或市肆，如"若颜料、毡匠等坊，以居肆名，非隶官籍"[6]。

---

1. 范金民《明代南京经济探析》，第 433 页。
2. [明] 顾起元《客座赘语》卷二《坊厢始末》，第 57 页 .
3. 范金民《明代南京经济探析》，第 434—437 页。
4. 万历《江宁县志》卷三《版籍》，中国国家图书馆藏明万历刻本，页 1 上、下。
5. 徐泓《明初南京的都市规划与人口变迁》，第 106 页。
6. 万历《江宁县志》卷三《版籍》，页 1 下。

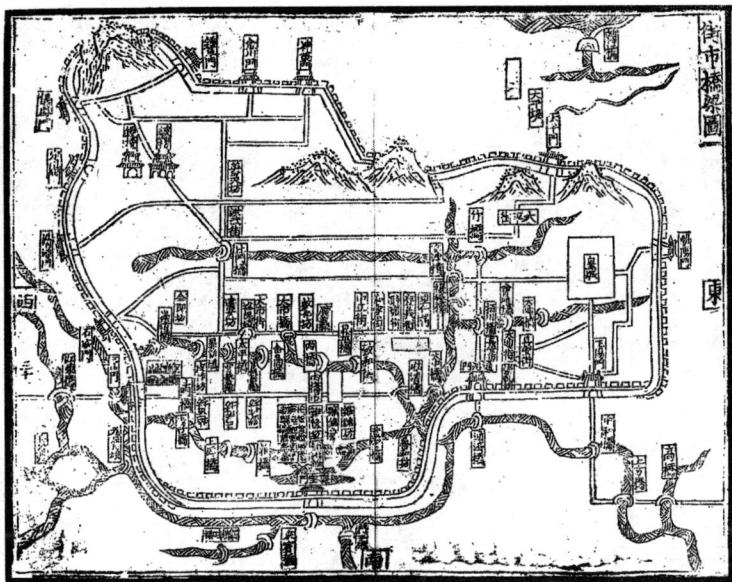

图 3 《洪武京城图志》之《街市桥梁图》

这种变化具体如何发生，通过现有方志材料，似乎难以呈现其整体的面貌，不过仍有零星材料可供作窥豹之见。一则事例发生在成化年间，南京礼部尚书倪谦居住于铁作坊，而此地当时仍是工匠们生活工作的空间：

> 礼部尚书倪公谦宅在铁作坊，门颜"及第"二大字。巷不甚广，夹街皆铁工列肆，公舆从出入肆，工皆为起立，公召至前语之，曰："汝吾乡人母，为我出入，妨汝作业，第坐为之，后复起立。"至再语之，始坐不起，世称公为长者。[1]

此时铁作坊中不仅仍是铁匠列居之所，而且匠户们平日须在家门口的街巷边工作，以致侵占了本就不宽阔的道路空间，并非是零星的匠户分散于坊内。这与明初设置铁作坊时的情形可能相差不大，延续着洪武建都以来的匠作坊风貌。正德间陈沂所编的《金陵古今图考》中的《国朝都城图》（图 4）恰好标注了铁作坊，且是图中唯一标出的匠作坊，正可以与倪谦

---

1. 正德《江宁县志》卷七《宅第》，《中国地方志集成》，凤凰出版社，2014 年，第 638 页。

轶事相印证，说明其并非制图者不经意而为之，很可能是对当时仍延续的铁匠坊的有意标注。

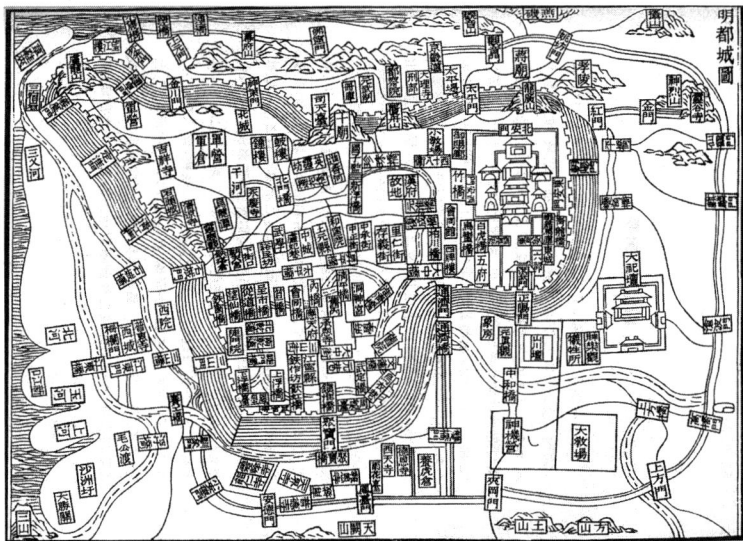

图 4　陈沂《金陵古今图考》之《明都城图》

与此同时，成化、弘治、正德、嘉靖间的一些墓志说明明初被填充人口的江南富户通过经商获得成功[1]。其中，《姜孺人徐氏墓志铭》提到，活跃于永乐至弘治初的姜华与夫人徐氏，先祖分别来自杭州和苏州，家族徙实京师后，居住于府治之西[2]。应天府署的西侧在明初应为习艺东、西街所在，距离铁匠坊北侧不远[3]。

位于江宁县署以西、铁作坊以东的铜作坊，在万历时期已经成为"丝客"的聚居的"丝市"："往丝客寓此，每晨卖丝，今铜作坊人悉移于铁作坊，但呼'丝市'。以下名非其实者多类此"[4]。这段文字出现在万

---

1. 南京市文化广电新闻出版局（文物局）编著《南京历代碑刻集成》，上海书画出版社，2011 年，第 374—389 页。
2. 《南京历代碑刻集成》，第 380 页。
3. "习艺东街……习艺西街，在皮作坊东旧土街。"《洪武京城图志》，中国国家图书馆藏弘治重刊本，页 49 上。
4. 力㤿《江宁县志》卷二《坊厢》，页 29 上。

历《江宁县志》中，而正德《江宁县志》中未见，反映出铁作坊至万历年间仍然得以延续。同一时期顾起元的记载稍详尽，与万历《江宁县志》相印证：

> 如铜铁器则在铁作坊；皮市则在笪桥南；鼓铺则在三山街口，旧内西门之南；弓箭则在弓箭坊；木器南则钞库街，北则木匠营。盖国初建立街巷，百工货物买卖各有区肆，今沿旧名而居者，仅此数处。其他名存而实亡，如织锦坊、颜料坊、毡匠坊等，皆空名无复有居肆与贸易者矣。[1]

其中除铁作坊外，仅有皮作坊、弓箭坊两个为明初所立民坊，鼓铺、木器仅为市场铺廊。其他十几个匠作坊，至万历时要么名存实亡，要么名实皆已不存。

此外，洪武年间在城市每一坊厢设置社学，以供坊内子弟读书受教育，并用以举行乡饮酒礼。至正德年间，"各坊基地多为僧道之庐，间有居民侵占"[2]。此后的嘉靖和万历年间分别有官员试图恢复社学制度，但很快又都以徒劳告终：

> 嘉靖中，学使杨宜稍简诸生堪教习者，与为社学师，数处至今相袭，其后又废。万历中，督抚朱大器移文修复，未几迁去，后无复举行者。今除诸生所居，及居民佃者，入租于官，其他多为豪猾侵占，不能尽考云。[3]

至天启年间，《南京都察院志》中所记录七所社学皆"倒塌无存"[4]。综合以上线索可见，大致在正德以前，这些由国家安置的工匠组成的社区空间逐渐崩解。伴随着明中期南京城市经济的发展，五方杂处的商人、诸生、百姓、僧道等不断进驻原有匠人坊。最终，万历年间的坊厢制和铺户制改革使得城市居民得以挣脱繁重杂役和官府采办需求[5]。这一改革进一步刺激了人口流动和商业发展，使得官办手工业性质的匠人坊转变为符合此区域经济职能的工商业市场和民居。

1.《客座赘语》卷一《市井》，第21页。
2. 正德《江宁县志》卷四《学校》，第607—608页。
3. 万历《江宁县志》卷二《学校》，页15下。
4.《南京都察院志》卷二十一《职掌十四·中城职掌》，页26上。
5.《明代南京经济探析》，第453—458页。罗晓翔《明代南京的坊厢与字铺——地方行政与城市社会》，《中国经济史研究》2008年第4期，第49—57页。

三、明清城南中心商业空间的发展与局限

明初规划的匠人坊的解体其实与城市市场的扩展互为表里，随着匠人坊逐渐名存实亡，原有徭役式的手工业生产空间逐渐转变为繁华的商业市场和消费空间。然而正如前文所述，在从北宋至明清的朝代更替过程中，原本以南唐子城为中心的地方行政中心逐渐南移，占据了城南重要交通沿线本适合发展为商业空间的地段，随着明中叶以后城市经济的不断繁盛，出现了地方行政衙署杂处于商业闹市的现象。

明清时期南京城南区域的市场主要集中在笪桥、斗门桥、镇淮桥、内桥四点之间的水陆道路两侧及合围出的区域之内。换言之，工商业空间主要处于内桥以南，御街以西一侧，仍是继承了南唐、宋、元以来形成的格局。如若进一步细分的话，可以将这些工商业空间分为三组来看：一是以三山街为中心延伸出的市场，二是运渎沿岸，斗门桥、笪桥、鸽子桥一线，三是以新桥为中心的秦淮西段沿线。这三组市场一方面有水路交通为依托，商品货物经水西门入城后即沿秦淮、运渎水道运输至此，另一方面明初修建的官街两旁附有廊铺形成了主要商业街道：

> 前明都会所在，街衢洞达，洵为壮观。由东而西则火星庙至三山门、大中桥至石城门；由南而北则镇淮桥至内桥，评事街至明瓦廊，高井至北门桥。官街及其宽廊，可容九轨，左右皆缭以官廊，以蔽风雨，今为居民侵占者多。崇闳之地半为湫隘之区矣。[1]

其中镇淮桥至内桥一段对应三山街市，评事街和部分东西向大街对应运渎沿岸市场。

1.［清］甘熙《白下琐言》卷二，南京出版社，2007 年，第 21 页。

图 5　明清南京会馆及公所分布（本图据沈旸《明清南京的会馆与
　　　南京城》中"南京会馆及公所分布图"增补而成）
底图来源：今人据清《陆师学堂新测金陵省城图》编绘的《江宁省城图》，《南京建
置志》。

　　这三个主要商业空间在明清时期呈现出扩散的趋势，从清代会馆的
分布上可以得到很好的体现（图 5）。明代南京城内会馆见诸记载者仅有
三个，分别是嘉靖年间所建的莆田文献会馆和潮州会馆，以及天启以前所
建位于牛市的浙江会馆，其中潮州会馆于清初迁至苏州，故南京会馆大都
为清代所建[1]。从表 2 统计的会馆分布可见，城南范围之内的会馆和公所总

---

1. 关于明清南京会馆的整理的与统计，见沈旸《明清南京的会馆与南京城》，《建筑师》2007 年第
4 期，第 68—79 页。

数有 37 个，相较于其它区域的 22 个，占据了绝对的多数。城南之内，分布于御街以西的有 25 个，明显多于位处秦淮东段的 12 个，且规模较大的地域、省级会馆和行业公所大都集中于此。如《白下琐言》称："金陵五方杂处，会馆之设甲于他省"，位于此地的大型会馆有："评事街之江西……牛市之湖州……颜料坊之山西，天妃宫之全闽，陡门桥之山东，百花巷之泾县，殿各堂楹，及其轮奂"[1]。而秦淮东段多是一些安徽府县会馆，由于靠近贡院，其中不少承担了试馆的作用。对比之下显示出，运渎、秦淮西段一线是毫无疑问的城市商业中心。三山街一带市场周边则较少会馆，围绕其分布的如丝绸业、尚始（土布行业）、云章（云锦业）、缎业、书铺五个行业公所分量尤为重要，聚集了城市最主要的工商产业。运渎以西至水西门之间有会馆、公所 11 个，是多数省级会馆的集中地，可见是由运渎以东的商业空间扩散形成，形成城内外来客商做转运贸易最主要的集中地。

表 2 清代南京会馆分布

序号	区域	地域和省级会馆	州县会馆	公所	数量
1	运渎以西（水西门、铁窗棂、鼎新桥、斗门桥之间）	湖北会馆、全闽会馆、安徽会馆、西北三省会馆、中州会馆（中州新馆）（5）	广阳会馆*、太平会馆、旌德会馆、旌阳会馆、洞庭会馆（5）	北货果业公所（1）	11
2	运渎以东（斗门桥、笪桥、内桥、三山街口之间）	江西会馆、山东会馆（2）	旌德会馆（1）	钱业公所、丝绸业公所、尚始公所（3）	6
3	秦淮西段（斗门桥、新桥、镇淮桥、三山街口之间，包括沿河南岸）	山西会馆、湖州会馆、湖南会馆、河南会馆*（4）	泾县会馆（1）	云章公所、酱业公所、缎业公所（3）	8

---

1. 甘熙《白下琐言》卷二，第 24 页。

序号	区域	地域和省级会馆	州县会馆	公所	数量
4	秦淮东段（镇淮桥，武定桥、淮清桥、三山街口之间，包括沿河南岸）	浙江会馆＊（1）	金东会馆、潜山会馆、旌德会馆、婺源会馆、石埭会馆、歙县会馆、贵池会馆、棋峰试馆、新歙会馆、庐州会馆、江阴会馆＊（11）	书铺公所、麸业公所	12
5	内桥以北	两广会馆、四川会馆＊、陕西会馆、湖北会馆＊、湖南定湘王行宫、八旗会馆、万寿宫（江西会馆）＊（7）	莆田文献会馆、普安会馆、徽州会馆、新安会馆、武进会馆＊（5）	米业公所、锡箔公所（2）	13
6	聚宝门外	浙东会馆（2）	庐江会馆、三河会馆、金斗会馆（3）	染业公所（1）	6
7	江东门附近	太阳宫＊、江汉会馆（1）	临江会馆、崇明会馆（2）		3

注：本表据沈旸《明清南京的会馆与南京城》中"南京会馆一览表""南京公所一览表"及"南京会馆及公所分布图"制作。标＊者为笔者据李锋《南京记忆：会馆寻踪》系列文章增补[1]。

晚明时期，三山街市是城中最繁华的街市，顾起元云："南都大市为人货所集者，亦不过数处，而最夥为行口，自三山街西至斗门桥而已，其

---

1. 广阳会馆建于乾隆五十三年（1788），位于大水巷口，坐南朝北，有屋舍70余间，见李锋《南京记忆：会馆寻踪（二）》，《南京史志》2016年第2期，第43页；河南会馆在聚宝门内镇淮桥西沙湾，见李锋《南京记忆：会馆寻踪（二）》，《南京史志》2016年第2期，第39页；浙江会馆位于四象桥西南，建于乾隆中期，太平天国战火后重建，系浙江丝绸商人及官商建造，建筑坐西朝东，共五进，规模壮大，见李锋《南京记忆：会馆寻踪（四）》，《南京史志》2017年第2期，第101页；四川会馆在八条巷、卢妃巷口，创建时间不详，见李锋《南京记忆：会馆寻踪（四）》，《南京史志》2017年第2期，第102页；湖北会馆在常府街、细流巷一带，创建时间不详，前后七进，见李锋《南京记忆：会馆寻踪（四）》，《南京史志》2017年第2期，第102—103页；万寿宫在中正街，为江西士商建于康熙二十三年（1684），见李锋《南京记忆：会馆寻踪（四）》，《南京史志》2017年第2期，第103页；江阴会馆在夫子庙东大石坝街旁石塔巷，即今小石坝街市民广场处，又称"江阴试馆"，见李锋《南京记忆：会馆寻踪（三）》，《南京史志》2017年第1期，第108页；太阳宫位于上新河螺丝桥大街，建于明末清初，系两湖木材商人所建，见李锋《南京记忆：会馆寻踪（五）》，《南京史志》2018年第1期，第114—115页；武进会馆位于朝天宫后冶山西麓，系汤贻汾创建，毁于太平天国战火，见李锋《南京记忆：会馆寻踪（一）》，《南京史志》2016年第一期，第71页。

名曰果子行。"[1]《南京都察院志》中也说道："凡勋戚乡绅、士夫青矜及名流墨士胥居其中，盖文物渊薮，且良工巨商百货丛集，如三山街一带最冲要地也。"[2]这里是通济门、大中桥至三山门的东西街道和南唐御街的交汇点，是城南最为核心的地段，因此该地商业店铺不仅沿南北向的官街分布，同时也向东西延伸，向东经书铺廊至奇望街，向西经绸缎廊至果子行、斗门桥。清《康熙南巡图》第十卷中就是以三山街为对象，展现了清前期南京城市商业市肆的繁荣面貌。

然而，三山街口的西北是应天府（清江宁府）治和城隍庙，东北则是旧王府，商业空间的发展受到二者的限制。明代旧王府的空置与商业发展的需求形成矛盾，在 15 世纪上叶就已显露。书铺廊本是承恩寺门前廊房："（承恩寺）山门左右廊房，通共三十八间，原系靠墙空地，先于宣德年间，前已故太监王瑾，自备木料砖瓦，起盖完备，召人赁住。"[3]正是由于旺盛的商业需求，王瑾才得以临街搭建廊房赚取租金。至王瑾去世后，廊房转为官房，租金由管理城市治安的中城兵马司收取，其数目相当可观："按月每间纳钞一十二贯，共四百五十六贯，一年通共纳钞五千四百七十二贯。"[4]考虑到这还仅是城市商业萌发期的正统二年（1437），三山街口的商业价值已十分突出。到万历年间，顾起元对此处评论道："惟承恩寺居旧内之右，最为城南嚣华之地。游客贩贾，蜂屯蚁聚于其中，而佛教之木义刹竿，荡然尽矣。"[5]不仅如此，明末承恩寺和门前的书铺廊更是成为全国性的书籍贸易中心，孔尚任在《桃花扇》中就借书商蔡益庵一角之口描绘了当时的盛况：

> 天下书籍之富，无过俺金陵；这金陵书铺之多，无过俺三山街；这三山街书客之大，无过俺蔡益所。你看十三经、廿一史、九流三教、诸子百家、腐烂时文、新奇小说，上下充箱盈架，高低列肆连楼。不但兴南贩

1.《客座赘语》卷一《市井》，第 21 页。
2. 施沛《南京都察院志》卷二十一《中城职掌》，页 2 上。
3.《乞恩给赐房屋题奏揭帖》，释鹰巢编《承恩寺缘起碑板录》，南京出版社，2011 年，第 7 页。
4.《乞恩给赐房屋题奏揭帖》，《承恩寺缘起碑板录》，第 7 页。
5.《客座赘语》卷十《寺院》，第 269 页。

北，积古堆今，而且严批妙选，精刻善印。俺蔡益所既射了贸易诗书之利，又收了流传文字之功，凭他进士、举人，见俺作揖拱手，好不体面。[1]

清初吕留良在谈及自己鬻书金陵的经历时，说明了承恩寺和书铺廊的功能区别：

> 若金陵书坊，则例有二种：其一为门市书坊，零星散卖近处者，在书铺廊下；其一为兑客书坊，与各省书客交易者，则在承恩寺。大约外地书到金陵，必以承恩寺为主，取各省书客之便也。凡书到承恩寺，自有坊人周旋可托，其价值亦无定例，第视其书之行否为高下耳。[2]

由于明代南京作为留都的特殊政治文化特殊地位，汇集了来自全国各地的官员士子及书籍商人，使晚明三山街书市规模独步全国。[3] 而承恩寺内成为"兑客书坊"显示出这个旧有的行政空间与城市商业的矛盾，一旦从作为政治禁地的旧王府划分出来，便在旺盛的商业需求下迅速转化为市肆。至清中期，书铺廊书市的规模不及之前，但其东南相邻的状元境仍有书坊"二十余家，大半江右人，虽通行坊本，然琳琅满架亦殊可观"[4]。

旧王府因有院墙留存，其内部空地在清代被当作菜圃，为驻防城收地租之用[5]，而院墙之外则不断被市肆民房侵占。[6] 至嘉庆年间，孙星衍购得旧王府空地营建五亩园，为当时士林中一件胜事。造园之余，孙氏还特地于"门前设书肆，曰窥园阁"，其实是充分利用了毗邻书铺廊、承恩寺的商业价值。[7] 可惜园子落成不多年，孙星衍便去世，此后园林未能得其后人继续经营，而是租为茶肆。此地最终转为茶肆正是市场需求下的结果，是配合商业活动而形成的消费娱乐空间。

1.［清］孔尚任著，［清］梁启超注《梁启超批注本桃花扇》，凤凰出版社，2011 年，第 138—139 页。
2.［清］吕留良《吕留良诗文集》，浙江古籍出版社，2011 年，第 54 页。
3. 李孝悌《桃花扇底送南朝：断裂的逸乐》，《昨日到城市：近世中国的逸乐与宗教》，联经出版社，2008 年，第 41—42 页。
4.《白下琐言》卷二，第 25 页。
5.《白下琐言》卷二，第 26—27 页。
6. 嘉庆《新修江宁府志》卷九《古迹》，第 86 页。
7.《白下琐言》卷一，第 9 页。

四、娱乐消费中心的转移

除三山街一地外，运渎一线与新桥东侧两处在南宋时期已发展出十分发达的商业市场，同时在地方官员的主导下营建了安远楼、和熙楼、东南佳丽楼、层楼等一众酒楼歌馆，以供娱乐消费之用。

运渎沿线的市场在晚明的繁华情形可能更盛于三山街市，这在明人绘《南都繁会图》中有着非常丰富的体现。图中所标注的"南市街"和"北市街"等信息透露出图中所绘主要市肆内容应为斗门桥至鼎新桥以东一线，即运渎与评事街之间的区域。[1] 洪武时期，朱元璋曾营建"十六楼"供京城及往来士商消费娱乐，其中位于府城以内的正是南、北市二楼。据万历《上元县志》："南市，在斗门桥东，旧为歌馆酒楼，即宋安远楼基。北市，有楼，在南乾道桥东南，即宋和熙楼基。"[2] 可见此地在南宋时期已是城中由商业市场带动的消费娱乐中心之一。

新桥一带的情形与运渎相似，此处本为六朝古鱼市[3]，唐时名万岁桥，是城外郊野田园，李益《扬州送客》诗云："南行直入鹧鸪群，万岁桥边一送君。闻道望乡听不得，梅花暗落岭头云。"[4] 杨吴时，万岁桥更名新桥，后名饮虹桥。在南宋时，这里已是商贸货物和行旅的汇聚之地，"自江淮吴蜀游民、行商、分屯之旅、假道之宾客，杂沓旁午，肩摩毂击，穷日夜不止"[5]。由于宋代秦淮河道较宽，且河水湍急，镇淮和饮虹二桥屡屡受损，又屡损屡修，花费甚多。南宋乾道五年（1169），建康府留守待制史正志主持进行了一次大规模重修，"规模壮大，气象雄伟"[6]。新桥东北的市场，南宋时还称鱼市，处于东市、西市、凤台、鹭洲四坊之间，是南宋城中最

---

1. 王志高《〈南都繁会景物图卷〉所绘城市空间解析》，《中国国家博物馆馆刊》2019 年第 9 期，第 141—149 页。
2. 万历《上元县志》卷四《建置志·镇市》，《南京文献》本，南京市通志馆印行，1947 年，第 46 页，转引自王志高《〈南都繁会景物图卷〉所绘城市空间解析》，第 145 页。
3. 正德《江宁县志》卷五《市》，第 614 页。
4. 正德《江宁府志》卷五《桥梁》，第 617 页。
5.《宋丘崇修镇淮饮虹二桥记》，万历《江宁县志》卷二《津梁》，页 37 下 –38 下。
6.《宋丘崇修镇淮饮虹二桥记》，万历《江宁县志》卷二《津梁》，页 38 下。

重要的商业市场。[1]宋末马光祖在新桥市东北修建东南佳丽楼，可以看作是为新桥市商贸行旅提供服务的消费场所。明初新桥市只是"鱼菜所聚"，体现出明显的衰落，然而在正德以后，新桥市逐渐发展成丝市口，成为生丝贸易的中心，其东侧的铜作坊被外来丝客所占。[2]明代此地出现的浙江会馆，亦印证了进驻的丝客即来自浙江的丝绸商贩。[3]可以说，在中晚明时期，新桥市又恢复了其商业中心地位。不过临近的东南佳丽楼却在城市经济相对衰落的元代和明初被相继改为路总管府和江宁县署，使得后者在明清时期突兀地处在喧哗闹市之中。此外，江宁县署东南至镇淮桥间在宋代还曾有一楼名"层楼"[4]。此四楼皆位于城市中轴以西，说明南宋城市的消费空间与工商市廛高度重合，彼时秦淮东段还未成为城市主要的消费享乐之地。

明代以后，秦淮东段沿岸的风月场所闻名天下，相较宋代的情形，实际体现了与工商市廛配套的娱乐消费空间发生了一个东移的过程。明初朱元璋设立楼馆，城中仅立的两座便是运渎东岸的南、北市楼，此外还设立富乐院于乾道桥，令礼房官员管领，"禁文武官员及舍人不许入院，止容商贾出入院内"，后因失火烧毁，"复移于武定桥等处"[5]，即是后来所称的"旧院"。清初余怀《板桥杂记》谈及当时南京所存的妓院"惟南市、珠市及旧院而已。南市者卑屑妓所居，珠市间有殊色，若旧院则南曲名姬、上厅行首皆在焉"[6]。可见，虽然洪武间迁走富乐院，但南市楼至清初依然保留了妓院功能，不过消费对象层次较低，可能是以运渎一带的外来客商和贩夫走卒为主，康熙年间则有太守陈鹏年拆楼改讲堂，意图更易风俗（图6）。[7]

1. 万历《江宁县志》卷二《镇市》，页23上。
2. 万历《江宁县志》卷二《坊厢》，页29上。
3.《南京都察院志》卷二十一《职掌十四·中城职掌》，页26上。
4. 万历《江宁县志》卷五《楼馆》，页7上。
5.《客座赘语》卷六《立院》，第163页。
6.[明末清初] 余怀等《板桥杂记·续板桥杂记·板桥杂记补》序，南京出版社，2006年，第7页。
7.《白下琐言》卷三，第59页。

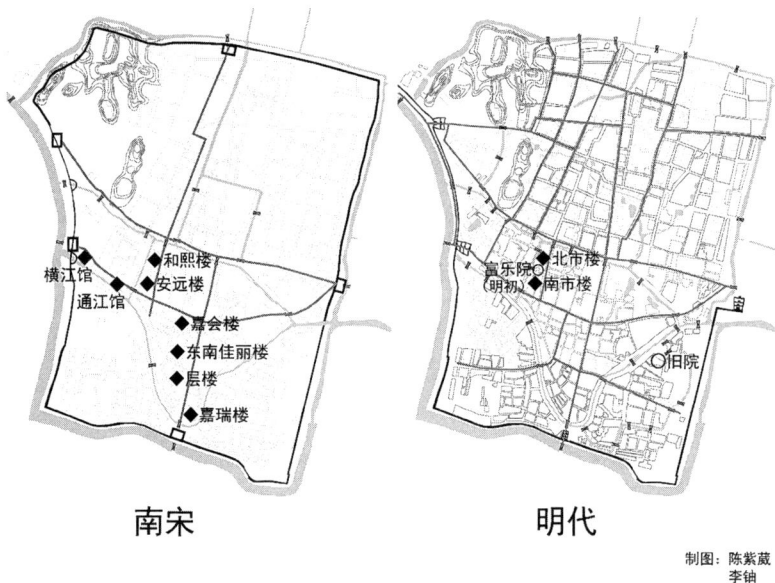

南宋　　　　　　　明代

制图：陈紫葳
李铀

图 6　南宋至明代娱乐消费空间的转移 [1]

明初迁移旧院的原因则带有不少偶然因素，不过其主要消费对象同时也变为以居住在秦淮东段一带的功臣后代和文人阶层为主，因此此处妓女姿色优异、音乐曲调高雅。如顾起元所言，"世胄宦族之所都居"，"六院之油檀裙屐，浸淫染于闾阎"，突出了秦淮河两岸的勋戚家族，尤其是拥有大功坊宅邸和东园的徐氏家族的消费享乐风气。正是在这几个因素的合力下，最终塑造了秦淮清溪一地学宫、贡院被包围在风月场所之中的奇特城市空间。

秦淮清溪一地妓院、画舫、河房不仅构成高级娱乐消费空间，同时也带动其周围出现大量茶肆酒楼，其消费群体亦更为大众化。[2] 自明万历间，秦淮附近的著名茶肆开始不断出现，僧人开设的五柳居"极汤社之盛

---

1. 景定《建康志》卷二十一《城阙志二·楼阁》，第 980—983，1006—1007 页。
2. 关于明清秦淮酒楼茶肆的讨论，参见巫仁恕《悠游坊厢：明清江南城市的休闲消费与空间变迁》，"中研院"近代史研究所，2013 年，第 50 页。

然，饮此者日不能数，客要皆胜士也"[1]，此时尚是以吸引服务贵客雅士为主。至清乾隆间，"茶寮酒肆，东则桃叶渡口，西至武定桥头，张幕挑帘，食物俱备。……仓猝客来，咄嗟立办。燕饮之便，莫过于斯"[2]。至于著名的鸿福园、春和园等，"日色亭午，座客常满"[3]。秦淮茶肆更是已广泛服务于普通市民阶层。

结　语

　　明清南京城南空间的变迁是政治、经济、文化等多方面因素在地理环境条件的基础之上综合造成的。作为南京城市人口和经济活动的重心，城南往往被粗疏地划为工商业区、消费区和风景区等数块，特别是在关于明代南京的论述中，由于皇城作为政治中心存在，城南空间中所体现的地方属性往往被忽略。通过走入城南空间的内部可以看到，原本以南唐宫城和建康府署为中心的行政空间在南宋、元、明都因特殊的政治原因而被废置，加之改朝换代引起的城市经济萧条和人口减少，使得地方行政官署设置不断往南深入。相较于其他地方城市的唐代子城一般被沿用作地方行政衙署的情形，南京城南内部空间的这种发展可归因于城市特殊的政治地位及其在长时段中的变迁。南唐金陵城是区域政权的国都，其内部空间以宫城为核心，宫城南门延伸出御街直通城市南门形成中轴，是在中世纪都城影响下形成的结果，而以水陆交通要道为主干开发商业街市也使其成为一"近世都市"。宋元时期南京虽然降格为地方城市，但作为重要的区域中心城市，除子城被闲置外，较好地沿用了南唐营建的格局。明代南京升为国都，虽然明初建造的皇城非常强调礼制象征意义，突出了皇都的气象，作为地方城市一面的旧城之内却沿袭既有局面，并未对其进行有序改造和重新规划。在明中叶以后经济复苏、市场空间扩展时，便造成行政空间与商业市场之间的紧张关系，甚至如旧王府的废置，在很大程度上限制了商业

1.［明］吴应箕《留都见闻录》卷上《河房》，南京出版社，2009年，第26页。
2.《板桥杂记·续板桥杂记·板桥杂记补》卷上，第54页。
3.徐珂《清稗类钞》，中华书局，1984年，第6318页。

空间的扩展。此外，相较于宋代，明清城南的娱乐消费中心与工商业区逐渐分离，移向东南，旧院的改迁嵌入了贵族勋戚的丛聚之所，因而造就了著名的秦淮风月场所。清代以后，南京由留都降为省会，省级行政设施不但没有重新利用南唐宫城和旧王府之地，反而占据了更加深入市肆的空间，使得南京作为地方性城市的礼制空间愈发模糊不清。

本文原载于《南京大学学报（哲学·人文科学·社会科学）》2023 年第 5 期
李铀，东南大学人文学院讲师

饮药沁香：明清时期的蒸露风尚与江南文化

姬晓茜

　　晚明以来，江南文士热衷于参与蒸露消费、制作及其相关知识的生产。所谓"蒸露"，乃将谷、菜、果、草、木、花、叶等具有水性之物，入甑蒸馏而得。科技史领域的学者对近代早期中国的蒸馏技术已有扎实的研究[1]。明清时期，由方术、蒸酒技术衍生出的多种蒸馏法并存，西洋传教士也致力于西方蒸馏技术的传播。更为关键的是，借助"药露"概念，更多文人从养生、饮馔角度参与到这一领域知识的生产与消费中。

　　本文拟从蒸露的消费、制作技术与医药理念着手，探究明清时期的蒸露风尚。对于江南文人来说，蒸露的消费、制作及相关知识的阅读与再生产是其生活品味的体现。在物品和知识的消费中，药露借助"蔷薇露（水）"这一词进入明清文化中，成为一种美容、饮馔、养生和医药文化的风尚。

一、作为外来物的花露

　　蒸露作为日常消费品，由西域传来，最初依托"蔷薇露"或"蔷薇水"之名为中土所知。早在后周显德五年（958 年），占成国（也有作"昆明国"者）便遣使进贡十五瓶蔷薇水，声称产自西域[2]。明代陈诚讲述了自己从《事林广记》中读到这一史料时的疑惑。起初，他以为五代时期番国进贡的花露是花上的露水。直到出使西域、亲至距嘉峪关一万二千余里的哈烈，见富家巨室种植蔷薇，晒花入甑，蒸花取汁，乃知所谓蔷薇露

---

1. Joseph Needham, Science and Civilization in China, Volume 5, Part 4. Cambridge：Cambridge University Press, 1980, pp. 55—158；方心芳《关于中国蒸酒器的起源》，《自然科学史研究》1987 年第 2 期；李劲松《蒸馏法制油技艺的考察研究》，《中华科技史学会学刊》，2017 年 12 月 25 日。
2.［唐］张泌《妆楼记》，商务印书馆，1939 年，第 2 页；［宋］乐史撰，王文楚校《太平寰宇记》卷一七九，中华书局，2007 年，第 3435 页。

如何制得。他感叹道，蒸花取液，怪不得能得十五瓶之多！[1] 在出使西域之前，将花蒸馏成"花露"尚不在陈诚的认知体系之中。

"花露"这一词汇在蒸馏露水进入日常生活之前，多指代花上的露水。蒸馏露借助了"花露"之名为人所接受，也使后者成为一个新词。在明朝初期，对陈诚这样的文人而言，若非亲自到访关外，也难以得知花露制法。彼时，蒸馏露尚未进入一般文人的知识结构。甚至李时珍也有类似的困惑。在《本草纲目》"露水"一节中，李时珍写道，"番国有蔷薇露，甚芬香，云是花上露水，未知是否？"[2] 以"花露"一词指代蒸馏液，在明末之前尚未被广泛接受。直至清代中期，蒸露普及，更多人知晓蒸露技术，特别是在本文随后提到的"药露"医药概念普及之后，这个名称才被接受，提起它时不必再担心被误解为花上之露。

关于蔷薇露作为外来物被使用的历史，清代学者陈元龙指出，汉代通西域后，蔷薇水才进入内地[3]。它的产地与真伪之辨，则在宋代以后得到更多关注。在文人鉴赏的评价标准中，真品蔷薇水乃大食国所产。周去非记道，麻离拔国"产乳香、龙涎、真珠……蔷薇水等货，皆大食诸国至此博易"；眉路骨惇国产"鲛绡、蔷薇水、栀子花、摩娑石、硼砂"[4]。赵汝适在《诸藩志》中也提到，真珠、乳香、蔷薇水等皆大食诸蕃所产[5]。南宋时通过泉州贩卖至内地的蔷薇露，每瓶值百三二十钱以上[6]。从外观来看，它就像是清晨从蔷薇花上采集的露水。多用葫芦盛贮，到中土用琉璃瓶儿盛[7]。

自宋代起，作为奢侈消费品的蔷薇露如此受欢迎，作伪之事时有发生，以至于鉴别真伪之法成为蔷薇水消费所需的知识。赵汝适提到，"蔷薇水，大食国花露也。五代时番使蒲歌散以十五瓶效贡，厥后罕有至者。

1. [明] 陈诚原著，周连宽校注《西域行程记　西域番国志》，中华书局，1991 年，第 115—116 页。
2. [明] 李时珍《本草纲目》卷五，人民卫生出版社，2019 年，第 391 页。
3. [清] 陈元龙《格致镜原》卷五十七，上海古籍出版社，1992 年，第 1032—136 页。宋
4. [清] 周去非《岭外代答校注》卷二，中华书局，2006 年，第 99—101 页。
5. [宋] 赵汝适《诸蕃志校注》卷上，中华书局，1956 年版，第 12 页。
6 7. [宋] 佚名等，李音翰、朱学博整理点校《百宝总珍集（外四种）》卷八，上海书店出版社，2015 年，第 55—56 页。

今多采花浸水，蒸取其液以代焉。其水多伪杂，以琉璃瓶试之，翻摇数四，其泡周上下者为真。其花与中国蔷薇不同"。[1]陈诚在《陈氏香谱》中也指出，在他的时代，人们采末利花（茉莉花）蒸取其液，以代大食国所产的蔷薇水。为此，他也提供了相应的鉴别方法，以区分来自西域的真蔷薇露及本土仿造品。他们的记述透露了这一信息：宋元时期，已有不少本土匠人及商贩采花浸水、蒸液制露。南宋晚期的珍宝谱录《百宝总珍集》中就明确提到："福州王承务有蔷薇花蒸造假者。"[2]可见，南宋时期造假的花露可能不少是蒸花所得，但本土所产不如番地所产。南宋造假者所掌握的蒸花技术，并没有通过书籍流传开来。对明代以前的读者而言，蒸露技术仍鲜有文献可供参看。

二、明清时期作为高档消费品的花露

唐宋时期，人们初尝其鲜，番国生产的蔷薇露极为难得，本土伪造品应运而生。在清中叶以前，蒸露仍是稀罕物什。乾隆年间，暹罗国、廓尔喀等地仍在进贡包括蔷薇露在内的花露[3]。蔷薇露或蔷薇水波斯语名gulab，故也音译作"古剌水"[4]。严嵩抄家籍录中便有古剌水。后世谈到花露时常援引此例，以显示严氏所拥有物品之奢侈[5]。

由于封存技术优越，作为珍稀消费品，明代所产的蒸露据说可以被保存超过一个世纪。清初钱塘诗人厉鹗曾作诗咏叹他见到的一罐标记为洪熙元年（1425年）熬造的古剌水，净重八两，罐重三斤[6]。鉴于诗集自序

1.《诸蕃志校注》卷下，中华书局 1956 年版，第 101—102 页。

2.《百宝总珍集（外四种）》卷八，第 56 页。

3.《呈为琉球国等国进贡物件数目清单》，乾隆三年十月十九日，总管内务府档案 05-0023-026，第一历史档案馆藏；《呈为乾隆十四年并现年暹罗国恭进方物清单》，乾隆十八年三月十三日，总管内务府档案 05-0127-024，第一历史档案馆藏；《奏为安南廓尔喀二国进贡物事》，乾隆五十七年，总管内务府档案 05-0442-064，第一历史档案馆藏。

4.《诸蕃志校注》，第 101—102 页。

5.［清］袁枚《随园诗话》卷七，人民文学出版社，1982 年，第 232 页。

6.［清］厉鹗著，［清］董兆熊注，陈九思标校《樊榭山房集》续集卷四，上海古籍出版社，2012年，第 1212—1218 页。

完成于乾隆四年（1739 年），厉鹗见前朝古剌水一事应在此之前。像厉鹗这样在清初见到明代所制蒸露的并非个例。《池北偶谈》引晚明忠臣左懋第之《古剌水诗》，描述他的从人于市中买到的一瓶古剌水，上镌"永乐十八年熬造古剌水一瓶，净重八两，瓶重三斤"，是明末内府旧物。[1] 左懋第感慨天府之水，流落市廛，挥泪作赋。有"再拜尝此水，含之不忍咽"，"捧之以南旋"之语，借昔日内府藏古剌水，表忠臣之心。赵学敏在《本草纲目拾遗》中介绍古剌水时援引了这一典故。[2] 直到乾隆年间，仍有宣称明朝所制的古剌水在市场上流通。翁方纲《复初斋诗集》收录了他的一首咏古剌水的诗，提到古剌水罐上刻字"永乐十六年熬造古辣水一罐。净重一斤，锡鼓重二斤。"[3]

对清初的富家大户来说，蒸馏花露也是奢侈消费品。基于清初日常生活描绘的《红楼梦》中便有这样的记载。第三十四回，宝玉挨打之后，王夫人将起先担心宝玉"胡糟蹋了"而没舍得给的玫瑰清露和木樨清露交付袭人，让宝玉服用养身。宝玉所食是原本要作为贡品的花露。康熙年间的苏州织造李煦就曾进贡桂花露、玫瑰露、蔷薇露各一箱。[4] 作为贡品的花露，自然是最上乘的。对于普通的购买者而言，若想拥有本土制花露，可从市肆购买。

至迟在乾隆年间，虎丘花露已成为江南名产。虎丘仰苏楼、静月轩以出售僧人所制花露而驰名遐迩。[5] 其中，仰苏楼所产花露最为著名。[6] 舒位《虎丘竹枝词》有云："韦苏州后白苏州，侥倖香山占虎丘。二四面红窗怀杜阁，一瓯花露仰苏楼。"[7] 据说，仰苏楼花露的品牌自上师祖印始，

1.［清］王士禛《池北偶谈（外三种）》卷十二，上海古籍出版社，1993 年，第 167—168 页。

2.［清］赵学敏辑《本草纲目拾遗》卷一，人民卫生出版社，1983 年，第 4—5 页。

3.［清］翁方纲《复初斋诗集》卷二十一，《清代诗文集汇编》，上海古籍出版社，2010 年，第 381 册，第 545 页。

4.［清］佚名《苏州织造李煦奏折》，《近代中国史料丛刊（续编）》，文海出版社，1980 年，第 45 辑，第 10—11 页。

5.［清］顾禄《桐桥倚棹录》卷二，上海古籍出版社，1980 年，第 16—22 页。

6.民国《吴县志》卷五十一《舆地考》，《中国地方志丛书》，成文出版社，1970 年，第 861 页。

7.［清］舒位《虎丘竹枝词》，《中华竹枝词全编（三）》，北京出版社，2007 年，第 402 页。

当地寺院因此收获颇丰。[1] 虎丘花露质量卓越，以至于被作为贡品进献。顾瑶光在《虎丘竹枝词》中提到，"玉指纤纤撮早黄，满衣抛散不知香。要量百斛蒸花露，飞骑明朝进上方"[2]。文人墨客至虎丘游览，可上仰苏楼买一小罐装在瓷瓶里的花露[3]。李调元曾作诗提到以虎丘仰苏楼的花露代作润笔之资[4]。可见，在乾隆时期的苏州，仰苏楼花露是有品味、有分量的消费品。嘉庆二年，仰苏楼移址白公祠，但仰苏楼花露作为一个品牌继续留存。明末以来蒸露风尚的流行得益于蒸露技术的传播。

三、蒸露技术的传播

宋代鲜有学者在著作中描述蒸露技术，但有几人例外。蔡絛在《铁围山丛谈》中提到："用白金为甑，采蔷薇花蒸气成水，则屡采屡蒸，积而为香，此所以不败。"[5] 蒸馏器为白金所制，蔷薇露由蒸汽而来。制作蔷薇露，首先须蒸花，而后蒸汽凝结为液体。此液体即是蔷薇露。然而，囿于材料稀缺，蒸馏器具体形制仍待进一步探究，包括彼时的蒸馏器是否有单独的冷凝器，以及收集蒸馏液的器皿是在蒸馏器内部、还是外部安装导管。

张世南倒是在《游宦纪闻》中描绘了提取柑花蒸馏液之法。他指出，永嘉之地有一种名为"朱栾"的柑花，其香绝胜，以笺香或降真香作片，使用锡制小甑作蒸馏器[6]。香、花以一比一的比例融合，花可多于香。对于蒸馏器的设置，他提到，"窍甑之傍，以泄汗液，以器贮之"。即外置流口和承接器，令蒸馏液流出。张世南并未提到浸泡花与香片，而是在甑底部的箅子上放置花和香片，底部上升的水蒸气遇到柑花和香片，将花露带出。

1.［清］《桐桥倚棹录》卷二，第 16 页。
2.［清］顾瑶光《虎丘竹枝词》，《中华竹枝词全编（三）》，第 395 页。
3.［清］潜庵《苏台竹枝词》，《中华竹枝词全编（三）》，第 289 页。
4.［清］李调元：《童山诗集》卷四十二，《清代诗文集汇编》，上海古籍出版社，2010 年，第 384 册，第 469—470 页。
5.［宋］蔡絛，［宋］曾敏行《铁围山丛谈》卷五，上海古籍出版社，2012 年，第 64 页。
6.［宋］张世南《游宦纪闻》卷五，《丛书集成初编》，商务印书馆，1936 年，第 2871 册，第 30—31 页。

元明之际的《墨娥小录》也记载了取百花香水之法:"采百花头,满甄装之,上以盆合盖,周回络以竹筒半破,就取蒸下倒流香水,贮用为之花香。"[1]此法同样设置引流口,收集蒸露。当蒸露成为选择之时,仍有本土伪造的蔷薇露以摘花浸水制成[2]。鉴伪之术延续了宋代之法:"翻摇数回,其泡周上下者为真。"初成于1618年的扬州人周嘉胄的《香乘》总结了前人著作中对于蔷薇水的描述,他提到伪造者浸水仿制花露,却没有提到比他的著作稍早几年出现的熊三拔《泰西水法》中的西洋蒸露法。

从明末清初到清朝中叶,不少与传教士交往密切的学者加入蒸露技术的讨论、试验和传播。这样的知识交流在明末是有限的,传教士有可能向个别私交甚好的本土学者传授蒸露技术。例如,徐光启在《农政全书》中就提到:"野蔷薇:取其刺可却奸,取其花可蒸露。"[3]他的蒸馏技术由传教士庞迪我处学来[4]。纳兰容若在《渌水亭杂识》中写道:"西人医道,与中国异……其用药,虽人参,亦以烧酒法蒸露而饮之。"[5]在诸多明末清初的学者中,方以智直接提到他了解熊三拔所介绍的蒸馏法。明末扬州周嘉胄在《香乘》中提到的可以替代蔷薇花的素馨花和末利(茉莉花),在方以智看来已是常见的制露之选[6]。方以智在介绍提取茉莉花露时,首先引述了杨慎的《丹铅录》指出可用茉莉花和蔷薇花压油取露,又进一步指出熊三拔有"锅灶式"蒸露法,不同于压油取露[7]。

方以智提到的熊三拔锅灶式蒸露法指的是后者在《泰西水法》中所描述的蒸露法。其蒸露器如图1所示。制作这一器具,须按以下步骤:

> 先造铜锅平底直口,下稍广,上稍敛,不论大小,皆高四五寸。次造锡兜牟,用铅或银尤胜也。制如兜牟,上为提梁,下口适合铜锅之口,罩在其外锡口内,去口一寸许。周遭作一锡槽槽,底欲平,无令积水。锡

1. 佚名《墨娥小录》卷十二,《古籍珍本丛刊》,北京燕山出版社,2012年,第68册,第340页。
2. 周嘉胄《香乘》卷五,文物出版社,2018年,第5—7页;《诸蕃志校注》卷下,第101页。
3. [明]徐光启《农政全书》卷三十七,《徐光启全集》,上海古籍出版社,2010年,第7册,第780页。
4. [明]徐光启《徐光启诗文集》,《徐光启全集》,第308页。
5. [清]纳兰容若《渌水亭杂识》,己集广编,《昭代丛书》第2册,上海古籍出版社,1990年,第1343页。
6 7.[明]方以智《通雅》卷四十二,中国书店,1990年,第510—511页。

口外去口一寸许，安一锡管。管通于槽，其势斜下，管之底平于槽之底。宁下无高，以利水之出也。次造灶，与常灶同法。安锅之处，用大砖盖之，四旁以砖甃成一窝，涂之黏土，以铜锅底为模，铜锅底入于灶。窝深二寸，窝底大砖并泥，厚二寸。欲作诸露，以物料治淨，长大者锉碎之。花则去蒂与心，置铜锅中。不须按实，按实气不上行也。置铜锅入灶窝内，甀牟盖之。文火烧之，砖热则锅底热，热气升于甀牟，即化为水。沿甀牟而下，入于沟，出于管，以器承之。甀牟之上，以布盖之，恒用冷水湿之，气升遇冷即化水，物料既乾而易之所得之。水以银石甖器贮之，日晒之令减其半，则水气尽能久不坏，玻璨尤胜，透日易耗故也。[1]

熊三拔指出，用这样的蒸馏器制作出来的蒸露，香味俱佳。他还想到了调整此蒸馏器以满足在药店中大量生产蒸露的需求：制作大数层高的大灶，"每层置数器，凡数十器"。或是"置数十器，皆爇火一处，数十器悉得水焉"。如此一来，薪火人力皆可节省数倍[2]。

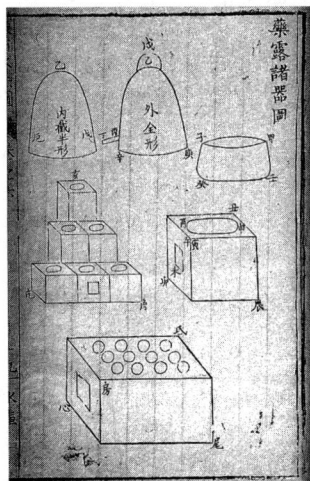

图 1 《泰西水法》，"药露诸器图"

图片来源：美国国会图书馆公开资源《泰西水法六卷》（Hydraulic Machinery of the West, in Six Juan）https://hdl.loc.gov/loc.wdl/wdl.13534，第 206 图；又见［明］熊三拔《泰西水法》，《徐光启全集》，第 5 册，第 374 页。

---

1 2.［明］熊三拔《泰西水法》卷四，《徐光启全集》第 5 册，第 336—337 页。

在探究西学的学术风尚中，不少晚明学者了解到蒸馏技术的原理。如熊明遇在《格致草》中解释"江河之水归于海、而海水复归江河"时，用蒸馏技术中"液体变蒸汽、再冷凝为液体"作比。为解答海水咸而江河水淡之因，他讲道，水是原形（元行），原形无味。如果拿海水去蒸馏，则得到的蒸馏液（馏水）也是淡的。熊明遇指出，因此，海水蒸腾为云，云变为雨，雨也是淡的，进而江河也是淡的[1]。就熊明遇的描述来看，他也熟悉蒸馏酒原理。在另一节介绍山泉形成原理时，他用蒸馏酒原理作比：山中石体下有洞穴，洞穴之中纯是土，性最寒。洞穴空，为气所入。气是暖的，暖气遇寒冷凝为水。熊明遇认为这类似于制作蒸馏酒过程中，蒸馏器锡盖上遇冷凝结为冷水酒的原理[2]。不论是否参与蒸露制作，不少晚明文人已了解蒸馏技术的原理。

方以智及其子方中履尝试亲自操作并优化蒸馏技术。方以智《物理小识》中有"蒸露"一节。他记录的蒸露法须将花铺在铜锅花隔上，蒸汽上行遇到锡盖遇冷凝结，流进槽内，导入瓷瓶，以蜡封好在烈日下暴晒[3]。在方以智的记录中，他与其子方中履及友人陈则梁交流过蒸露的知识。陈则梁的方法是用重汤蒸锡甑取露，他认为这种改良方法更无焦气。《海国图志》中也介绍用《泰西水法》中描述的"西洋花露甑"来制造西洋火药[4]。可见，直到晚清，西洋蒸露之术仍在通过熊三拔的作品为人所知。

四、自制蒸露的尝试

不仅方以智及其亲友，很多文人雅士也会在家中尝试蒸露之法。在明清时期，异域蔷薇露仍是罕见的，人们往往寻求更廉价的替代品，于是不少人尝试家制蒸露。有文人谦称自家所制不如虎丘花露那样优质。顾禄在《桐桥倚棹录》中援引尤维熊对郭麐咏虎丘花露的应和之词。尤维熊写

1.［明］熊明遇《格致草》卷五，《函宇通校释：格致草（附则草）》，上海交通大学出版社，2014年，第290—295页。

2.《格致草》卷五，第295—297页。

3.［明］方以智《物理小识》卷六，商务印书馆，1937年，第133页。

4.［清］魏源《海国图志》卷九十一，文物出版社，2017年，第4481—4482页。

道，"候火安炉，量沙布甑，蒸成芳液盈盈。凉沁荷筒，冷淘槐叶，输与山僧佳制"[1]。他尝试蒸制花露（芳液），自谦不如虎丘山僧之作。然而，更多的文人以市场上售卖的蒸露不够优质为由来解释自家制露之动因。乌程汪谢城在评论王士雄《随息居饮食谱》中花露一节时指出，"但肆中贪多，而蒸之过久，以致味薄，或羼他物以取香，如枇杷叶露，亦羼香物，正与嗽证相反，故必以自蒸为佳"[2]。不排除这是一种托词。就像其它种类的文人的长物一样，私制品更能彰显个人品味。李渔在《闲情偶寄》中指出，富贵人家点缀美女之姿的熏染之物须用花露[3]。摘取花瓣入甑，酝酿而成。蔷薇最上，群花次之。他指出，使用花露的妙处在于："此香此味，妙在似花非花，是露非露，有其芬芳，而无其气息，是以为佳，不似他种香气，或速或沉，是兰是桂，一嗅即知者也。"芬芳却不可琢磨，增美艳之氛围。

文人以家制金银花露为礼物来交往。查慎行作《院长惠家制金银花露一瓶赋谢二十韵》一诗来致谢惠赠花露的友人[4]。他对于蒸露制作的描述显示出对制作方法的熟稔。采摘金银花，"黄白移时变，金银任俗称。但闻兼叶晒，宁解带花蒸"。经三天的蒸馏，终于得到半升蒸露："出火经三日，浮瓶贮半升。"制出的花露"澹比初融雪，清于乍释冰"。赠送家制花露与赋诗酬谢成为一种有品味的社交方式。

即便在各类四时花露可供选择之时，蔷薇露仍是最受欢迎的。如何识别蔷薇露的制作材料也成为参与蒸露风尚所需的知识。野蔷薇是被广为接受的制作本土蔷薇露的原材料。它开着白色小花，带着黄色花蕊。曹寅在《瓶中月季花戏题》中如此写道："粉团娇死刺撩衣，十月群红出市稀。一自西亚传露法，漫山刮尽野蔷薇。"[5]在曹寅的认识里，蒸露之法始于与西亚的交流。人们在知晓制法后，竞相仿效。他夸张地调侃道，为追随蒸

1.《桐桥倚棹录》卷十，第147页。

2.［清］王士雄《随息居饮食谱》卷一，人民卫生出版社，1987年，第7页。

3.［清］李渔《闲情偶寄》卷三，《李渔全集》，浙江古籍出版社，1992年，第11册，第123—124页。

4.［清］查慎行《敬业堂诗集》卷三十三，《查慎行集》，浙江古籍出版社，2018年，第5册，第742页。

5.［清］曹寅《楝亭诗钞》卷七，《楝亭集笺注》，北京图书出版社，2007年，第334—335页。

露的风尚,山上的野蔷薇都被刮尽了。朱彝尊在《鸳鸯湖棹歌》中记到:
"白花满把蒸成露,紫葚盈筐不取钱。"白花指代野蔷薇,因其开白花。朱
彝尊指出,"野蔷薇,田家篱落间处处有之,蒸成香露,可以泽发"。明清
时期的方志、本草和园艺学著作中对野蔷薇有细致的描述。江南地区普遍
认可野蔷薇是诸种蔷薇中的一种,可用作蒸露[1]。野蔷薇又名山矾、雪客[2]。
"叶似栀子,光泽坚强,略有齿,凌冬不凋。三月开花,繁白如雪,六出
黄蕊,甚芬香。"[3]"叶细而花小,其本多刺,蔓生篱落间。"[4]除野蔷薇外,
玫瑰、荼蘼、茉莉之类也是热门的蒸露选择。例如嘉庆《如皋县志》就有
对玫瑰花蒸露的介绍:"可捣糖霜,可蒸露,与桂花同。"[5]

在清初,本土蔷薇露的制作原料尚未广泛为人所知,亦或许是尚未
达成共识。有些人以为是玫瑰所制。蒸露知识的传播也有地域性差异。乾
隆间修订的《重修肃州新志》里提到,玫瑰在肃州丛生最盛。起初,肃州
人"不知采花制酱以佐糖食及蒸露之用",后来江南人到肃州传授此法,
肃州人才开始采集玫瑰花蒸露[6]。是江南人把蒸花露的技术通过饮馔文化传
播到肃州。这种饮馔文化推进了蒸花露技术的普及,进一步催生当地玫瑰
种植需求。

在清初,蔷薇露如此有名,以至于蒸馏技术因之得名,被称为"蔷
薇露法"。蒸馏液进入日常生活最初是借助"蔷薇露"为人所知的。即便
在描述蒸馏其他花时也使用"蔷薇露法"来概括。比如,在讲述蒸馏苜蓿
法之时,《广群芳谱》中提到,"依蔷薇露法蒸取馏水,甚芬香"[7]。提到用

---

1. 康熙《当涂县志》卷十二《物产》,《上海辞书出版社图书馆藏稀见方志续编》第 11 册,上海辞
书出版社,2013 年,第 18 页;光绪《重修嘉善志》卷十二《物产》,《嘉善县志》第 6 册,线
装书局,2008 年;光绪《嘉兴府志》卷三十三《物产》,《浙江省嘉兴府志》,成文出版社有限公
司,1983 年,第 817 页。
2. 光绪《丹徒县志》卷十八,《食货十一》,《中国地方丛书》华中地方 11,成文出版社有限公司,
1970 年,第 309—310 页;陈淏子《花镜》卷四,中华书局,1956 年,第 109 页。
3.[明] 李时珍《本草纲目》卷三十六,人民卫生出版社,2019 年,第 2105—2106 页。
4.[清] 赵学敏《本草纲目拾遗》卷七,"花部:野蔷薇",人民卫生出版社,1983 年,第 261 页。
5. 嘉庆《如皋县志》卷六《物产》,《中国地方丛书》华中地方 9,成文出版社有限公司,1970 年,
第 543 页。
6. 乾隆《重修肃州新志·地理·物产》,《肃州新志校注》,中华书局,2006 年,第 107 页。
7. 汪灏《佩文斋广群芳谱》卷十四,《佩文斋广群芳谱(外二十种)》,上海古籍出版社,1991
年,第 845—511 页。

别的花蒸露时，常讲如何以之作为蔷薇露的替代品。茉莉花是一个常见的替代品选择。李时珍在《本草纲目》中描述蒸馏茉莉花露时写道，"亦可熏茶，或蒸取液以代蔷薇水"。张幼学、彭大翼在《山堂肆考》中也引述同时期的《格物丛话》中对茉莉花的介绍："茉莉花叶面微皱无刻缺，性喜地暖，南人畦莳之开时，在夏秋间六七月始盛。今人多采以熏茶或蒸取其液，以代蔷薇露。"又如，华希闵（1672—1751年）在《广事类赋》中谈论茉莉花时也提到"玉露蒸来芬余珠蓓"，并引用《香谱》指出可以蒸取以代蔷薇露[1]。

更多人参与蒸露制作之后，对于蒸露材料的选择开始有更为细致的讨论。何种花适合蒸露、哪种蒸露味臭、有毒，皆成为蒸露者关心的问题。吴震方在《岭南杂记》中提醒他的读者"茉莉花蒸露气极臭"[2]。有些花朵香气宜人的草本植物某些部位有毒，不适合蒸花露。比如，珍珠兰根有毒，食之致死，故"蒸花露者忌之"[3]。这样的信息在各地的地方志中可见。有些植物在多个地区生长，于是在地方志中介绍植物型态及药毒特性之时，常常征引相似的文献。吴震方《岭南杂记》中的这则信息后来在《临桂县志》中亦有转述[4]。

在亲自实践的蒸露者之中，各种蒸馏法并存。依使用需求选择，不分高低。西洋蒸馏法并没有因为技术的细致而更得蒸露者青睐。活跃于康熙至乾隆初年的医家石成金在其著作《传家宝》书中提到，曾与西洋人探讨将西洋蒸露法在中国药铺中普及的难处。西洋人认为，以锡甑蒸取露汁为药之法甚佳，以此治病，最有功效。石成金则认为此法虽妙，但甚繁难；而传统制药法只须"老诚人细心看守，不可炭多火急而沸出，亦不可过煎而药枯，火候得宜，则药之气味不损，自得速效"[5]。西洋制露法在实际操作中并不便利，难以推行。

1.［清］华希闵《广事类赋》卷三十一，《续修四库全书》子部第 1248 册，上海古籍出版社，2002 年，第 452 页。
2 3.吴震方《岭南杂记》下卷，《丛书集成初编》，商务印书馆，1936 年，第 3129 册，第 45 页。
4.光绪《临桂县志》，《中国方志丛书》第 15 册，成文出版社，1967 年，第 188 页。
5.［清］石成金《传家宝》卷二十八，岳麓书社，2002 年，第 1026—1027 页。

相比于西洋蒸露法，本土蒸露法受众更广。在地方志中，花露的制法常被描述为制烧酒之法，新蒸馏法也与烧酒法作比。例如，同治年间的《湖州府志》在介绍"花露"时写道，"露即气水也。如作烧酒法蒸取之。砂甊为佳，锡甊次之。凡花叶芳香者及药品皆可蒸露，用以点茶并治疾"[1]。在湖州民间知识中，花露是露气，制作方法与烧酒相通。金陵人周亮工（1612—1672年）在宦闽多年、回归江南之后将其记录闽地风俗的《闽小记》付梓。在介绍闽地酿酒技术时，他提到了海澄人制蔷薇露法：造小灶安火，以砖隔之，上用沙铺蔗及花加锡桶以收其气[2]。他指出，该制法"如烧酒法"。

西洋蒸露法为一些学者了解之后，其他蒸露法并未被其取代。有清一代，各种蒸馏方法并存。自制蒸露者一则注重便捷性，二则注重蒸馏之后的产品（蒸露）在饮食、化妆等文化中的实用效果。这也许是多种蒸馏器在明清时期蒸露文化中长期并存的原因。相比于蒸馏技术是否精进，蒸露文化得以流行更为关键的是"药露"这一医药理念。在介绍作为药的蒸露之前，我们先来看蒸露曾以哪些"物"的类别出现在人们的日常生活中。

五、添香、修容与增味的花露

蒸露在宋元时期最早进入人们消费生活便是被作为芳香剂使用的。可洒衣、泽发、敷面香体。洒在罗衣之上，芳香持久，故有"旧恩恰似蔷薇水，滴在罗衣到死香"之语[3]。自明末蔷薇露风行以来，以蔷薇露撒衣添香仍被视为风雅之事。《随山馆猥稿》提到，"洒衣有蔷薇露，赠客惟荔枝图"[4]。沐面盥手，也可滴一滴花露至汤盆内，满盆皆香，可以竟日受用[5]。

在"药露"医药观念流行以前，调和香粉与胭脂上妆是明清时期花

1. 同治《湖州府志》卷三十三《舆地略：物产下》，成文出版社，1970年，第643页。
2. [清] 周亮工《闽小记》，上海古籍出版社，1985年，第65页。
3. [清] 刘克庄《后村集》，《景印文渊阁四库全书》集部第1180册，台湾商务印书馆，1983年，第1180—12至1180—13页。
4. [清] 汪璪《随山馆猥稿》卷八，《续修四库全书》集部第1557册，第644页。
5. [清] 陈淏子《花镜》卷四，中华书局，1956年，第109页。

露在闺中最常见的用途。王初桐在《奁史》中总结了前人作品中提到的花露用途："调粉为容饰"（《南村随笔》）；"拭面"（《明史》）；"洒衣经岁，其香不歇"（《群芳谱》）；"于盥浴之后挹取数匙入掌，拭体拍面而匀之"（《闲情偶寄》）；"泽发"（《曝书亭集》）；以"蔷薇露或荷花露略以蜜汁少许搅粉"（《佩环余韵》）；"泽体腻发"（《东西洋考》）[1]。黄图珌在介绍女子梳妆事宜时也提到，可以碾磨钟乳石为细粉、掺入胭脂、再添入蔷薇露调和搽面。在这一配方中，钟乳石可以祛斑，胭脂可助提升气色，花露能"清润芳气"[2]。黄图珌建议，可以用蔷薇露代替螺绿润泽眉毛，这样眉毛紧密不疏散，"既明净且淡雅"[3]。

花露是明清江南饮馔文化的一部分。它可以点缀菜肴，也能为茶酒增味。江南雅士消费花露的方法推陈出新，花露茶风行一时[4]。李渔认为，花露优于香皂、香茶，是头等的沁口增香之物。李渔在《闲情偶寄·饮馔部》中分享了一个令粥饭有清香的妙招。预设花露一盏，饭之初熟而浇之。浇过稍闭，拌匀而后入碗食[5]。与《闲情偶寄》这本书中许多其他章节一样，李渔认为自己在花露消费的领域也有高超不俗的品味。将花露浇在饭上，于是谷米有芳香清甜之气。李渔也许在家中多次试验，总结出经验：蔷薇、香橼、桂花之气与谷米之香相合，而玫瑰之香突兀。李渔处在蒸露风尚方兴未艾之时，他使用蒸露的方法在当时看来是新奇的。阅读李渔作品的文人墨客也许会去虎丘仰苏楼买花露。他们试验着新奇技术，引领着蒸露消费风尚。

六、以蒸露为药

江南蒸露的消费和制作风尚是伴随"药露"的医药概念进入日常知识、流行开来的。万历间传教士熊三拔在《泰西水法》附上"药露"一

1.［清］王初桐《奁史》卷七十四，文物出版社，2017 年，第 1190—1191 页。
2.［清］黄图珌《看山阁闲笔》卷十四，上海古籍出版社，2013 年，第 205 页。
3.《看山阁闲笔》卷十四，第 207 页。
4. 苏州市文化局《姑苏竹枝词》，百家出版社，2002 年，第 360 页。
5.［清］李渔《闲情偶寄》卷十二，江苏广陵古籍刻印社，1991 年，第 261 页。

节，重在介绍"以水疗病"的医药观念。他写道，"凡诸药係草木果蓏榖菜诸部，具有水性者，皆用新鲜物料，依法蒸馏得水，名之为'露'。"为彰显药露的优越性，熊三拔将之与中药常见药剂形式作对比。他认为，若药以干燥状态存在过久，可能失去本性。这就好比以陈米作酒，酒多无力。若煎药作汤饮，则味不全，且煎药也可使药失去本性。药丸和药散则是将渣滓也一并服下。在熊三拔看来，皆不理想。为突出药露的优势，熊三拔分析了食物入口、继而经过脾胃被人体消化的过程。他指出，传统医药制作方法消耗了药材中的精华，而蒸馏液可以保留精华，不需要胃化脾传，便可直接沁入筋脉。为方便读者与既有知识相链接，熊三拔举出烧酒之味浓于他酒之例，强调蒸馏法可获取原材料中最为上分的精华。

与熊三拔相似，其他同时期的传教士也在宣扬药露作为药的优越性。邓玉函曾计划撰写"草木不以质咀而蒸取其露"的方法。为将此类知识本土化，他亲自"尝中国草根，测知叶形花色，茎实香味，将遍尝而露取之，以验成书"[1]。在实验的基础上，邓玉函原本计划出书，憾难成事。艾儒略在《西方答问》"医学"一节提到，西洋有专炼药草之露的制药者[2]。随后，南怀仁等人撰写了缩减版《西方要纪》，介绍西洋医学建制及蒸露在其医药体系中的位置。南怀仁指出，"医有内外二科，内科又分二，有专以草木为药，亦有兼用金石煅炼之药者"[3]。其中，"有制药一家，专炼药草之露，如蔷薇露之类，特取其精华，而弃其渣滓"。南怀仁等指出，相比于其它制法所得的药物，蒸露不害脾胃，用药少而见效快。他也提出，中国本土有蒸露之法，将紫苏蒸为蒸馏露，加入酒中饮用，可以迅速祛除体内寒气。

然而，在明末，蒸露尚未成为广为接受的医药文化，人们对其药效仍有疑虑。这里举一则明末史料为例。天启七年，熹宗病重。大臣霍维

1.［明］刘侗《帝京景物略》卷五，上海古籍出版社，2001 年，第 304 页。

2. 艾儒略《西方答问》卷上《医药》，法国国家图书馆公开资源，1637 年版，f48。档案编号：Bibliothèque nationale de France, département Manuscrits, CHINOIS-1816，档案目录链接：https://catalogue.bnf.fr/ark:/12148/cb44580079t

3.［明］南怀仁等《西方要纪》卷上，《昭代丛书》第 1 册，第 63 页。

华进献仙方灵露饮并蒸法器具[1]。制作蒸露所用器具，须"用银锅一口，口径尺，内安木甑如桶，高尺余，圆径称之，甑底安箅，箅中央安长颈大口空银瓶一个"[2]。制作蒸露，须往甑内旋添淘净粳米或糯米、老米、小米。待热气透一层，再添一层。"上盖一尖底银锅，底尖下垂正对银瓶之口，离二三分许，外上添冷水，周围封固完密，下用桑柴或好炭火蒸之，候上内水热，即换冷水，不数换而瓶中之露可满，取出温服，乃米谷之精华也。"[3] 这则记述也出现在李逊之的笔下。他写道，在蒸露过程中，"米渐添渐熟，水渐熟渐易，不数易而瓶中之露满矣"[4]。

在刘若愚和李逊之的描述中，依照霍维华所献之策打造的蒸馏器内置承接器，以收取冷凝后的蒸馏液。冷凝依据冷水冷凝法，在尖底银锅里添冷水，帮助水蒸气遇冷凝结。作为冷凝液的冷水变热后，再替换新的冷水。依此法制出后来被赵学敏称为"米露"的蒸馏液。依据赵学敏的理论，这米露应该是大补脾胃亏损的。起初，熹宗接受蒸米露甘美的味道，但进服久后，嫌"水汪汪的"，便令御药房不再制此药。然而，罢食蒸露后病情加重，不久病逝。刘若愚暗示，蒸露不一定对熹宗病情有益，蒸露之法尚未得到太医认同。在刘若愚笔下，魏忠贤采纳霍维华之策，"著管家王朝用照维华原样，用金造锅甑，付御药房提督王守安等照方蒸进"，彼时"太医院使吴翼儒等唯唯听从，莫敢拦阻"。他暗示，太医或持有异议。在熹宗停止进食药露之后，"圣恙日增无减，日渐浮肿，诸药进益失效"。刘若愚和李逊之暗指药露的使用或许加重了熹宗病情，且致使其它药物不再有效。不论刘李二人如此描绘熹宗治疗中各方表现的意图如何，他们至少认为这样的归因可以说服读者，亦或是他们的观点折射出很多人对这药露的看法。这反映出，至少在天启年间，药露之效仍难以被信任。

药露的名声直至清乾隆年间方得扭转。曹庭栋在养生书籍《老老恒言》中征引并认同《泰西水法》，认为蒸露法可以提取物之精华，建议病患得到药方后在自家用蒸馏器蒸露服用。他认为，"饮食入胃，精气上输

---

1 2 3.[明] 刘若愚《酌中志》卷三，北京出版社，2018年，第22页。
4.[明] 李逊之《三朝野记》卷五，北京古籍出版社，2002年，第127页。

于肺"[1]。蒸露能升腾清阳之气。稻米露发舒胃阳,可代汤饮,病后尤宜。若霍维华知道百余年后人们对于米露药效的推崇,恐怕要大呼冤枉。

清代的药露不仅限于"花",也取材于草木蔬果五谷之类。像曹庭栋一样,许多江南文人在养生或医药书籍中总结和生产药露知识。长洲人王子接在《绛雪园古方》提到:"可用犀角、柏子仁、石菖蒲、羚羊角、桑叶、女贞子、生地、当归,蒸为药露服,内通四脏一腑之络以代针,调入血余以代燔。"[2]嘉兴人顾仲在《养小录》中介绍诸花露时也列举了他所知道的可作蒸露的花草,包括稻叶、桔叶、桂叶、紫苏、薄荷、藿香、广皮、香橼皮、佛手柑、玫瑰、茉莉、桔花、香橼花、野蔷薇、木香花、甘菊、菊叶、松毛、柏叶、桂花、梅花、金银花、缫丝花、牡丹花、芍药花、玉兰花、夜合花、栀子花、山矾花、蜡梅花、蚕豆花、艾叶、菖蒲、玉簪花[3]。他也为读者排除了因质嫩、入甑即酥因而不适合蒸露之物,比如兰花和橄榄。

在顾仲之前,钱塘人赵学敏在他的巨著《本草纲目拾遗》中总结了他所处时代的"各种药露"[4]。其所取之物除常见的金银花、玫瑰花、佛手柑、桂花、茉莉花、蔷薇花、建兰花等诸花外,还包括童子鸡、新鲜白米、姜、椒、丁香、地骨皮、桑叶、枇杷叶等,各有针对药效。尽管蒸露的原材料颜色不一,蒸露皆为白色的清露。区别之处不在颜色而在气味。他认为,医者用药露乃取其清冽之气,可以疏瀹灵府,不似汤剂之腻滞肠膈。在赵学敏之后,医家继续探索和补充各种药露所针对的疾病。姚澜在《本草分经》中提到,"玫瑰花:气味甘平,香而不散,肝病用之多效,蒸露尤佳"[5]。清代名医王士雄在《随息居饮食谱》中也总结道,饮湿者不适合使用蒸露[6]。《桐桥倚棹录》中更是详细总结了虎丘市肆中贩售的各种花露的功用:

1.[清]曹庭栋《老老恒言》卷一,人民卫生出版社,2006年,第14页。
2.[清]王子接《绛雪园古方选注》,上海科学技术出版社,1982年,第49页。
3.[清]顾仲《养小录》卷上,岳麓书社,2005年,第20页。
4.[清]赵学敏《本草纲目拾遗》,中国中医药出版社,1998年,第9—11页。
5.[清]姚澜《本草分经》,中国中医药出版社,2015年,第84页。
6.[清]王士雄《随息居饮食谱》卷一,人民卫生出版社,1987年,第7页。

……治肝、胃气则有玫瑰花露；疏肝、牙痛，早桂花露；痢疾、香肌，茉莉花露；祛惊豁痰，野蔷薇露；宽中噎膈，鲜佛手露；气胀心痛，木香花露；固精补虚，白莲须露；散洁消瘦，夏枯草露；霍乱、辟邪，佩兰叶露；悦颜利发，芙蓉花露；惊风鼻衄，马兰根露；通鼻利窍，玉兰花露；补阴凉血，侧柏叶露；稀痘解毒，绿萼梅花露；专消诸毒，金银花露；清心止血，白荷花露；消痰止嗽，枇杷叶露；骨蒸内热，地骨皮露；头眩眼昏，杭菊花露；清肝明目，霜桑叶露；发散风寒，苏薄荷露；搜风透骨，稀莶草露；解闷除黄，海棠花露；行瘀利血，益母草露；吐衄烦渴，白茅根露；顺气消痰，广橘红露；清心降火，栀子花露；痰嗽劳热，十大功劳露；饱胀散闷，香橼露；和中养胃，糯谷露；霍乱吐泻，藿香露；凉血泻火，生地黄露；解湿热，鲜生地露；胸闷不舒，鲜金柑露；盗汗久疟，青蒿露；乳患、肺痈，橘叶露；祛风头怔，荷叶露；和脾舒筋，木瓜露；生津和胃，建兰叶露；润肺生津，麦门冬露。[1]

如顾禄所记述的，晚清虎丘市肆已有各种四时花露，针对不同病症治疗或养生。使用药露治病已成为顺理成章的选择。经过医家和文人学者的尝试与推行，蒸露在清代逐渐成为被接受的制药方式[2]。

虎丘僧人制露的技术一直被保留到20世纪上半叶。虎丘地区的老居民胡金楠曾回忆1949年前后的几段往事[3]。抗战前夕，胡金楠见家世交家的祖父逝世时许多和尚着袈裟为其超渡，乃知逝者还俗前是虎丘山寺中的和尚，能制作几十种花露。作者又提到1953年的一个聚会喝酒的场合，其父拿出一瓶珍藏的花露为醉酒的客人醒酒。该花露即为世交家所赠。瓶盖一打开，香气四溢，满屋称清香好闻。"用那花露在醉者口腔和鼻孔内滴了两滴，半小时后那人便清醒如旧。"[4]据说，世交家里还用玫瑰花露和木香花露治疗胃痛；以芙蓉花露擦面孔和头发，据说可以减少皱纹，保持

1.《桐桥倚棹录》卷十，第146—147页。
2. 佚名《三合集·卫生汇录》，海南出版社，2002年，第188页。
3. 胡金楠《虎丘花露疗百病》，《吴县文史资料》第10辑，吴县文艺印刷厂，1993年，第166—169页。
4.《虎丘花露疗百病》，第166—167页。

头发乌黑发亮。这则文史档案显示，直到 20 世纪上半叶，虎丘的僧侣仍在操持花露制作的旧业，而用花露治病仍为当地居民所推崇。

七、结语

蒸露文化滥觞于唐宋，自晚明始繁荣，至清代逐渐为医家所接受，并在文人雅士间蔚然成风。熊三拔等传教士介绍的药露医药理论通过文士交往及书写与阅读传播，影响深远。药露摄取诸物精华，饮之"沁入筋脉""裨益宏多"的理念为蒸露在饮馔与妆文化中的风靡平添助力。江南文人视蒸露的消费、制作、赠送及分享相关知识为雅事，投身创造与享受蒸露风尚。这其中既有对西学感兴趣的学者，有对养生颇费心思的文人，也有热衷于彰显自己卓越不俗生活品味的雅士。作为明清时代消费品味的引领者，他们对蒸露的追捧和书写也让蒸露风尚成为对江南文化想象的一部分。

本文原载于《江南社会历史评论》第 21 期
姬晓茜，东南大学人文学院讲师

汉代典客、大行更名考

孙梓辛

一、问题的提出

《史记·孝景本纪》载，景帝中元六年（前144，以下简称中六年）：

> 更命廷尉为大理，将作少府为将作大匠，主爵中尉为都尉，长信詹事为长信少府，将行为大长秋，大行为行人，奉常为太常，典客为大行，治粟内史为大农。[1]

《汉书·景帝纪》记此事，但谓"十二月，改诸官名"[2]。可见"更命"意为更改官名，也作"更名"。而这次官名改称中有一现象值得留意，即"大行"这一官称出现了两次，且跨越改称前后。从《史记》的记述看，大行和典客在改称前当是并存的两官，经过此番更名，典客采用了大行的官称，原来的大行则更名为行人。故虽同名"大行"，但所指却前后相异。

又，《汉书·百官公卿表上》（以下简称《百官表》）记载是次官名改称的具体内容与《史记》有所不同。关于"典客"，其谓：

> 典客，秦官，掌诸侯[3]归义蛮夷，有丞。景帝中六年更名大行令，武帝太初元年更名大鸿胪。属官有行人、译官、别火三令丞及郡邸长丞。武

---

1. ［汉］司马迁《史记》卷一〇《孝景本纪》，中华书局，1982年，第446页。
2. ［汉］班固《汉书》卷五《景帝纪》，中华书局，1962年，第148页。
3. 现存《汉书》各版本对此的记载不尽一致。简言之，明代北监本、汲古阁本，清代殿本、补注本无"侯"字，中华书局标点本因以王先谦补注本为底本，故亦无"侯"字。然北宋刻递修本（现存《汉书》最早刻本）、南宋庆元本、元大德本、明江文盛本及民国百衲本作"诸侯"。相关情况，参见张元济《百衲本二十四史校勘记：汉书校勘记》，商务印书馆，1999年，第42页；大川俊隆等《〈汉书〉百官公卿表译注稿（四）》，《大阪产业大学论集》15号，2012年，第10页。又，裴骃《史记集解》引《汉书·百官表》曰："典客，秦官也，掌诸侯、归义蛮夷也。"（《史记》卷九《吕太后本纪》，第409页。）按，《集解》成于南朝宋，宋刻递修本、庆元本皆属《汉书》早期刻本，故今据此补"侯"字。另，张家山336号汉墓出土《汉律十六章》中有《朝律》，其中简373提到"典客选诸侯及蛮夷"，见彭浩主编《张家山汉墓竹简〔三三六号墓〕》，文物出版社，2022年，第213页。此亦可证明汉初典客"掌诸侯归义蛮夷"。

帝太初元年更名行人为大行令，初置别火。王莽改大鸿胪曰典乐。[1]

按"大行令"可省称为"大行"，是《汉书》亦谓景帝中六年典客更名为大行（令）。但问题在于，《汉书》未提及当时曾更名"大行为行人"，只说典客的属官行人（令）在武帝太初元年（前104）更名为大行令。

当然，史书所记本就是对史实的节录，其未言之事未必是当时没有发生。可《汉书》的这一阙载还是使后人对景帝中六年是否更名"大行为行人"以及此前大行果否存在等问题产生疑窦和争议。如胡三省因景帝中六年之前史书中已见"大行"，故怀疑班《表》所述有误抑或此是后来"追书"[2]；梁玉绳认为《百官表》记载更确，《史记》内容多伪[3]；王先谦采纳《史记》之说，认为武帝太初元年行人改大行令是再更名也[4]。那么，事实究系如何？《史》《汉》各自对景帝中六年大行、典客官名更改的记载，孰更全面确凿呢？此外，"大行""典客""行人"三个官称又是何种关系？特别是"大行"这一官称何以能够取代"典客"，并在西汉的两次官名改称中反复出现？这些正是本文意欲讨论的问题。

带着上述问题回顾既有研究，可以发现多数研究的旨趣皆在于考证和梳理典客与大行在秦汉时期的职掌及沿革[5]，对大行、典客更名的原因，以及这些官称各自的内涵和关系较少关心。即使在前一方面，相关成果亦是良莠不齐，原因主要在于人们极易混淆汉初不同时段"大行"的具体所指。

管见所及，以下几位学者对本问题的考释贡献良多。先是王献唐考

1.《汉书》卷一九上《百官公卿表上》，第730页。

2.［宋］司马光《资治通鉴》卷一六，景帝前六年（前151）"阴使人趣大行"条胡三省注，中华书局，1956年，第533页。

3.［清］梁玉绳《史记志疑》卷七《孝景本纪》，中华书局，1981年，第274页。

4.［清］王先谦《汉书补注·百官公卿表》，上海古籍出版社，2009年，第883页。

5. 如蔡兴安《秦代九卿制度考（下）》，台北《大陆杂志》第26卷第5期，1952年，第26—31页；安作璋、熊铁基《秦汉官制史稿》上册，齐鲁书社，1984年，第159页；熊谷滋三《前汉の典客・大行令・大鸿胪》，《东洋史研究》第59卷第4号，2001年，第69—103页；薛宗正《大行令、大鸿胪与鸿胪卿——汉唐时期的主管外事、蕃务的行政建置》，《新疆社会科学》2004年第5期，第100—106页；高叶华《秦汉大鸿胪官职考略》，《河南理工大学学报》2007年第2期，第195—197页；黎虎《汉代典客、大行、鸿胪递嬗与朝会司仪》，《东岳论丛》2010年第10期，第59—69页。

证临淄所出"齐大行印"封泥为景帝中六年前之大行，复据此认为："惟班《表》行人，但言武帝更为大行令，不言前为大行。"[1] 可见王氏的结论实是采信《史记》之说。其后，廖伯源在考察汉代爵位制度时尝试解释何以《史记·孝景本纪》会将大行与其他诸卿之更名同述，其谓："因典客之前后变名为典客、大行令、大鸿胪，而其属官大行之前后变名则为大行、行人、大行令，典客之变名与其属官之变名有相同者。补《史记·景纪》者误以典客之属官大行为九卿，而与其他九卿同述其变名。"[2] 按廖氏此说已得汉代典客与大行关系演变之实，惟其论证稍显简略。至于对《史记》记载大行原因的推测，亦备一说。

此后又有熊谷滋三和黎虎对该问题做了深入研究。熊谷之说的内容，因下文有详细讨论，此不复述。要言之，熊谷对官名改称史实的考证基本可从，但其解释却存在一些问题。相较而言，黎虎对西汉时期典客、大行、大鸿胪的实际任职情况做了更细密的梳理，明确了诸官的隶属关系及其变化，并主张景帝中六年以前大行是典客的属官，二者分工合作负责朝会司仪[3]。可惜黎文并未讨论汉廷为何要更改官名。

近年，一些学者依据新发现并公布的秦汉玺印、封泥及简牍材料讨论了典客和大行的更名及沿革问题，取得了一些突破性进展[4]。这类研究的贡献在于提供了传世文献之外出土材料的职官存证，扩充了本论题的取材范围。但或是受限于材料本身，这些研究往往较为孤立，大都是在证实某官存在与否，没有进一步去探讨官与官之间的关系，以及更名背后关涉的其他问题。加之个别学者在考证上仍存疏漏，所提新见恐未必妥帖。此

---

1. 王献唐《临淄封泥文字叙》，《海岳楼金石丛编》，青岛出版社，2009 年，第 312—315 页。
2. 廖伯源《汉代爵位制度试释》注十二，香港《新亚学报》第 10 卷第 1 期下册，1973 年，第 180 页。
3. 黎虎《汉代典客、大行、鸿胪递嬗与朝会司仪》，第 65—66 页。
4. 如黄留珠《秦封泥窥管》，《西北大学学报》1997 年第 1 期，第 28 页；周晓陆、路东之编著《秦封泥集》，三秦出版社，2000 年，第 122 页；崔大庸《"吕大行印"可证〈汉书·百官公卿表〉记载不确》，《中国文物报》2001 年 1 月 31 日，第 7 版；吴荣曾《从西汉楚国印章封泥看王国中央官职》，《读史丛考》，中华书局，2014 年，第 144—145 页；傅嘉仪编著《秦封泥汇考》，上海书店出版社，2007 年，第 47—48 页；王伟《秦玺印封泥职官地理研究》，中国社会科学出版社，2014 年，第 134—138 页。

外，有个别学者关注过汉景帝中六年的官名改称问题[1]，惜未能充分揭示典客、大行更名问题的复杂性。

通过以上对学术史的简要梳理，不难看出学者在对典客、大行更名问题的研究中多将精力置于职官沿革的史实考订之上。但对此并未取得共识，一些学者仍然基于《汉书》之阙载质疑《史记》所言不确。有鉴于此，本文将首先对典客、大行的更名问题进行更系统的梳理，特别是利用近年新见的出土材料加以综合考察，进一步澄清史实。此后，本文将重点结合官名的来源和意涵，剖析大行、典客、行人三者之间的关系，并解释为何"大行"的名称能够取代"典客"。希望以此推进学界关于上述问题的研究。

二、景帝中六年以前所见之"典客"与"大行"

对于前述《史》《汉》之差异，梁玉绳认为："《百官表》行人为典客属官，景帝改典客为大行令，未尝改大行为行人也。大行即大行令，省不言令也。"[2] 按梁氏认为此前并不存在另一名为"大行"的职官，自然无所谓改大行为行人之事。但仅凭《汉书》之说而断定《史记》不确，未免过于武断。事实上，景帝中六年以前汉朝的职官设置中同时存在典客与大行。

典客存在于汉初，为史料所习见，毋烦过多举证。但大行有必要仔细爬疏，因为按照前引《百官表》的记载，景帝中六年更名典客为大行令，武帝太初元年又将属官行人令更名为大行令。再加上大行令亦可省称为大行。因此，在对待史料所见的"大行"时，应先分辨出它是汉代哪一时段的大行。就《史》《汉》而言，确定是景帝中六年以前大行的史料，见于以下三处。

---

1. 大庭脩著，徐世虹等译《秦汉法制史研究》，中西书局，2017 年，第 15—19 页。（日文版初刊于 1982 年）；马孟龙《西汉"王国境内无侯国"格局的形成——以景帝封建体制改革为视角的考察》，《中国中古史研究：中国中古史青年学者联谊会会刊》第 3 卷，中华书局，2013 年，第 12—16 页。
2.《史记志疑》卷七，第 274 页。

《史记·叔孙通传》载：

> 汉七年，长乐宫成，诸侯群臣皆朝十月。仪：先平明，谒者治礼，引以次入殿门……大行设九宾，胪传。于是皇帝辇出房。[1]

《汉书·淮南王传》载，文帝遣将军薄昭遗书谏王，谓：

> 亡之诸侯，游宦事人，及舍匿者，论皆有法。其在王所，吏主者坐。今诸侯子为吏者，御史主；为军吏者，中尉主；客出入殿门者，卫尉、大行主；诸从蛮夷来归谊及以亡名数自占者，内史、县令主。[2]

《史记·外戚世家》载：

> 王夫人知帝望栗姬，因怒未解，阴使人趣大臣立栗姬为皇后。大行奏事毕，曰："'子以母贵，母以子贵'，今太子母无号，宜立为皇后。"景帝怒曰："是而所宜言邪！"遂案诛大行，而废太子为临江王。[3]

从上引史例可见"大行"从高祖七年（前200）到景帝中六年更名前应一直存在，且在汉廷和诸侯国均有设置，主要负责引导宾客出入宫廷殿门等礼仪事务。

除了传世的文献史料，出土材料也能证明景帝中六年以前大行的存在。特别是近年来秦及汉初大量印章、封泥和简牍材料的发现与公布，为考察此问题提供了新的契机。

西安六村堡乡相家巷流散的秦封泥中有数品题为"大行"或"泰行"的封泥[4]。学界多认为一部分"大"字在秦统一后被改写为"泰"字[5]。因

1.《史记》卷九九《叔孙通传》，第2723页。另，《汉书》卷四三《叔孙通传》亦载此事，除个别用字相异外，与引文基本一致。考虑到史料来源上《汉书》多袭《史记》，下文引述汉初史实，除《汉书》与《史记》在记载上有明显差异或相悖之处外，俱以《史记》为准，不再单独标注《汉书》之文。

2.《汉书》卷四四《淮南厉王刘长传》，第2139页。按，"卫尉大行"和"内史县令"点校本未点开，今改。

3.《史记》卷四九《外戚世家》，第1977页。据同书《孝景本纪》载废太子为临江王时在景帝七年（前150）。

4. 秦"大行"封泥，见杨广泰编《新出封泥汇编》第3编，西泠印社，2010年，第60—61页；秦"泰行"封泥见《秦封泥集》，第122页。另，有关秦封泥中"大行""泰行"的著录情况，参见《秦玺印封泥职官地理研究》附录二，第544、594页。

5. 参见刘瑞《秦封泥分期释例》，《考古》2013年第10期，第84—86页；大西克也《从里耶秦简和秦封泥探讨"泰"字的造字意义》，《简帛》第8辑，上海古籍出版社，2013年，第139—148页；陈侃理《里耶秦方与书同文字》，《文物》2014年第9期，第78—79页。

而，"泰行"即是秦统一后的"大行"。据此，大行一职尚可追溯到秦，并非是汉代新设之官。另可明确认定为景帝中六年以前的材料还有章丘洛庄汉墓出土的"吕大行印"封泥[1]，以及徐州狮子山楚王墓发现的"楚大行印"铜印[2]。可见汉初诸侯国亦有大行，印证了前引《汉书·淮南王传》的记述。

此外，简牍材料中也能觅得"大行"的踪迹。张家山336号汉墓出土的《朝律》简中多次出现了"大行"和"典客"，据整理者判断《朝律》颁行年代的下限应不晚于汉文帝三年（前177）[3]。这表明景帝中六年之前汉廷同时存在"大行"和"典客"。如果说文献记载尚存后代追记的可能，那么上举出土材料则可确凿证实"大行"早在景帝中六年之前业已存在。

事实上，在更早公布的张家山247号汉墓出土的《二年律令·秩律》中已经同时见到"典客"与"大行"。然整理小组对"大行"所在简文的标点不够明晰，未将"大行"独立出来。以下是整理小组对该处简文的释读与标点：

> 大行走士、未央走士，大（太）卜，大（太）史，大（太）祝，宦者，中谒者，大（太）官……内官，圈阴，东园主章，上林骑，秩各六百石，有丞、尉者半之。[4]

整理小组将"大行走士"连读，视作一官。注解谓："大行走士，典客属官。《汉书·景帝纪》中元二年有大行令，师古云：'大行令者，本名行人，即典客之属官也，后改曰大行令'。《二年律令》已有典客，大行走士当为其属官。"[5]这一看法基本也为后来学界所沿用。

---

1. 济南市考古研究所等《山东章丘市洛庄汉墓陪葬坑的清理》，《考古》2004年第8期，第8页。按，吕国的存续时间为公元前187—前180年。
2. 耿建军《试析徐州西汉楚王墓出土官印及封泥的性质》，《考古》2000年第9期，第80页。近年来随着研究的深入，更多学者倾向于将狮子山定为第二代楚王刘郢客之墓（卒于前174）。笔者亦赞同此说。参见刘尊志《徐州两汉诸侯王墓研究》，《考古学报》2011年第1期，第78—80页；游逸飞《汉初楚国无郡论——战国秦汉郡县制个案研究之二》，台北《新史学》第26卷第4期，2015年，第7—9、27页。
3.《张家山汉墓竹简〔三三六号墓〕》，第211—213页。
4. 张家山二四七号汉墓竹简整理小组编《张家山汉墓竹简〔二四七号墓〕》（释文修订本），文物出版社，2006年，第74页，简460—464。
5.《张家山汉墓竹简〔二四七号墓〕》（释文修订本），第78页注释98。

按上述观点未必正确，恐怕应将"大行""走士"分断，视为两官更妥。原因有二。一是，史料中有关于"走士"的其他记载，包括西安相家巷出土的数品"走士"和"走士丞印"秦封泥[1]，两方题为"齐走士丞"的汉代封泥[2]，以及张家山247号汉墓出土《奏谳书》所载公士孔刺女子案（编号二二）中孔的辩词"为走士，未尝佩鞞刀"[3]。根据这些材料可以确定"走士"在秦及汉初是一独立官职，既有丞，还当有令长，且诸侯国也有设置。对此，有学者已指出将《秩律》中的"大行走士"解释为"大行"和"走士"两个并置的官称亦可[4]。

二是，整理小组将"大行走士"连读的证据并不充分。现存史料中非但不见有"大行走士"这一官称，而且注解所引史书的记载也只能推定大行是典客的属官，无法论证大行走士乃典客属官[5]。相反，若是将"大行""走士"分断开来，视作两官，倒是会更加符合汉代职官的设置特点。盖"走士"为一独立官职，"未央走士"即可视作走士在未央宫的特设，犹如卫尉有"未央卫尉"、祠祀有"长信祠祀"，皆是汉代职官"随所掌之宫以名官"的体现。如此一来，"大行""走士""未央走士"分作三个官职，大行是典客属官，走士、未央走士另属一类，其间关系显较"大行走士""未央走士"更为清晰[6]。果如此，则还能增进我们对二官的认识。即

1.《秦封泥集》，第224—226页；中国印学博物馆编《青泥遗珍：新出战国秦汉封泥特展图录》，西泠印社出版社，2010年，第24页。

2. 孙慰祖主编《古封泥集成》，上海书店出版社，1994年，第48—49页，编号275、276。

3. 彭浩、陈伟、工藤元男主编《二年律令与奏谳书：张家山二四七号汉墓出土法律文献释读》，上海古籍出版社，2007年，第378页。

4. "三国时代出土文字资料の研究"班《江陵张家山汉墓出土〈二年律令〉译注稿·その（三）》，京都《东方学报》第78册，2006年，第185页。

5. 日本学者亦注意到此，参见专修大学《二年律令》研究会《张家山汉简〈二年律令〉译注（11）秩律·史律》，川崎《专修史学》第45号，2008年，第53—54页。

6. 前文推测大行责引导宾客出入殿门等礼仪事务，而走士则可能承担宫廷中王命诏令的上传下达。详见拙文《说"走士"——兼论〈二年律令·秩律〉的一则标点问题》，简帛网，2013年1月2日，http://www.bsm.org.cn/show_article.php？id=1768。按，《秩律》此段简文中与大行、走士共同出现的其他官职，多为出入、供事于宫省之官，其职掌亦多与礼仪相关。另，秦封泥中"大行""走士"与"太史""太官""内者""太宰""祠祀""尚浴"等均采用日字格，纵向书写官名，或透露出彼此间具有某些共性。按《汉旧仪》谓"执金吾车驾出，从六百骑，走六千二百人"，见［清］孙星衍等辑，周天游点校《汉官六种》，中华书局，1990年，第91页。这里的"走"或是走士的简称。

由《秩律》可知"大行令"和"走士令"的秩级为六百石,大行丞、走士丞为三百石。而大行令的六百石秩级也与狮子山楚王墓所见"楚大行印"铜质鼻钮的规格相符[1]。

至此,综合上举史料可以断定景帝中六年以前典客和大行在汉廷中同时存在。这表明《史记·孝景本纪》关于更名"大行为行人""典客为大行"的记载确有依据。那么,在更名以前典客和大行是何关系呢?

前引《百官表》谓典客"属官有行人、译官、别火三令丞及郡邸长丞。武帝太初元年更名行人为大行令",则行人令作为典客属官当在太初元年前。而景帝中六年曾下令更名"大行为行人",可知"行人"的前身正是"大行"。如此,景帝中六年更名前大行亦应视作典客的属官。这是综合《史》《汉》的记述做出的判断。

更关键的是,汉初的简牍材料亦支持上述认识。一方面,《二年律令·秩律》显示典客秩二千石[2],大行令秩六百石,显然在秩级上大行符合成为典客属官的条件[3]。另一方面,《朝律》的内容表明大行与典客在朝会司仪上的作用相近,且有所分工。如下引诸简:

> 典客进,趋(跪)曰:"请拜诸朝者。"奉常曰:"制曰:可。"典客曰:"若。"起,还,胪传曰:"皇帝延诸侯王。"至来(末)宾,来(末)宾出(三四八)门,西面,曰:"皇帝延诸侯王。"诸侯王奉璧,趋,随入,至来(末)宾左,并立。典客复胪传如初。王趋,并进至典客左(三四九),趋(跪)。典客进,趋(跪)曰:"诸侯王璧各一,再拜贺十月。"奉常曰:"皇帝延王登。"典客曰:"若。"起,还,曰:"请登。"王

1.《汉书》卷一九《百官公卿表》载"凡吏秩比二千石以上,皆银印青绶""秩比六百石以上,皆铜印黑绶""比二百石以上,皆铜印黄绶"。师古注引《汉旧仪》云:"银印背龟钮,其文曰章,谓刻曰某官之章也。""六百石、四百石至二百石以上皆铜印鼻钮,文曰印。谓钮但作鼻,不为虫兽之形,而刻文云某官之印。"(第743页)据此,汉代秩级在千石以下,二百石以上的官吏佩带鼻钮铜印,刻文作"某官之印"。又,狮子山楚王墓所出印章形制亦基本符合汉代不同秩级官员的用印规定。相关讨论参见《汉初楚国无郡论——战国秦汉郡县制个案研究之二》,第16—20页。
2.《张家山汉墓竹简〔二四七号墓〕》(释文修订本),第69页。
3.《续汉书·百官志》记东汉大鸿胪的属官有"大行令一人,六百石"。见〔南朝宋〕范晔《后汉书》,中华书局,1965年,第3583页。另据《续汉书·百官志》的记载,汉代中央二千石的属官绝大多数秩在六百石。若将《百官志》与《秩律》比对,可以发现多数列卿属官的秩级并未发生变化。

起，趋，随（三五〇）上东陛，直前，北面，并趋（跪），以次贺曰："某藩臣某，璧一，再拜贺十月。"奉常曰："制曰：受。"少府进，趋（跪），受璧。

典客胪传曰："诸侯（三五七）王使者进。"至来（末）宾，来（末）宾出，引使者，使者趋，随入，并趋（跪）来（末）宾左右。典典客复胪传如初，大行左出，使者进[1]，（三五八）并趋（跪）大行左。大行进，趋（跪）曰："诸侯王使陪臣某等璧，各一，再拜贺十月。"奉常曰："制曰：可。"大行曰："若。"起，还（三五九）曰："拜皆真璧。"起，还拜。大行曰："诸侯王使者臣某等敬拜，臣某等敬再拜。"使者趋出，反（返）立（位）。郎中举（三六〇）璧。[2]

这是诸侯王和诸侯王使者分别朝拜皇帝的仪节。对读可知，典客和大行在其中分别作为诸侯王和诸侯王使者的摈相发挥作用，与代表皇帝的奉常进行礼仪对答，引导臣下完成朝拜仪式。而诸侯王和诸侯王使者的身份等差则说明典客与大行在朝会中虽然从事的工作相近，但服务的对象却有等级高下之分。显然大行在级别上要低于典客，将其视为典客的属官正符合二者在朝会中的分工情况[3]。

综上所论，可将汉代典客与大行在官名及关系上的演变整理成下表：

---

1. 胡家草场 12 号汉墓所出《朝律》简中亦有相同记载，简文作"典客胪传曰：'诸侯王使者进。'至末宾，末宾出，引使者，使者趋，随入，并跪末宾左。典客复胪传如初。大行左出，使"，见李志芳、李天虹主编《荆州胡家草场西汉简牍选粹》，文物出版社，2021 年，第 194 页。对照可知，张家山 336 号汉墓《朝律》简中的"来宾"实际当释作"末宾"。
2.《张家山汉墓竹简〔三三六号墓〕》，第 212—213 页。标点有调整。另，张家山 336 号汉墓《朝律》简中的"来宾"皆当释作"末宾"。相关论说，参见杨勇《谈谈张家山 336 号汉墓竹简〈朝律〉中的"九宾"和"末宾"》，简帛网，2023 年 3 月 31 日，http://www.bsm.org.cn/？hanjian/8961.html#_ftn16。
3. 日本学者熊谷滋三认为景帝中六年更名前的大行和典客应分属不同系统，即大行并非典客属官，更像是奉常的属官。参见熊谷滋三《前汉の典客・大行令・大鸿胪》，第 90—94 页。按，熊谷得出上述观点时，相关出土文献尚未公布。今从《朝律》简的全文可以看出典客是统筹负责所有臣下在朝会中的站位及摈赞礼仪，而从典客和大行在朝会中的分工表现看，可以明确二者应是统属关系。

表 1　汉代典客、大行官名及关系演变表

时段	汉初	景帝中六年至武帝太初元年	武帝太初元年以后
	202—144BC	144—104BC	104BC—220AD
长官	典客	大行（令）	大鸿胪
属官	大行（令）	行人（令）	大行（令）

由上表可见，二者在汉代共经历过两次更名，其中"大行"作为官称共计出现过三次，惟其所指却随时间的更替存在变化，不可等同视之。以往学者对此问题常生混淆，原因亦在于此。

三、"大行"溯源：大行、大行人与行人关系考辨

如前所言，"大行"作为官称在汉代共计出现三次，并曾用于称呼同一部门的长官和属官。可见每次官名改称过后皆有名为"大行"的官职。那么，为何"大行"这一官称会屡获汉人青睐？它和典客、行人等替代官称的关系又是如何？这些都是不得不继续思考的问题。

关于典客，《百官表》和《汉官仪》皆谓其是"秦官"[1]。后人亦因汉初百官名号"大抵皆袭秦故"而认为典客系承秦而来。不过，出土材料中尚未见到早于《二年律令·秩律》对典客的记载，有学者怀疑秦时未有"典客"之名[2]，但此说目前尚难完全证实[3]。另需注意的是战国中晚期一些国家出现了以"客"命名的职官，负责出使诸侯或接待宾客，如"主客""掌

---

1. ［东汉］应劭《汉官仪》曰："秦置典客，掌诸侯及归义蛮夷。汉因之。景帝更名大行令，武帝改曰大鸿胪。"（孙星衍等辑《汉官六种》，第 134 页）按，文献中典客最早见于《汉书·百官公卿表下》高祖五年（前 202），第 747 页。
2.《秦玺印封泥职官地理研究》，第 136 页。
3. 按秦封泥中著录有"典客""客客之印"，见任红雨主编《中国封泥大系》，西泠印社出版社，2018 年，第 62 页。

客""司客"等[1]。而"客"正是当时列国对他国来使（人）的通称[2]。西安六村堡出土秦封泥中有"客事之玺"，时在秦统一前[3]。不排除"客事"在秦后来发展为"典客"，负责管理诸侯来客及归义蛮夷。

从已发现的秦"大行"和"泰行"封泥可知，战国秦和统一后的秦均设置此官[4]。可惜大行在秦时的职掌并不清楚，若以汉初为参照的话，大概亦负责宫中宾客引见礼仪之事[5]。

文献记述中可见秦之前有与大行名称和职掌皆相近的大、小行人。《周礼·秋官司寇》载："大行人，掌大宾之礼及大客之仪，以亲诸侯"，"以九仪辨诸侯之命，等诸臣之爵，以同邦国之礼，而待其宾客"；"小行人，掌邦国宾客之礼籍，以待四方之使者"，"凡诸侯入王，则逆劳于畿。及郊劳、眡馆、将币，为承而摈。凡四方之使者，大客则摈，小客则受其币而听其辞。"[6]据此，大行人主要负责依据诸侯邦国的爵命等级安排相应的朝觐与接待礼仪规格，小行人负责诸侯入王或四方来使的具体接待工作。又《逸周书·王会》记成周之会谓："相者太史鱼、大行人，皆朝

1.《史记》卷一二六《滑稽列传》载淳于髡"滑稽多辩，数使诸侯，未尝屈辱"，齐威王"以髡为诸侯主客"。《正义》曰："今鸿胪卿也。"（第3197、第3199—3200页）杨宽《战国史》认为此官乃典客的前身（上海人民出版社，2003年，第226页）。又，齐系官玺中有一方题为"左掌客亭"的陶玺。相关研究见吴振武《谈齐"左掌客亭"陶玺——从构形上解释战国文字中旧释为"亳"的字应是"亭"字》，《社会科学战线》2012年第12期，第200—201页。"司客"见于洛阳金村出土诸方壶和平安君鼎铭文，学者认为其职掌与《周礼·秋官》的"掌客"相当，乃招待宾客的机构，而"司客""掌客"应是同一职官的异名。参见朱德熙、裘锡圭《战国时代的"料"和秦汉时代的"半"》，《文史》第8辑，中华书局，1980年，第4页；董珊《战国题铭与工官制度》，北京大学博士学位论文，2002年，第168页；程燕《战国典制研究——职官篇》，安徽大学出版社，2018年，第212、460页。

2. 沈刚《秦汉时期的客阶层研究》，吉林文史出版社，2003年，第32页。

3. 陈晓捷、周晓陆《新见秦封泥五十例考略——为秦封泥发现十周年而作》，西安碑林博物馆编《碑林集刊》第11辑，陕西人民美术出版社，2005年，第312页；杨广泰编《新出封泥汇编》第3编，第70页。

4. 考古学地层关系显示西安相家巷封泥的时代应属战国晚期或秦代，参见中国社会科学院考古研究所汉长安城考古队《西安相家巷遗址秦封泥的发掘》，《考古学报》2001年第4期，第534页。

5.《史记》卷二三《礼书》开篇称："余至大行礼官，观三代损益，乃知缘人情而制礼，依人性而作仪，其所由来尚矣。"《史记索隐》注："大行，秦官，主礼仪。"第1157页。按，战国晚期秦国在接待诸侯来使时已行"设九宾"之礼，对比汉高祖七年长乐宫朝会，可能秦国亦是由大行设九宾。

6. [东汉]郑玄注，[唐]贾公彦疏《周礼注疏》卷四四，彭林整理，上海古籍出版社，2010年，第1441、1445、1458—1460页。

服，有繁露。"[1] 看来大行人也可以担任朝会中的摈相。由此不难看出上述大、小行人的职掌与汉代典客及大行在朝会中的职掌和分工颇为相近。而学者也多认为《周礼》中的大、小行人即是秦汉典客或大鸿胪的渊源所自[2]。

从名称看，"大行人"与"大行"仅一字之差，十分接近。《礼记·杂记下》载："《赞大行》曰：圭，公九寸，侯、伯七寸，子、男五寸。"郑玄注曰："《赞大行》者，书说大行人之礼者名也。"[3] 可见东汉人就将"大行"解作大行人的简称。又《管子·小匡》载："相三月，请论百官。公曰：'诺。'管仲曰：'升降揖让，进退闲习，辨辞之刚柔，臣不如隰朋，请立为大行。'"[4] 类此记述复见于《韩非子·外储说左下》、《吕氏春秋·勿躬》及《新序·杂事》[5]，应是战国晚期较为流行的事例。从管仲对大行职责的描述可知此官谙熟应对宾客所需的礼节辞令。同时，《小匡》中还提到使"隰朋为行"，尹知章注曰："行，谓行人也，所以通使诸侯。"[6] 若按此说，则隰朋出任的大行实际是常见于春秋战国文献中的行人。

所谓行人，或称行李、行理，是东周时期周王室及各国负责通使传辞、接应宾客之官[7]。通常认为这类行人的职责与《周礼》中的小行人更为

---

1. 黄怀信、张懋镕、田旭东《逸周书汇校集注》（修订本）卷七《王会解》，上海古籍出版社，2007年，第806页。同页集注引孔晁云："鱼，太史名，及大行人皆赞相宾客礼仪也。"张怀通《〈逸周书〉新研》认为《王会》篇的原本制作于西周，经过世代流传，后至战国时代定型（中华书局，2013年，第349—351页）。
2. 如刘师培谓：案"大行令"之名出于《周礼》"大行人"，并认为大鸿胪之"胪"可通"旅"，旅即宾旅之礼，与典客之义同。而《周礼·司仪》中有"旅摈"。说见刘师培《论历代中央官制之变迁》，邬国义、吴修艺编校《刘师培史学论著选集》，上海古籍出版社，2006年，第386页。
3.[东汉]郑玄注，[唐]孔颖达正义《礼记正义》卷五二《杂记下》，吕友仁整理，上海古籍出版社，2008年，第1682页。同页孔颖达疏曰："赞，明也。大行，谓《周礼》有《大行人》篇，掌诸侯五等之礼。旧作记之前，有人说书赞明大行人之事，谓之《赞大行》。今亦作记者引此旧书，故云'《赞大行》曰'。"
4.[清]黎翔凤校注，梁运华整理《管子校注》卷八《小匡》，中华书局，2004年，第447页。同页尹知章注："大行，大使之官。"
5.《吕氏春秋》和《新序》所记与《管子》几近相同，惟《韩非子》记此事，文字差异较大，作"登降肃让，以明礼待宾，臣不如隰朋，请立以为大行。"见陈奇猷校注《韩非子新校注》卷一二《外储说左下》，上海古籍出版社，2000年，第743页。然由此更易看出大行掌宾礼。
6.《管子校注》卷八《小匡》，第423页。
7."行人"专指行人之官，多见于春秋时期。战国以后则多用作外交使者的泛称。见黄宝实《中国历代行人考》，台湾中华书局，1969年，第1—113页。

接近[1]。考虑到前引《周礼》所叙大、小行人显系周天子之配置，一般诸侯国可能只称行人，不分大、小。至于《管子》等文献所说的大行应是齐国对行人的尊大之称[2]。

通过以上梳理，可以明确在秦汉之前的文献中与"大行"这一官称有密切关系的是"行人"和"大行人"。三者在职掌上存在共性，惟名称略有差异。其中，行人是春秋之际列国普遍设置的官职，最为可信。大行人应是在行人的基础上演化而来，可简称为大行。文献记述齐桓公时已有"大行"之称，而实物材料表明至迟到战国晚期，秦国已出现大行[3]。

四、典客、大行更名发微

前引《周礼》《逸周书》谓周天子之国有掌朝聘礼仪的大行人，这里需要对朝聘的政治功能略加阐释，以见出大行人这一职官的特殊意义。《大戴礼记·朝事》云："古者圣王明义，以别贵贱，以序尊卑，以体上下，然后民知尊君敬上，而忠顺之行备矣。是故古者天子之官，有典命官掌诸侯之仪[4]，大行人掌诸侯之仪，以等其爵，故贵贱有别，尊卑有序，上下有差也。""故曰朝聘之礼者，所以正君臣之义也。"[5]郑玄注《周礼·大行人》曰"此皆所以习礼考义、正刑一德，以尊天子也"[6]，持论与《朝事》

---

1. 徐元诰撰，王树民、沈长云校《国语集解·周语中》，中华书局，2002年，第67页；竹添光鸿《左氏会笺》第3册，巴蜀书社，2008年，第1362页；闫丽环《春秋"行人"初探》，《濮阳职业技术学院学报》2005年第2期，第64页。

2.《管子·小匡》论百官，其中不仅出现了"行——大行"，还有"理——大理，田——大田，谏臣——大谏（臣），将——大司马"这样的官名对称用例。由此看来，《管子》的作者及信徒可能是希望通过采用这些含有"大"字的官称来抬升齐国的地位，甚至僭用天子之制。《汉书·百官公卿表》颜师古注"奉常"谓"后改曰太常，尊大之义也"，可引为参照。

3. 按《管子》一书对《吕氏春秋》影响很大，后者中的不少思想表述即源自《管子》，由此来看，秦国所设"大行"不排除有受齐国官制影响的可能。

4. 王念孙认为此处"掌诸侯之仪"五字涉下文而衍，典命、大行人皆掌诸侯之仪以等其爵，不当重出，说见［清］王引之《经义述闻》，上海古籍出版社，2016年，第750页。其说可从。

5. 分见王聘珍《大戴礼记解诂》卷一二《朝事》，中华书局，1983年，第225、232页。按，《朝事》本名《朝事仪》。沈文倬认为《大戴礼·朝事义》和《小戴礼·聘义》乃专为某一礼典而作的解说之篇，用来解经所未明，补经所未备，参见沈文倬《略论礼典的实行和〈仪礼〉书本的操作（下）》，《文史》第16辑，中华书局，1982年，第8—12页。

6.《周礼注疏》卷四四，第1458页。

相同。《汉书·礼乐志》亦谓"（人性）有尊尊敬上之心，（圣人）为制朝觐之礼"[1]。凡此可见，汉人认为朝聘之义在于"尊君敬上"，即通过明确君臣、宾主之别以维系尊卑、亲疏有差的统治秩序。大行人作为"天子之官"，正是通过履行其职责以达成上述秩序。

不过，世入战国，周天子的地位和权势早已不复往昔，原本在天子与诸侯之间用以维系君臣名分的朝聘之礼变得难以为继[2]。因而，与朝聘伴生的大行（人）—行人这套职官系统亦随之没落，在新兴诸国的职官架构中日渐边缘。有研究指出战国史书记载行人出使外交之事甚少[3]。这一时期活跃在外交舞台的主要是纵横家和来自诸侯的客（卿）。前述东方六国的"主客""掌客""司客"以及秦的"客事""典客（若存在）"等官职正是为因应此种变化而设。

秦统一后，废分封，行郡县，故诸侯朝聘之礼无从施行。而刘邦在得天下的过程中复行分封，称帝后又广封宗室诸子为王，以图屏藩汉朝。然现实中汉朝与诸侯国之间的紧张关系仍时有浮现。景帝三年（前154），终因矛盾激化爆发了七国之乱，结果汉朝方面胜出。此事件遂成为景帝一朝启动王国改制的重要契机。景帝中二年（前148）春二月，"令诸侯王薨、列侯初封及之国，大鸿胪奏谥、诔、策。列侯薨及诸侯太傅初除之官，大行奏谥、诔、策"。按令文中的"大鸿胪"乃史家追述，实际当为"典客"[4]。该令规定：今后诸侯王薨，由典客奏请谥、诔，列侯薨，由大行奏请谥、诔；列侯初封及之国，由典客奏请封策，诸侯太傅初除之官，由大行奏请封策。按《白虎通·谥》谓："诸侯薨，世子赴告于天子，天子遣大夫会其葬而谥之何？幼不诔长，贱不诔贵，诸侯相诔，非礼也。臣当受谥于君也。"[5]可见此令意在通过对礼制的整备和傅相的除任突显汉天子

1.《汉书》卷二二《礼乐志》，第1028页。
2. 李无未《周代朝聘制度研究》，吉林人民出版社，2005年，第215—244页。
3. 宋丽娟《战国邦交文化研究》，西南大学2014年硕士学位论文，第29页。
4. [西汉] 王益之《西汉年纪》卷九记此条，已将《汉书》原文之"大鸿胪"改作"典客"。其下所附《考异》曰："《汉书》本纪作'大鸿胪'。按《百官表》景帝中六年更典客为大行令，武帝太初元年更名大行令为大鸿胪。在景帝中二年，未得以大鸿胪为称也。当是武帝世记事者之辞，孟坚失于更革耳。今改作'典客'。"中华书局，2018年，第163页。
5. 陈立《白虎通疏证》卷二《谥》，中华书局，1994年，第72—73页。

对诸侯王及列侯拥有的册封权和控制力，故可将其视为此番王国改制的前奏。

景帝中五年（前145），汉朝又颁行了新的举措，进一步削弱王国的独立性。《百官表》载："景帝中五年令诸侯王不得复治国，天子为置吏，改丞相曰相，省御史大夫、廷尉、少府、宗正、博士官，大夫、谒者、郎诸官长丞皆损其员。"[1] 其中虽未言典客、大行，但考虑到二者在景帝中二年之后的新职掌，显然不是王国所宜继续保有的官职[2]，尤其是典客，此官主外交，恐怕自始即非王国所得设[3]。

参考上述背景，对于景帝中六年汉朝更名"典客为大行，大行为行人"即可做出如下解释：这次改制采用"大行"和"行人"分别作为主属官员的新名称，意在变更旧制以适应新的政治形势，而改称的制度来源应是时人以为的周制（礼）中的"大行（人）—（小）行人"的官制叙述。具体来说，一方面，"客"作为指称外来者的用语，汉初诸侯归属典客职掌，显示出诸侯国被汉朝视为"外"，这与其时王国具有独立性的客观形势相符[4]。但自平定吴楚后，王国的独立性已被渐次消解，地位同于汉郡，此时显然不再适合将其视为"外"，故"典客"之名势难沿用。

另一方面，文景时期正是儒学开始对汉朝改制施以影响之际。先是文帝时期，贾谊主张："汉兴至孝文二十余年，天下和洽，而固当改正朔，易服色，法制度，定官名，兴礼乐，乃悉草具其事仪法，色尚黄，数用五，为官名，悉更秦之法。"[5] 贾生不仅明确要求悉更秦法，还专门提到改定官名。虽然此建议当时未能施行，但亦说明景帝中六年汉廷施行官名改

1.《汉书》卷一九《百官公卿表》，第741页。

2. 如王献唐认为临淄刘家寨所出"齐大行印"封泥，"与齐少府、宗正属官封泥同窖出土，少府、宗正均在景帝中五年裁省，（齐大行印）必与各属官封泥同出其前"，见所著《临淄封泥文字叙》，第314页。

3. 游逸飞在考察临淄刘家寨封泥所见汉初齐国中央官吏时曾谓："典客、典属国掌归义蛮夷，诸侯王国可能无权设置。"见所著《战国至汉初的郡县变革》，台湾大学2014年博士学位论文，第274页注释1。另，现存史料中尚未见到诸侯国存在典客的实例以及可以确定时间在景帝中五年之后的王国大行。

4. 阿部幸信著，黄祯译《西汉时期内外观的变迁：印制的视角》，《浙江学刊》2014年第3期，第8—9页。

5.《史记》卷八四《屈原贾生列传》，第2492页。

称实非无源之水。此后，文帝又"使博士诸生刺六经中作《王制》，谋议巡狩封禅事"[1]，意图重建天子之礼。后人称此举乃"汉人采辑古制，盖将自为一代之典"[2]，可谓一语中的。至景帝时，晁错力主削藩，所持理由仍然是"不如此，天子不尊，宗庙不安"[3]。而围绕是否该由梁王继位，袁盎诸大臣通经术者皆对曰："方今汉家法周，周道不得立弟，当立子"[4]，更是高举"汉家法周"说[5]。这些都表明文景之际汉朝内部要求改制度、尊天子的言论日多。在此情景下，汉朝选择以"大行"替代"典客"，自然很难不让人联想到礼书叙述中负责周天子朝礼的大行人。而且，朝礼作为君臣之礼，其用意正在于尊天子、修臣礼，亦相当契合景帝中后期重塑汉廷与诸侯礼法关系的现实需求。总之，认为汉朝更名"典客为大行""大行为行人"的依据主要在于"大行—行人"官称具有的古典性及其蕴涵"尊天子"的政治寓意，应非无根之论。

五、结语

综合本文考论可知，典客与大行在汉景帝中六年更名前是两个并存的职官，二者应是统属关系。同时，结合典客与大行、行人官称各自的来源和内涵，以及文景时期的政治、思想形势，可以看出"大行"之所以能够取代"典客"成为汉朝管理诸侯及归义蛮夷事务机构的长官名称，既是因为当时王国渐失独立性，而"典客"这一本义为掌管外来者的官称已难

1.《史记》卷二八《封禅书》，第1382页。

2.［清］孙希旦《礼记集解·王制》，中华书局，1989年，第309页。按，《礼记·王制》篇中亦有关于朝聘之礼的记载，如谓："天子无事与诸侯相见曰朝，考礼、正刑、一德，以尊天子。"（第330页）立意与前述《大戴礼记·朝事》《周礼·大行人》相同。至于今本《礼记·王制》篇是否为文帝时所作《王制》，学界意见不一。陈苏镇认为今本《礼记·王制》篇应是由汉文帝时所作的《王制》发展而来，参见所著《〈春秋〉与"汉道"——两汉政治与政治文化研究》，中华书局，2011年，第149—152页。今从其说。

3.《史记》卷一〇一《晁错传》，第2747页。

4.《史记》卷五八《梁孝王世家》，第2091页。

5. 这里的"法周"未必是周代切实存在的制度，更多是指汉人所信从的"周制"，亦是相对"秦制"而言。见李禹阶、廖小波《西汉前期国家政治思想再论——兼论儒学在汉初政治思想构建中的作用》，杜常顺、杨振红主编《汉晋时期国家与社会论集》，广西师范大学出版社，2016年，第209页。

以与之匹配；又是由于"大行"具有礼书文献提供的古典依据，其所职掌的朝聘之礼更蕴含"尊天子"的政治寓意，特别适用于平定吴楚乱后重塑汉朝与诸侯礼法关系的历史情境。

进言之，客观形势及出身条件的限制使得汉初统治者在王朝典章制度的基本框架上多因袭秦朝，即所谓"汉承秦制"。不过，汉代因采用分封制，中央王朝与地方诸侯在政体上又呈现出近于周而疏于秦的面貌，特别是在平定七国乱前这种表现尤为明显。故汉朝在规范与诸侯的关系时所能汲取的制度资源也就多半来自周代[1]。前述大行（人）及行人见于先秦文献记载，具体职掌虽不像《周礼》阐述得那般细致完备，但二者的基本职责仍在于掌宾礼、主外交。从这一角度讲，景帝中六年更名"典客为大行，大行为行人"的做法实具有吸纳周制因素调整官制以适应当时统治变化的意义。

最后，对于国史上习见的官名改称这类现象，应当承认其内涵并非只是单纯的官名改易。事实上，改称之所以能够发生本身正说明不同的官名具有各自独特的涵义，而取舍之间亦会显现统治者对不同官名的观感与认知。因此，学者理应进一步去发掘官名改称背后所蕴含的多元历史信息，如更名为何会发生？新官名何以能够取代旧官称？以及官名改称反映出身处当时历史情境之人的哪些诉求？类似问题，如能细加留意和解读，无疑会深化和丰富我们对于历史的既有认识。

本文原载于《史学月刊》2019年第12期，本次提交文稿时根据新公布的《朝律》简对全文作了必要修订，但主要观点未作变化。

孙梓辛，东南大学人文学院讲师

---

1. 学者曾指出尽管周制与秦汉制度在社会经济基础上有很大不同，但无论是在职官名称，还是官职职掌上，秦汉职官制度仍受周制影响甚大。见卜宪群《周代职官制度与秦汉官僚制度的形成》，《南都学坛》2000年第1期，第1—6页。

竞逐的场域

——20 世纪 20 年代初国立东南大学的学生运动再探

闵心蕙

20 世纪 20 年代初，改组完成的国立东南大学（下文简称东大）作为东南地区最高学府，逐渐发展成为南京地方党团活动与学生运动的重镇。这里既是南京社会主义青年团第一、第二支部（中共团地委机构最初设在东大）所在地，也设有国民党第一区党部，下辖东南大学、东大附中、钟山中学三个区分部。国共合作开始后，作为少数派的两党在校内发起了民校运动，动员学生颇多 [1]。当时东大校内还有不少推崇无政府主义或国家主义者，自称安娜其派或醒狮派。多元驳杂的主义和思想竞起，东大俨然成为五四之后南京学生运动的中心和党派竞逐的场域。

既往研究对五四之后的学生运动已有较多关注，王奇生指出国民革命时期国共两党的社会基础均为五四知识青年 [2]，吕芳上揭示了 1920 年代学生运动的政治化特色 [3]。随着研究视角的下移，五四前后北京以外的地方学潮和学运受到重视，如陈以爱在对上海学潮和"东南集团"的整体考察中，特别谈及复旦大学的华洋网络 [4]。相比之下，南京特别是东南大学的学生运动还可进一步探究。南京地方的革命史研究侧重于马克思主义在宁的早期传播和党团的初步建立 [5]，而既有的东大校史研究多关注 1920 年代东大改组和易长风潮的影响，突出东大与政界、学界、商界之间的上层互

---

1. 1923 年 6 月，中共三大召开后，努力推行国民运动，共产党员多以个人身份加入国民党；同年 8 月，青年团二大召开，拥护中共三大的决议，社会主义青年团的成员均以个人身份加入国民党，这是 1924 年后国共两党展开合作与民校运动的基础。
2. 王奇生《党员、党权与党争：1924—1949 年中国国民党的组织形态》，华文出版社，2010 年，第 29 页。
3. 吕芳上《从学生运动到运动学生（民国八年至十八年）》，台北"中央研究院"近代史研究所，1994 年，第 427 页。
4. 陈以爱《动员的力量：上海学潮的起源》，台北民国历史文化学社，2021 年。
5. 朱启鋆编《南京人民革命史》，南京出版社，1991 年，第 22—41 页。

动,对校内学生运动关注较少¹。本文拟在发掘利用国立东南大学档案和南京党团一手报告的基础上,聚焦《南京评论》周刊的试发行和被查禁、民校运动在东大的发展,以及南京学联主导权的争夺等关键节点,进一步考察 1920 年代初东南大学的学生运动,揭示国共合作初期主义思潮多元互歧和党派竞逐日趋激烈的态势。此外,通过爬梳东大学生宛希俨在其中扮演的角色,勾勒一名青年知识分子在时代浪潮中追求进步并成长为革命骨干的印迹。

一、《南京评论》的试发行

1924 年 5 月 8 日,东南大学校长郭秉文收到了一封来自江苏督军、省长公署的公函,省警察厅就东大学生于本校交通处擅自发行《南京评论》一事来信质询,因该报宣传过激思想,恐危及学校和地方治安,欲查明详情。公函的措辞颇为强硬,部分内容如下:

据东南大学加岗警白尚俭报称:顷见该校交通处发行一种报纸,名曰《南京评论》报,每张售铜元一枚,巡警随出铜元一枚,亦购一张,该报系属初次发行,曾否立案,送请核办,等情。巡官查阅报纸标名《南京评论》,其通讯处在境内四牌楼门牌六号,所载言论颇含一种过激论调,殊与国家治安大有关系。查报纸出版,须呈经立案核准,始可出版。该报自由发行,实属不合,当派代理巡长尚仁前往调查。²

由公函可知,这是一起东大学生私自发行报纸引发当地警方治安担忧的敏感事件。参与此事的学生名叫宛希俨,教育专修科二年级在校学生,牵涉其中的还有其同乡阮继严,两人名字发音颇为相似。接受警署调

1. 许小青《政局与学府:从东南大学到中央大学(1919—1937)》,中国社会科学出版社,2009年。牛力《江苏省教育会与东南大学权力格局的兴替(1914—1927)》,《史林》2019 年第 2 期。对校内学生运动的研究,参考李路、严学熙《"五卅"运动中的东南大学》,《南京大学学报(哲学社会科学版)》1982 年第 2 期。
2.《第二一〇号 江苏督军、省长公署公函》(1924 年 5 月 8 日),《查禁〈南京评论〉的有关函件(一九二四)》,国立中央大学档案,全宗号 648,卷宗号 550,中国第二历史档案馆藏。该卷辑录了江苏省警察厅、东大学生宛希俨和东大校长郭秉文三方就《南京评论》被查禁一事的信函往来。

查时，宛希俨声称，同乡阮继严平常借住在双龙巷陈姓亲戚家中，自己只是为他代收信稿，印刷所也不在自己临时租住的四牌楼六号。巡官遂前往双龙巷详查，并未发现阮某及其陈姓亲戚。作为此案当事人，阮继严本人未曾发声，也未被查拿，成为了事件的一大疑点。

因事发突然，省警察厅出于谨慎，来函向东大求证此事。"报纸确有过激论调，于地方治安大有妨碍，据称该报通信处系由贵校学生宛希俨租赁，并又代收信稿，究竟该生是否共同办理？其代销报纸之交通处，是否亦为贵校附属处所？除通行查禁并指令外，用特函达，即希贵校长详细查明，克日见复，嗣后对于是项举动，并请格外注意，以维公安。"[1] 接到来信后，校方迅速找到了宛希俨，详询此事经过。宛希俨给校长郭秉文写了一封长信，就《南京评论》被查禁一事为自己辩护：

惟该刊（笔者注：指《南京评论》）之出版编辑印刷发行等事宜，均系由敝同乡阮继严君主持办理，学生绝未与闻其事。阮君在宁将近一年，行止无定，《南京评论》出版之前，彼即以个人名义向学生接洽，请代收转外来信稿，盖以居有定处，免致遗失也。学生当即询以该刊性质，阮君答云：纯系谋教育之改进，绝无激烈言论。学生信以为实，遂亦允其所请，然其内幕究竟若何，学生固始终未闻毫末也。迨该刊第一期既出版，北区警察署以其出版手续未合，即派人至学生之寓处查问，学生此即一面以上述之实情相告，一面通知阮君速将已发出之刊物收回，并坚嘱其以后毋得再用学生之寓舍为通信地址。次日，学生复往警厅谒王厅长，解释此事，适王厅长因公外出，未获接谈。乃复往北区警察署谒刘署长，将此事之原委详加解释。署长亦甚谅解，但谓法律手续所关，应请阮君亲往署中一谈，以便销案。[2]

宛希俨的陈情重点如下：（1）撇清和同乡阮继严的关系，阮在南京居无定所，自己只是为他代收信稿；（2）强调自己并未参与印刷和出版事

1.《第二一〇号 江苏督军、省长公署公函》(1924 年 5 月 8 日)，《查禁〈南京评论〉的有关函件（一九二四）》，国立中央大学档案，全宗号 648，卷宗号 550，中国第二历史档案馆藏。
2.《学生宛希俨复校长先生信》(1924 年 5 月 11 日)，《查禁〈南京评论〉的有关函件（一九二四）》，国立中央大学档案，全宗号 648，卷宗号 550，中国第二历史档案馆藏。

务，对《南京评论》的性质和所登过激言论毫不知情；（3）事发后自己第一时间前往警察署解释，已获署长谅解，保证绝无下次行为。信函内容条理清晰、言辞恳切，文笔之老练，不似出自二年级学生之笔。

同一时期，由同一档案所揭示，宛希俨还卷入了河海工程学校学生石愈白散发五一传单一事，据石供称，他的五一游行宣讲受到东大学生宛希俨的指使[1]。面对军、民两长的质询，宛希俨再次致信校长郭秉文，陈情个中原因，恳请学校保护：

> 至于学生个人，五月一日上午在校，上刘靖波先生欧洲政治思想史、崔苹村先生乙级英文、郑晓沧先生教育通论等课，下午复同母校（湖北第三区启黄中学）师范部来宁参观同学往清凉山游览，并未到过河海工程学校。对于发传单事更属梦想不到，人证具在，校长尽可详查，如有不实，愿受惩戒。石愈白与学生虽有一面之识，然散传单又系一事，何得藉此诬赖。[2]

校长郭秉文护生心切，很快就宛希俨代收《南京评论》信稿和指使石愈白散发五一传单两事，向省警察厅复信："查阅该刊议论，不循正轨，生若知其内容，共同办理，决不以所居地址明白示人，此理显而易明。惟择友不慎，轻于一诺，致蹈嫌疑，自知不全…旁询各方，均称宛生希俨，平时尚知谨慎，成绩应当优良。"[3]"至学生与石愈白虽曾相识，本日并无往来，五月一日在校上课，有教员签到簿为证，未曾到过河海工程学校，应未与石愈白照见。"[4]在校方的庇护和出面陈情下，宛希俨被指控参与地方学生运动、私自发行报纸、宣传过激言论之事终告一段落。

若结合1924年前后南京地方复杂的政治背景和社会环境，细审二档馆所藏信函，仍能发现文本之外隐藏的一些蛛丝马迹。其一，主人公颇为

1.《第二三二号 江苏督军、省长公署公函》（1924年5月15日），《查禁〈南京评论〉的有关函件（一九二四）》，国立中央大学档案，全宗号648，卷宗号550，中国第二历史档案馆藏。

2.《学生宛希俨复校长先生信》（1924年5月17日），《查禁〈南京评论〉的有关函件（一九二四）》，国立中央大学档案，全宗号648，卷宗号550，中国第二历史档案馆藏。

3.《复查〔复〕宛希俨代收〈南京评论〉信稿》，《查禁〈南京评论〉的有关函件（一九二四）》，国立中央大学档案，全宗号648，卷宗号550，中国第二历史档案馆藏。

4.《查复宛希俨指使石愈白散布煽惑工人传单》，《查禁〈南京评论〉的有关函件（一九二四）》，国立中央大学档案，全宗号648，卷宗号550，中国第二历史档案馆藏。

特殊的个人经历。宛希俨（1903—1928），湖北黄梅人，他的第一重身份是东南大学教育专修科学生，1922 年入学[1]；另一重身份则是东南大学马克思主义研究会的创始人之一，南京社会主义青年团的早期成员和共产党员。此前不久，他曾经将苏俄政府教育部长 1923 年 2 月发表于《新俄罗斯》周刊的一篇文章译成中文，在上海申报馆编辑出版的《教育与人生》周刊发表，全面介绍苏俄的公共教育情况[2]。不过，宛希俨作为青年革命者的身份和形象是东大校长郭秉文不曾了解的，校长对他的印象停留在成绩优良的大学二年级学生这一层面。被宛称之为同乡的阮继严则查无此人，原来宛、阮音似，阮继严就是宛希俨的化名。1924 年宛希俨在编辑印刷、出版发行《南京评论》时，假借阮继严之名，瞒天过海，成功逃脱了军警和校方的质询，展现了自己在地方学生运动中丰富的组织和斗争经验。

其二，《南京评论》的性质。其实，这是一份由社会主义青年团南京地委与国民党南京区党部合办的刊物，1924 年 4 月 15 日创刊发行，原本计划以周刊形式出版，没想到刚发行一期就被当局以出版手续不全、宣传过激思想为由查禁。青年团当年的工作报告中也提到了此事："上期与民校同志合办一《南京评论》（周刊），出版一期被封，下期与合作社合办南京半月刊。"[3] 由此可见，国共合作之后，南京地方的团组织积极开展革命宣传工作，地方当局则始终对学生运动保持密切关注和高度警觉，试图阻遏过激思想和言论的宣传，大学校园内外有组织的学生运动仍受到密切监视。

二、民校运动在东大

前述仅出版一期便遭查禁的《南京评论》，是民校运动的产物。"民校"是"国民学校"的简称，用以指代国民党，民校运动即指国共合作背

1.《国立东南大学录取新生》，《申报》1922 年 8 月 29 日第 2 版。
2.［俄］路拉卡斯基，宛希俨译《苏俄之公共教育》，《教育与人生》第 15 期，1924 年 1 月 21 日，第 156—158 页。
3.《南京地方团报告——民校运动》（1924 年 12 月），中共江苏省委党史工作委员会编《第一次国共合作在江苏（1923—1927）》，1995 年内部出版，第 108 页。

景下国民党左派组织的学生运动。五四运动后，知识青年和进步学生日益成为社会运动的重要力量，南高—东大作为东南地区的文教中心，也成为南京地方学生运动的先发地。东大的民校运动可谓大革命期间国共关系的缩影，经历了从合作到冲突的变化过程。

民校运动在东大发展初期，内部关系较为融洽。社会主义青年团在民校运动中出力尤多。根据此前在东大梅庵召开的青年团二大的决议，"中学"（即青年团员，S. Y.）和"大学"（即共产党员，C. P.）在保持密切组织联系的同时，全体同志均以个人身份加入"民校"。彼时，在东大学生中影响较大的有安娜其派（无政府主义者）和醒狮派（国家主义者），人数和力量并不占优势的"民校"学生试图先声夺人，参与东大学生自治会的改组。东大学生宛希俨就是其中的代表人物："东大学生自治会此次改组，大半为我团及国民学校合作而成，将来做事，不无帮助。希俨同志被选为出席学生会代表……宁地团与国民学校颇融洽，毋庸置疑。"[1] 随着国共合作的展开，南京的青年团在各方面帮助国民党工作，"本团同志参加国民党活动，帮助其成立第一区党部，该党部执行委员会五人，内有三人为本团同志。现在进行联络他方面以冀组织市党部"[2]，此时南京地方国民党第一区党部的负责人就是宛希俨。国民党基层区党部、区分部的筹备与成立，受到青年团与中共的指导，后者严密的基层组织远胜国民党原先涣散的组织结构。

以个人身份加入"民校"的青年团员和共产党员在地方上有着强大的组织和宣传能力，很快在民校运动中占据上风，形成左派当道之势。南京地方的群众运动常能见到国民党左派的身影：积极参加"五九"国耻纪念会，组织全城学生游行示威；派员参加杨案后援会[3]；发起"国民会议促成会"，拥护中共提出的召开国民会议解决国是的方案；投身非基督教运

1.《彭振纲致刘仁静函》（1924 年 3 月 21 日），中共江苏省委党史工作委员会编《第一次国共合作在江苏（1923—1927）》，第 106 页。
2.《南京地方团工作报告——关于帮助国民党工作（节录）》（1924 年 5 月），中共江苏省委党史工作委员会编《第一次国共合作在江苏（1923—1927）》，第 107 页。
3. 杨案指 1924 年 8 月南京下关水果贩杨家寿被日本水手无辜杀害一事。

动，等等。青年团"颇得民校中人信仰，凡我们在民校的主张都可通过。此间一、二、三区党部可说全在左派支配中"[1]。

但是，左派的表现引起了"民校"内部一些右派人士的不满，两派矛盾在1925年孙中山逝世后南京市党部选举时集中爆发。当年4月，南京市党部选举的筹备工作起初较为顺利，"很可乐观，委员七人，拟定我们同志三人（宛、曹、CYI）"[2]。但在5月17日的南京市党部成立大会上，国民党第一区党员宋镇崙、高岳生、李宗郏，第二区党员朱丹父、王亚樵，率领各区无党证党员强行出席，要求参加选举。国民党临时江苏省党部委员朱季恂等在会上揭露右派言行，遭到右派暴力伤害，市党部也没能如期成立。据青年团南京地委报告："市党部选举，又因我们同学努力介绍党员，形势较大，彼等乃不惜用种种不正当手段应付我们，以致市党部成立时，省党部委员被殴。"[3]闹事者中有的是东大学生，如宋镇崙、李宗郏，李宗郏等人还加入了孙文主义学会[4]，受"民校"右派的影响更大，与左派常有摩擦。事后朱季恂赴粤报告，但因广州方面忙于平定杨希闵、刘震寰叛乱而未达效果。国民党中央的决议是："致函上海执行部，嘱即调查实情。如江苏省党部报告确实，则照其决议处分，并声明此事关系重大，本会认为必须严行查究。"[5]广州中央实则对南京地方的两派矛盾和左右之争鞭长莫及。

由南京市党部选举引发的左右分裂日益加剧，双方各执一词，向广州国民党中央互相控告，事情久悬未决。1925年底，左派主导的江苏省党部向广州中央呈文，弹劾国民党上海执行部庇护右派之举，指出其"对

1.《南京地方团报告——民校运动》(1924年12月)，中共江苏省委党史工作委员会编：《第一次国共合作在江苏（1923—1927）》，第108页。

2. 同志三人即宛希俨、曹壮父，CYI待考，《上海地委会议记录——文恭报告南京组织市党部（节录）》(1925年5月15日)，中共江苏省委党史工作委员会编：《第一次国共合作在江苏（1923—1927）》，第20页。

3.《团南京地委关于追悼孙中山及五月纪念活动给钟英的信》(1925年5月29日)，中共江苏省委党史工作委员会编：《第一次国共合作在江苏（1923—1927）》，第109页。

4. 孙文主义学会成立于1925年春，是孙中山逝世后响应全国性"孙文主义运动"出现的政治组织，在国民党右派领导下推行反共宣传，其中南京的孙文主义学会又以东南大学为中心。

5.《国民党第八十八次会议纪》，《广州民国日报》1925年7月15日第6版。

于新进及努力之同志嫉之若仇，于其发展党务之事，动加掣肘；而纵容一般向不努力而忌人努力之反动分子盘据（踞）其间，隐为结合，造谣中伤进步分子"[1]。省党部在《申报》登载启事，宣布开除右派反动分子宋镇崙、高岳生、邓光禹、朱丹父、王亚樵等十一人的党籍[2]。作为右派大本营的国民党上海执行部则视左派为共产宵小，对其"假冒"本部名义发文混淆视听的行为尤其愤慨[3]，针锋相对地在《申报》上刊登启事，宣布开除江苏省党部共产分子之党籍，包括朱季恂、侯绍裘、董亦湘、柳亚子、宛希俨等十人，随后发起了对江苏省党部的清查和改组[4]。

中共成立之初的许多活动大多依靠社会主义青年团的力量秘密进行，并不对外公开。在国民党右派的强力施压下，中共与青年团在地方上更加注意保持自身的独立性。"十一月十五日右派得上海执行部之暗中嗾使，宣告市党部成立，我们也在这个当儿得着江苏省党部的委令，委我们同学四人，左派一人为南京党务整理员，遂将左派分为四个区党部，人数约百四十人（右派人数在调查中），每区党部的常务委员都是我们的同学。"[5]

综观东大的民校运动，在以个人身份加入"民校"的共产党员和青年团员的帮助下，国民党第一区党部顺利在东大成立，并迅速培植起学生基层组织。在此过程中，青年团南京地方执委会尤其是东大学生宛希俨出力颇多。但好景不长，"民校"内部很快呈现左右相争、分庭抗礼的局面，以致最终分化决裂。在此过程中，国共之间的新旧形象差异也逐渐凸显。

三、争夺学运领导权

尽管民校运动在东大的发展颇为迅猛，但国共力量在东南大学的各

1.《江苏省党部弹劾上海执行部》，《广州民国日报》1925 年 12 月 16 日第 11 版。
2.《中国国民党江苏省党部为解决南京市党部纠纷事启事》，《申报》1925 年 12 月 5 日第 1 版。
3. 指《商报》1925 年 11 月 30 日所载"国民党南京市第一二三区党部启事二则"，相关报道见《申报》1925 年 12 月 5 日第 1 版。
4.《中国国民党南京市党部为开除江苏省党部共产派党籍启事》，《申报》1925 年 12 月 9 日第 1 版。
5.《中共南京地委工作报告（节录）——关于党、团、工会、学联及宣传等工作》（1925 年 12 月），中共江苏省委党史工作委员会编《第一次国共合作在江苏（1923—1927）》，第 115 页。

色党派与团体中始终居于少数。当时在东大学生中影响较大的是醒狮派（国家主义者）和安娜其派（无政府主义者），以宛希俨为代表的"民校"左派实际上是在开展一场少数派的斗争。这在南京学生联合会领导权问题上也有明显的体现。

1920 年代初，南京的政治势力盘根错节，构成了学生运动的特定背景。出身东大的早期青年团成员和共产党员文化震将南京之"反动势力"概括如下：基督教、军阀、学阀三股势力在宁盘踞，成犄角之势；国民党右派丑态毕露，内部分化严重；新兴的醒狮派只会说不会做，空谈革命[1]。曾任共青团南京地委书记的王觉新后来也回忆，"南京党、团组织自成立之日起，即在反动派重重包围中，是同反动派斗争中发展壮大起来的"[2]。

南京学生联合会最初成立于 1919 年 5 月 27 日，由南京高师与河海工程学校的学生代表牵头，与会的二十多所南京地方学校一致同意，选举南高学生黄曝寰任会长，是年还曾短暂发行《南京学生联合会日刊》。1925 年以前，南京学联一直采用会长制，学联的一些重要职位多为东南大学的学生把持，其中又以国家主义派占据主导。

东大易长风波后，东南大学一度成为国家主义派的大本营。据东大学生、社会主义青年团成员文化震的观察："因为在东大易长风潮起后，醒狮派便大卖气力的攻击学阀。于是东大遂施其电光之手腕，一纸聘书便收买了余家菊等三四人。这样一来，两者遂行了正式的结婚礼，而醒狮派遂得以东大为一大本营。"[3] 文化震此言指向国家主义派的重要成员余家菊赴东南大学任教，以东大为场域在暑期学校上公开宣传国家主义的基础[4]。国主派对苏俄和共产主义的敌意颇强，认为"中国的问题，只有中国人全体一心自强自卫才能解决。亲日、亲美和亲任何帝国主义的国家，固非解

---

1. 华贞（文化震）《南京之反动势力》，《中国青年》第 124 期，1926 年 6 月 20 日，第 667—670 页；《中国青年》第 125 期，1926 年 7 月 3 日，第 696—699 页。
2. 王觉新《1922—1927 年的南京党团组织及国共合作情况》，中共江苏省委党史工作委员会编：《第一次国共合作在江苏（1923—1927）》，第 327 页。
3.《南京之反动势力》，第 697 页。
4. 余家菊讲、史泽之记《国家主义的基础——在南京东南大学暑期学校讲》，《醒狮》第 100 期，1926 年 9 月 11 日，第 2—3 版。

决之道，即亲共产主义的苏俄，亦适足以为其牺牲品"[1]。

国家主义派与"民校"左派几乎处于完全敌对的地位。两派的分歧和冲突，集中于"一党专政"和对"国家"的态度。国家主义派"对于'国民党'始终表示相当之好感，而对于'共产党'之'宣传赤化'，则不能不加以攻击"[2]。国家主义派宣称："在爱国这个同情心之下，并没有阶级之分的…我们以国家为前提，对于共产主义者'宁牺牲国家不牺牲主义'这种行径，至少也要认为是卖国贼的行径。"[3]而在"民校"左派的学生眼中，具有强大宣传和动员能力的国家主义派就是自己的头号敌人，"南京学生会之重要职员大多数被东大占去，东大系著名反动的国家主义派把持的学校"[4]。

两派围绕脱离全国学生联合会总会（简称学总）、改组南京学联等问题纷争不断。1925 年 11 月，学总在北京召开临时代表大会，期间举行了庆祝苏俄十月革命八周年的活动。支持国家主义的东大代表陈庆瑜、彭国彦等对此表示抗议，认为这种行为"无异否认本国国体"，会招来"共产之祸"。他们试图操纵南京地方学联，脱离全国学生联合会总会[5]。此前由宛希俨代表南京学联出席全国大会一事亦被否决，"民校"学生对东大国家主义派的把持原本颇有微词，这样一来改组学联的想法更加强烈。为此，"民校"联合南京各中等学校代表抨击东大学生自治会，并提出了集中对付的方法："（1）由'中学'命令全体同学向各校活动，尤其是东大同学，活动要诀攻击东大代表个人；（2）通知学总或'中学'中央，使全国学生对东大加以抨击；（3）印行传单，说明东大包办学联之劣点及其代表态度强横之可恶，使东大纵脱离学联，他校不予同情；（4）本周内即

---

1. 李璜《国家主义与世界大势及中国问题》，《醒狮》第 46 期，1925 年 8 月 22 日，第 4 版。
2. 摘奸《外患声中共产党摧残爱国派之铁证》，《醒狮》第 43 期，1925 年 8 月 1 日，第 3 版。
3. 李璜《国家主义与世界大势及中国问题》，《醒狮》第 46 期，1925 年 8 月 22 日，第 4 版。
4.《中共南京地委工作报告——关于改组支部工作与国民党问题》（1925 年 11 月），中共江苏省委党史工作委员会编：《第一次国共合作在江苏（1923—1927）》，第 111 页。
5.《中共南京地委工作报告（节录）——关于党、团、工会、学联及宣传等工作》（1925 年 12 月），中共江苏省委党史工作委员会编：《第一次国共合作在江苏（1923—1927）》，第 116 页。

由改组委员会改组学联；（5）预备选举等等，现已积极着手进行。"[1] 两派学生在《醒狮》《向导》《中国学生》等刊物发起舆论战，攻击对方把持学联[2]。学联改组最后以"民校"左派的胜利而告终，经学联第三次代表会议正式改选，四个部门主任，中共占其三，民校占其一。这为"民校"学生参与和介入南京地方的学生运动提供了契机，中共和国民党左派也借此实现了学运中的权柄转移。

醒狮派之外的安娜其派即无政府主义者，在二十年代初南京地方学生运动中势力颇大。1924 年初，时任青年团南京地方执委会委员的彭振纲、宛希俨，就选举国民党一大代表之事向团中央报告："此间 S.Y. 同志现已全数加入国民学校，近与安娜其派几成对敌之势。卅日选举赴粤代表，张凌霄（安）、陈去病（我）均当选。我们不顾安派加入捣乱，甚能引起一般人之同情。"[3] 报告中提到的张、陈二人都是老资格的同盟会会员。据五卅时期的南京学联主席严绍彭的回忆："陈去病是东大教授，不是党团员，当时比较左倾些，后来成了国民党右派。张凌霄即张曙时，当时大家把他看成安那其主义者（即无政府主义），那时他是建业大学校长。"[4] 建业大学是南京地方推行工读互助的重要场所，南京社会主义青年团第五支部即秘密设在该校。1924 年国民党一大召开后，率先成立了国民党南京地方区分部，第一区分部以建业大学为中心，由张凌霄负责；第二区分部则以东南大学为据点，由陈去病负责。

正是在这种复杂政治环境中开展和领导学生运动的历练，让宛希俨积累了一定的革命经验和资历，随后在大革命中扮演了重要角色。1925

1.《中共南京地委工作报告——关于改组支部工作与国民党问题》(1925 年 11 月)，中共江苏省委党史工作委员会编《第一次国共合作在江苏（1923—1927）》，第 111—112 页。
2. 相关文章参见《醒狮》第 78 期（1926 年 4 月 10 日）所载《全国学生总会是谁的？》《共产党把持下的全国学生总会》，《醒狮》第 81 期（1926 年 5 月 2 日）所载《共产党把持全国学生总会的又一证据》；《向导》《中国学生》则刊登文章予以驳诉，见《一封公开的信致醒狮记者》《斥醒狮报破坏全国学生运动之谬论》，《中国学生》1926 年第 22/23 期，第 129—132、133—136 页。
3.《团南京地方执行委员会彭振纲、宛希俨给团中央执行委员会报告——关于南京选举国民党一大代表问题（节录）》(1924 年 1 月 1 日)，中共江苏省委党史工作委员会编《第一次国共合作在江苏（1923—1927）》，第 106 页。
4. 严绍彭《大革命时期在南京从事革命活动回忆》，中共江苏省委党史工作委员会编《第一次国共合作在江苏（1923—1927）》，第 322 页。

年 3 月孙中山逝世后，南京各界召开追悼中山大会筹备会，与会者包括南京各大中学校代表等百余人，宛希俨作为东南大学代表，被推举为大会主席，主持讨论、决定各项筹备事宜[1]。4 月 21—22 日的正式追悼大会，宛希俨被推为两名主席之一[2]。1925 年 8 月，国共合作中国民党江苏省党部正式成立，宛希俨当选为执行委员[3]，并担任青年部部长[4]，负责领导江苏全省的学生运动，指挥各学校的党团骨干开展工作[5]。北伐战争期间，宛希俨调往湖北工作，曾任国共合作的国民党汉口特别市党部执行委员[6]，与李立三、向忠发等人共事[7]。几年之间，宛希俨完成了从东南大学进步学生到革命运动重要骨干的成长过程。第一次国共合作失败后，宛希俨转往江西工作，1928 年在中共赣南特委书记任上被捕，在赣州英勇就义[8]。

四、结语

本文在发掘利用国立东南大学档案和南京党团一手报告的基础上，以《南京评论》周刊的试发行、民校运动在东大的发展和南京学联主导权的争夺为重点，提供了观察五四运动后由"学生运动"向"运动学生"转向的地方视角。从五四运动到北伐战争，随着"主义"思潮的崛起，五光十色的"主义"信仰如马克思主义、社会主义、三民主义、国家主义、无政府主义等成为动员学生的利器，国共合作初期，以共产党、国民党、醒狮派、安娜其派为代表的党派斗争又紧密地以二十年代初的学生运动作为根基。这一时期的东南大学深受政党政治的裹挟，俨然成为了地方纷繁复

1.《南京各界筹备追悼中山》，《申报》1925 年 3 月 24 日第 10 版。

2.《南京悼孙大会纪事》，《申报》1925 年 4 月 21 日第 10 版。

3.《国民党执行部通告苏省党部成立》，《申报》1925 年 9 月 10 日第 15 版。

4.《国民党苏省党部成立续志》，《申报》1925 年 8 月 25 日第 14 版。

5.《中国国民党江苏党部报告（续）》，《中国国民党第二次全国代表大会日刊》第 18 号，中国国民党第二次全国代表大会秘书处刻印，1926 年 1 月 19 日，第 17、19 页。

6.《国民政府准备正式迁鄂》，《申报》1927 年 3 月 1 日第 7 版。

7.《武汉之反英潮》，《申报》1926 年 12 月 31 日第 8 版。

8.《悼宛希俨、陈敬魁两君》，中央档案馆编《革命烈士传记资料》，中共中央党校出版社 1983 年内部出版，第 215—216 页。

杂的学生运动和党派竞逐的大本营。在这种错综复杂的政治和社会环境中，年轻的宛希俨积极追求进步思想，找到了先进的政治方向，在中国共产党的领导下积极开展和领导学生运动，由此积累了一定的革命经验和资历，为后来在大革命中发挥更大作用打下了基础。这位毕业于东南大学的早期共产党员和优秀地下工作者的故事，成为 1920 年代投身学生运动和革命事业的爱国青年的缩影。

本文原载于《东南大学学报（哲学社会科学版）》2024 年第 2 期
闵心蕙，东南大学人文学院讲师

近代中国疍妇形象建构与流变研究

黎心竹

1905 年，梁启超在论及中华民族的构成时，将"疍"视为先秦以前与华族共同"分宅中国"的八族：

> 疍族者，亦有研究之一值者也。至今此族尚繁，殆不下百万。我族莫肯与通婚姻。但其人皆居水中，以船为家焉。夫人民必与土地相附，此通则也。若疍族者，绝无寸土，诚为全球独一无二之怪现象。[1]

梁启超所说的"疍族"指"生于江海，居于舟船"[2]的水上人群，也被称为疍民[3]。疍民起初被排斥在四民以外，系清代贱民之一，又被称为"蜑民""蛋民"或"曲蹄"。"蜑"是疍民称呼的早期源起，书写中又被俗化为"蛋"，由"蛋"及"疍"的转变体现了近代民族主义的深远影响。[4]梁启超的这一论说正是在近代民族主义思潮盛行的历史语境中提出。其时，知识精英无不鼓动"养成我所固有之民族主义"[5]，长期受到歧视的疍民被认为是"复权"的疍族[6]，既享有"国家社会之一切权利"[7]，也是区别于"中原民族"的"化外"民族[8]，复杂性由此可见。不过，疍妇是最早接触西人的女性群体，她们更受公共媒介关注。晚清至民国年间，疍妇一词包含了未婚或已婚的疍家女，常与"疍女"一词混用，多见于各大报章，可视为晚清以来知识分子对疍民女性的统称。

---

1. 梁启超《历史上中国民族之观察》，《新民丛报》1905 年第 3 卷第 17 期，第 16 页。
2. [宋] 乐史《太平寰宇记》卷一五七"岭南·广州新会县"，四库全书本，第 15b 页。
3. 晚清至民国年间，时人文献常以"蛋"或"疍"混用，亦偶有"蜑"称。1939 年，国民政府提出改正"西南少数民族命名"，要求把少数民族的族称去掉"虫"旁。下文如无特别注明，均以改后的"疍"为称，即以"疍民""疍妇"表述。
4. 参见詹坚固《建国后党和政府解决广东疍民问题述论》，《当代中国史研究》2004 年第 6 期；詹坚固《释"疍"》，《历史教学》2018 年第 8 期。
5. 梁启超《国家思想变迁异同论》，《饮冰室合集》(文集之六)，中华书局，1989 年，第 22 页。
6. 《福建蛋族复权之请愿》，《申报》1912 年 3 月 12 日，第 7 版。
7. 《大总统通令开放蛋户惰民等许其一体享有公权私权文》，《临时政府公报》1912 年第 41 期，第 4 页。
8. 招勉之《谈咸与蛋》，《贡献》1928 年第 2 卷第 9 期，第 31 页。

关于疍民研究，学界或注重讨论中西交往中的疍民[1]，或注重考察近代以来公共舆论中的疍民形象[2]。近年来，亦有学者特别留意到南中国海的高度女性化特征[3]，关注水上女性的不同职业身份[4]。循着这一视角，本文不将疍民视为整体，而是重点留意疍民中的女性群体——疍妇。在社会巨变之际，公共文本中的疍妇是交融了传统与现代、中心与边缘的特殊意象，应予以系统深入的考察。本文借助尚未使用过的地方文本、公开报章与社会调查，分析近代以来疍妇形象的建构与流变，以此透视传统中国近代转型中的民族国家观念的引入及其影响。

一、岭南社会传统认知与沪上报章中的疍妇

疍民"以舟为室，视水为陆"[5]，早在宋代就已生活在闽、粤两地水域。长期以来，"以艇为家"[6]的疍民以"非我族类""人皆贱之"的形象受岸上人的歧视。疍民中的女性尤为弱势，在仅有的文字记载里，疍妇以娼妓、乐伎为业，被排斥在王朝四民外。清嘉庆至道光年间，以梁松年为代表的岭南知识分子普遍认为"十疍九娼"，将疍妇视为娼妓。[7]虽然地方史志中不乏疍妇行为契合传统伦理道德者，如民国《阳山县志》就有疍妇"为夫守节"的记载[8]，但在晚清民初的公开报章中，疍妇仍然以负面形象出现，与疍妇有关的报章或渲染其受难受欺的软弱形象，认为其存在故意传播疾病、

1. 程美宝《水上人引水——16—19 世纪澳门船民的海洋世界》，《学术研究》2010 年第 4 期；林少骏、张恩强、曾筱霞《晚清来华西人视野中的疍民形象》，《东南学术》2018 年第 2 期。

2. 张先清、刘长仪《从"他者"到"国民"——近代中国关于疍民公共话语与族界建构》，《学术月刊》2018 年第 12 期。

3. ［美］安乐博《南中国海上的女性：史料中的身影及推想》，《国家航海（第十五辑）》，上海古籍出版社，2016 年，第 1—15 页。

4. ［法］苏尔梦《中国女性与海（11—20 世纪初）》，《海洋史研究（第十九辑）》，社会科学文献出版社，2023 年，第 32—64 页；周松芳《别有因缘咸水妹》，《澎湃新闻·上海书评》2017 年 7 月 12 日。

5. ［宋］周去非《岭外代答》（卷三），中华书局，2006 年，第 115—116 页。

6. 屈大均《清代史料笔记丛刊·广东新语》（下），中华书局，1985 年，第 485 页。

7. 梁松年著，刘正刚整理《梁松年集》，广东人民出版社，2018 年，第 200 页。

8. 黄燮修、朱汝珍纂《阳山县志》（卷十二），民国二十七年铅印版，第 22b 页。

"从事娼妓业"等不道德行为[1]。刊印于清末的《石印中外青楼春影图说》将沪上青楼中的"粤东蛋妇"列为名妓之一[2]，这一名词指向娼妓中的粤籍女性，并进一步与"专事招待外国水手及士卒的娼妓"[3]——"咸水妹"关联。

诚如贺萧所说，"妓女被赋予了变动性的多重性的意义"[4]，"咸水妹"的意涵同样如此。在沪上报章中，"咸水妹"的一词被认为最早源自对粤妓的称呼[5]。随着来华西人的增多，更多人则认为"咸水妹"可能是西人对"HanasomaeMia"[6]的音译，这也成为时人关于"咸水妹"一词的常识[7]。"西人荟萃之处"往往"粤东蛋户咸水妹列屋闲居"[8]，蛋妇"常渡外国人上下轮船"，通晓外国语言，被认为更容易接受西人的样貌。尽管这一论断更多是出于对蛋妇所处空间场域的简单判断，但在时人看来，"近水楼台先得月"[9]，蛋妇是"咸水妹"顺理成章[10]。

由此，生活在中国南方陆地边缘的蛋妇与沪上专指粤妓的"咸水妹"相关联，构成了"专接西客"的女性群体代称。蛋妇是游离在华夏边缘的少数人群，西人是与华夏相对的异族，二者的关系在中国的新闻报章中日益加深。有人认为水上生活的蛋妇中至少有一半是"咸水妹"，与西人有过密交往[11]。"咸水妹"中以"粤中蛋妇居多"[12]的论断甚至成为社会主流认知。

既被认为"专接西客"[13]，蛋妇的身体也成为讨论的对象。有报道认为

---

1. 上述主题系据"抗日战争与近代中日关系文献数据平台"《申报》数据库"上海图书馆《全国报刊索引》数据库（1833—1949 年）""大成数据库"等整理而成。

2.《石印中外青楼春形图说》，《申报》1887 年 9 月 14 日第 10 版。

3. 洛顺《咸水妹掌故》，《特写》1936 年第 1 期，第 16 页。

4.［美］贺萧著，韩敏中、盛宁译《危险的愉悦：20 世纪上海的娼妓问题与现代性》，江苏人民出版社，2003 年，第 4 页。

5.《咸水妹考》，《申报》1923 年 11 月 19 日第 8 版。

6. 时人认为"HanasomaeMia"意为"美女"，笔者并未找到关于"咸水妹"英文名称的外文资料，依据"HanasomaeMia"的发音，这里可能是误读。

7. 大荒山人《咸水妹考补遗》，《申报》1923 年 11 月 22 日第 21 版。

8.《嘉禾岛纪事》，《申报》1891 年 12 月 24 日第 2 版。

9.《咸水妹耳后针砭》，《申报》1873 年 11 月 11 日第 2 版。

10. 陈天赐《咸水妹考》，《申报》1936 年 10 月 3 日第 17 版。

11.《蛋女可怜》，《申报》1877 年 4 月 13 日第 2 版。

12.《论温州绞犯临刑胡言》，《申报》1882 年 12 月 22 日第 1 版。

13.《咸水妹考》，《申报》1823 年 11 月 19 日第 8 版。

疍妇的身体被西人感染了传染性疾病"麻风病"[1]。沾染麻风的身体有着污染社会其他健康身体的危险[2]，染上麻风病的男子"糜烂遍体"，出现脸部"腮肿鼻穿"的动物化特征[3]。1894年，男子莫氏受身染"麻风病"的疍妇蒙蔽，导致自己"面目全非"，沦为乞丐[4]。在公开报章中，疍妇在西人处感染"麻风病"后，为使自身疾病减轻，往往会故意传染给当地男性。疍妇染上"麻风病"的身体是"污秽"的女性身体，与之相对的则是原本"洁净"的地方男性身体形象。

疍妇的形象之所以有"污秽"的身体隐喻，这与疍妇形象和"咸水妹"形象的混同有关。实际上，"咸水妹"由疍妇构成的说法值得商榷。有人认为"咸水妹"中陆上女子远多于疍妇[5]。尽管疍妇是最早接触来华西人的女性群体，但其与西人的早期交往多限于为西人船员、士兵洗衣[6]，常有疍妇为求得洗衣生意，驾驶小船紧追西人船只[7]。此外，疍妇还多以摆渡[8]、捕鱼及小商贩为生，晚清《吴川县志》就载录了疍妇卖鱼的日常场景[9]。及至民初，还有疍妇上岸从事女工等职业[10]。但是，疍妇从事正当职业的事迹却鲜少见于清末民初的新闻报章。

疍妇从事"咸水妹"一职的新闻多刊载在《申报》等沪上报章，《申报》的新闻主笔又以身具功名的江南士人为主[11]。尽管晚清的公开报章将上述新闻故事的主体一概称为疍妇，但谁才是疍妇，其群体边界仍然值得商榷。明清以来，疍民的族群边界始终是移动的。[12]直到1930至1940年代，

1.《麻疯病相传之患·选录香港三月二十日近事编录》，《申报》1873年5月16日第2版。
2. 梁其姿著，朱慧颖译《麻风——一种疾病的医疗社会史》，商务印书馆，2013年，第102页。
3.《麻疯病相传之患·选录香港三月二十日近事编录》，《申报》1873年5月16日第2版。
4.《瞽者染疯》，《申报》1894年4月29日第9版。
5.《咸水妹打斋》，《万国公报》1875年第363期，第182页。
6. Peter Dobell, *Travels in Kamtchatka and Siberia：with a Narrative of a Residence in China Vol.ii.*, Henry Colburn and Richard Bentley, 1820, p.139.
7. Charles T. Dowing, *The Fan-qui in China in 1836-7 Vol.i.*, Henry Colburn Publisher, 1838, p.83.
8. 吴高梓《福州蜑民调查》，《社会学界》1930年第4期，第145页。
9. 毛昌善修，陈兰彬纂《吴川县志》，清光绪十四年刊本，第85a页。
10.《广东兵工厂失慎惨剧》，《申报》1920年6月15日，第7版。
11. 李长莉《晚清上海社会的变迁：生活与伦理的近代化》，天津人民出版社，2002年，第33页。
12. 参见萧凤霞、刘志伟《宗族、市场、盗寇与蛋民——明以后珠江三角洲的族群与社会》，《中国社会经济史研究》2004年第3期，第11—12页。

岭南大学学者陈序经在推动疍民民族志的调查工作时，认为疍民身份的认定与辨别仍然存在疑虑。[1] 在这个意义上，疍妇作为女性群体指称，脱离了地方文本的情境，抽象为社会底层女性的统称。

再者，《申报》的新闻受众以"华人"为主[2]。1870 年代前后，《申报》常用"华"指"本国"，用"西"指"夷人之'他邦'"[3]。在《申报》的作者、读者眼中，疍妇既与"陆上人"不通婚嫁，是地方社会等级秩序中的底层[4]，又与他邦"西人"来往密切，其形象无疑具有不同于中原文化的异质性特征。进一步而言，西人携带"麻风病"的表述隐藏着麻风的种族寓意，感染麻风的疍妇不但属于中原边地的族群，更在身体上脱"华"趋"西"。疍妇的身体不仅象征着"中原"与"南方"的地缘边界线，更是"华人"与"西人"混杂的象征符号，具有我族"健康"与他族"疾病"的隐喻。

"麻风病"是与性行为相关的传染性疾病，更容易引发恐惧[5]。当"粤东多麻疯大疾"的传统认知与西人将"麻风病"传染给疍妇的新认知同时出现在公开报章中[6]，疍妇的身体更加令人恐惧，民间甚至有"千祈不可共蛋家妹交游"[7] 的说法。在近代中国的新式媒介中，西人、疍妇与地方男性的"麻风病"传染链与传统民间话语中闽粤地区的"过癞"风俗相联系，使得疍妇的身体既是华夏"中心"与"边缘"的表征，也是华人"文明"与西人"野蛮"的区隔[8]。

综上，晚清至民国初，沪上报人选择性接纳了岭南社会对疍妇的传统认知。清中叶以后岭南社会"十疍九娼"的传统认知进入晚清民初的公开报章，并与沪上报章中的"咸水妹"形象发生混合。此时的疍妇不仅是传统社会认知中的娼妓形象，甚至专指与西人交往的娼妓，铸就了疍妇形体"污秽"的身体隐喻，也形成了疍妇多有"麻风病"等传染性疾病、多

---

1. 陈序经《疍民的研究》，商务印书馆，1946 年，第 80 页。
2.《论本馆作报本意》，《申报》1875 年 10 月 11 日第 1 版。
3.《论本馆作报本意》，《申报》1875 年 10 月 11 日第 1 版。
4. 郑祖庚《闽县乡土志·侯官县乡土志》，海风出版社，2001 年，第 153 页。
5. ［美］苏珊·桑塔格著，程巍译《疾病的隐喻》，上海译文出版社，2014 年，第 123 页。
6. 参见《麻疯病相传之患·选录香港三月二十日近事编录》，《申报》1873 年 5 月 16 日第 2 版。
7.《蛋家妹》，载《改良岭南即事》，出版年不详。
8. 参见梁其姿著，朱慧颖译《麻风——一种疾病的医疗社会史》，第 141—148、161 页。

从事娼妓业的刻板印象。疍妇从事娼妓业成为清末民初的公开报章着力呈现的职业特征，这使得疍妇更受歧视，令"岸上女弗屑"[1]。

二、近代文化民族主义思潮下的疍妇

20 世纪初期，以梁启超为代表的新式知识人提出了"合国内本部属部之诸族以对于国外之诸族"的"大民族主义"[2]，疍民也因此更受关注。梁启超在《历史上中国民族之观察》中明确将"疍"视为与"我族"相对的民族之一，梁氏所指"我族"即"炎黄一派之华族"，"疍"则是与"华族"一同"分宅中国本部诸族"。虽然"华"与"疍"的族群区隔在其论述中仍然明晰，但梁氏更强调"中国民族"的整合性[3]，进而将"疍"视为"中国本部诸族"之一，强调其与"华族"的连续性，"与我无争，故能阅数千年，传其种以迄今日"[4]。此后，将各族囊括在内的"中华民族"逐渐成为晚清知识分子的"国族蓝图"[5]。

晚清至民国初，梁启超的文化民族主义思想引发了"改造国民论"的相关讨论[6]。1917 年 2 月，陈独秀在《新青年》上发表《文学革命论》，认为传统的"贵族""古典"与"山林"文学造就了"阿谀虚伪夸张迂阔"的落后的"国民性"。只有推倒"贵族文学"，建设"平易的抒情的国民文学"[7]，才能革新落后的"国民性"，创造新社会。在上述思潮的推动下，知识分子开始倡导"到民间去""向民众学习和教育民众"[8]，歌谣运动在全国范围内展开，大量青年学人投身于民间歌谣的采集、记录。

1.《咸水妹打斋》，《万国公报》1875 年第 363 期，第 182 页。

2. 梁启超《政治学大家伯伦知理之学说》，《饮冰室文集》册二，大道书局，1936 年，第 18 页。

3. 参见许小青《1903 年前后新式知识分子的主权意识与民族国家认同》，《天津社会科学》2002 年第 4 期，第 126—131 页。

4. 梁启超《历史上中国民族之观察》，《国史研究六篇》，中华书局，1947 年，第 10 页。

5. 王明珂《华夏边缘：历史记忆与族群认同》，浙江人民出版社，2013 年，第 245 页。

6. 黄克武《魂归何处？梁启超与儒教中国及其现代命运的再思考》，《近代中国的思潮与人物》，九州出版社，2013 年，第 207 页。

7. 陈独秀《文学革命论》，《新青年》1917 年第 2 卷第 6 期，第 6—9 页。

8. [美] 洪长泰著，董晓萍译《到民间去：1918—1937 年的中国知识分子与民间文学运动》，上海文艺出版社，1993 年，第 296 页。

身处粤省的青年钟敬文开始注意到家乡的歌谣传说，疍民的日常生活进入了知识界的视野[1]。在钟敬文等人的推动下，疍民逐渐以特殊的水上生活、丰富多情的疍歌闻名于知识界。新式知识分子通过收集、印刷疍歌建构了落后却浪漫的水上世界。1927年，钟敬文在《中国文学研究》上刊载了咸水歌合集《中国蛋民文学一览》。在钟敬文的记录里，疍歌所传达的声音使疍民的生活世界充满诗意，疍民过着"诗的生活"，令人十分向往[2]。钟敬文的关注引起了同时期其他新式知识分子对疍民研究的兴趣，疍妇伴随着疍歌进入了他们的视野。

声音是身体的一部分，疍妇的声音与歌谣是新式知识分子关注的重点。时人有诗云："月照羊城十月堤，笙歌处处野花迷。罗衣轻拽新桐屐，蜑女娇声唤客栖"[3]。疍妇的身形意象与"娇声"的声音意象一同组成了夏季羊城的水上美景。而在揽客"娇声"以外，疍妇唱疍歌的场景也备受关注。"斜倚船首，扣舷发音，靡曼歌声，不若娇娇垂柳摇曳于晓风残月中"[4]，这一时期的知识分子使用"曼声""垂柳""月白风清"等词汇渲染疍妇的声音、身形与歌唱场景，描绘了疍妇在残月之夜于水上歌唱的画面。

疍妇的声音与身形呈现了一个充满愉悦的水上世界。20世纪二三十年代，水上世界作为想象的"异域"，成为有别于陆上社会的美好世界。作为水上世界的表征，疍妇的身体不再是区隔"洁净"与"污秽"、"健康"与"疾病"的象征符号，反而变得自然纯净。1932年，上海新光大戏院上映电影《西线无战事》，该电影的宣传广告借用了疍妇的形象。广告以诗歌"水乡人似月，皓腕凝霜雪"来描述疍妇的外形，从而赋予其美好洁净的水乡少女形象，进而突出水上世界的浪漫色彩，仿佛"仙乡"又犹如"天堂"[5]。

---

1. 钟敬文《"五四"——我的启蒙老师》，杨哲编《钟敬文生平、思想及著作》，河北教育出版社，1991年，第155页。

2. 钟敬文《中国蛋民文学一览》，《中国文学研究》1927年第17期，第772页。

3. 序之《蜑女四时歌》，《南中》1935年第6期，第195页。

4. 陈皮《东堤蜑女秋夜歌赛》，《阳春小报》1936年第24期，第3页。

5.《广告》，《申报》1932年1月21日第18版，其广告词为"水乡似仙乡，蛋女如花美"，"何处是天堂，我说在尘世，尘世既天堂"。

在歌谣运动中，"自然""天然"带有"除旧造新"的进步意涵。换言之，具有"自然""天然"等进步意涵的疍妇形象才是符合现代民族国家建构需要的"国民"形象。不过，要打破社会各界"向来蔑视他们的态度"，还需要进一步厘清晚清公开报章关于疍妇的身体叙事。知识界反思了晚清士人对疍妇职业身份的污名化。招勉之抨击将疍妇视为"咸水妹"的说法，认为专门接待西人的娼妓中不乏陆上女子，"咸水妹已经是变种之变种了"。也正是在这一时期，招揽渡客的疍妇开始为公开报章所正视。撑船载客被认为是疍妇赖以生存的职业之一[1]，疍妇沿河揽客只为"送人上街落船讨生活"[2]，疍妇也是有"礼貌"且"坦白""谦卑"的女性[3]。

之所以出现这一转向，与倡导歌谣运动的新式知识分子意图否定传统儒学礼教[4]，想要推动一场"眼光向下"的革命有关[5]。但有学者指出，新式知识分子以浪漫主义视角透视乡土社会，他们对边缘族群的观察本身又有革新"国民性"的立场，多少存在着将问题简单化的倾向[6]。事实上，仍有部分人认为疍妇多以娼妓为业[7]，她们的声音是"卖笑式的与卖肉式的妓女"招徕客人的手段[8]。疍妇的身体行为在歌谣运动调查报告与地方报章两类公共文本里呈现出两种相反的意象。前者与歌谣运动的主旨结合[9]，强调了疍妇身体的天然与美好，后者则延续了晚清士人的传统认知，强调疍妇身体所具有的危险隐喻。

但整体看来，在文化民族主义思潮的影响下，这一时期疍妇的形象

---

1. 温耀斌《蛋民的将来》，《南风（广州）》1921 年第 2 卷第 2 期，第 34 页。
2. 成仁《随笔：纪蛋户》，《南星杂志》1931 年第 1 卷第 4 期，第 35 页。
3. 岭南社会研究所《沙南疍民调查》，李文海、夏明方、黄兴涛编《民国时期社会调查丛编·底边社会卷》，福建教育出版社，2014 年，第 634 页。
4. 钱玄同《吴歌甲集序》，顾颉刚《吴歌甲集》，北京大学歌谣研究会 1926 年印，第 9 页。
5. 有关近现代民俗学发展与社会历史关系之论述，参见赵世瑜《眼光向下的革命：中国现代民俗学思想史论（1918—1937）》，北京师范大学出版社，1999 年。
6. ［美］洪长泰著，董晓萍译《到民间去 1918—1937 年的中国知识分子与民间文学运动》，上海文艺出版社，1993 年，第 287 页。
7. 桴客《记蛋家妹》，《风月画报》1937 年第 9 卷第 42 期，第 1 页。
8. 林邮影《广州市的蛋民》，《礼拜六》1934 年第 561 期，第 213 页。
9. 徐新建在氏著《民歌与国学：民国早期"歌谣运动"的回顾与思考》中指出，"歌谣运动"在政治层面上是为了"用民众重释国家"，其主体在于当时的知识界。参见徐新建《民歌与国学：民国早期"歌谣运动"的回顾与思考》，巴蜀书社，2006 年，第 22 页。

已经开始脱离"堕落"且单一的娼妓意涵。与晚清至民国初年时不同，在钟敬文等新式知识分子眼中，疍妇的声音与身形象征着水上世界的浪漫美好，时人不但将疍民视为"富有诗意的民族"[1]，还认为把"咸水妹"与疍妇对等是对疍民族群的歧视与污名化，疍民具有中原主族所不具备的"向上性，进取性"。[2] 这种"向上性，进取性"是中原主族迫切需要的重要特质，这也意味着，疍妇不再是游离于"国民"边缘的女性群体，她们的特质开始成为"国民性"的重要来源，其形象也开始脱离"污秽"的身体隐喻，出现了由"污秽"向"洁净"的转向。

三、20 世纪 30 年代民族学视野下的疍妇

疍妇形象的转向体现了近代"国族想象"对疍民族群的嵌入，疍妇不但是"群族而居"的"部民"，更代表着"国家的子民"[3]，被逐渐纳入"国民"范畴[4]。20 世纪 30 年代，民族学、社会学等新学科在中国蓬勃发展，为近代中国知识分子重新认识边缘族群提供了新的路径[5]。再造"国民"是这一时期民族学学科面临的重要任务[6]，如何将"边疆之人"纳入民族国家的政治结构成为知识分子的共同关怀[7]。粤省知识界更是逐渐认识到辨析疍民民族性的重要作用[8]，认为复兴中华民族的唯一希望就在南方[9]。

1.《蛋家》，《民俗》1929 年第 76 期，第 1 页。

2. 招勉之《谈咸与蛋》，《贡献》1928 年第 2 卷第 9 期，第 31 页。

3. Shen Sung-chiao, Discourse on guomin ('the citizen') in late Qing China, 1895—1911, *Inter-Asia Cultural Studie*s, Vol.7, No.1（2006），p.17.

4. 许纪霖认为，部民（族民）与国民的概念大有不同，前者是文化和历史学名词，以血统、习俗等自然因素为边界，后者是政治学名词，是现代国家政治建构相关。由族民到国民的转变是现代国家构成的必要要素。参见许纪霖《国家 / 国民、国家 / 民族：国家认同的两个面向》，《浙江社会科学》2017 年第 6 期，第 8—9 页。

5.《华夏边缘：历史记忆与族群认同》，第 245 页。

6. 马戎《民国时期的造"国民"与造"民族"——由王明珂〈民族与国民在边疆：以历史语言研究所早期民族考察为例的探讨〉一文说起》，《开放时代》2020 年第 1 期，第 99 页。

7. 王明珂《民族与国民在边疆：以历史语言研究所早期民族考察为例的探讨》，《西北民族研究》2019 年第 2 期，第 92 页。

8. 区神骏《广州蛋民的婚姻风俗》，《时事月报》1930 年第 3 卷第 3 期，第 206 页。

9. 朱谦之《南方文化运动》，《现代史学》1933 年第 1 卷第 2 期，第 36—37 页。

在上述思潮影响下，1932 年至 1934 年间，伍锐麟、陈序经等人调查广州地区的疍民情况，形成了《沙南疍民调查》《三水河口疍民调查报告》《蛋民的职业》等若干报告。调查报告的目的是对现有常识中的讹误、污名之处予以订正[1]，打破社会各界"向来蔑视他们的态度"，进而形成"一种有系统，而又能将他们的情况的各方面完整反映出来的总体性调查与研究"[2]，唤起地方政府对疍民生存状况的重视。

社会调查尤其强调疍妇的职业身份，试图更正疍妇普遍从事娼妓业的传统认知。疍妇从事的职业包括"摇艇""佃工"[3]，与"陆上人"并无区别，像普通工人一样"用体力来换钱"[4]。岭南大学学者陈序经特别批驳了胡朴安在《广东之蛋妇》一文中"粤有所谓水鸡者，即所谓蛋妇也"[5]的说法，认为船上的娼妓多由"老妓买为己女"，其中也包括陆上妇女，与水上妇女的族群身份关系不大[6]。妇女从事娼妓业多数是因为经济情况，这一道德瑕疵也是"水上"与"陆上"共同存在的问题，而非疍妇独有。而且，疍妇从事娼妓业的人数较少，沙南地区疍民"约一千人中，妇女之充当私娼者不出三人"。少数疍妇从事娼妓业也不是因为疍民缺少教化，更与其民族性无关，主要受现代城市社会变迁的影响，是"城市社会中一种很厉害的病态"[7]。岭南大学的调查报告以具有现代意义的城市、家庭观念重新解释了疍妇从事娼妓业的现象，"水"与"陆"的道德等级秩序也被重新建构，个别疍妇从事娼妓业不代表这一群体普遍具有道德瑕疵，这一现实情况甚至证明了那些认为疍妇普遍"卖淫为生"的看法是错误的[8]。

通过消弭疍妇形象中"水"与"陆"的地理特性，从现代意义的社会经济角度题解释疍妇与娼妓业的关系，疍妇的身体与道德逐渐脱离

---

1. 岭南社会研究所《沙南疍民调查》，李文海、夏明方、黄兴涛《民国时期社会调查丛编底边社会卷》，第 593 页。
2.《沙南疍民调查》，第 592 页。
3. 许道龄《沙南疍民专号提要》，《禹贡》1934 年第 1 卷第 9 期，第 33 页。
4. 劳心《过河口》，《申报》1935 年 7 月 15 日，第 19 版。
5. 胡朴安《中国风俗》(上)，九州出版社，2007 年，第 277 页。
6. 陆林《清代笔记小说类编·烟粉卷》，黄山书社，1994 年，第 158 页。
7.《沙南疍民调查》，第 593 页。
8. 陈序经《蛋民的职业》，《政治经济学报》1936 年第 4 卷第 3 期，第 650 页。

"水"与"陆"的地理差异，疍妇形象所蕴含的"中心"与"边缘"的族群区隔也逐渐消解。事实上，调查发现水域社会的道德秩序甚至比陆地社会更严格[1]。在大部分情况下，严格的道德秩序使得疍妇几乎不具备"从事贱业"[2]的可能，疍妇的不良印象其实是"人们的偏见和固塞"[3]。

疍妇还被视为自食其力、勤劳勇敢的劳动妇女，是"广州劳动妇女中颇为特殊的一部分"。针对疍妇身体的描绘更偏向于呈现"健康"的形象特征。疍妇所具有"黝黑""结实"的身体特征被解读为"全是很健康。有坚实的筋肉，有耐劳吃苦的能力"[4]，她们的微笑"不像特殊阶级者矫揉的娇媚形态"，身体更非"一般朱门酒肉的女郎所可比拟"[5]。论者对疍妇身体形态的表达契合了 20 世纪 30 年代中国知识分子对女性"健康美"的提倡，同时也带有"强国保种"的隐喻[6]。疍妇的形象彻底革除了患有"麻风病"的身体意象，被赋予"健康"的寓意。

20 世纪 30 年代中叶以后，新式知识分子对疍妇身体的描写还糅合了阶级观念，疍妇区别于"特殊阶级者"的身体，使其成为名副其实的劳动妇女。全面抗战爆发后，疍妇作为"劳苦妇女大众"，其结实、健康的身体意象被再度强化。受日渐激越的民族主义影响，疍妇过去是"常为人们所鄙视的妇女"，现在是"中华民族的儿女"[7]，疍妇遭受"杀掠奸淫"，其"救国之心"更是不落于人后[8]。清末士人知识精英的传统认知也被认为是"陆上人"对"水上人"的污名化。这是因为疍妇不受旧礼教约束，秉持具有现代意义的"博爱主义"与"恋爱自由"，这才受"旧礼教所鄙视"[9]，

1.《沙南疍民调查》，第 631 页。

2. 温耀斌《疍民的将来》，《南风（广州）》1921 年第 2 卷第 2 期，第 36 页。

3.《沙南疍民调查》，第 593 页。

4. 潘菲《疍家婆与剿丝女——广州劳动妇女生活之一斑》，《女青年月刊》1932 年第 11 卷第 5 期，第 33 页。

5. 李次民《疍家姑娘的微笑》，《艺风》1934 年第 2 卷第 2 期，第 70—71 页。

6. 游鉴明《近代中国女子健美的论述（1920—1940 年代）》，李贞德：《性别、身体与医疗》，中华书局，2012 年，第 245 页。

7. 慕英《动员婆妈疍妇与神女》，《大众生路周刊》1938 年第 2 卷第 4 期，第 8 页。

8. 郎金泽《抗战中的疍民问题》，《怒吼旬刊》1938 年第 2 卷第 4 期，第 3 页。

9. 大圭《疍家》，《联华月刊》1933 年第 7 期，第 25 页。

疍妇因此具备了其他族群所未享有的"男女平等"[1]"以妇女为中心"[2]的进步性。

总体而言，在20世纪30年代中叶以后，公共文本中的疍妇形象逐渐由"洁净""自然"的女性转变为"健康""结实"的劳动妇女。与歌谣运动调查文本中充满浪漫气息的修辞相比，这一时期的疍妇形象更加贴近她们的实际情况。拥有"健康美"身体的妇女是符合"强国保种"需要的国民。这一转向受到了同时期知识分子再造"国民"的重要任务与"救亡图存"思想的双重影响，疍妇也由此完成了其从"贱民"到"国民"的形象转变。

四、结语

晚清至民国，疍妇的形象经历了从边缘女性、娼妓向主流劳动妇女的转换，其身体意象也从"污秽"转变为"健康"。依黄金麟所言，国家与民族的生存构成这一时期身体开发的依据，身体存在与国家存亡的关联遂成为时代主流。[3] 但是，清末报章关于疍妇身体的论述更多受到了清嘉庆以来传统社会等级秩序的影响。以士人为主体的报人选择性刊载疍妇破坏儒家道德与社会秩序的"越轨"行为，并把疍妇与"咸水妹"混同，形塑了疍妇"污秽""不洁"的身体形象。公共文本中的疍妇既是地方等级秩序中的"贱民"，也是身体形象上脱"华"趋"西"的"异族"，疍妇因此更受歧视。

20世纪20年代前后，在歌谣运动等"眼光向下"的革命影响下，疍妇的形象不再只是堕落萎靡的娼妓，其身体形象开始从"污秽"转向"洁净"。及至20世纪30年代，民族危机日益加深，身处南方地区的知识分子受"救亡图存"思想的触动，更加关注南方边疆民族在民族国家塑造

1.《蛋家》，第25页。
2. 潘菲《蛋家婆与缫丝女——广州劳动妇女生活之一斑》，《女青年月刊》1932年第11卷第5期，第33页。
3. 黄金麟《历史、身体、国家：近代中国的身体形成（1895—1937）》，新星出版社，2006年，第86页。

中的进步意义。民族考察的表层实则蕴含"国民"观察的内里，[1]造"民族"与造"国民"在这一时期同时进行[2]。澄清疍妇的身体形象不仅能厘清对疍民的民族认识，还能赋予现代民族国家以新的进步意义。正是在这一时期，疍妇"黝黑""结实"的身体特征被进一步阐述为带有"强国保种"所需要的"健康美"意蕴。全面抗战爆发后，中华民族观念在国内各界广泛传播[3]，疍妇作为劳动妇女被进一步纳入中华民族救亡图存的话语叙述，其形象最终实现了从"贱民"到"国民"的转变。

可见，疍妇形象的再造更多受到了民族主义话语的唤起。不过，在地方社会里，疍民始终指向的是被排斥的人群，族群边界并非一成不变[4]。地方上长久以来的族群关系影响着区域社会的日常生活与文化体系[5]，普通民众对疍妇的认知更多受到地方传统文化的影响，这也使得疍妇从"贱民"向"国民"的形象转变仍然坎坷。也正是在这一意义上，民族国家观念的引入及其带来的地方文化现代转型再造了脱离地方传统认知的疍妇形象，疍妇正是由此完成了其从"贱民"到"国民"的转变。

本文原载于《国家航海》2024 年第 32 辑

黎心竹，东南大学马克思主义学院副教授

---

1. 王明珂《民族与国民在边疆：以历史语言所早期民族考察为例的探讨》，《西北民族研究》2019 年第 2 期，第 80 页。

2. 王明珂《造"民族"易，造"国民"难——如何观看与了解边疆》，《文化纵横》2014 年第 3 期，第 30 页。

3. 黄兴涛《重塑中华：近代中国"中华民族"观念研究》，北京师范大学出版社，2017 年，第 258 页。

4. 萧凤霞，刘志伟《宗族、市场、盗寇与蛋民——明以后珠江三角洲的族群与社会》，《中国社会经济史研究》2004 年第 3 期。

5. 黄向春《从疍民研究看中国民族史与族群研究的百年探索》，《广西民族研究》2008 年第 4 期。

太平洋战争期间的侨生救济与中英关系

陈非儿

出生于吉隆坡的马来亚侨生冯华欣（Fung Wah Han），1939 年 12 月从当地高中毕业，次年 9 月考入香港大学机工系。太平洋战争爆发、香港沦陷后，1942 年 5 月，她以难民学生的身份，从香港撤退至中国大后方，借读于粤北坪石的中山大学[1]。与此同时，逃难到广东台山的 3 名港大学生，既找不到工作，也没有其他经济来源。走投无路之际，他们听说港大医学院前院长王国栋（Gordon King）要把所有港大学生都安排进中山大学。于是，同年 7 月他们致信中大校长，询问能否为他们免除学费及膳宿费，并提供其他生活必需品，以帮助他们继续学业。8 月，中大回复，持有相关证件的港大学生可以到中大借读，并可与正式生一样申请战区学生贷金[2]。

与冯华欣等人一样，祖籍广东梅县的黄任坤（Wong Yin Khoon），也是马来亚侨生。他在 1940 年考入港大，并在战争爆发后与其他港大学生一起内迁。1942 年 9 月，黄任坤转入国立中正大学插班就读。当年 9—12 月，他先以港大学生身份领取英国政府贷金，包括 500 元服装费和每月 50 元补助费；其后又比照国内战区生的资格与标准，向中国教育部申请贷金以维持生活。1943 年，中正大学将黄任坤曾领受英国政府各项补助费一事报告教育部，教育部遂要求黄任坤立即偿还英方款项。由于该项补助费已被黄任坤用完，中正大学请求教育部宽限其毕业后再偿还。但 1944 年 1 月，教育部否决此项提议，要求黄任坤立即如数退还；4 月，中

1.《国立中山大学工学院侨生冯华欣的调查表》（1942 年），广东省档案馆藏，国立中山大学档案，020-002-719-178；《关于冯华欣曾就读于香港大学等情的文》（1942 年 9 月 23 日），广东省档案馆藏，国立中山大学档案，020-008-16-063；《香港大学留坪同学会关于请准缓缴转学证件一事的呈》（1943 年 7 月 19 日），广东省档案馆藏，国立中山大学档案，020-004-136-098-102。
2.《国立中山大学关于准收容港大生有证件者在校借读及战区学生可申请贷金的通知书及附件》（1942 年 8 月 19 日），广东省档案馆藏，国立中山大学档案，020-004-670-161-161（3）。

正大学继续向教育部请求宽限，仍不被批准 [1]。围绕港大侨生申请、使用及退还英国政府贷金一事，前后纠葛长达一年半。

　　档案并未表明，黄任坤是否及何时偿还这笔贷金，但此案却引起一连串疑问：香港是英国在远东重要的殖民地，港大又是英国殖民地内最高学府，国民政府为什么不允许港大学生接受英国政府的救济金？为什么要介入港大学生的救济工作？侨生救济问题为何在战时引发中英高度关注？本文从这些问题出发，以内撤中国大后方的港大学生为引子，梳理太平洋战争期间国民政府教育部与英国大使馆之间，围绕侨生救济问题的争执与交涉过程，分析中英对侨生身份的不同认知与法律规定，并以此观察战时中英关系的变化。

　　学界关于太平洋战争期间中英关系的研究成果比较丰富，涉及缅甸战役、英对华贷款、废除不平等条约等问题。近年来有学者倡导以"国际化"视角重新思考抗日战争，更积极地将二战的中国战场与东南亚战场联系起来。1942 年蒋介石访问印度、滇缅公路和中国远征军等问题，被置于英帝国史、亚洲反帝民族主义框架内获得新解读 [2]。与此同时，国际学术界也提倡将二战"全球化"（globalizing），关注战时特定人群的跨域联系和流动 [3]。以战时军人、移民、难民和各类中介人的经历为中心，研究者生动刻画太平洋战争期间，在华南、港澳台及印度、新马之间人员流动的场景——他们利用多种国籍与种族身份，在英葡日等帝国与中国之间寻求

1.《国立中正大学致教育部》（1943 年 11 月 2 日），《教育部致国立中正大学》（1944 年 1 月 10 日），《国立中正大学致教育部》（1944 年 4 月 12 日），中国第二历史档案馆藏，教育部档案，五一13279，第 38—43 页，本文教育部档案均藏于中国第二历史档案馆，以下不再一一注明藏所。根据英国档案发现，进入中正大学的港大学生只有 1 人，姓名为 Wong Yin Khoon，应该就是黄任坤，Hong Kong University Relief Work, 23 Mar. 1944, FO 371/41638, F1887/473/10。根据下文所载英国大使馆救济侨生的标准，1942 年 9—12 月的救济金每月应为 60 元，与此处黄任坤自陈"每月 50 元补助费"有出入。依据目前档案还不能确认此出入原因为何，但这一出入对本文论述影响不大。
2. 有关抗战研究的国际化视角可参考陈谦平《国际关系视野下的中国抗日战争研究》,《史学月刊》2021 年第 3 期。最新研究可参考肖如平《抗战时期蒋介石访问印度的再考察》,《浙江大学学报》2018 年第 5 期；孙歌《全面抗战爆发后中英修筑滇缅公路交涉》,《抗日战争研究》2023 年第 3 期等。
3. Andrew Buchanan, "Globalizing the Second World War", *Past and Present*, No. 258（2023）.

生存与机遇的历史片段[1]。

　　本文主要考察太平洋战争期间在东南亚、香港及大后方流动的侨生。侨生，通常是指从海外回国求学的华侨子弟。我们在档案中发现，侨生如何利用双重国籍所赋予的模棱两可的身份，以及中英新约签署前后过渡时期的法律环境，积极争取中英双方救济。这一战时生存策略，迫使中英两国在协商、争执与论辩中逐步厘清侨生救济权属，也推动侨生由臣民向国民的身份转变。这一因侨生能动性而引发的侨务交涉的历史，在以高层外交为中心的战时中英关系史研究中被忽略。此外，这一交涉最初因香港大学内迁而起，由此又勾连出战时港大与中国内地一段"共有的历史"[2]。港大作为与中国内地联系密切的英殖民地大学，中文学界的研究却并不充分；英文学界的研究主要基于英国档案，往往又带有鲜明的英帝国立场[3]。有鉴于此，本文综合利用中国第二历史档案馆藏国民政府教育部档案，粤桂滇省（区）档案馆藏战时高校内迁和侨生救济档案，以及英国外交档案，并结合同一时期侨务报刊资料，还原这段战时侨生争取救济的历史。由这一案例出发，本文提出以侨民问题为视角重新思考百年来中英不平等关系，特别是 1943 年前后双重国籍与治外法权在实践层面的变化[4]，而这也可以从某种程度上折射出抗战如何与反帝和反殖联系在一起。

---

1. Ernest Koh, *Diaspora at War: The Chinese of Singapore between Empire and Nation, 1937—1945* (Leiden and Boston: Brill, 2013); Yin Cao, *Chinese Sojourners in Wartime Raj, 1942—1945* (Oxford: Oxford University Press, 2022); Seiji Shirane, *Imperial Gateway: Colonial Taiwan and Japan's Expansion in South China and Southeast Asia, 1895—1945* (Ithaca and London: Cornell University Press, 2022); Helena F. S. Lopes, *Neutrality and Collaboration in South China: Macau during the Second World War* (Cambridge and New York: Cambridge University Press, 2023); Vivian Kong, *Multiracial Britishness: Global Networks in Hong Kong, 1910—45* (Cambridge and New York: Cambridge University Press, 2023).
2. 徐国琦《作为方法的"跨国史"及"共有的历史"》，《史学月刊》2017 年第 7 期。
3. 中文学界的研究主要从教育学角度，关注港大图书馆、医学院和教育学院的管理与教学模式，有关港大的历史研究相对较少。英文学界的研究主要从英帝国史、香港史角度出发，关注英国对港大的资助、港大的课程设置等，忽视港大很大程度上还是一所华人的大学——其学生主要来源于新马、香港和中国大陆的华人子弟。
4. 本文对"治外法权"采取宽泛理解，并强调其象征符号、话语武器方面的含义。相关研究可参考黄兴涛《强者的特权与弱者的话语："治外法权"概念在近代中国的传播与运用》，《近代史研究》2019 年第 6 期。

一、国民政府救济侨生

1907 年初，21 名爪哇侨生到达南京，"是为华侨学生回国求学之始"。端方等人设立专门学堂帮助侨生补习，此即暨南学堂的由来[1]。抗战爆发前，在国内求学的侨生约有 2000 人左右，分布在上海、广州、厦门等地数十所学校[2]。侨生回国升学与暨南学堂建立被视为"祖国注意侨民及侨民内向祖国之重要关键"[3]，鼓励和争取侨生回国升学成为密切华侨与祖国关系的重要举措。侨生也承担起促进华侨社会发展的重任，并寄托中国向外发展的希冀。二十世纪二三十年代侨生回国主要面临就学问题，而抗战开始后他们的生活问题则异常突出。侨生救济也成为国民政府战时侨务工作的重心之一。

太平洋战争爆发后，香港及马来亚、荷印和缅甸相继沦陷，国内的英属、荷属侨眷、侨生接济中断，生活惨苦；再加上南洋各地限制外汇，香港交通断绝造成邮路不畅、侨汇滞留，"四邑侨眷则有赖典费度日，竟成饿殍省"[4]。与此同时，港澳及南洋沦陷也使众多华侨学校被迫关闭，不少侨生选择回国升学[5]。侨生回国人数不断增长在一定程度上显示抗日战争对海外青年积极的心理影响[6]，但也给侨务和教育部门的救济与安置工作造成很大困难。1930 年代末至 1940 年代初，侨生多选择香港中转再经滇缅公路或滇越铁路回国，不少侨生回国之初滞留昆明。负责救济和安置侨生的昆明侨务局，因此向教育部"大倒苦水"，表示处理侨生升学问题最多也最难。这一方面涉及未及参加统考和落榜侨生的就学问题，另一方面则涉及清贫侨生的生活救济问题。失去外汇接济的侨生经济困难，"致日

1.《江督端奏设暨南学堂片》，《学部官报》1907 年第 25 期；《暨南学堂之组织》，《北洋官报》1907 年第 1341 期；罗志欢等编《中国近代华侨教育史料丛编》，齐鲁书社，2019 年，第 1127—1128 页。

2.《各级学校华侨学生统计表》，《华侨周报》第 23、24 期合刊，1933 年 1 月 15 日，第 44 页；《各级学校华侨学生统计表（二）》，《华侨周报》第 26 期，1933 年 2 月 20 日，第 48 页。

3. 彭胜天《三十年来之中国侨务》，《南洋研究》第 6 卷第 2 期，1936 年 5 月，第 2—3 页。

4.《海外工作检讨会纲要》(1942 年)，教育部档案，五—13276，第 45—49 页。

5. 战时港澳失学青年和学生，国民政府也按侨生标准予以救济，本文为简化叙述将其统称"侨生"。

6. "Overseas Chinese Students", *The North-China Herald*, July 16, 1941, p. 95.

食一餐或以豆类充饥者有之，典质衣服手表水笔以充日用者有之"，不少侨生要求免除膳费。更严重的是，"此辈既不能指导升学，又不能遣回南洋，流浪久之，势将堕落"。侨务局认为侨胞对祖国贡献甚大，对于回国的华侨子弟应一律予以读书机会；尤应接济清贫侨生，"毋使失望失所之青年回至海外，作恶意宣传，懈侨胞救国之初志"[1]。这在一定程度上反映了1940年代初国民政府救济和安置侨生的初衷。

太平洋战争爆发一周之内，广东省教育厅召开各高校代表会议，商讨救济侨生办法。会议提出"抢救侨生实为目前最急切之要图"，决定给予中学以上侨生，每人100元紧急救济费，并就近收容从港澳侨校退出的师生[2]。广西省救侨会则规定，未入校侨生可领10日招待费，已入校则按学期发给每人150元救济金，并按月发给膳杂费90元。截至1942年11月，广西已救济专科以上侨生174人，中学生和小学生分别为409人和52人，共支出侨生救济费609930元[3]。广东既是传统侨乡又毗邻港澳，且交通便利、教育资源丰富，因此收容侨生众多。至1942年底，连同太平洋战争前已在省内各校肄业的侨生，广东共收容11000多侨生，其中仅中山大学一校就有近1000名[4]。另据统计，1942年度侨委会与闽粤桂滇四省政府，共救济侨生14000多人，并协助6000多名侨生入学，其中广东救济和安置侨生人数占总人数的一半[5]。

作为一类特殊的归侨，侨生定义与救济标准密切相关。1942年3月，侨委会规定"凡具有华侨身份之学生称为华侨学生"[6]。也就是说，成为侨生必须本身是华侨而非侨属、侨眷，必须是学生而非普通归侨。一旦被认

1.《昆明侨务局致教育部》(1940年9月19日)，教育部档案，五—13267，第97—101页。
2.《抢救侨生风起云涌》，《广东教育战时通讯》第51期，1942年2月1日，第62—63页。
3.《中央海外部第三处编〈归侨通讯〉(第十期)》(1943年4月27日)，中国第二历史档案馆藏，国民政府资源委员会档案，二八—36084。
4. 陈立夫《救侨特辑：一年来侨生之救济》，《华侨先锋》第5卷第3期，1943年3月，第6—8页；《国立中山大学一九四二年度华侨生统计表》(1942年)，广东省档案馆藏，国立中山大学档案，020-002-420-016-017。
5.《中央侨委侨务统计报表、会议录》，广东省档案馆藏，广东侨务档案，28-1-1。
6.《侨务委员会关于华侨学生定义及补助标准》(1942年3月24日)，云南省档案馆藏，云南侨务处档案，1092-003-00035-0002。

定为侨生，不仅可以享受侨委会提供的特种救济金，还可以申请由教育部比照战区学生发给的贷金[1]。相比于教育部贷金，特种救济金额度更大且不用与国内生竞争。而一般归侨或侨眷，只能由回国侨民事业辅导委员会或振济委员会予以救济、介绍回乡。1942—1945 年，侨委会共发放八期特种救济金，救济金额也从最初的 150 元增长至 1500 元（参见表 1）。考虑到这一时期不断增长的通货膨胀率，救济金虽已扩大 10 倍，但其购买力可能缩水 99%[2]。侨委会发放的特种救济金总额为 683.5 万，其中大学侨生

表 1　太平洋战争期间侨生特种救济金

单位：元

	专科以上	中等学校
1942 年第 1 期	150	150
1943 年第 2 期	300	150
1943 年第 3、4 期	600	300
1944 年第 6 期	600、800	300、400
1945 年第 7 期	800、1000	400、600
1945 年第 8 期	1500	1000

资料来源：《为拟准侨生刘沃泉等比照战区学生申请贷金函请查照办理由》（1942 年 4 月 2 日），中国第二历史档案馆藏，教育部档案，五—13294（1），第 111—127 页；《云南侨务委员会关于核侨生救济名单给中山高职校的代电》（1943 年 8 月 26 日），云南省档案馆藏，云南省教育厅档案，1012-011-00024-004；《送国内学校就学华侨学生请领第三、四期特种救济金须知等件即希代为公布的处理意见》（1943 年 10 月），广西壮族自治区档案馆藏，国立广西大学档案，L044-001-0342-0046，第 4—5 页；《教育部关于抄发第六期侨生救济办法给中山中学的代电》（1944 年 11 月 4 日），云南省档案馆藏，云南省教育厅档案，1012-011-00024-017；《云南侨务委员会关于发第七期侨生救济金给中山中学的公函》（1945 年 7 月 17 日），云南省档案馆藏，云南省教育厅档案，1012-011-00024-024；《云南侨务委员会关于发第八期侨生救济金给中山中学的公函》（1945 年 11 月 6 日），云南省档案馆藏，云南省教育厅档案，1012-011-00024-025。
说明：1946 年因南洋各地已陆续通汇，侨委会不再核发第九期救济金；因笔者在各地档案馆均未查询到第五期特种救济金的相关档案，表中相关数据暂付阙如。

1.《侨务委员会关于解释特种贷金与特种救济金性质的函》（1943 年 4 月 12 日），广东省档案馆藏，国立中山大学档案，020-004-628-097-099。有关战时教育部贷金可参考《到大学之路——又名〈投考专科以上学校指导〉》，学生之友出版社 1943 年印行，第 59—62 页。
2. 张公权著，杨志信译《中国通货膨胀史（一九三七——一九四九年）》，文史资料出版社，1986 年，第 28 页。

获得资助最多，共有 5200 多人获超过 355 万的救济金[1]。除特种救济金外，1942 年还有 25 名侨生获得总计 14420 元（人均 576.8 元）的清贫补助，21 人享受公费待遇，分别获得 1300 元补助[2]。与成百上千的侨生相比，侨生的公费和补助名额显然太少。

　　根据 1942 年对侨生经济情况的调查，教育部和侨委会对侨生的资助，每年不超过 1200 元；但侨生年均生活费在 1100 元以下的不到 20%，1200 元以下的不到 24%。也就是说，即便侨生顺利获得全部救济金和贷金，也只有两成左右的侨生可以完全依靠救济金生活[3]。除此之外，侨委会还要严格甄别侨生资格，不仅需要确认侨生确属海外归国，并持有相应华侨证件，还需要其证明求学费用，"原仰给海外因受战时影响已断绝接济"[4]。1943 年 3 月，侨委会审核教育部送来的侨生材料，发现不少材料并不能证明侨生身份：如卢荣辛所呈身份证件，"不能查明该生在海外居留时间久暂及生活之所给"；又如邓浣尘的证件"未能说明该生在香港居留时间之久暂"，并且查询邓所肄业的学校呈交侨委会立案表册中"查无该生姓名"[5]。1940 年代初，在教育部备案的侨校不到海外侨校总数的五分之一[6]。可以想象有不少侨生因来自未登记备案的侨校，而难以申请国民政府救济。此外，战争状态下侨生仓促回国未及取得学校证明，或匆忙逃难造成证件遗失的现象也非常普遍。1942 年 3 月至 1943 年 2 月，在向侨委会申请救济的 5856 名侨生中，有 2126 名即四成左右侨生因证

1.《侨胞教育》，行政院新闻局 1947 年 7 月印行，第 6—7 页。

2.《请拨付 1942 年上半年各清贫侨生应领各种补助费计国币一万四千四百二十元》（1942 年 4 月 4 日），教育部档案，五—13294（1），第 30—34 页；《补助回国升学清贫侨生统计》（1941—1942），中国第二历史档案馆藏，国民党中央宣传部档案，七一八（1）—465，第 237 页。

3. 苏惠铿《归国就学侨生之指导与救济》，《新南洋季刊》第 1 卷第 2 期，1944 年，第 124—125 页。

4.《救济海外侨校员生及在国内就学侨生办法大纲》（1942 年），广西壮族自治区档案馆藏，国立广西大学档案，L044-001-0123-0067，第 4—6 页；《足资证明华侨身份之证件名称表》（1942 年），广西壮族自治区档案馆藏，国立广西大学档案，L044-001-0123-0067-009。

5.《检送卢荣辛等登记表审核意见请查照由》（1943 年 3 月 3 日），教育部档案，五—5888（1），第 101—108 页。

6. 截至 1942 年 12 月底止，海外各地侨民学校 3378 所，其中立案侨校数仅 611 所，约占 18%。《国外各地侨民学校统计》（截至 1942 年 12 月底止），中国第二历史档案馆藏，国民党中央宣传档案，七一八（1）—465，第 221 页。

件不足而未予核准[1]。

因此，为了得到生活救济，除规定的华侨证件之外，侨生还在申请中引入各种各样的"旁证"、照片、准考证、海外通信及"大人物"的背书来证明身份[2]。1942年4月，中央大学侨生申请救济的证件就颇不"正规"，防疫注射证、海外同学录、护照等皆被用作侨生证明[3]。一年之后，借读中央大学的港大侨生陈震东等人，需向侨委会补缴华侨身份证件以申请特种救济金。但其声称"当时离港敌寇严密搜查，故一切证件均难携带"。于是，他收集同学身上所带"一切文件"，希望发挥同等效力。在其呈送的12名港大学生的证件中，既有广西省紧急救济委员会证明书（义侨证）、加盖英国驻华大使馆公章的港大学生证明，也有港大医学院院长出具的证明书。最值得注意的是，陈震东本人未缴任何证件，他只有"美国大使馆来函一件，称护照保存美京华盛顿迄未发还"。严格来说，陈震东不仅无法证明其侨生身份，甚至连华侨身份也存疑。但其却信心满满地表示，"生等前肄业香港大学有年，固属华侨想无异议也"[4]。以上侨生为申请救济而证明身份的种种例外情况或"旁门左道"，既反映侨生申请救济之迫切，也彰显战争环境下他们的能动性及生存策略。

太平洋战争爆发前，"回国侨生能缴纳两个月膳费者不过十分之二三。其余家本赤贫，流亡归国，或汇兑困难，接济断绝……有的侨生甚至赴校旅费皆由学校贷给"[5]。太平洋战争后侨生经济困难情形更甚。1942年3月，中山大学马来亚侨生致函教育部，强调他们的经济来源已完全断绝。战争爆发后，他们只收到学校发给的每人每月30元贷金，以及曲江救济侨生委员会发给他们的一次性赈济费200元。也就是说，在太平洋战争爆发后的三个多月里，他们总共只收到290元救济金。但在中山大学的

1.《归国就学侨生之指导与救济》，第119页。

2.《暹罗侨生梁玉瑶致教育部长陈立夫》（1940年1月19日），教育部档案，五—5887，第83—84页；《侨生牛口椿证明函》（1942年11月1日），教育部档案，五—5888（1），第1—7页。

3.《侨生生活补助费、特救费名册及有关文书》（1942年），中国第二历史档案馆藏，国立中央大学档案，六四八—3797，第22—24页。

4.《港大侨生陈震东等致侨委会》（1943年4月），中国第二历史档案馆藏，国立中央大学档案，六四八—3801，第42—48页。

5.《国立华侨中学第二校呈教育部》（1941年11月24日），教育部档案，五—13273，第14—15页。

学习生活，每月需膳费 70 元，灯油费 29 元，此外还有书籍、衣物和零用等，月均 72 元的救济金根本无法维持生活[1]。无独有偶，1943 年 1 月，暨大华侨同学会也呈请教育部拨给他们每月 30 元贷款，"俾侨生等能均沾雨露"。而此前他们以战区生贷金及 200 元紧急救济金，已维持近一年生活[2]。

此外，考虑到侨生申请救济，须经学校、教育和侨务部门层层审批，并且救济金和贷金需分别向侨委会和教育部申请，经两遍流程审核；而一旦材料不完整、申请被驳回，重新申请又要延宕数月，这些都导致救济金难以救急[3]。在物价飞涨的战争年代，救济名额少、额度低，甄别严格且流程复杂等原因，都促使侨生积极寻找其他救济渠道。在此背景下，英国政府的救济曾为部分侨生带来一线希望。

二、英国介入侨生救济

珍珠港事件爆发两周后，1941 年圣诞节香港总督宣布投降，港大学生就此沦为难民（refugee student），大部分学生内撤中国。为救济这批学生，教育部、侨委会与港大联合成立香港大学临时协济委员会（Hong Kong University Relief Committee）。在战争爆发后的一年内，由该会介绍到内地借读的港大学生达 276 人[4]。根据英国档案记载，到 1943 年底已有 346 名港大学生到达内地，其中 319 名进入中国高校就读。这批内迁的港大学生绝大多数祖籍广东，九成以上来自香港、马来亚和中国大陆，且所有学生都会说广东话[5]。再结合其他档案史料，可以判断这批内迁的港大学

1.《中山大学马来亚侨生致教育部》(1942 年 3 月 21 日），教育部档案，五—13294（1），第 47—50 页。

2.《呈为据本校华侨同学会呈请拨给贷款以维生活等情转祈鉴核示遵由》(1943 年 1 月 26 日），教育部档案，五—3411（1），第 322—324 页。

3.《归国就学侨生之指导与救济》，第 125—126 页。

4.《教育部香港大学临时协济委员会介绍国内就学港大学生名单》(1943 年 1 月 23 日），教育部档案，五—14037。

5. Hong Kong University Relief Work, 23 Mar. 1944, The National Archives, Foreign Office Files, FO 371/41638, F1887/473/10.（以下英文档案省略藏所。）

生实为侨生[1]。

港大学生内撤中国大后方后，英国驻华大使馆负责救济他们。救济标准如表2所示。粗略估计，1943年每位港大学生所需补贴为2570元，预计到1944年6月前增至5000元[2]。与国民政府相比，英国政府的救济金是其二至四倍。在救济港大学生的同时，英国大使馆还注意到另一类需要救助的学生——太平洋战争前已在中国高校就读、出生于英国领土的华侨学生（即英属地侨生）。太平洋战争爆发后，这些侨生的家庭接济完全断绝，处境十分困难。因此，大使馆决定从1943年1月1日起，比照港大学生的标准，救济这些侨生。在1943年2月规划的难民救济经费中，大使馆估计该年度需要救济的港大学生和其他英属地侨生分别为300名和400名[3]。英国大使馆未预料到的是，围绕港大及英属地侨生的救济问题，中英双方产生持续争议和交涉。

表2 英国大使馆设立港大学生／侨生救济金

单位：元

	每月	全年
1942年4—12月	60	720
1943年1—4月	90	1560
1943年5—12月	150	
1944年1—3月	200	6100
1944年4—10月	500	
1944年11月	1000	
其他：购衣补助由1942年的500元增至1944年的1000元。		

资料来源：Hong Kong University Relief Work, 23 Mar. 1944, FO 371/41638, F1887/473/10. Increase of relief to refugee students from Hong Kong University, 19 Oct. 1944, FO 371/41638, F5402/473/10.

1943年1月12日，英国大使馆致函广西大学校长，称其收到广西大

---

1. 如1942年10月，王国栋在第二份有关港大救济的报告中表示："大部分需要救济的港大学生为海峡华人也就是英国臣民，需要给他们救济否则他们将生活困难……"Report on Hong Kong University Relief Work 24th April to 15th October 1942, 21 October 1942, CO 129/558/9, p. 66。
2. Hong Kong University Relief Work, 23 Mar. 1944, FO 371/41638, F1887/473/10.
3. Work of Refugee Relief Department of Chungking Embassy, 15 Feb. 1943, FO 371/35730, F1583/17/10.

学 17 名英属地侨生来信，由此得知他们接济断绝、生活困顿，因此准备从 1 月起，给予他们每人每月 60 元补贴（每三个月发放一次），以及 500 元购衣补助。大使馆还在回函中附上 20 份申请表格，并说明具体的申请步骤，以方便侨生申请。从申请说明中可以看出，此项救济先由侨生填写申请表，再由校长审核后转交英国大使馆；待申请成功后，大使馆将支票转交校长，再由校长分发侨生[1]。从救济金申请表来看，英国政府需要确认的核心信息是，侨生是否出生于英属地（ of British birth / in British territory）。围绕这一核心，侨生需提供中英文姓名、出生地及出生年月，在英属地的家庭住址，以及所受教育等基本信息。最重要的是，侨生需提供英属地身份证明或护照（ passport or British certification）。申请表的最后一栏，还要求侨生如实说明"现时收入的所有来源及其详情"，这应该是确认申请人具有英属地侨生身份后，再结合其经济来源判断是否给予资助[2]。

3 月 10 日，教育部派员赴英国大使馆了解侨生救济事项。大使馆文化专员称，南洋沦陷后许多英属地侨生转入中国大后方高校，这些侨生经济情况殊为可悯。因此，英国政府特别设置一项贷金，以期对其进行救济。大使馆已通知西南联大等高校，此类侨生可向大使馆申请贷款，待毕业后再偿还。了解到这一情况后，教育部认为英国政府向来将出生于英属地之华侨视为英国人民，对于其救济此类侨生，国民政府不便直接向英方表示反对。但教育部提出，"此种学生虽侨生英国属地，究系中国侨居国外人民。查华侨学生本部订有救济办法，为保持国体，自不便再接受英政府之救济"[3]。因此，教育部密令各大学，此类侨生一律由教育部给予贷金，凡申请英国政府贷金一律不予以核转[4]。

---

1. Procedure for Administering Relief Funds to Chinese Student of British Birth，1943 年 1 月，广西壮族自治区档案馆藏，国立广西大学档案，L044-001-0337-0007-007。
2. Application Form for Students of British Birth Applying to the British Embassy for Relief，1943 年 1 月，广西壮族自治区档案馆藏，国立广西大学档案，L044-001-0337-0007-008。
3.《关于英国政府补助侨生英国本土及英领属地之华侨学生一节》（1943 年 3 月 10 日），教育部档案，五—13279，第 1—4、7—8 页。
4.《教育部 1943 年 4 月 2 日高字第一六一〇六号训令》（1943 年 4 月 2 日），教育部档案，五—13279，第 53—54 页。

同在 3 月，国立中央大学贝加德等 22 名侨生，也向英国大使馆申请救济。中央大学将侨生的申请书呈送教育部审核，但教育部迟迟不予检发。4 月，英国大使馆致函教育部催促申请进展，并表示英方承认"侨生英国领土之华侨学生返国后系中国人民"。但英方愿意设置贷金救济侨生，且也有侨生正在申请，希望教育部能够同意并批准。教育部一方面对英国政府愿意救济英属地侨生表示感谢，认为这是中英同盟关系及战时中英教育合作的体现；另一方面则表示，在中国境内的所有侨生一律平等，不方便给予英属地侨生特殊待遇。但教育部也承诺将增加对侨生的救济。为打消中国的顾虑，也为展现英方足够的诚意，英国大使馆主动提出将救济款项及学生名册送教育部核实，并承诺由教育部决定英方以何种方式发放救济金。但教育部仍婉拒英国大使馆，并以"以前英国大使并未通知本部"为由，令各高校对英方此项救济不予接受[1]。与此同时，教育部还要求国内各高校，查明在国内就学的英国本土及英属地侨生经济情况；如确属经济困难，则上报教育部申请津贴。教育部也再次重申，对于侨生申请英国政府贷金，将一律不予核转[2]。

从英国大使馆提供给侨生的申请表来看，此项救济主要由学校方面审核侨生资格，再将申请信息转交英国大使馆即可。虽然广西大学、中央大学都将此事报告教育部，但也有些高校或侨生直接与大使馆联系，甚至已经领到救济金。1943 年 3 月，国立第二华侨中学在检查学生信件时，发现英国大使馆寄给该校侨生的相关函件及表格，调查侨生出生地或籍贯，少数侨生已经获得英国政府救济[3]。4 月，私立岭南大学也在校报刊载，该校已审查和遴选符合规定的侨生 115 名，帮助他们申请英国政府救济，且申请书已寄送英国大使馆[4]。5 月，大使馆甚至直接给西南联大校长

1.《教育部致国立中央大学》(1943 年 4 月 13 日)，中国第二历史档案馆藏，国立中央大学档案，六四八—5144，第 30 页；《英国大使馆为侨生设置贷金》(1943 年 4 月 30 日)，教育部档案，五—13279，第 12—13、18—20 页。

2.《教育部 1943 年 4 月 2 日高字第一六一〇六号训令（密）》(1943 年 4 月 2 日)，教育部档案，五—13279，第 53—54 页。

3.《为英荷使馆寄与学生津贴应否准其接受请示遵由》(1943 年 3 月 17 日)，教育部档案，五—13279，第 30—31 页。

4.《本校校务概况报告》,《私立岭南大学校报（曲江版）》第 3 期，1943 年 4 月，第 1—4 页。

梅贻琦寄来汇票，并随附 34 名侨生名单以供其发放救济金。收款确认表中明确显示，"根据西南联合大学与英国大使馆所同意的（资助）步骤"，校长确认收到 9180 元汇票。这说明关于英属地侨生的救济问题，大使馆已与侨生所在高校达成协议，且已完成申请流程。可最终西南联大还是向教育部报告这笔款项。毫无意外，教育部要求其将救济金"照数婉词退还"，拒绝理由仍为"本校各侨生已由侨务委员会拨款救济，未便再行接受其他贷金"[1]。

至此，广西大学、中央大学、岭南大学及西南联大等高校，相继收到侨生申请英国大使馆救济的申请书，但均在校方呈请教育部批准时被拒绝。教育部给出的拒绝理由主要有三点：其一，侨生虽出生于英属地但系中国人民，"为保持国体"，不便接受英国政府救济；其二，教育部和侨委会已给予侨生救济，也就是说，侨生的经济情形已较一般学生优越；最后，侨生在中国应一律平等，英属地侨生不能搞特殊。

三、侨生救济争执原因

为何英国救济侨生会受到国民政府阻挠？理解这一问题，需要梳理双方围绕侨生救济的机制和话语，进而分析中英救济侨生背后的逻辑。以下将从侨生救济事件本身及中英关系中的侨民问题两个层面，分析中英有关侨生救济争执的原因。

从英帝国视角来看，救济殖民地的英国臣民是其重要责任。正因此，香港陷落后，时在重庆的英国驻华大使馆就成立难民救济部（Refugee Relief Department），以处理香港难民问题。在正式采取救济措施之前，大使馆先与国民政府沟通。蒋介石当即的反应是英方没有必要设立类似机构，因为中国能够照顾这些来自海外的难民。在蒋介石看来，这毫无疑问

1.《教育部关于英国驻华大使馆所发西南联大侨生贷金应即退还给侨委会的公函》（1943 年 6 月 9 日），云南省档案馆藏，国立西南联合大学档案，1032-001 00091-010。

是中国政府的责任，这些难民都被视为中国的客人[1]。但大使馆考虑中国政府的实际能力，认为这一表态虽然慷慨，却无助于解决救济难题。因此，大使馆仍在广东曲江和广西桂林设立两个救助点。1942 年 5 月，石智益（P. C. M. Sedgwick）被派往曲江负责两地的难民救济事务[2]。8 月，中国外交部致函英国大使馆，重申境内所有救济工作均为国民政府自身的责任，反对英方单独设立救济部门。但英方认真这只是国民政府为保存颜面而作出的某种姿态（gesture）。9 月，外交部提出具体建议，让英国通过振济委员会开展救济工作，并且直到次年 10 月仍坚持和重申这一建议[3]。但英国大使馆认为，振济委员会的组织和资源无法胜任英属地难民救济工作，只会将难民"从一个地方转移到另一个地方"。出于对国民政府的不信任，英方认为有必要维持独立的救济机构[4]。与此同时，港大医学院前院长王国栋在辗转逃往重庆途中，也遇到不少流落内地的港大学生。1942 年 4 月中旬抵达重庆后，他也立即在大使馆难民救济部下成立"港大救济工作组"，专门为港大学生开具身份证明并提供救济[5]。

考虑到国民政府的反对，1943 年初大使馆曾改革难民救济部：石智益虽作为殖民部代表全权负责救济事宜，但他以个人名义并通过大使馆和外交部的渠道与殖民部保持联系；当救济工作涉及政策问题或影响中英关系时，则由大使馆出面解决。也就是说，石智益所在的救济部，实际上是英国殖民部设在中国的一个机构，他本人的薪俸也由殖民部发给，但表面上却作为大使馆的下属部门。之所以用大使馆作"掩护"，则是"为了避免冒犯中国人敏感的神经"（not to offend Chinese susceptibilities）。出于同

---

1. Work of Refugee Relief Department of Chungking Embassy, 15 Feb.1943, FO 371/35730, F1583/17/10.

2. 1942 年 5 月石智益奉命抵达重庆，出任英国驻华大使馆难民救济部参赞。

3. Work of Refugee Relief Department of Chungking Embassy, 15 Oct.1943, FO 371/35730, F5774/17/10.

4. Report by Mr. Sedgwick on his visit to Refugee Relief Department Office at Kukong and Kweilin, 17 Dec. 1943, FO 371/41562, F153/7/10.

5. Gordon King, "An Episode in the History of the University," in Clifford Matthews and Oswald Cheung（eds.）, *Dispersal and Renewal: Hong Kong University during the War Years*（Hong Kong: Hong Kong University Press, 1998）, pp. 87–88.

样考虑，1943 年 3 月，港大学生救济事务也改由大使馆直接负责，而这一责任原本由殖民部承担[1]。"敏感的神经"一词既说明英国对中国的担忧完全知情，却也将中国视为情绪不稳定的个人，容易受各种偶然因素影响而阴晴不定。也就是说，在英国看来，国民政府将侨生救济视为"国体"问题完全是小题大做、过度反应。英国设立难民救济部及其调整的过程也反映其救济侨生的逻辑——港大学生和英属地侨生都是英国臣民，理应由殖民部承担起对他们的救济责任，无论他们是在香港、东南亚还是在中国内地。

1943 年上半年，多所高校侨生申请英国救济均被教育部否决。当年暑假，侨生借着讲习会和夏令营的机会向国民党中央海外部陈情，希望海外部能帮助他们说服教育部。海外部对这项贷金不甚了了，于是前往英国大使馆了解情况。由此，我们也得以从大使馆官员蒲乐道（John Blofeld）的陈述中，了解侨生贷金的来龙去脉以及英国政府的态度。

（1）香港沦陷后，撤退中国内地的香港大学侨生经济甚穷，英使馆在寻求教育部同意后给予他们补助；（2）其后，使馆见其他英属地侨生生活亦极其困难，故经英国政府核准，亦拟给予英属地侨生补助，使馆为此向各校分发调查表；因中国方面教育部不同意，各校未能接受使馆补助；（3）各校校长或侨生有直接与英使馆洽商寻求补助者，但英使馆要求必须得到中国教育部的同意，以免造成中英两国间误会；（4）英使馆再次强调"此次补助侨生全出于道德上之义务，盖自中英新约订立后，英使馆已无权力管理在中国之英籍侨生，盼中国当局勿误会其有何政治作用"。[2]

在这段文本中，英方完全从人道主义角度阐释其救济侨生的起源，并将教育部"捧"到一个较高的位置，处处以"教育部同意与否"来决定救济的进展。但对比前文大使馆救济侨生的政策与实践，可以发现两处明

---

1. Reorganisation of Refugee Relief Bureau of Chungking Embassy, 22 Feb. 1943, FO 371/35730, F1057/17/10. Work of Refugee Relief Department of Chungking Embassy, 15 Feb.1943, FO 371/35730, F1583/17/10.

2. 此段文本录自国民政府教育部档案，为国民党中央海外部向教育部转述其与英国大使馆交流之文本，原文为中文。《关于英大使馆补助侨生费用问题经本部派员与英大使馆文化联络员谈话结果函达查核办理见复由》（1943 年 9 月 29 日），教育部档案，五—13279，第 25—27 页。

显矛盾：（1）大使馆设计的侨生申请救济的程序，主要由大学校长负责审核，并不需要教育部同意；（2）大使馆与部分高校及侨生直接联系，并未知会教育部或寻求其同意；甚至有侨生已完成申请手续并得到相应救济款。如果不是国内大学报告，教育部可能并不知晓。更值得注意的是，大使馆说明此项救济完全出于"道德之义务"，这与殖民部的看法如出一辙——"从政治的角度看，应该给予这些难民慷慨的、实质性的援助……（英国）对香港难民救济负有道义的责任（moral obligation）"[1]。但殖民部所陈"道义的责任"显然是从帝国视角出发：救济港大学生正是因为香港大学——大英帝国在远东的重要资产、殖民地内部的高等机构——的学生身份。救济英属地侨生的逻辑也与此相同，无非是从港大侨生推广至其他英属地侨生。英方虽在此处明确中英新约签订后，其对归国侨生已无管辖权，但在实际中仍坚持设立难民救济机构。

从中国角度出发，帝国视野内的英国臣民完全变成"归国侨生"。1942年5月，港大临时协济委员会向教育部报告，37名港大侨生已抵达陪都重庆。协济委员会在信中如此描绘他们："初履国土，人地生疏，万里来归，异常狼狈。"在这简单的一句话中，综合运用对比和夸张手法，刻画战时海外游子历尽艰险，终于回归祖先之国的群像。委员会不仅照顾他们的衣食住行，还负责介绍他们插入内迁高校随班听课[2]。1942年8月，张伯苓、杭立武和梅贻琦向教育部报告港大学生内迁情况，并申请57500元补助费[3]。这笔补助费究竟发放与否，现没有文献支撑；但1943年侨委会确实向港大学生发放27500元特种救济金[4]。这表明侨委会完全将港大学

---

1. Work of Refugee Relief Department of Chungking Embassy, 15 Feb. 1943, FO 371/35730, F1583/17/10.

2. 《香港大学临时协济委员会呈教育部》（1942年5月28日），教育部档案，五—14037，第32—37页。

3. 《教育部为核发回国华侨员生救济费与侨委会的来往文书》（1942.7—1942.8），教育部档案，五—13294（2），第43—49页。

4. 周尚《最近侨务委员会对于侨民教育之设施》，《南洋研究》第11卷第3期，1944年，第88页。

生视同侨生，甚至其待遇还要超过一般港澳生[1]。1943 年 4 月，正当教育部要求广西大学对"申请英政府贷金之学生一律不予核准"之时，在广西大学借读的四名港大学生却均得以同盟国国籍身份向教育部申请贷金。教育部比照国内战区学生的照顾标准并以甲种支付，"以示救济同盟国学生之意"[2]。这里值得思考的是，教育部果真基于"同盟国国籍"而给予他们救济金？如果是，则与本文开头所引黄任坤案相矛盾：既然承认港大学生为同盟国国籍，则他们申请英国救济应属理所当然，教育部激烈反对并要求其退回救济金的态度就令人无法理解。直到 1944 年 1 月，英国大使馆仍源源不断地收到侨生的救济申请。大使馆无奈地表示，"我们能做的似乎很少，只能表达我们的同情，并向他们解释为何贷金无法继续"[3]。我们无法得知大使馆如何向侨生解释，大使馆虽有心有力救济侨生，却被国民政府阻挠。但教育部对黄任坤及广西大学港大学生申请中英救济的不同态度，典型地体现了教育部对"谁有资格救济侨生"的重视。也许，"以同盟国国籍身份""以示对同盟国学生救济之意"，均应被视为教育部的修辞。教育部同意甚至积极救济的真正原因是他们认定港大学生的侨生身份。无论是否拥有英国国籍，也无论是香港还是其他英属地侨生，教育部都希望垄断对他们的救济权。

此外，英国由救济港大学生扩大到救济所有英属地侨生，所引发的示范和对比效应也是国民政府所警惕的。太平洋战争前后归国侨生，至少有一半是从英属地回国，尤其是香港和新加坡、马来亚[4]。如果大使馆

---

1. 从 1942 年下学期开始，侨委会本已要求停发港澳侨生的特种救济金，但此处却坚持救济港大侨生。《准广西省振济会通知凡在校肄业的港澳侨生应由教育部发给膳食贷金不另给港澳侨生特种救济金的布告》，广西壮族自治区档案馆藏，国立广西大学档案，L044-001-0341-0001-003；《侨务委员会关于钱妙娴等是港澳侨生不另给特种救济金的公函》（1943 年 5 月），广东省档案馆藏，国立中山大学档案，020-004-628-120-122。

2.《遵令办理华侨学生申请贷金情形并报盟国学生请领贷金名册敬祈教育部察核发给贷金的呈文》（1943 年 4 月），广西壮族自治区档案馆藏，国立广西大学档案，L044-001-0341-0033，第 1—2 页。

3. Loans to British born students in China, 12 Jan. 1944, FO 371/41638, F473/473/10.

4.《回国升学华侨学生接待所接待侨生人数统计》（1940—1942），中国第二历史档案馆藏，国民党中央宣传部档案，七一八（1）—465，第 233 页；《海外部举办第一期专科以上学校归国侨生讲习会听讲人数及侨居地统计》（1942 年），中国第二历史档案馆藏，国民党中央宣传部档案，七一八（1）—53，第 57 页。

普遍给予英属地侨生救济，其覆盖和影响范围无疑非常大。仅接收港大侨生的学校就有 15 所，包括中山、岭南、中央、齐鲁及上海医学院等著名高校[1]。齐鲁大学除接收 17 名港大学生外还有 22 名侨生，而他们全部来自新加坡和马来亚。1942 年 3 月，他们向侨委会申请 390 元特种救济金，结果打了折扣，只获得 150 元[2]。假设他们在 1943 年继续申请并获准，则将获得侨委会 300 元救济金。而同一时期，如果他们申请英国大使馆救济，则将累计获得 1560 元贷金外加 500 元购衣补助（参照表 2）。如此巨大的差距，难免让侨生不由自主地比较，进而影响侨生对祖国内向的情感。

　　分析中英救济侨生的过程，还可以发现二者对侨生身份的不同认知与塑造。从中国方面来看，侨生的救济申请，需侨居地领事馆、国民党海外党部或华侨团体颁发的华侨身份证明以及侨校提供的修业证明和介绍信。侨委会和教育部检视侨生身份的过程，也从文件和证书的技术层面，将侨生的海外经历转化为国内的文化资本。侨委会发给的"侨生证明书"完全是中国式的：不仅以毛笔书法填具关键信息，还在左上角附上颇具中国色彩的侨生照片；照片的一角加盖侨务部门公章，被剪下半边证明书则作为侨务部门的存根。从内容来看，侨生的中文姓名、性别、年龄和籍贯是最重要的身份信息，其后才是侨居地和教育经历[3]。从英国方面来看，王国栋为内撤港大学生制作的信息卡，主要记录学习经历、逃往路线及未来计划等，目的是证明其身份，并帮助中国高校判断其教育程度，从而安排他们插班就读[4]。此外，对比中英档案也可以发现侨生呈现截然不同的两副"面孔"：英国档案仅呈现英文姓名并记录学校和专业，无法分辨其华侨或侨生身份；中国档案则不仅显示中文姓名，还在学业信息之外增加籍贯

1. Hong Kong University Relief Work, 23 Mar. 1944, FO 371/41638, F1887/473/10.

2.《教育部为核发回国华侨员生救济费与侨委会等来往文书》（1942 年 3 月至 4 月），教育部档案，五—13294（1），第 2—8 页。

3.《沈厚坚的侨生证明书》（1943 年 2 月 15 日），广东省档案馆藏，国立中山大学档案，020-008-21-153-154。

4. Gordon King, "An Episode in the History of the University," p. 87, 90.

信息，侨生俨然成为战时闽粤普通学生 [1]。

对中国来说，侨生回国后受侨务和教育部门审查，发给侨生证明书或介绍信的过程，是他们从英帝国臣民向中国国民转变的过程。这不仅是法律或身份的转换，更在此后救济与就学优待的实践中得到进一步确认。在教育部长陈立夫看来，"政府对于侨生返国求学之优待，不可谓不厚，其所以如此者，一面固属于消极之救济性质，与拯援一般战区生，正复相同；但根本之目标，实在于华侨过去对于国家贡献之大，国家对于其子弟之期望较切，而欲尽力以陶冶之，使符合吾国国民之典型焉" [2]。也就是说，中国不仅希望塑造侨生的国民身份，还希望进一步将侨生打造为"国民之典型"。联系侨生救济发生的背景，我们更能理解这一行为的巨大象征意义：欧战爆发使侨生赴帝国中心留学变得不可能，太平洋战争爆发又使帝国在南洋殖民地也迅速沦陷；内撤中国、寻求祖国政府救济与安置，成为南洋侨生的现实选择。战时侨生回国也代表着曾经饱受殖民主义、种族主义排斥的中国侨民，在战争时刻接受同样饱受帝国主义压迫，且在战争威胁之下艰难度日的祖国的救济。危机与战争之中，催生的侨民与祖国同舟共济、生死相依的意象，更在 1943 年这个特殊的时刻得到进一步增强。而这个时刻也提醒我们将侨生问题放回到百年来中英不平等关系，特别是华侨双重国籍及英国治外法权问题的脉络中联系思考。

从法律角度看，侨生救济问题涉及中英国籍法冲突。1909 年清政府颁布的《大清国籍条例》采用血统主义，其目的是希望以血统维持对华侨的属人主权，并维系华侨对祖国的政治忠诚与永久依赖 [3]。而根据 1914 年《英国国籍及外国人地位法案》，英国臣民身份（subjecthood）的法律基础是出生地主义与效忠王室原则，即所有出生于大英帝国领土内的人都是英

---

1. 这里对比中英文档案中对同一批港大侨生信息的记录，Hong Kong University Relief Work, 23 Mar. 1944, FO 371/41638, F1887/473/10.《教育部香港大学临时协济委员会关于呈送香港大学借读生的名单及有关文书（内有英文）》(1942.5—1943.1)，教育部档案，五一14037。
2. 陈立夫《返国侨生应有之认识》，《现代华侨》第 3 卷第 10 期，1942 年 10 月，第 2—3 页。
3. Shao Dan, "Chinese by Definition: Nationality Law, Jus Sanguinis, and State Succession, 1909—1980," *Twentieth-Century China*, Vol.35, No.1 (2009)；李章鹏《中荷设领谈判与华侨国籍问题交涉（1907—1911）》，《近代史研究》2019 年第 4 期。

国臣民，并在理论上享有这种地位所带来的特权[1]。在中国和南洋均受帝国主义侵略的背景下，清政府既想通过血统主义争取和保护华侨，又想采取单一国籍原则，防范因治外法权而造成的不利局面，结果在事实上造成华侨的双重国籍[2]。国民政府成立后延续血统主义国籍法，并鼓励华人回复中国国籍[3]。中英国籍法冲突为侨生救济的争执埋下伏笔。具体到侨生救济争执发生的1943年。是年初，国民政府已准备解决华侨双重国籍问题，并委托南洋研究所提出具体方案。南洋研究所建议外交部按照1930年国籍公约的精神，在与相关国家缔订新约过程中约定：缔约此方准许彼方在己领土（包括属地）因出生而取得双重国籍之人民，凡届成年者均得自由选择其国籍；其未成年者，依照其父母国籍处理。也就是说，侨生成年时可以确定其祖国（中国）国籍；未成年时按父母或监护人国籍处理。当地政府也因此不能强迫侨生受该国教育，侨生之教育权也归中国所有。[4]由此可知，国民政府对侨生双重国籍问题的重视，在于其直接与教育权相联系，也间接与侨生身份与认同相关。这一方案针对尚处海外的侨生而言。对于战时回国的侨生，其救济与就学工作相伴生，更应积极争取、寸步不让。

更重要的是，太平洋战争爆发后中英虽成为战时盟友，但在很多问题上都存在重大分歧，两国关系不仅未能改善甚至更趋恶化。这一方面表现为中国反对英帝国主义和殖民主义政策；另一方面表现为英国不愿承认中国是"四强"之一，担心中国扩大对东南亚的影响，进而威胁战后英国

1. Siew-Min Sai, "Dressing Up Subjecthood: Straits Chinese, the Queue, and Contested Citizenship in Colonial Singapore," *The Journal of Imperial and Commonwealth History*, Vol.47, No.3（2019），p. 452.

2. 李章鹏《双重国籍还是单一国籍政策？——清末国籍政策析论及其现实启示》，《华侨华人历史研究》2019年第4期，第50页。

3. 林真《重返国籍：抗战前台湾籍民回复国籍研究》，《台湾研究集刊》2021年第6期，第58、65页。

4.《一般侨务问题处理纲要》（1943年8月），"国史馆"藏，外交部档案，020-070900-0075。

殖民统治[1]。从 1943 年 1 月中英新约签订到 11 月开罗会议召开，被视为战时中国外交和大国地位的巅峰；而同一时期出现侨生救济问题的交涉，也最终以英方妥协告终。近代以来围绕侨民和双重国籍问题对外交涉失败后，国民政府在侨生救济问题上的主动性，也为这一时期中国大国身份 / 地位提供生动注脚。而重新审视中英新约的签订过程，还可以发现侨生救济争执至少在两个方面与其相关：第一，出于战争形势考虑和保密需要，中英新约条文的起草非常简略，只声明英国放弃在华治外法权，未能涉及更多案例和细节。在草案协商过程中，英国曾提出东南亚华人的双重国籍问题，并提议确定他们的正式国籍，但国民政府坚持血统主义国籍法，拒绝英国政府的提议，英国也就随之搁置了这一问题[2]。英国在华治外法权的废除，以及华人双重国籍的继续存在，在理论上使国民政府获得独立救济英属地侨生的合法性。第二，中英新约谈判过程中，中国最终没能收回新界并解决香港问题，英国殖民主义的心态和作派也让中国深恶痛绝[3]。因此，面对英国外交部、殖民部积极争取救济侨生，与治外法权相关的历史创伤与记忆，使国民政府警惕的神经再次绷起——既对英国在亚洲的殖民历史与帝国行径耿耿于怀，也不希望英国插手中国境内的侨民事务与救济工作，防止英国在中国殖民心态和思维的死灰复燃。允许英国在中国境内救济侨生，似乎是默认他们对英属地侨生的管辖权。由此，救济侨生成为国民政府当仁不让的责任，这一责任是排他性的，二战时期更是关乎国家尊严的——不仅是国民政府政权合法性的指示剂，也是对这一时期中国某

---

1. 具体到 1942—1943 年，中英两国在印度、越南及西藏等问题上发生一系列矛盾和摩擦。相关研究可参考林孝庭《二战时期中英关系再探讨：以南亚问题为中心》，《近代史研究》2005 年第 4 期；王建朗《从蒋介石日记看抗战后期的中英美关系》，《民国档案》2008 年第 4 期；罗敏《中国与"二战"后亚洲秩序的重建——以"二战"后越南问题为中心的讨论》，《暨南学报》2017 年第 10 期。

2. Zhaodong Wang, "Reviewing the 1943 Sino-British Treaty Negotiations: The United States' Role in Ending British Imperialism in China," *The Journal of Imperial and Commonwealth History*, Vol.49, No.5 (2021), p. 972, 978.

3. 张俊义、刘智鹏《香港与内地关系研究》(中华民国专题史第十七卷)，南京大学出版社，2015 年，第 136—146 页；Nobchulee (Dawn) Maleenont《帝国 vs 国民：香港在同盟国之间》，周锡瑞、李皓天编，陈骁译《1943：中国在十字路口》，香港中文大学出版社，2018 年，第 87—111 页。

种朦胧的大国地位的声明[1]。

结　语

有学者指出，正是国内法与中外条约、血统主义与单一国籍原则间的矛盾和张力，使中国在处理华人跨籍和治外法权问题时才有选择和回旋的余地[2]。但我们对回旋的具体实践及华人本身的能动性尚不太清楚。从侨生视角出发，他们积极行动的身影，让教育、侨务及英国外交部门"看见"他们，进而有机会利用模糊的侨民身份及过渡时期的法律环境积极争取救济。侨民救济和双重国籍问题并非开罗会议、中英新约等高层外交的重点，但正是侨生的行动让中英不得不在实践中厘清有关侨民的救济权属。侨生的积极行动与中英争执、协商，共同在实践层面促成侨生从臣民到国民的身份转变。

在帝国式微、东南亚相继卷入战争的背景下，通过侨生内撤中国寻求救济的历史，可以重新检视百年来经常处于旋涡中心的侨民问题。20世纪上半叶，华侨双重国籍问题及英国在华治外法权的存在，使中英围绕华民管辖权产生诸多司法交涉，且这些交涉多以中国让步而告终。乍看起来，侨生救济并不属于治外法权的范畴，区区数百名侨生的救济也不值得双方大动干戈。但从中英交涉的实践来看，英国仍希望维系其在华影响力，不愿放弃对臣民的管辖权；国民政府则通过反对英国插手侨生事务，直接表达对百年来中英不平等关系的反抗。从结果来看这一反抗也成功了。由此，争取侨生救济的微观个案，也拓展了我们有关中英新约在实践层面的理解，并展现抗战如何与反帝和反殖联系在一起。

由侨生救济延伸开来，英国对侨生态度反复还折射其帝国性与殖民性的一面。新马侨生选择赴港大升学，其实是希望融入帝国教育系统，进

---

1. 王建朗《大国意识与大国作为——抗战后期的中国国际角色定位与外交努力》,《历史研究》2008 年第 6 期。

2.《双重国籍还是单一国籍政策？——清末国籍政策析论及其现实启示》, 第 50 页。

而由普通华人转变为殖民地精英[1]。但二战爆发使他们遭遇严峻考验。先是 1940 年中，港英政府的疏散计划完全将华人排除在外而仅限于白人[2]；香港沦陷后，英国却又积极争取内撤中国侨生的救济权；迨至战争结束后，当侨生希望返回英属地时，却被英殖民政府以传播共产主义、威胁殖民地安全为由拒绝[3]。有学者认为，中国之所以答应港大的援助请求，是为了争取英国资助来抗日[4]；而英国坚持救济港大学生而非英属地侨生，则是为了保持与港大的联系，并借以提升英国对中国的影响力。[5] 这两种观点从帝国视角出发，强化了英国在二战中的地位以及殖民地人民的英国性（Britishness）。加入中国档案的对比，我们会发现上述观点强调港大和英属地侧面，却忽视其中的侨生身份问题。如果说战争对侨生的英国性是一种挑战，则恰恰是华人性（Chineseness）的一种复归。无论是港大学生还是英属地侨生，中国重视的都是其华侨身份。相较之下，英方在侨生问题上态度反复，更说明其核心是维护殖民利益而非人道主义。由此，中英对侨生救济的争执，还暗含双方对侨生未来的不同期待——他们是接受帝国殖民教育还是中国侨民教育？是成为殖民地精英还是中国国民之典型？正是可教育性将侨生与普通华侨相区别，并在冷战时期触发更大的争夺侨生的风暴，这些问题值得进一步联系考察。

本文原载于《近代史研究》2024 年第 3 期

陈非儿，东南大学人文学院讲师

1. 1928—1940 年港大学生中华人占 84%—90%，主要来源于香港、马来亚和中国大陆，马来亚占其中的 1/3。Peter Cunich, *A History of the University of Hong Kong*, *Volume 1*, *1911—1945*（Hong Kong: Hong Kong University Press, 2012）, p. 363.

2. Vivian Kong, "'Hong Kong is my Home': The 1940 Evacuation and Hong Kong-Britons," *The Journal of Imperial and Commonwealth History*, Vol. 47, No. 3（2019）.

3. From Acting Deputy Commissioner General South East Asia to the Secretary of State for the Colonies, 24 September 1950, FO 371/83545, pp. 8–11. From Mr. N.C.C. Trench（Foreign Office）to Mr. Gidden（Colonial Office）, 14 October 1950, FO 371/83545, pp. 15–16.

4. Peter Cunich, A History of the University of Hong Kong, p. 442.

5. Vivian Kong, *Multiracial Britishness*, p. 214.